石家庄统计年鉴

SHIJIAZHUANG STATISTICAL YEARBOOK

2006

石 家 庄 市 统 计 局　编

中国统计出版社
China Statistics Press

[京]新登字 041 号

图书在版编目(CIP)数据

石家庄统计年鉴.2006/石家庄市统计局编.—北京:中国统计出版社,2006.7

ISBN 7-5037-4961-X

Ⅰ.石…　Ⅱ.石…　Ⅲ.统计资料-石家庄市-2006-年鉴　Ⅳ.C832.221-54

中国版本图书馆 CIP 数据核字(2006)第 028153 号

石家庄统计年鉴—2006

作　　者/ 石家庄市统计局
责任编辑/ 蔡启新
E-mail/yearbook@stats.gov.cn
责任校对/ 张富有　郭新峰
封面设计/ 刘德忠
出版发行/ 中国统计出版社
通信地址/ 北京市西城区三里河月坛南街 75 号　中国统计出版社
邮　　编/ 100826
电　　话/ (010)63376907
印　　刷/ 河北省清河县印刷有限公司
经　　销/ 新华书店
开　　本/ 889×1194 毫米 1/16
字　　数/ 100 万字
印　　张/ 34 印张
印　　数/ 1—1000
版　　别/ 2006 年 8 月第 1 版
版　　次/ 2006 年 8 月第 1 次印刷
书　　号/ ISBN 7-5037-4961-X/F·2308
定　　价/ 220.00 元

《石家庄统计年鉴——2006》编委会

王　宣　石家庄市物价局局长
翟立献　石家庄市粮食局局长
王玉国　石家庄市旅游局局长
郭素芝　石家庄市中小企业局局长
杨秋贵　石家庄市外事侨务办公室主任
孙二喜　石家庄市法制办公室主任

《石家庄统计年鉴——2006》编辑部

总　　编：檀振英

副 总 编：王俊林　郄瑞山　杨芬朝　徐拥政　戴贻辉

执行总编：刘德忠　张富有

编　　辑：（以姓氏笔划为序）

王维娜　王瑞生　冯铁炮　刘　晋　刘银玲

吴丽娟　张　瑜　杨建波　杨喜梅　郑向军

费文涛　郭社发　郭秀峰　梁桂英　魏利兴

编　辑　说　明

一、《石家庄统计年鉴——2006》是一部大型统计信息资料工具书，是本《统计年鉴》创刊以来的第 10 卷。本书通过大量的统计数据真实记录了 2005 年石家庄经济、社会、科技的发展变化情况。本《统计年鉴》随着国家统计方法制度的改革，在指标口径和范围上做了相应的调整，但尽量在版本内容、指标体系等方面与前几年保持连贯性。

二、本《统计年鉴》内容包括：综合、从业人员及劳动报酬、固定资产投资及建筑业、能源消费、财政和金融、物价、居民生活、城市公用设施、农村经济、工业、贸易和外经、教育科技文化、体育卫生和民政等 13 部分内容。

三、本《统计年鉴》中使用的度量衡单位均采用国际统一标准计量单位。

四、本《统计年鉴》中符号使用说明："—"表示这一栏数据客观上不存在，或未列入统计内容或为 0，"#"表示其中项。

《石家庄统计年鉴》多年来承蒙社会各界的厚爱，对此我们深表感谢，欢迎广大读者继续使用我们的《统计年鉴》，同时欢迎对我们《统计年鉴》的编辑内容及排版提出您宝贵的意见，以利于我们进一步提高《统计年鉴》的编辑水平，更好地服务于广大读者。

《石家庄统计年鉴》编辑部

2006 年 7 月

石家庄市生产总值（亿元）

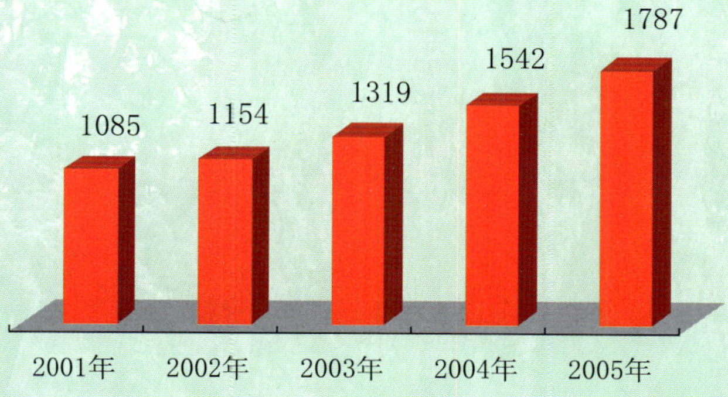

石家庄市生产总值增长速度（%）

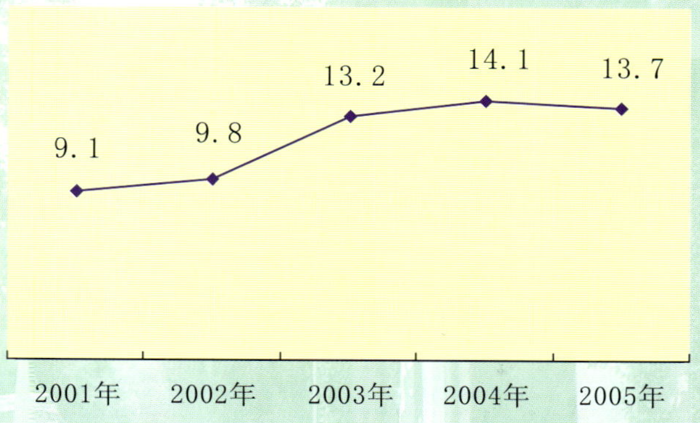

2005年三次产业构成

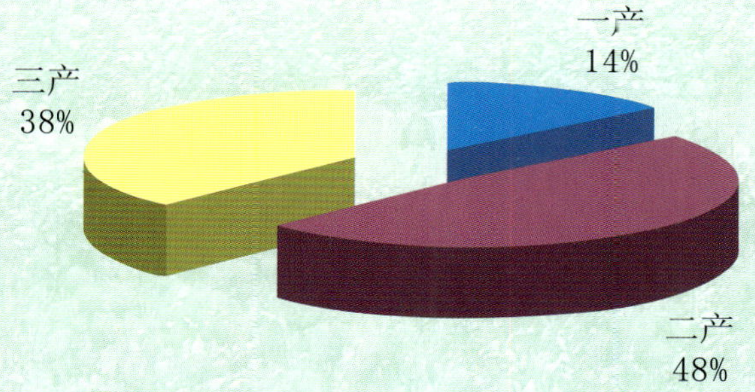

2004年三次产业构成

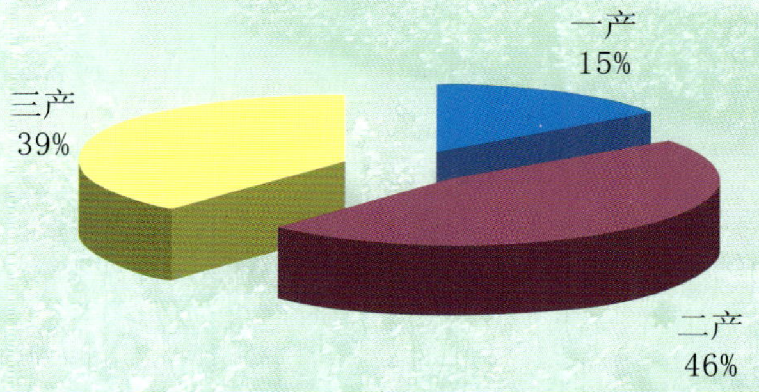

财政收入（亿元）

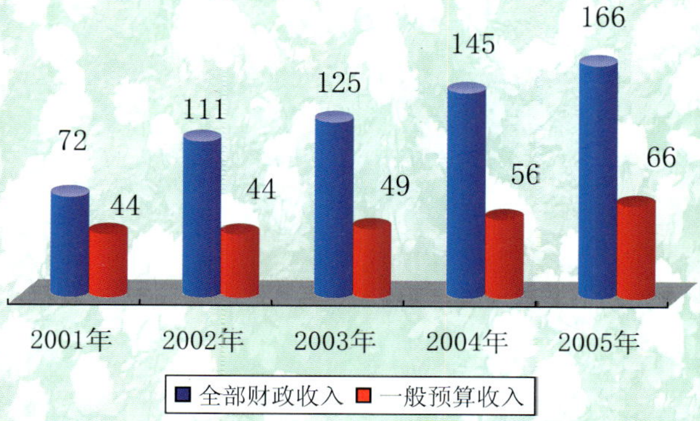

全部财政收入和一般预算收入增速（%）

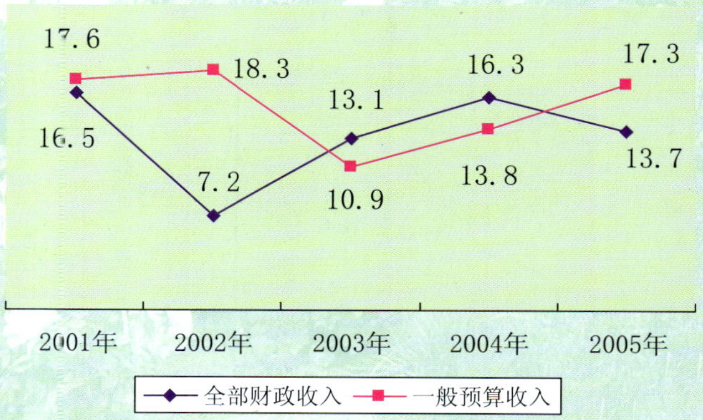

农林牧渔业总产值（亿元）

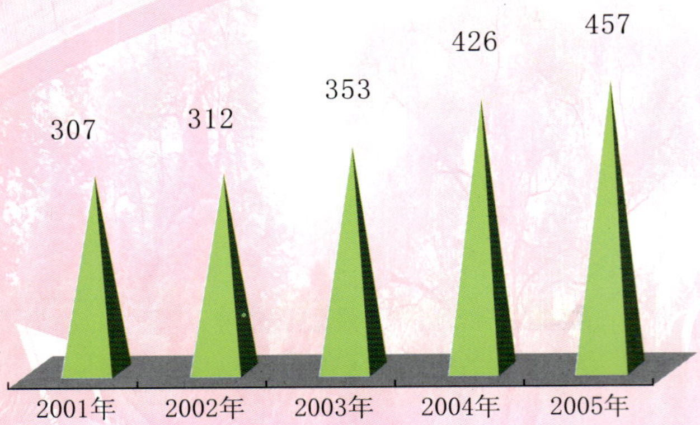

2005年农、林、牧、渔各业构成

（按总产值计算）

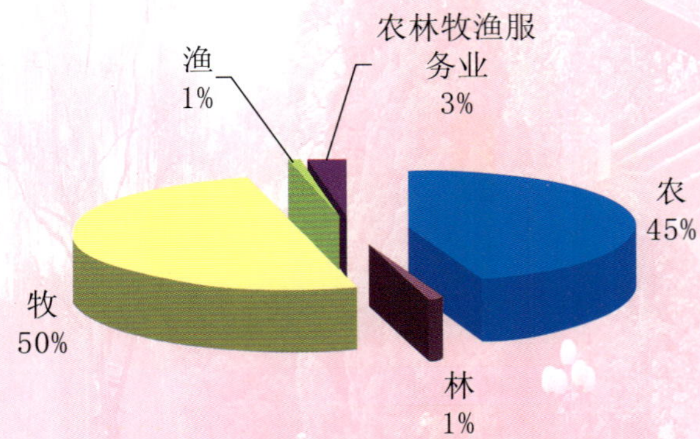

2004年农、林、牧、渔各业构成

（按总产值计算）

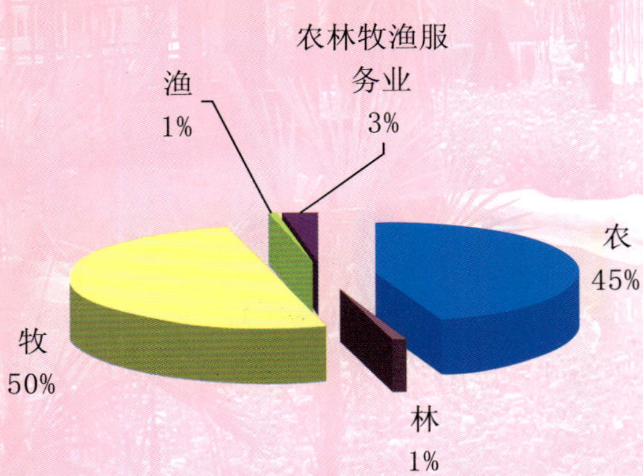

规模以上工业增加值（亿元）

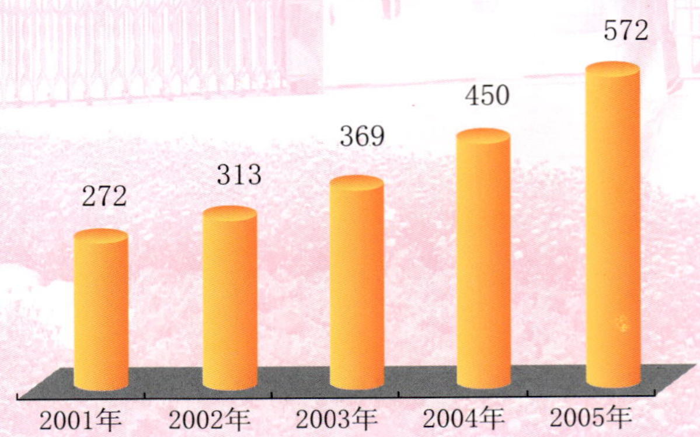

2005年规模以上工业分行业增加值比重

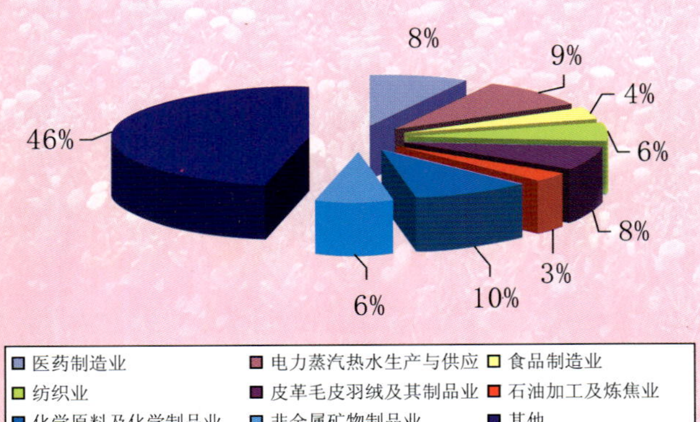

2004年规模以上工业分行业增加值比重

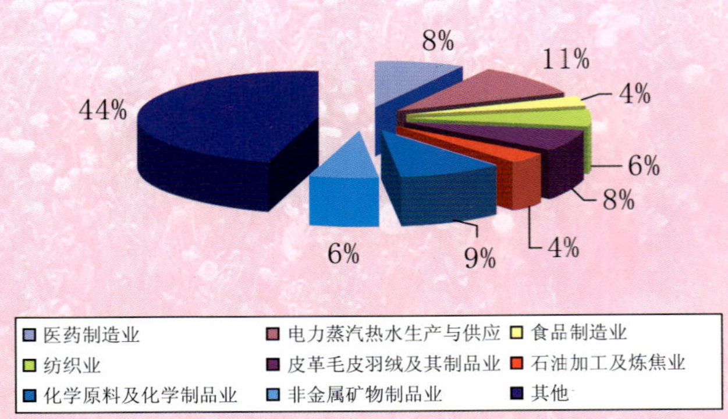

规模以上工业利税、利润（亿元）

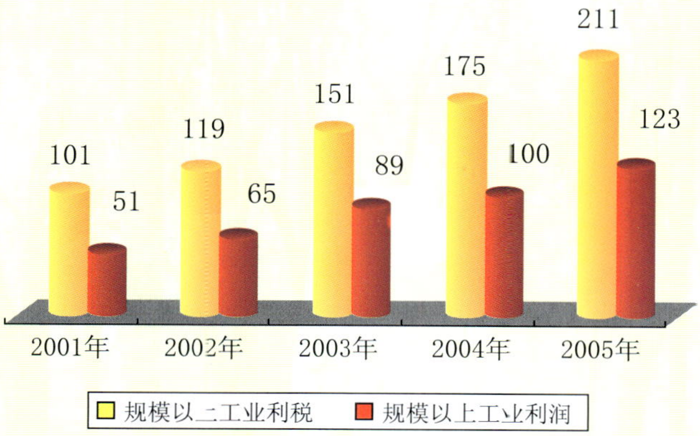

社会消费品零售总额（亿元）

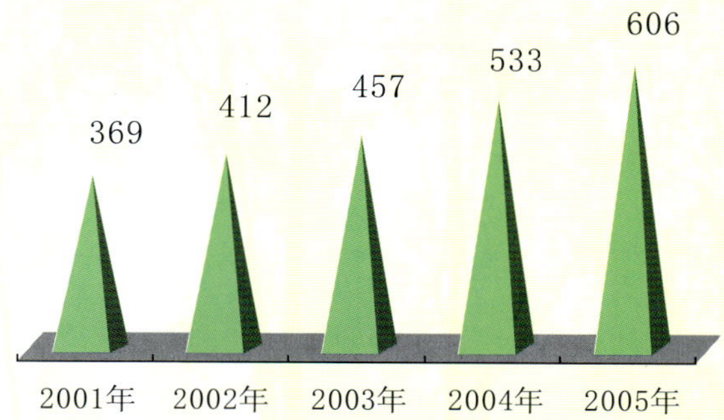

全社会固定资产投资和城镇固定资产投资（亿元）

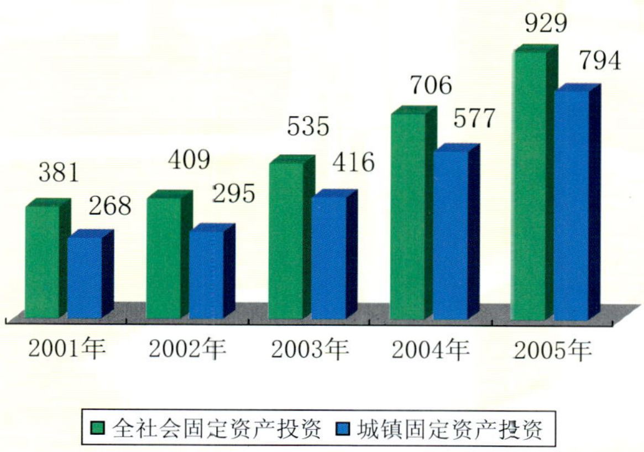

实际利用外资、直接利用外资（亿美元）

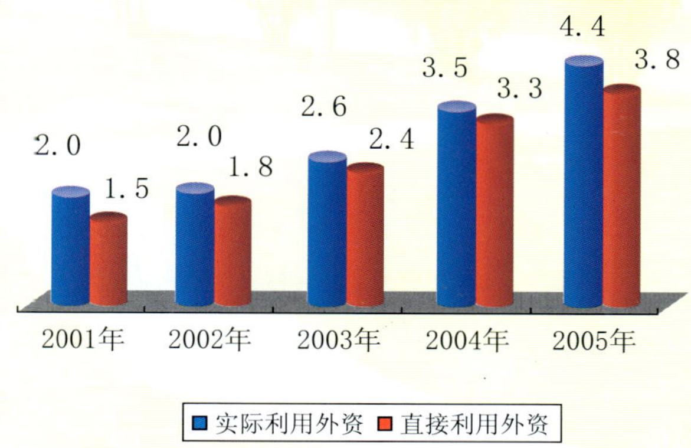

进出口总值与出口总值（亿美元）

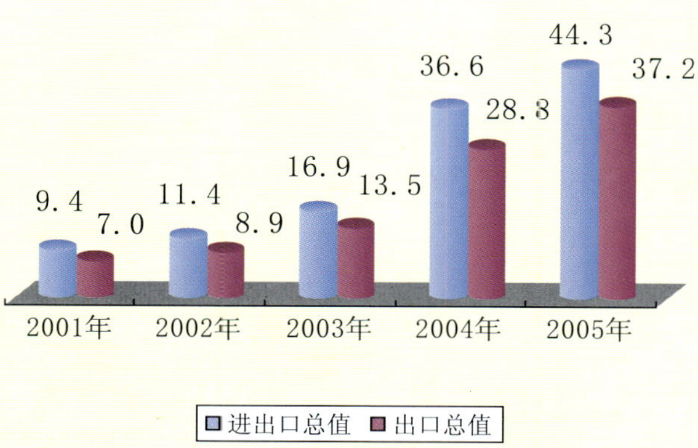

城市居民、农民人均纯收入（元）

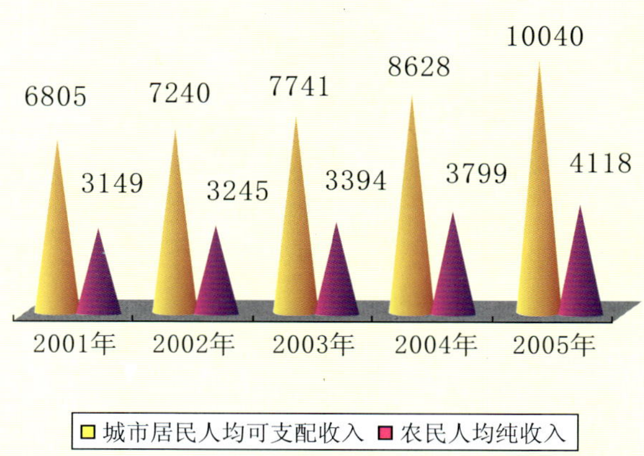

城市居民、农民人均消费支出（元）

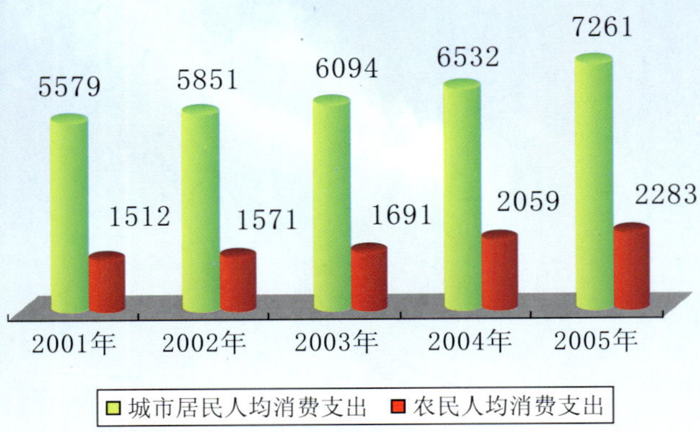

2005年城市居民人均消费支出构成

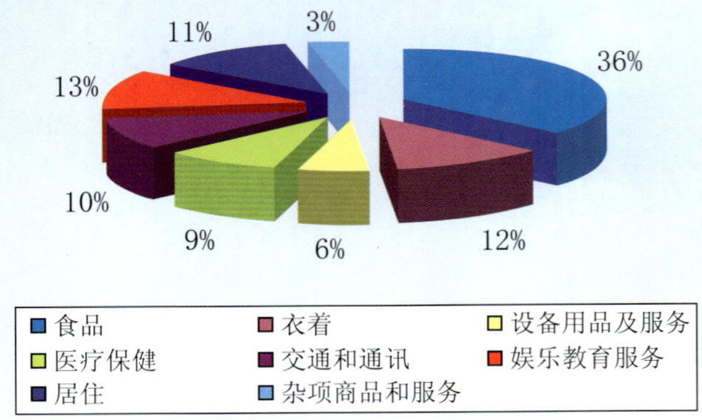

2005年农民人均消费支出构成

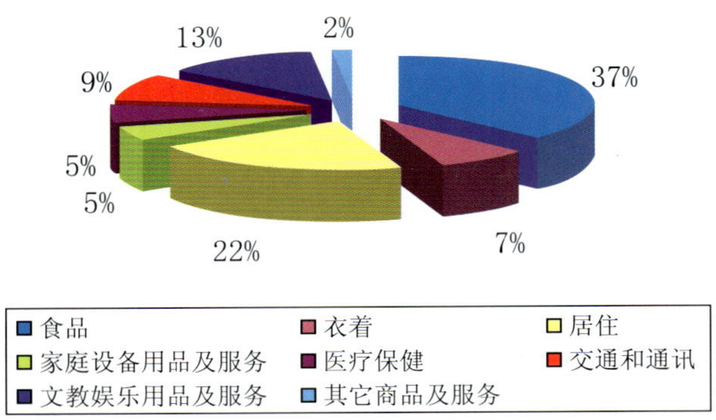

恩格尔系数（%）

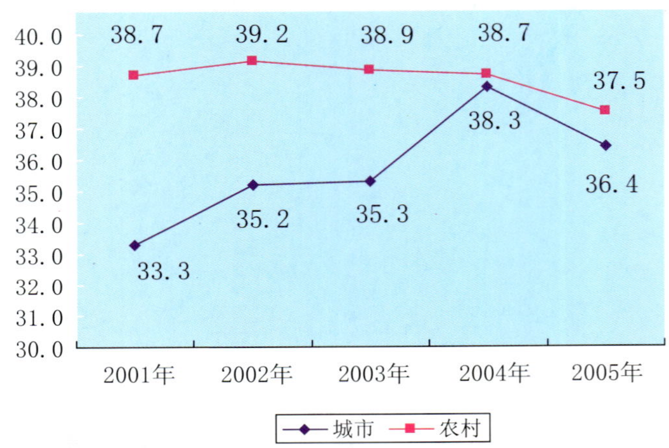

目　　录

一、综　　合

二、单位从业人员和劳动报酬

三、固定资产投资　建筑业

四、能　源　消　费

五、财　政　金　融

六、物　价

七、居　民　生　活

八、城市公用设施

九、农　村　经　济

十、工　业

十一、贸易　外经

十二、教育　科技　文化

十三、体育　卫生　民政

附　1996—2005年分县(市)区主要经济指标

石家庄市 2005 年
国民经济和社会发展统计公报

2006 年 2 月 15 日

2005 年，全市人民在市委、市政府的领导下，坚持以邓小平理论、“三个代表”重要思想和科学发展观为指导，积极落实国家和省一系列重大决策部署，紧紧围绕建设全省“首善之区”、构建“和谐石家庄”和率先在全省实现全面建设小康社会的目标，求真务实、开拓奋进，全市经济保持了平稳健康快速发展，各项社会事业取得长足进步。

一、综　　　　合

全市经济稳定较快增长，综合经济实力进一步增强。2005 年实现地区生产总值 1852 亿元，按可比价格计算，增长 13.6%，高于全国增速 3.7 个百分点，比全省增速高 0.2 个百分点。第一产业平稳增长，实现增加值 247 亿元，增长 5.5%；第二产业增速较快，实现增加值 927 亿元，增长 17.7%；第三产业实现增加值 673 亿元，增长 11.5%。人均 GDP 达到 20082 元，比上年增加 3215 元。

石家庄市生产总值（亿元）

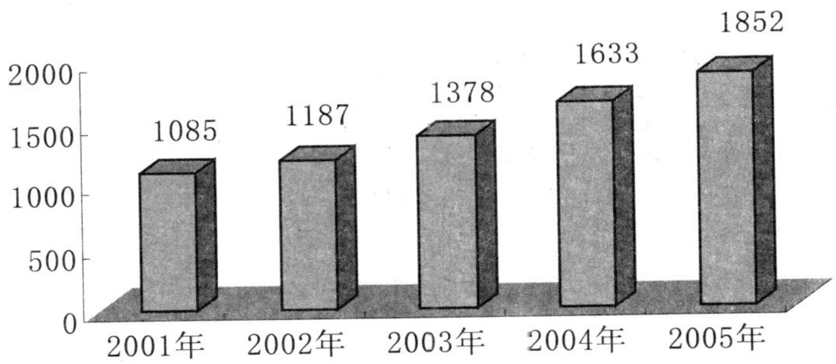

年末全市常住人口 927.3 万人，比上年增长 1.1%，其中市区 224.1 万人，增长 3.1%。人口向城镇快速聚集，城市化率达 42.8%，比上年提高 1.24 个百分点。全市人口出生率 12.55‰，死亡率 5.28‰，自然增长率 7.27‰。

年末全市城镇单位从业人员 87.1 万人，比上年减少 0.3%，其中在岗职工 85.5 万人，比上年减少 0.1%，全市在岗职工年平均工资为 14949 元，比上年增长 9.9%。年末市区单位从业人员为 55.7 万人，其中在岗职工 54.4 万人，在岗职工年平均工资为 17565 元，比上年增长 10.5%。

社会保障体系日益完善，参加各种保险职工逐年增加。年末全市各类企业在职职工及个体工商户共有 67.2 万人参加基本养老保险，比上年增加 3.6 万人；21.9 万名离退休人员参加基本养老保险社会统筹，比上年增加 1.4 万人；年末全市机关事业单位共有 12.8 万人参加基本养老保险,2.7万名离退休人员参加基本养老保险社会统筹,人数均比上年有所增加。城镇职工失业保险参保人数达85.3万人，失业保险覆盖率为95%。农村社会养老保险参保57.5万人。年末全市96.4万人参加了医疗保险,比上年增加25.5万人,增长36%,医疗保险覆盖率达83.7%,比上年提高了5.9个百分点。年末全市共有74470人享受城镇居民最低生活保障。

2005年,全市民营经济呈现快速发展的良好局面,成为推动全市经济持续快速发展的重要力量。全年民营经济实现增加值1011亿元,比上年增长17.5%,占全市GDP的比重达到54.5%;上缴税金70.6亿元,比上年增长27%,占全市财政收入的比重达到42.6%。

二、农　　业

国家各项惠农政策的实施,促进了农业生产的稳定发展。2005年全市农林牧渔业总产值457亿元,比上年增长5.4%,其中农业产值204亿元,增长4.5%,牧业产值231亿元,增长5.9%,农林牧渔服务业产值13亿元,增长10.3%。粮食生产再创历史最好水平,全年粮食总产量和亩产分别达到482.4万吨和439公斤,分别比上年增加了12.6万吨和6公斤。

农林牧渔业总产值和增加值（亿元）

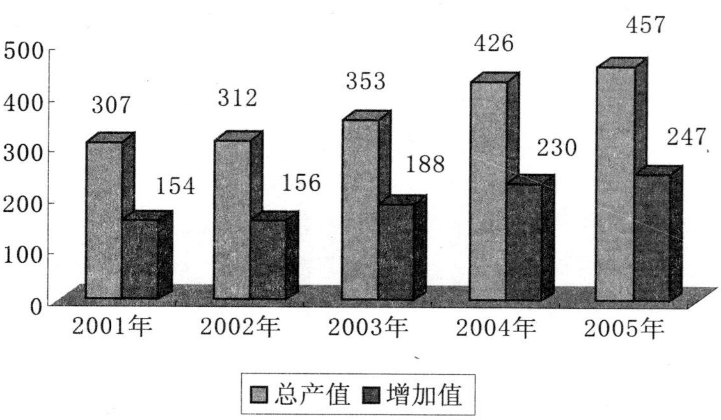

农业结构不断优化,产业化经营进一步增强,特色主导产业不断壮大,绿色农业、精品农业快速发展。畜牧业产值占农林牧渔业总产值的比重达50.6%,和上年持平。农业产业化经营率达到58%,比上年提高2个百分点。主要农产品产量如下:

产品名称	单位	2005年	比上年±%
粮　　食	万吨	482.4	2.7
油　　料	万吨	23.8	1.5
棉　　花	万吨	1.8	-13.8
蔬　　菜	万吨	1270.2	4.2
水　　果	万吨	236.2	2.4
肉类总产量	万吨	107.3	4.4

其中:猪　肉	万吨	65.8	4.7
禽　　蛋	万吨	103.3	6.0
奶　　类	万吨	74.0	14.6
水 产 品	万吨	2.9	3.8

农业机械化程度进一步提高,在平原地区基本普及,农业用电有较大增长。年末全市农业机械总动力为1803.9万千瓦,比上年增长0.35%。农用运输车43.3万辆,增长5.9%;大中型拖拉机1.7万台,增长9.2%。当年机耕面积48.6万公顷,比上年增长0.43%,机播面积59.7万公顷,增长4.2%,机收面积32.7万公顷,比上年下降0.9%。农村用电量51.5亿千瓦时,增长8.4%。农用化肥施用量(折纯)48.6万吨,增长0.23%。

三、工业和建筑业

2005年全市工业保持了上年较快增长的态势,并获得效益与生产基本同步增长的好局面。全市规模以上工业企业完成增加值620.7亿元,比上年增长22.9%,增速比上年略有回落,其中国有控股工业完成增加值213.3亿元,增长9.6%。工业产销衔接良好,经济效益稳步增长,亏损额减少,全市工业产销率达98.0%,全市规模以上工业实现利税212.6亿元,增长21.3%,比上年加快2个百分点,亏损企业亏损额下降18.0%。"药都"建设取得新成绩,成为国家3个生物产业基地之一。

规模以上工业增加值和利税（亿元）

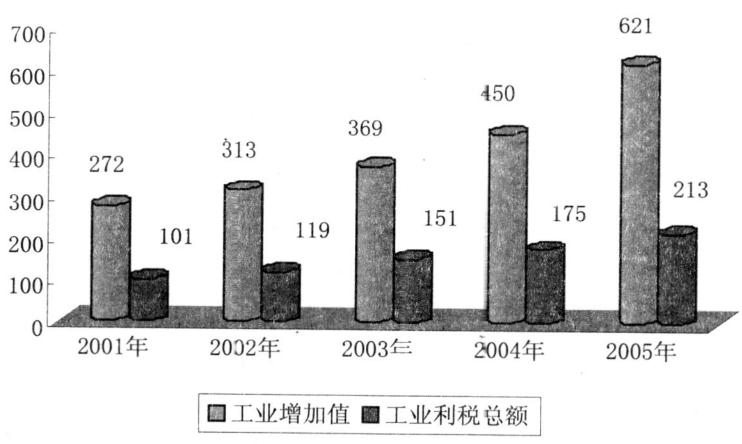

规模以上工业企业主要工业产品产量如下:

产品名称	单位	2005年	比上年±%
发电量	亿千瓦时	241.6	-1.7
原　　煤	万吨	115.9	-41.6
焦　　炭	万吨	253.2	24.2
原油加工量	万吨	362.4	10.6

合成氨	万吨	105.0	19.9
水泥	万吨	2981.8	-5.3
生铁	万吨	452.3	17.3
钢材	万吨	314.7	37.6
机制纸及纸版	万吨	50.4	38.9
化学原料药	万吨	27.6	16.3
服装	万件	7136.2	5.1
纱	万吨	19.7	14.8
棉布	万米	79923.9	22.6
乳制品	万吨	91.8	4.1
卷烟	亿支	176.2	2.1
交流电动机	万千瓦	420.0	-0.5
泵	万台	0.7	13.5
人造板	万立方米	438.6	13.4
合成洗涤剂	万吨	12.7	15.2

建筑业呈现较好的发展态势。年末全市建筑企业个数289个，全年完成总产值281亿元，比上年增长46.2%，其中建筑工程完成产值164亿元，比上年增长15.6%，竣工产值141亿元，增长17.1%。竣工面积811万平方米，比上年减少19.1%。

四、固定资产投资

2005年，全市继续落实国家宏观调控政策，加强重点项目建设投资，固定资产投资呈现较快增长。基础设施投资力度加大，投资同上年相比增速持平，投资结构得到优化，投资总量再创历史新高。全市全社会固定资产投资完成929亿元，比上年增长31.6%，其中城镇投资完成794亿元，增长38.3%。城镇投资中，第一产业完成投资16亿元，增长13.2%，第二产业完成投资355亿元，增长62.6%，比上年增速加快25.1个百分点；第三产业投资完成423亿元，增长23.8%，增速较上年有所回落。

全社会固定资产投资（亿元）

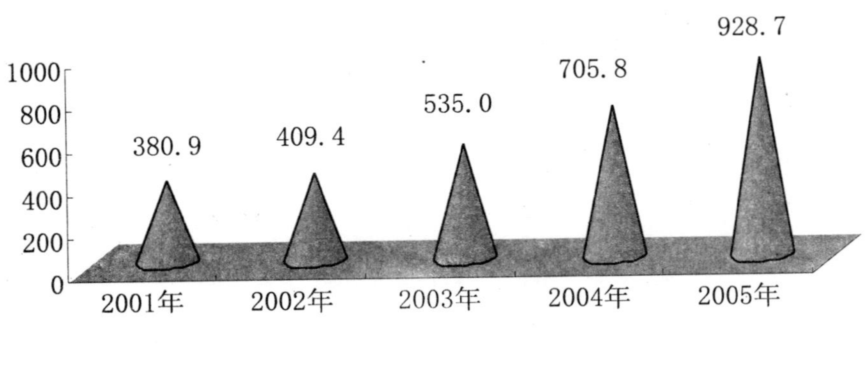

建设项目投资完成668亿元，增长38.3%；施工项目个数3330个，增长42.9%，新开工项目2745个，增长46.6%；房地产开发完成投资122亿元，增长38.7%，施工面积和竣工面积达到698万平方米和108万平方米，分别比上年增长26.3%和28.9%。

五、国内贸易和物价

在城乡居民收入增长加快情况下，居民购买力进一步增强，消费市场活跃。全年实现社会消费品零售总额606.2亿元，比上年增长15.0%。消费品市场保持较快增长，增速为近几年来较高水平。

住房相关需求增长幅度较大，居民用于建筑装潢材料类消费2.7亿元，增长69.6%；用于服装类消费29.9亿元，增长51.4%；用于化妆品类和金银珠宝类消费5.4亿元和2.9亿元，分别增长26.4%和26.5%；餐饮市场趋旺，零售额达到53.3亿元，比上年增长18.2%。

我市共有商品交易市场684个，其中消费品市场627个，生产资料市场57个，全年商品交易市场成交额达1153亿元，比上年增长1.2%。年成交额超亿元的市场达55个，其中南三条小商品市场和新华商贸中心成交额分别达到271.5亿元和271.8亿元，分别比上年增长25.7%和15.0%。

社会消费品零售总额（亿元）

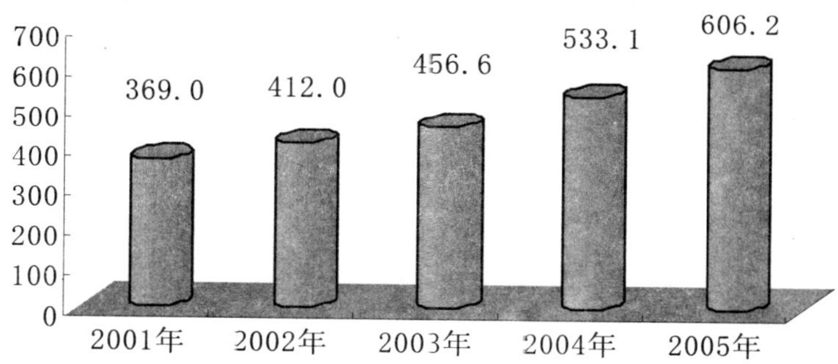

2005年全市居民消费价格比上年略有上升，涨幅同比回落1.7个百分点。原材料、燃料动力购进价格涨幅同比回落8.5个百分点，工业品出厂价格指数同比回落5.4个百分点。各类价格指数（以上年为100）如下：

指　　标	全　市	市　区	农　村
1.居民消费价格总指数	101.9	101.5	102.8
其中：食　　品	102.5	103.4	100.8
烟酒及用品	100.2	99.6	100.7
衣　　着	99.7	98.4	102.2
家庭设备用品及维修服务	99.2	98.4	101.3
医疗保健和个人用品	100.3	99.7	101.7
交通和通讯	99.1	98.3	101.3

娱乐教育文化用品及服务	104.7	102.5	108.3
居　　住	104.0	103.3	105.3
2.工业品出厂价格指数	102.4		
3.原材料、燃料、动力购进价格指数	107.6		
4.房地产价格指数	105.3		

六、对外开放和旅游

2005年全市进出口继续保持快速增长。全年外贸进出口总值达44.25亿美元，比上年增长20.8%，其中出口37.21亿美元，增长29.0%。在出口中，外商投资企业出口额8.63亿美元，增长25%，国有企业出口11.6亿美元，下降7.2%，集体企业出口2.5亿美元，增长33.3%。

出口总值（亿美元）

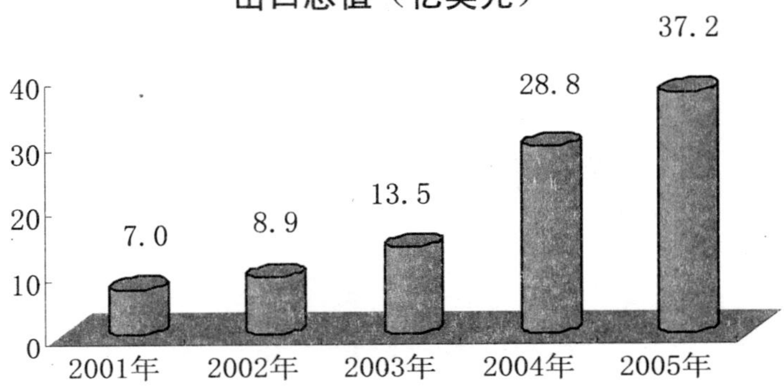

积极招商引资，利用外资内资有较大增加。年内新批准设立外商投资企业84个，新增合同总金额5.97亿美元，合同外资额1.97亿美元。年末实有三资企业个数581家。全市实际利用外资4.39亿美元，增长24.8%，其中直接利用外资3.84亿美元，增长16.1%。引进市外资金147亿元，比上年增加17亿元，增长13%。

旅游业发展良好，旅游收入稳定增长。全年共接待国际旅游人数7.43万人次，其中外国人6.81万人次，比上年增长均超过20%。国际旅游创汇收入2150万美元，比上年增长20%；全年接待国内旅游人数1600万人次，旅游总收入73亿元，比上年分别增长11%和12%。

七、财　政、金　融

在经济健康发展的基础上加强税收征管力度，财政保持持续稳定增长。全部财政收入完成165.6亿元，增长13.7%，其中一般预算收入完成65.9亿元，增长13.8%。在全部税收中，增值税完成68.1亿元，增长14.8%；营业税完成24.0亿元，增长16.4%；企业所得税完成21.3亿元，增长10.5%；个人所得税完成14.7亿元，增长15.5%。全市一般预算支出106.9亿元，增长14.9%，其中企业挖潜改造资金支出2.6亿元，增长30.1%；科技三项费用支出1.7亿元，增长23.2%；城市维护费支出6.3亿元，增长22.4%；抚恤和社会福利救济费支出4.2亿元，增长23.2%。全市向低保人员和下岗职工发放补助和生活费1.8亿元，向企业离退休人员发放养老金16.4亿元，保障了特殊社会群体的资金需要，维护了社会的和谐、稳定发展。

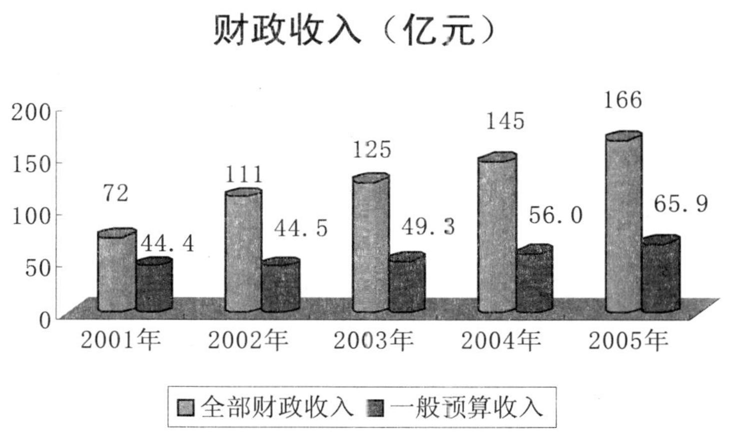

金融秩序稳定，存、贷款余额继续增加。年末全市金融机构存款余额2574亿元，比年初增加337亿元，增长15.1%。城乡居民储蓄存款余额继续增加，年末城乡居民储蓄存款余额1355亿元，比年初增加166亿元，增长13.9%。金融机构贷款余额1561亿元，比年初增加156亿元，增长11.1%。

八、科学技术和教育

积极贯彻落实科学发展观，大力推进科技创新。全年取得科技成果210项，比上年增加53项，其中达到国际领先水平2项，达到国际先进水平35项，国际领先和先进水平的科技成果比上年增加了4项；达到国内领先水平136项，国内先进水平24项，分别比上年增加了45项和减少4项。全年获省级科技进步奖45项，增加11项，市科技进步奖79项，与上年相当。全年申请专利1458项，授权856项，分别比上年增长10.1%和11.3%。

高新技术产业开发区实现快速发展。全年实现生产总值103亿元，比上年增长27.8%；完成营业总收入390亿元，增长32.3%；出口创汇2.1亿美元，增长25.7%；实现利税32亿元，增长30.1%；财政收入10亿元，增长30.6%；引进内、外资项目28个，项目总投资23亿元；实际利用外资5016万美元。

基础教育进一步巩固提高，中等职业教育发展迅速，高等学校在保持招生规模基础上提高教育水平。全市共有普通高等院校38所，招生7.3万人，在校生23.6万人，毕业生5.8万人，增加1万人。全市普通中学660所，招生24.8万人，在校生76.1万人，招生和在校生分别减少0.9万人和3.9万人，毕业生27.0万人，增加0.1万人。中等职业学校145所，增加24所，招生6.8万人，在校生17.3万人，毕业生4.8万人，分别比上年增加1.5万人、2.7万人和0.7万人。小学2688所，招生9.8万人，在校生71.6万人，毕业生16.3万人，在校生和毕业生都有所减少。学龄儿童入学率99.8%。全市幼儿园621所，比上年增加103所，在园人数14.9万人，增加1.8万人。

九、文化、卫生和体育

文化事业有所发展。全市共有艺术表演团体19个，艺术表演场所19个。文化馆、群艺馆24个，公共图书馆21个。广播综合覆盖率99.3%，电视综合覆盖率99.2%，比上年均有小幅增加。

卫生事业发展较快，医生、床位数均比上年增加。全市共有医疗卫生机构（含诊所）1611个，其中医院117个，疾病预防控制中心（防疫站）25个，妇幼保健院（所、站）25个。年末卫生机构实有床位2.53万张，其中医院拥有床位1.93万张，比上年增加0.13万张。全市拥有卫生技术人员3.37万人，其中执业医师1.31万人，增加0.11万人。

体育事业取得较好成绩，全民健身运动继续普及。全市举办、承办市级以上运动会21项，参加运动会的运动员2万人次。我市选手在省级以上比赛中共获金牌179枚，银牌153枚，铜牌122枚。年末全市拥有健身路径763条，比上年增加103条。

十、城市建设和环境保护

城市建设日新月异。裕华路改造和槐安路高架桥建成并全线通车，使城市道路交通体系得到完善，全年新建、续建和大修城市道路，整修小街巷，交通状况明显好转。市政配套设施逐步完善。年末城市道路总长度781.1公里，道路面积1093.6万平方米，比上年都有较大的增加；排水管道长度达981公里。我市有水厂8座，日产水能力80万立方米，管线总长度1200公里，全年供水量1.65亿立方米。

城市公用事业继续较快发展。年内新增天然气用户1.6万户，煤气用户1.6万户。供热管道总长度550公里，比上年增加50公里，城市集中供热面积达4580万平方米，比上年增加了350万平方米。城市公共汽车营运线路达84条，营运车辆1789辆，营运线路长1095公里，年客运总量2.66亿人次，均比上年有所增加。

环境保护和治理成效显著，市区绿化美化工作取得新进展，形成市区见蓝天，处处有绿地的良好现象。2005年市区空气综合污染指数为2.77。市区二级以上优、良天气达283天，优、良天气达全年77.5%。年末全市有环境监测站14个，烟尘控制区6个，烟尘控制达标面积422平方公里。全市工业烟尘排放达标率99.5%，工业企业废水排放达标率98.9%，工业固体废物处置利用率92.9%。园林绿化再上新台阶，年末城市公园35个，公园面积593公顷；城市园林绿地面积4899公顷，园林绿化覆盖面积5444公顷，分别增加533公顷和500公顷；人均公共绿地面积7.6平方米，比上年增加0.5平方米。

十一、人　民　生　活

2005年，城市居民收入增长较快、农民收入稳步增长，居民生活质量提高，居住条件得到改善。市区城市居民人均可支配收入首次突破万元，达到10040元，增长16.4%，增速比上年提高5个百分点，增长速度为近年来最高，人均消费支出7261元，增长11.2%，居民用于衣着、医疗保健及教育文化娱乐方面的支出比上年增长较多，分别为25%、23%和18%。农民人均纯收入为4118元，增长8.4%，增长速度比上年有所回落，但也是近年来较高的增长速度。

城市居民收入和农民纯收入（元）

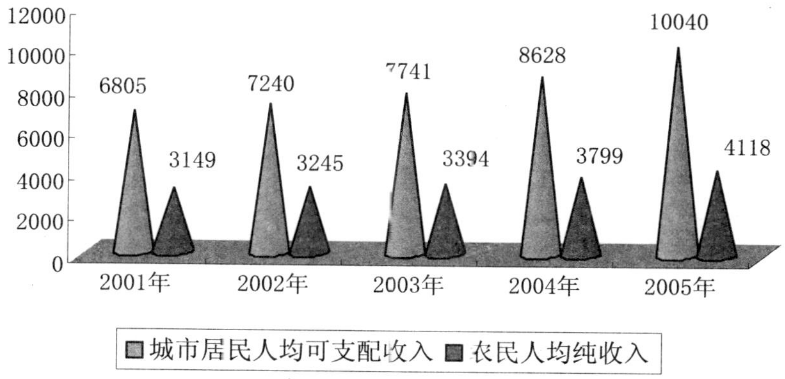

居民生活质量进一步提高，居民住户抽样调查显示，截止2005年末，市区城镇居民家庭每百户拥有彩电122台，电冰箱、冰柜114台，洗衣机95台，空调器116台，家用汽车3辆，钢琴1架，移动电话117部，家用电脑43台，除彩电、洗衣机和钢琴外均比上年有所增加；农村居民百户拥有彩电100台，洗衣机80台，移动电话55部，电脑2台，空调13台，电冰箱35台，也都有所增加。

城乡居民住房条件明显改善。城市居民人均住房使用面积21.5平方米，比上年增加3.3平方米；农民人均住房面积35.6平方米，比上年增加1.2平方米。

注：本统计公报使用的2005年统计数据都是2005年年快报数据。年快报数据是为各级政府决策需要，从基层报上来的主要经济、社会统计指标。因为统计时间早，在统计核算上没有正式年报细，统计分组也没有正式年报多。年快报数据虽与正式年报数不同，但没有大的差别。

统计名词解释

农业普查：根据国家新的普查项目和周期安排，农业普查每10年进行一次，逢6年份实施，我国在1997年进行了第一次全国农业普查，2006年底将开展第二次全国农业普查。这次普查的标准时点为2006年12月31日，时期资料为2006年度。普查范围和对象是在中华人民共和国境内从事农业生产经营和服务的单位、农村住户、从事农业生产经营活动的非农村住户、行政村和乡镇。普查方案设计考虑的原则主要有：坚持国际一般标准与中国实际相结合；坚持普查与常规统计调查相结合；兼顾需求与可能，要有可操作性；兼顾历史与现实，要有连续性。

居民消费价格指数：是反映居民购买生活消费品和服务项目的价格变化趋势和变动幅度的统计指标。调查范围既包括居民日常生活需要的各类消费品价格，也包括多种与人民生活密切相关的服务项目，如水、电、交通、教育、医疗等收费价格。

按照国家标准，把居民消费价格分为食品、烟酒及用品、衣着、家庭设备用品及服务、医疗保健及个人用品、交通和通信、娱乐教育文化用品及服务、居住等八大类，根据城乡居民消费模式、消费习惯和抽样调查原理，选取代表商品和服务项目，采取定人、定时、定点的直接调查方式，派专职调查员到不同类型、不同规模的商店和农贸市场现场采集价格资料，由市城调局录入计算机，按照国家统一规定的计算方法编制出居民消费价格指数。

景气指数：亦称景气度，是反映某一特定调查群体或某一社会经济现象所处的状态或发展趋势的统计指标。景气指数介于0和200之间，100为景气指数的临界值；当景气指数大于100时，表明经济状况趋于上升或改善，处于景气状态；当景气指数小于100时，表明经济状况趋于下降或恶化，处于不景气状态。目前从企业角度计算的景气指数包括企业景气指数和企业家信心指数两大类。

①企业景气指数：亦称企业综合生产经营景气指数，是根据企业家对本企业综合生产经营情况的判断与预期而编制的指数，用以综合反映企业的生产经营状况。②企业家信心指数，亦称宏观经济景气指数，是根据企业家对企业外部市场经济环境与宏观政策的认识、看法、判断与预期而编制的指数，用以综合反映企业家对宏观经济环境的感受与信心。调查方法采用抽样调查方式，在对企业家直接进行问卷调查基础上，按照国家统一规定的计算方法编制而得。

恩格尔系数：是19世纪德国统计学家恩格尔根据统计资料得出的消费结构的变化规律：一个家庭的收入越少，家庭收入（或总支出）中用来购买食物的支出所占的比重就越大，随着家庭收入的增加，这个比重则会下降。国际上常常用它来衡量一个国家或地区人民生活水平的状况。

计算公式为：恩格尔系数 = 食物支出金额/生活消费总支出金额。

一、综　合

行政组织机构及土地面积

1—1

（2005年）

行政单位	镇政府（个）	乡政府（个）	街道办事处（个）	居民委员会（个）	村民委员会（个）	城镇社区服务设施（个）	土地面积（平方公里）
石家庄市	**120**	**103**	**49**	**589**	**4 423**	**4 582**	**15 848**
市区合计	10	5	48	455	102	4 471	456
#长安区	3	—	8	60	33	1 128	—
桥东区	1	—	9	66	1	1 089	—
桥西区	—	1	11	94	16	1 170	—
新华区	2	2	11	97	27	930	—
裕华区	2	1	7	63	25	49	—
矿区	2	1	2	75	—	105	—
井陉县	10	7	—	4	318	1	1 381
正定县	4	5	—	15	174	—	470
栾城县	5	3	—	9	182	8	345
行唐县	4	11	—	8	330	—	1 025
灵寿县	6	9	—	3	279	—	1 546
高邑县	1	4	—	9	107	—	211
深泽县	2	4	—	3	125	—	286
赞皇县	2	9	—	7	212	—	1 210
无极县	6	5	—	4	213	—	524
平山县	12	11	—	7	717	—	2 951
元氏县	6	9	—	4	208	—	849
赵县	7	4	—	9	281	11	714
辛集市	8	7	—	15	344	25	1 100
藁城市	13	1	—	6	239	2	836
晋州市	8	2	—	10	224	—	716
新乐市	8	3	1	10	160	64	625
鹿泉市	8	4	—	11	208	—	603

人口及其变动情况

1—2　　　　(2005年)　　　　计量单位：人

行政单位	总户数（户）	年末总人口	总人口中：		性别	
			非农业人口	未落常住户口人员	男	女
石家庄市	**2 558 823**	**9 273 045**	**3 675 671**	**25 116**	**4 685 018**	**4 588 027**
市区合计	571 663	2 241 451	2 241 451	18 471	1 116 811	1 124 640
长安区	109 563	416 907	416 907	43	206 651	210 256
桥东区	87 735	330 671	330 671	26	170 317	160 354
桥西区	112 694	465 997	465 997	6 379	231 173	234 824
新华区	122 372	477 296	477 296	7 317	235 249	242 047
裕华区	110 083	453 395	453 395	4 699	222 220	231 175
矿区	29 216	97 185	97 185	7	51 201	45 984
井陉县	103 031	320 305	69 732	783	164 626	155 679
正定县	122 835	438 949	105 510	342	217 979	220 970
栾城县	88 771	321 482	76 175	528	162 685	158 797
行唐县	124 465	416 772	59 781	191	210 657	206 115
灵寿县	91 447	312 235	68 823	138	158 901	153 334
高邑县	48 994	175 427	48 393	—	89 864	85 563
深泽县	72 114	247 774	34 727	463	126 090	121 684
赞皇县	66 564	230 570	28 626	30	119 840	110 730
无极县	134 931	485 057	72 908	228	246 388	238 669
平山县	133 433	449 828	64 375	759	232 977	216 851
元氏县	92 067	391 623	73 732	5	200 345	191 278
赵县	145 774	556 124	50 803	229	284 228	271 896
辛集市	186 127	610 048	201 055	1 687	306 755	303 293
藁城市	201 594	746 197	204 732	740	374 690	371 507
晋州市	142 955	517 205	70 240	—	262 908	254 297
新乐市	120 520	453 325	117 333	169	229 176	224 149
鹿泉市	111 538	358 673	87 275	353	180 098	178 575

1—2 续表 1　　(2005 年)　　计量单位:人

行政单位	总人口中:			
	18岁以下	18—35岁	35—60岁	60岁以上
石家庄市	**2 085 493**	**2 658 116**	**3 394 650**	**1 134 786**
市区合计	372 403	820 594	775 065	273 389
长安区	69 843	137 206	149 663	60 195
桥东区	48 563	115 995	122 124	43 989
桥西区	72 944	188 676	152 148	52 229
新华区	82 090	175 891	163 482	55 833
裕华区	80 178	182 473	145 702	45 042
矿区	18 785	20 353	41 946	16 101
井陉县	79 445	70 895	126 434	43 531
正定县	102 839	117 611	166 130	52 369
栾城县	82 210	82 782	118 920	37 570
行唐县	107 104	109 490	150 997	49 181
灵寿县	79 514	80 032	115 517	37 172
高邑县	41 124	46 490	67 590	20 223
深泽县	56 646	64 258	94 478	32 392
赞皇县	54 205	67 797	83 046	25 522
无极县	116 030	132 854	178 904	57 269
平山县	104 868	114 890	172 780	57 290
元氏县	107 586	101 097	141 011	41 929
赵县	138 655	148 576	190 454	78 439
辛集市	130 533	150 750	242 668	86 097
藁城市	186 896	189 607	280 539	89 155
晋州市	124 148	135 897	194 279	62 881
新乐市	121 579	131 047	156 608	44 091
鹿泉市	79 708	93 449	139 230	46 286

1—2续表2　　　　（2005年）　　　　计量单位：人

行政单位	年出生人口	男	女	年死亡人口	男	女
石家庄市	**115 794**	**60 490**	**55 304**	**48 401**	**27 139**	**21 262**
市区合计	19 801	10 216	9 585	6 392	3 565	2 827
长安区	3 548	1 826	1 722	1 469	798	671
桥东区	2 472	1 313	1 159	980	531	449
桥西区	4 273	2 224	2 049	1 171	647	524
新华区	4 173	2 150	2 023	1 301	700	601
裕华区	4 550	2 316	2 234	1 072	598	474
矿区	785	387	398	399	291	108
井陉县	4 723	2 477	2 246	1 459	808	651
正定县	5 459	2 719	2 740	2 820	1 618	1 202
栾城县	4 556	2 431	2 125	1 697	870	827
行唐县	6 242	3 261	2 981	1 663	937	726
灵寿县	4 360	2 229	2 131	1 584	891	693
高邑县	2 627	1 461	1 166	1 310	756	554
深泽县	3 491	1 817	1 674	1 404	807	597
赞皇县	3 586	1 974	1 612	1 372	812	560
无极县	6 330	3 387	2 943	3 407	1 928	1 479
平山县	6 493	3 287	3 206	2 649	1 485	1 164
元氏县	5 281	2 837	2 444	2 085	1 224	861
赵县	7 125	3 848	3 277	3 692	2 069	1 623
辛集市	6 652	3 448	3 204	4 323	2 360	1 963
藁城市	9 461	4 885	4 576	4 832	2 719	2 113
晋州市	7 143	3 787	3 356	3 162	1 742	1 420
新乐市	8 278	4 279	3 999	2 706	1 504	1 202
鹿泉市	4 186	2 147	2 039	1 844	1 044	800

1—2 续表 3　　(2005 年)　　计量单位:人

行政单位	迁入人口	省内迁入	省外迁入	迁出人口	迁往省内	迁往省外
石家庄市	**151 024**	**122 406**	**28 618**	**110 642**	**80 241**	**30 401**
市区合计	114 098	93 688	20 410	49 325	34 519	14 806
长安区	12 289	10 284	2 005	6 040	3 617	2 423
桥东区	15 958	12 084	3 874	7 005	3 060	3 945
桥西区	31 101	26 837	4 264	11 480	8 733	2 747
新华区	27 136	21 950	5 186	15 047	12 668	2 379
裕华区	26 774	21 827	4 947	9 340	6 202	3 138
矿区	840	706	134	412	239	173
井陉县	1 108	861	247	3 422	2 869	553
正定县	3 859	3 250	609	4 405	3 487	918
栾城县	1 332	986	346	1 275	891	384
行唐县	1 663	1 375	288	2 817	2 039	778
灵寿县	1 350	1 084	266	2 958	2 290	668
高邑县	719	582	137	2 127	1 426	701
深泽县	640	477	163	2 074	1 633	441
赞皇县	1 161	1 005	156	1 923	1 441	482
无极县	2 229	1 471	758	4 102	2 733	1 369
平山县	1 703	1 347	356	2 904	2 265	639
元氏县	1 498	1 269	229	3 288	2 573	715
赵县	2 870	2 138	732	5 116	3 678	1 438
辛集市	4 765	3 749	1 016	7 784	5 546	2 238
藁城市	3 775	2 988	787	5 665	4 337	1 328
晋州市	1 354	1 040	314	4 240	3 120	1 120
新乐市	1 828	961	867	2 824	1 863	961
鹿泉市	5 072	4 135	937	4 395	3 531	864

非农业人口及其变动情况

1—3　（2005 年）　计量单位：人

行政单位	年末非农业人口	增加非农业人口	出生	非农业人口迁入	农业人口转非农业人口
石家庄市	**3 675 671**	**323 257**	**35 880**	**110 532**	**32 777**
市区合计	2 241 451	218 952	19 686	95 806	14 927
长安区	416 907	24 900	3 523	11 921	—
桥东区	330 671	27 904	2 472	15 410	—
桥西区	465 997	56 308	4 267	21 059	9 002
新华区	477 296	54 253	4 167	20 684	5 609
裕华区	453 395	53 099	4 476	26 263	—
矿区	97 185	2 488	781	469	316
井陉县	69 732	1 414	686	306	225
正定县	105 510	3 513	1 547	505	1 444
栾城县	76 175	1 820	898	630	219
行唐县	59 781	2 174	743	647	464
灵寿县	68 823	3 774	827	779	2 039
高邑县	48 393	1 379	764	429	186
深泽县	34 727	1 073	377	442	64
赞皇县	28 626	1 368	328	588	452
无极县	72 908	2 475	677	478	1 300
平山县	64 375	1 982	528	884	351
元氏县	73 732	1 699	1 042	576	22
赵县	50 803	5 239	714	553	3 941
辛集市	201 055	60 662	1 668	3 750	2 893
藁城市	204 732	5 206	2 101	1 502	1 089
晋州市	70 240	1 902	604	821	437
新乐市	117 333	4 857	1 729	752	1 464
鹿泉市	87 275	4 768	961	1 084	1 260

1—3 续表　　(2005 年)　　计量单位：人

行政单位	农转非中：投靠亲属	农转非中：落户小城镇	减少非农业人口	死亡	非农业人口迁出
石家庄市	**2 336**	**3 600**	**185 941**	**11 888**	**67 515**
市区合计	1 311	—	150 268	6 392	48 285
长安区	—	—	18 924	1 469	5 875
桥东区	—	—	18 283	980	6 835
桥西区	646	—	40 373	1 171	11 157
新华区	429	—	39 803	1 301	14 908
裕华区	—	—	30 654	1 072	9 190
矿区	236	—	2 231	399	320
井陉县	25	27	1 335	247	937
正定县	200	89	3 717	656	1 732
栾城县	122	—	659	402	227
行唐县	10	—	962	102	546
灵寿县	6	—	1 163	190	742
高邑县	32	—	1 082	276	736
深泽县	14	47	786	91	568
赞皇县	—	112	247	28	202
无极县	110	87	1 857	414	1 406
平山县	9	293	962	260	537
元氏县	—	—	1 219	198	979
赵县	8	—	593	69	509
辛集市	120	2 319	4 607	429	3 861
藁城市	238	116	3 818	1 041	2 065
晋州市	—	429	6 528	369	934
新乐市	102	—	1 937	358	855
鹿泉市	29	81	4 201	368	2 394

全市人口年龄情况

1—4　　（2005年）　　计量单位：人

年　　龄	人口数	#男	年　　龄	人口数	#男
总　　计	**9 273 045**	**4 685 018**			
不满1岁	80 881	42 711	28	111 531	56 834
1	91 815	49 052	29	111 621	56 382
2	71 319	38 257	30	108 075	54 343
3	90 183	48 153	31	116 049	58 140
4	84 758	45 225	32	133 690	66 508
5	87 955	46 674	33	154 240	77 908
6	79 820	41 902	34	166 874	84 216
7	81 528	42 776	35	184 492	93 937
8	80 471	42 449	36	164 193	83 474
9	86 484	45 351	37	172 879	86 425
10	97 411	51 044	38	141 693	71 841
11	110 106	57 898	39	160 259	80 713
12	131 458	68 189	40	170 881	85 745
13	141 532	73 352	41	168 589	85 200
14	147 926	77 705	42	204 819	103 230
15	185 030	95 449	43	138 769	70 469
16	211 658	108 564	44	83 050	41 848
17	225 158	113 848	45	113 325	58 353
18	243 853	123 437	46	119 400	61 074
19	205 556	103 109	47	140 708	72 304
20	187 555	92 607	48	146 241	74 676
21	175 281	87 590	49	145 284	73 967
22	174 632	88 590	50	142 445	72 995
23	196 580	98 854	51	136 571	68 890
24	175 515	88 520	52	130 552	66 080
25	142 697	72 587	53	127 859	64 350
26	130 900	66 227	54	118 106	59 101
27	123 467	62 224	55	113 733	57 544

1—4 续表　　（2005 年）　　计量单位:人

年　　龄	人口数	#男	年　　龄	人口数	#男
56	104 673	52 493	85	9 959	3 703
57	90 057	44 622	86	8 173	3 166
58	90 424	45 711	87	6 421	2 217
59	85 648	42 811	88	5 468	1 970
60	80 465	40 594	89	4 089	1 398
61	64 503	32 227	90	3 162	962
62	61 002	30 775	91	2 609	881
63	63 574	31 514	92	1 884	606
64	60 311	30 180	93	1 358	434
65	57 185	28 497	94	1 095	326
66	53 493	26 477	95	909	261
67	57 158	28 717	96	643	179
68	56 839	28 589	97	406	117
69	53 201	26 431	98	271	67
70	53 512	25 523	99	185	60
71	46 477	22 381	100	115	29
72	47 904	23 332	101	74	23
73	45 152	21 459	102	51	13
74	40 330	19 337	103	28	3
75	40 635	18 777	104	15	3
76	34 378	15 772	105	9	5
77	32 381	14 493	106	3	—
78	28 938	12 830	107	2	1
79	24 369	10 834	108	—	—
80	23 700	10 154	109	—	—
81	19 360	8 075	110	1	—
82	17 276	6 922	111	1	—

人口分民族情况

1—5　　(2005年)　　计量单位:人

民族	全市	#市区	民族	全市	#市区
总计	**9 273 045**	**2 241 451**			
汉族	9 185 986	2 191 845	景颇族	2	2
蒙古族	3 578	3 022	柯尔克孜族	4	—
回族	52 344	20 528	土族	29	12
藏族	402	342	达尔斡族	99	79
维吾尔族	37	23	仫佬族	17	8
苗族	700	318	羌族	32	14
彝族	370	132	布朗族	2	—
壮族	975	542	撒拉族	3	1
布依族	218	102	毛难族	1	—
朝鲜族	779	717	仡佬族	30	14
满族	24 747	22 362	锡伯族	146	122
侗族	222	161	塔吉克族	1	—
瑶族	131	85	普米族	6	—
白族	328	135	怒族	5	2
土家族	943	607	俄罗斯族	23	9
哈尼族	43	14	鄂温克族	11	10
哈克萨族	2	2	保安族	1	—
傣族	66	21	裕固族	1	1
黎族	172	80	京族	4	2
傈僳族	256	4	塔塔尔族	1	—
佤族	17	3	鄂伦春族	11	7
畲族	31	31	赫哲族	6	6
高山族	9	9	门巴族	2	2
拉祜族	40	9	珞巴族	3	3
水族	14	9	基诺族	3	1
东乡族	2	2	其他未识别民族	28	22
纳西族	160	27	外国人加入中国籍	2	2

计划生育基本情况

1—6

(2005年)

计量单位:人

行政单位	一孩人数	二孩人数	多孩人数	计划生育率(%)
石家庄市	**66 239**	**27 803**	**975**	**99.19**
市区合计	16 103	1 694	34	99.84
长安区	2 576	361	11	99.93
桥东区	1 954	133	1	99.90
桥西区	3 351	254	4	99.83
新华区	3 869	259	2	99.93
裕华区	3 599	403	9	99.65
矿区	498	194	3	99.86
高新区	256	90	4	99.71
井陉县	1 794	2 009	114	91.22
正定县	2 950	1 196	36	94.05
栾城县	2 541	939	37	90.02
行唐县	2 888	2 098	128	83.42
灵寿县	1 969	1 270	72	84.29
高邑县	1 341	813	17	86.96
深泽县	1 771	723	34	87.38
赞皇县	1 696	1 275	38	88.04
无极县	3 582	2 306	97	90.01
平山县	2 991	1 950	75	87.38
元氏县	2 692	1 283	73	85.13
赵县	3 947	1 728	36	88.46
辛集市	4 503	1 883	79	91.46
藁城市	5 070	2 110	39	87.59
晋州市	3 897	1 851	27	95.98
新乐市	3 831	1 555	23	85.56
鹿泉市	2 673	1 120	16	96.95

结婚及领取独生子女证情况

1—7　　　　（2005年）　　　　计量单位：人

行政单位	当年结婚对数	女性结婚人数	#23周岁以上人数	男性结婚人数	#25周岁以上人数
石家庄市	**72 809**	**70 466**	**31 765**	**70 617**	**20 440**
市区合计	20 017	19 938	15 062	19 787	12 809
长安区	3 561	3 561	3 037	3 474	2 616
桥东区	2 564	2 538	1 859	2 564	2 024
桥西区	3 551	3 551	2 942	3 438	2 296
新华区	4 736	4 689	3 746	4 736	3 293
裕华区	4 976	4 976	3 146	4 948	2 374
矿区	427	421	243	427	173
高新区	202	202	89	200	33
井陉县	1 669	1 554	821	1 587	682
正定县	3 228	2 965	1 191	3 008	557
栾城县	2 129	2 096	718	2 093	304
行唐县	2 874	2 743	1 456	2 790	524
灵寿县	2 216	2 146	899	2 167	378
高邑县	1 459	1 405	432	1 398	147
深泽县	2 064	1 988	435	1 993	120
赞皇县	1 921	1 860	670	1 874	298
无极县	4 509	4 362	964	4 373	408
平山县	2 558	2 484	1 065	2 499	661
元氏县	2 165	2 139	614	2 142	307
赵县	4 320	4 100	998	4 127	461
辛集市	4 445	4 181	1 168	4 180	448
藁城市	5 056	4 901	1 530	4 914	580
晋州市	4 988	4 751	966	4 791	346
新乐市	4 168	3 955	1 347	3 991	565
鹿泉市	3 023	2 898	1 429	2 903	845

1—7 续表　　(2005 年)　　计量单位:人

行政单位	晚婚率(%)		领证人数	领证率(%)
	女	男		
石家庄市	**45.08**	**28.94**	**540 879**	**28.51**
市区合计	75.54	64.73	347 122	71.39
长安区	85.29	75.3	65 485	72.64
桥东区	73.25	78.94	54 903	74.02
桥西区	82.85	66.78	74 309	74.33
新华区	79.89	69.53	79 828	75.85
裕华区	63.22	47.98	64 519	69.85
矿区	57.72	40.52	6 201	34.18
高新区	44.06	16.5	1 877	30.33
井陉县	52.83	42.97	2 888	4.57
正定县	40.17	18.52	16 942	18.67
栾城县	34.26	14.52	10 768	16.23
行唐县	53.08	18.78	7 135	8.79
灵寿县	41.89	17.44	8 549	14.52
高邑县	30.75	10.52	4 776	13.6
深泽县	21.83	6.02	6 746	14.76
赞皇县	36.02	15.9	4 167	9.05
无极县	22.1	9.33	9 516	9.31
平山县	42.87	26.45	16 088	17.55
元氏县	28.71	14.33	8 672	11.69
赵县	24.34	11.17	16 121	14.7
辛集市	27.94	10.72	18 827	15.35
藁城市	31.22	11.8	12 677	8.53
晋州市	20.33	7.22	23 121	21.42
新乐市	34.06	14.16	15 047	15.83
鹿泉市	49.31	29.11	11 717	16.35

节育措施情况

1—8　　(2005年)　　计量单位:人

行政单位	一孩已婚育龄妇女人数	男性绝育	女性绝育	二孩已婚育龄妇女人数	男性绝育	女性绝育
石家庄市	**824 222**	**895**	**8 966**	**757 319**	**144 522**	**476 027**
市区合计	366 404	134	3 714	69 297	3 590	48 650
长安区	67 698	29	674	13 437	1 704	8 694
桥东区	58 895	37	560	8 081	230	5 324
桥西区	78 476	28	824	11 362	329	7 690
新华区	81 384	25	972	12 325	418	8 733
裕华区	67 087	11	515	14 738	323	11 482
矿区	10 251	2	151	6 683	104	5 173
高新区	2 613	2	18	2 671	482	1 554
井陉县	20 741	31	352	34 018	4 032	22 027
正定县	35 168	48	397	41 972	6 530	29 989
栾城县	21 410	1	291	32 426	342	26 864
行唐县	25 081	118	314	40 430	20 249	11 986
灵寿县	16 656	28	186	26 756	4 207	15 741
高邑县	10 704	30	71	16 609	7 996	6 638
深泽县	12 914		163	24 654	152	21 388
赞皇县	13 627	50	72	19 116	8 398	4 838
无极县	32 903	25	370	52 146	2 707	41 193
平山县	27 299	20	934	47 404	1 208	37 673
元氏县	22 531	107	116	34 923	16 748	13 770
赵县	33 495	57	191	50 159	26 217	15 626
辛集市	49 701	53	454	56 833	5 969	38 890
藁城市	44 045	73	460	80 017	13 859	54 179
晋州市	36 437	47	322	49 179	6 590	35 231
新乐市	28 868	68	200	46 802	14 828	24 974
鹿泉市	26 238	5	359	34 578	900	26 370

地区生产总值构成项目

1—9

（2005 年）

计量单位：万元

行业名称	增加值	劳动者报酬	生产税净额	固定资产折旧	营业盈余
地区生产总值	**17 867 750**	**6 997 792**	**2 513 790**	**2 395 348**	**5 960 820**
第一产业	2 477 608	1 963 985	34 299	128 956	350 368
农业	1 301 913	1 023 304	10 415	67 699	200 495
林业	43 803	33 115	876	2 278	7 534
畜牧业	1 043 301	832 554	20 866	53 208	136 673
渔业	18 250	14 308	876	1 058	2 008
农林牧渔服务业	70 341	60 704	1 266	4 713	3 658
第二产业	8 656 600	2 318 547	1 616 064	918 238	3 803 751
工业	7 649 800	1 937 047	1 513 464	856 538	3 342 751
按规模划分					
规模以上	5 663 800	1 275 700	1 213 900	719 400	2 454 800
规模以下	1 986 000	661 347	299 564	137 138	887 951
按行业划分					
采掘业	191 995	53 564	40 539	17 238	80 654
制造业	6 889 773	1 775 403	1 353 476	636 095	3 124 799
电力、煤气及水的生产和供应业	568 032	103 080	119 449	203 205	137 298
建筑业	1 006 800	381 500	102 700	61 600	461 000
房屋和土木工程建筑业	824 800	312 500	84 100	50 500	377 700
建筑安装业	149 100	53 700	18 000	9 100	68 300
建筑装饰业	16 500	7 700	300	1 000	7 500
其他建筑业	16 400	7 600	300	1 000	7 500
第三产业	6 733 542	2 715 260	863 427	1 348 154	1 806 701
交通运输、仓储及邮政业	1 591 027	726 395	231 459	290 045	343 128
铁路运输业	245 046	178 638	26 220	32 346	7 842
道路运输业	1 012 171	483 205	188 693	162 615	177 658
城市公共交通业	38 852	21 135	4 663	8 858	4 196

1—9 续表 1　　(2005 年)　　计量单位:万元

行业名称	增加值	劳动者报酬	生产税净额	固定资产折旧	营业盈余
航空运输业	23 915	7 423	4 849	1 528	10 115
装卸搬运和其他运输服务业	200 463	5 199	830	70 817	123 617
仓　储　业	39 614	13 475	3 836	8 935	13 368
邮　政　业	30 966	17 320	2 368	4 946	6 332
信息传输、计算机服务和软件业	366 913	46 982	16 669	136 925	166 337
电信和其他信息传输服务业	350 045	41 619	15 648	135 048	157 730
计算机服务业	6 662	1 576	334	558	4 194
软　件　业	10 206	3 787	687	1 319	4 413
批发和零售业	1 232 005	535 449	332 069	159 235	205 252
批　发　业	448 776	229 756	122 828	26 679	69 513
零　售　业	783 229	305 693	209 241	132 556	135 739
住宿和餐饮业	247 802	113 727	44 708	73 632	15 735
住　宿　业	50 635	20 861	7 443	14 482	7 849
餐　饮　业	197 167	92 866	37 265	59 150	7 886
金　融　业	484 641	203 176	64 898	46 350	170 217
银　行　业	400 909	145 715	47 962	36 561	170 671
证　券　业	3 854	2 739	529	1 009	－423
保　险　业	36 450	43 865	7 101	3 707	－18 223
其他金融活动	43 428	10 857	9 306	5 073	18 192
房地产业	435 626	27 291	26 933	320 691	60 711
房地产开发经营	104 557	16 225	24 512	4 377	59 443
物业管理业	8 627	5 120	871	2 043	593
房地产中介服务	6 868	4 153	1 092	1 043	580
其他房地产活动	5 063	1 793	458	2 717	95
居民自有住房服务	310 511	—	—	310 511	—
租赁和商务服务业	366 275	83 276	57 368	72 467	153 164

1—9 续表 2　　　　（2005 年）　　　　计量单位：万元

行业名称	增加值	劳动者报酬	生产税净额	固定资产折旧	营业盈余
租赁业	84 100	31 994	9 410	34 817	7 879
商务服务业	282 175	51 282	47 958	37 650	145 285
科学研究、技术服务和地质勘查业	207 333	144 862	10 179	26 555	25 737
研究与试验发展	102 863	81 121	814	11 009	9 919
专业技术服务业	81 587	51 718	8 047	8 505	13 317
科技交流和推广服务业	16 086	3 099	354	5 523	2 110
地质勘查业	6 797	3 924	964	1 518	391
水利、环境和公共设施管理业	83 156	48 893	421	28 391	5 451
水利管理业	37 059	16 966	189	18 738	1 166
环境管理业	7 996	7 600	19	356	21
公共设施管理业	38 101	24 327	213	9 297	4 264
居民服务和其他服务业	163 963	40 829	18 742	8 946	95 446
居民服务业	143 325	36 757	16 395	7 205	82 968
其他服务业	20 638	4 072	2 347	1 741	12 478
教育	409 889	330 487	603	52 784	26 015
卫生、社会保障和社会福利业	310 104	180 076	4 132	34 961	90 935
卫生	285 936	161 368	3 638	29 828	91 102
社会保障业	17 112	12 739	200	4 363	-190
社会福利业	7 056	5 969	294	770	23
文化、体育和娱乐业	165 408	81 417	20 788	20 637	42 566
新闻出版业	75 119	24 272	10 887	8 550	31 410
广播、电视、电影和音像业	44 757	25 352	8 299	7 035	4 071
文化艺术业	15 149	11 613	336	1 702	1 498
体育	8 564	5 688	357	944	1 575
娱乐业	21 819	14 492	909	2 406	4 012
公共管理和社会组织	669 400	152 400	34 458	76 535	406 007

总产出、地区生产总值

1—10　　(2005年)　　计量单位:万元、%

行业名称	总产出		地区生产总值	
	绝对值	速度(以上年同期为100)	绝对值	速度(以上年同期为100)
总计	**49 258 819**	**117.1**	**17 867 750**	**113.7**
第一产业	4 569 477	105.4	2 477 608	105.5
农业	2 040 325	104.5	1 301 913	104.2
林业	55 610	105.2	43 803	114.3
畜牧业	2 311 519	105.9	1 043 301	106.5
渔业	33 123	103.3	18 250	103.7
农林牧渔服务业	128 900	110.3	70 341	109.4
第二产业	31 831 429	121.5	8 656 600	118.3
工业	27 460 929	118.6	7 649 800	119.4
按规模划分				
规模以上	20 796 500	124.0	5 663 800	126.5
规模以下	6 664 429	102.5	1 986 000	100.3
按行业划分				
采掘业	529 108	116.2	191 995	118.2
制造业	24 614 679	119.6	6 889 773	120.5
电力、煤气及水的生产和供应业	2 317 142	107.3	568 032	107.6
建筑业	4 370 500	145.1	1 006 800	110
房屋和土木工程建筑业	3 667 500	145.7	824 800	105.8
建筑安装业	499 200	164.2	149 100	200.4
建筑装饰业	84 200	77.2	16 500	32.3
其他建筑业	119 600	145.8	16 400	154.9
第三产业	12 857 913	111.5	6 733 542	110.9
交通运输、仓储及邮政业	3 047 889	110.2	1 591 027	113.1
铁路运输业	356 123	117.5	245 046	117.5
道路运输业	2 029 044	110	1 012 171	111.8
城市公共交通业	96 028	104.3	38 852	107.1

1—10续表1　　(2005年)　　计量单位:万元、%

行业名称	总产出		地区生产总值	
	绝对值	速度(以上年同期为100)	绝对值	速度(以上年同期为100)
航空运输业	89 371	100.2	23 915	111.9
装卸搬运和其他运输服务业	343 193	108.9	200 463	118.5
仓　储　业	84 106	109.6	39 614	108.4
邮　政　业	50 024	109	30 966	106.5
信息传输、计算机服务和软件业	562 657	117	366 913	113.7
电信和其他信息传输服务业	436 731	114.6	350 045	112.8
计算机服务业	33 144	133.4	6 662	135.6
软　件　业	92 782	124.5	10 206	138.4
批发和零售业	1 978 403	112	1 232 005	110
批　发　业	696 857	112.7	448 776	111.9
零　售　业	1 281 546	111.6	783 229	108.9
住宿和餐饮业	609 854	113	247 802	113.9
住　宿　业	142 634	110.5	50 635	112.1
餐　饮　业	467 220	113.8	197 167	114.3
金　融　业	1 042 003	112.5	484 641	112.8
银　行　业	890 909	114	400 909	114.8
证　券　业	10 639	70.1	3 854	56.7
保　险　业	73 643	108.4	36 450	108.6
其他金融活动	66 812	108.3	43 428	108.3
房地产业	500 246	107.1	435 626	105.1
房地产开发经营	160 857	109.1	104 557	102.8
物业管理业	13 111	129.5	8 627	129.7
房地产中介服务	9 811	123.2	6 868	123.2
其他房地产活动	5 956	107.3	5 063	106.5
居民自有住房服务	310 511	104.9	310 511	104.9
租赁和商务服务业	1 088 127	104.1	366 275	103.8

1—10续表2　　(2005年)　　计量单位:万元、%

行业名称	总产出		地区生产总值	
	绝对值	速度(以上年同期为100)	绝对值	速度(以上年同期为100)
租　赁　业	147 544	101.2	84 100	101.2
商务服务业	940 583	104.6	282 175	104.6
科学研究、技术服务和地质勘查业	559 361	115.7	207 333	109.8
研究与试验发展	337 460	114.9	102 863	103
专业技术服务业	169 369	117.6	81 587	118
科技交流和推广服务业	38 661	111.9	16 086	111.9
地质勘查业	13 871	127.2	6 797	126.8
水利、环境和公共设施管理业	127 389	110.5	83 156	109.5
水利管理业	49 412	102.1	37 059	102.1
环境管理业	10 661	121	7 996	118.2
公共设施管理业	67 316	115.8	38 101	115.8
居民服务和其他服务业	378 157	113.1	163 963	109.6
居民服务业	330 348	113.8	143 325	109.7
其他服务业	47 809	108.4	20 638	108.8
教　　育	723 065	115.6	409 889	113.1
卫生、社会保障和社会福利业	833 842	114.9	310 104	113
卫　　生	739 415	115.3	285 936	113
社会保障业	25 799	112.8	17 112	112.8
社会福利业	68 628	111.9	7 056	111.9
文化、体育和娱乐业	478 578	111.2	165 408	110.6
新闻出版业	226 224	111.1	75 119	110.4
广播、电视、电影和音像业	168 862	111.9	44 757	111.2
文化艺术业	26 632	108.5	15 149	108.5
体　　育	17 361	108.8	8 564	108.8
娱　乐　业	39 499	112.3	21 819	112.3
公共管理和社会组织	928 342	111.8	669 400	110.1

分县(市)地区生产总值

1—11

(2005年)

计量单位:万元、%

行政单位	地区生产总值	速度(以上年同期为100)	第一产业	
			绝对量	速度(以上年同期为100)
石家庄市	**17 867 750**	**113.7**	**2 477 608**	**105.5**
市区	7 282 180	115.5	83 060	103.6
井陉县	499 786	116.4	52 149	108.0
正定县	802 634	113.8	160 173	103.6
栾城县	729 179	114.2	173 426	104.5
行唐县	415 784	112.0	97 177	105.1
灵寿县	300 312	114.0	49 575	104.8
高邑县	254 554	111.3	61 687	101.3
深泽县	261 825	112.1	61 371	106.3
赞皇县	235 588	115.5	65 052	109.4
无极县	596 281	113.0	109 895	102.3
平山县	770 347	116.3	129 294	103.6
元氏县	581 907	113.4	108 579	103.4
赵县	601 450	113.5	161 189	104.4
辛集市	1 208 660	112.1	260 480	105.5
藁城市	1 501 624	113.6	323 019	101.6
晋州市	748 205	112.5	135 367	103.7
新乐市	745 082	114.0	160 918	105.6
鹿泉市	1 093 711	114.3	129 054	106.8

1—11 续表　　(2005 年)　　计量单位:万元、%

行政单位	第二产业				第三产业	
	绝对量	速度(以上年同期为100)	#工业	速度(以上年同期为100)	绝对量	速度(以上年同期为100)
石家庄市	**8 656 600**	**118.3**	**7 649 800**	**119.4**	**6 733 542**	**110.9**
市区	3 043 447	118.7	2 600 455	120.0	4 155 673	113.7
井陉县	274 644	117.1	250 274	117.5	172 993	117.8
正定县	374 102	118.6	332 079	119.8	268 359	113.3
栾城县	344 075	121.2	317 911	121.7	211 678	111.7
行唐县	219 470	114.2	206 350	114.5	99 137	113.9
灵寿县	168 731	119.9	137 322	119.9	82 006	109.7
高邑县	122 235	117.8	109 356	121.8	70 632	111.4
深泽县	137 107	115.3	119 032	116.5	63 347	110.8
赞皇县	118 585	122.4	110 783	123.8	51 951	109.3
无极县	307 161	120.7	297 927	120.9	179 225	108.6
平山县	478 909	123.4	454 568	124.1	162 144	110.0
元氏县	298 787	116.1	278 906	116.2	174 541	114.3
赵县	282 284	119.3	266 177	119.3	157 977	112.9
辛集市	641 517	115.0	557 129	114.1	306 663	111.7
藁城市	728 364	120.3	637 623	121.6	450 241	113.0
晋州市	370 191	116.2	352 266	116.3	242 647	111.8
新乐市	384 933	118.0	348 028	117.5	199 231	113.4
鹿泉市	656 965	116.4	588 516	117.0	307 692	112.8

历年地区生产总值指数

1—12　(上年＝100)　计量单位:%

年份	地区生产总值	第一产业	第二产业	第三产业
1953年	122.7	98.6	194.3	101.4
1954年	109.3	95.7	128.8	98.6
1955年	115.9	120.2	120.4	105.1
1956年	103.1	90.5	107.4	107.8
1957年	108.4	116.1	106.9	104.6
1958年	152.2	112.6	209.3	108.4
1959年	123.9	95.8	138.2	113.9
1960年	83.2	88.8	79.6	90.3
1961年	70.4	86.3	63.3	77.6
1962年	86.4	101.7	79.0	89.1
1963年	95.5	74.0	101.9	106.8
1964年	119.5	138.0	115.8	111.8
1965年	125.4	128.1	130.2	111.2
1966年	111.9	104.5	114.5	113.7
1967年	98.9	97.4	92.3	118.0
1968年	120.2	113.3	129.0	107.8
1969年	111.5	99.6	115.9	111.4
1970年	103.2	113.1	100.4	101.8
1971年	104.3	102.3	103.9	107.5
1972年	98.7	101.7	95.6	103.6
1973年	109.7	111.3	111.5	103.8
1974年	108.5	115.6	106.4	105.9
1975年	108.0	100.2	108.1	116.9
1976年	104.8	99.0	106.9	105.3
1977年	109.9	97.0	109.7	122.7
1978年	104.8	121.5	100.4	101.6

1—12 续表　　(上年＝100)　　计量单位:%

年　份	地区生产总值	第一产业	第二产业	第三产业
1979年	106.7	101.5	104.9	115.3
1980年	108.2	103.5	103.2	121.8
1981年	104.1	106.0	104.8	100.8
1982年	111.6	109.0	115.4	106.9
1983年	118.9	128.6	107.0	133.8
1984年	111.5	114.0	113.1	106.0
1985年	106.8	102.6	112.0	101.9
1986年	109.7	106.2	109.2	114.7
1987年	113.5	103.3	124.6	102.9
1988年	115.5	106.4	123.1	107.3
1989年	100.8	105.0	101.9	92.9
1990年	104.5	107.0	101.6	109.7
1991年	109.8	103.5	110.2	116.6
1992年	119.0	104.5	125.2	123.2
1993年	120.5	105.7	131.7	112.5
1994年	120.0	107.4	126.4	116.6
1995年	118.0	110.1	119.3	121.1
1996年	115.8	109.1	117.3	117.1
1997年	115.8	111.9	116.4	117.0
1998年	113.7	105.5	115.2	115.5
1999年	110.7	104.5	112.1	111.0
2000年	110.5	105.0	111.5	111.0
2001年	109.1	104.2	109.5	110.5
2002年	109.8	104.2	111.3	110.1
2003年	113.2	105.1	115.5	110.0
2004年	114.1	106.5	117.6	112.3
2005年	113.7	105.5	118.3	110.9

二、单位从业人员和劳动报酬

全市单位从业人员和劳动报酬

2—1 (2005年) 计量单位:人、千元、个、元

行业名称	年末单位从业人员	年末单位从业人员中:女性	年末单位从业人员中:使用的农村劳动力	1.在岗职工	#专业技术人员
总计	**874 050**	**355 987**	**79 952**	**863 405**	**287 244**
#国有控股	380 886	142 559	31 704	376 371	84 220
一、按企业、事业、机关分组					
(一)企业	547 167	208 559	70 267	539 268	110 924
(二)事业	236 511	123 126	8 384	234 283	166 767
(三)机关	90 372	24 302	1 301	89 854	9 553
二、按国民经济行业分组					
(一)农、林、牧、渔业	4 884	1 681	173	4 871	2 203
(二)采掘业	6 440	1 281	265	6 440	1 124
(三)制造业	275 510	114 215	42 372	273 106	44 403
(四)电力、煤气及水的生产和供应业	22 766	5 723	749	22 666	4 726
(五)建筑业	52 953	7 774	18 302	52 134	13 412
(六)交通运输、仓储和邮政业	57 760	14 778	1 707	57 467	7 512
(七)信息传输、计算机服务和软件	7 309	2 742	31	7 300	3 608
(八)批发和零售业	71 352	36 138	3 959	70 160	12 080
(九)住宿和餐饮业	14 727	8 324	1 096	14 525	2 781
(十)金融业	29 604	14 646	1 356	27 419	16 977
(十一)房地产业	3 937	1 392	68	3 816	1 736
(十二)租赁和商务服务业	8 898	3 451	579	8 828	2 339
(十三)科研、技术服务和地质勘查业	20 852	6 134	391	20 400	12 666
(十四)水利、环境和公共设施管理业	16 589	6 798	1 536	16 361	4 065
(十五)居民服务和其他服务业	3 175	853	461	3 058	440
(十六)教育	125 089	73 755	3 865	123 720	108 205
(十七)卫生、社会保障和社会福利业	36 305	22 441	1 003	35 914	28 820
(十八)文化、体育和娱乐业	14 097	6 536	294	13 993	7 735
(十九)公共管理和社会组织	101 803	27 325	1 745	101 227	12 412

2—1 续表 1 (2005 年) 计量单位:人、千元、个、元

行业名称	在岗职工中按用工期限分组		2. 其他从业人员	离开本单位仍保留劳动关系的职工
	长期职工	临时职工		
总计	**798 671**	**64 734**	**10 645**	**114 961**
#国有控股	345 453	30 918	4 515	78 135
一、按企业、事业、机关分组				
(一)企业	486 066	53 202	7 899	106 369
(二)事业	225 617	8 666	2 228	3 097
(三)机关	86 988	2 866	518	5 495
二、按国民经济行业分组				
(一)农、林、牧、渔业	4 661	210	13	447
(二)采掘业	6 348	92	—	422
(三)制造业	254 782	18 324	2 404	51 740
(四)电力、煤气及水的生产和供应业	22 218	448	100	1 206
(五)建筑业	36 076	16 058	819	9 002
(六)交通运输、仓储和邮政业	55 376	2 091	293	7 470
(七)信息传输、计算机服务和软件	6 665	635	9	609
(八)批发和零售业	57 773	12 387	1 192	28 028
(九)住宿和餐饮业	12 906	1 619	202	1 878
(十)金融业	26 499	920	2 185	3 558
(十一)房地产业	3 761	55	121	518
(十二)租赁和商务服务业	8 625	203	70	1 722
(十三)科研、技术服务和地质勘查业	19 641	759	452	589
(十四)水利、环境和公共设施管理业	15 234	1 127	228	449
(十五)居民服务和其他服务业	1 913	1 145	117	245
(十六)教育	121 295	2 425	1 369	485
(十七)卫生、社会保障和社会福利业	33 622	2 292	391	484
(十八)文化、体育和娱乐业	13 298	695	104	447
(十九)公共管理和社会组织	97 978	3 249	576	5 662

2—1续表2　　(2005年)　　计量单位:人、千元、个、元

行业名称	单位从业人员平均人数	# 在岗职工	其他从业人员	离开本单位仍保留劳动关系的职工平均人数
总计	**881 528**	**871 045**	**10 483**	**116 988**
#国有控股	387 888	383 345	4 543	80 122
一、按企业、事业、机关分组				
(一)企业	555 579	547 799	7 780	108 286
(二)事业	235 624	233 278	2 346	3 254
(三)机关	90 325	89 968	357	5 448
二、按国民经济行业分组				
(一)农、林、牧、渔业	4 869	4 856	13	450
(二)采掘业	5 658	5 658	—	1 663
(三)制造业	276 584	274 165	2 419	52 109
(四)电力、煤气及水的生产和供应业	23 041	22 968	73	1 078
(五)建筑业	54 136	53 245	891	9 121
(六)交通运输、仓储和邮政业	57 843	57 546	297	7 482
(七)信息传输、计算机服务和软件	7 336	7 327	9	604
(八)批发和零售业	76 099	74 948	1 151	28 365
(九)住宿和餐饮业	14 955	14 817	138	1 936
(十)金融业	29 694	27 555	2 139	3 480
(十一)房地产业	4 019	3 904	115	481
(十二)租赁和商务服务业	8 952	8 882	70	1 754
(十三)科研、技术服务和地质勘查业	20 762	20 310	452	586
(十四)水利、环境和公共设施管理业	16 612	16 381	231	460
(十五)居民服务和其他服务业	3 063	2 978	85	232
(十六)教育	125 456	123 956	1 500	644
(十七)卫生、社会保障和社会福利业	36 900	36 512	388	493
(十八)文化、体育和娱乐业	13 864	13 767	97	437
(十九)公共管理和社会组织	101 685	101 270	415	5 613

2—1 续表 3 （2005 年） 计量单位：人、千元、个、元

行业名称	单位从业人员劳动报酬	在岗职工工资总额	其他从业人员劳动报酬	离开本单位仍保留劳动关系职工的生活费	单位数
总计	**13 394 861**	**13 273 489**	**121 372**	**570 674**	**11 424**
#国有控股	6 135 091	6 074 177	60 914	385 240	2 011
一、按企业、事业、机关分组					
(一)企业	7 734 396	7 636 785	97 611	452 695	3 685
(二)事业	4 057 374	4 036 925	20 449	30 982	5 723
(三)机关	1 603 091	1 599 779	3 312	86 997	2 016
二、按国民经济行业分组					
(一)农、林、牧、渔业	50 755	50 695	60	1 504	188
(二)采掘业	74 589	74 589	—	7 100	13
(三)制造业	3 436 580	3 405 897	30 683	188 974	1 088
(四)电力、煤气及水的生产和供应业	567 453	566 516	937	14 880	48
(五)建筑业	661 299	655 481	5 818	28 041	102
(六)交通运输、仓储和邮政业	931 772	928 389	3 383	33 452	276
(七)信息传输、计算机服务和软件	285 872	285 812	60	9 901	68
(八)批发和零售业	757 355	748 837	8 518	102 590	1 286
(九)住宿和餐饮业	135 742	134 028	1 714	4 297	141
(十)金融业	747 771	714 945	32 826	52 685	505
(十一)房地产业	72 699	71 628	1 071	6 917	86
(十二)租赁和商务服务业	112 303	111 617	686	8 062	191
(十三)科研、技术服务和地质勘查业	559 506	547 632	11 874	3 728	253
(十四)水利、环境和公共设施管理业	225 423	224 947	476	2 747	225
(十五)居民服务和其他服务业	46 483	45 782	701	481	74
(十六)教育	1 994 094	1 982 675	11 419	6 738	3 715
(十七)卫生、社会保障和社会福利业	657 694	652 844	4 850	3 913	479
(十八)文化、体育和娱乐业	283 250	280 587	2 663	3 755	307
(十九)公共管理和社会组织	1 794 221	1 790 588	3 633	90 909	2 379

2—1续表4　　(2005年)　　计量单位:人、千元、个、元

行业名称	职工	#中专及以上学历人员	单位从业人员平均报酬	#在岗职工平均工资	其他从业人员平均报酬
总计	**978 366**	**454 269**	**15 195**	**15 239**	**11 578**
#国有控股	454 506	142 499	15 817	15 845	13 408
一、按企业、事业、机关分组					
(一)企业	645 637	188 056	13 921	13 941	12 546
(二)事业	237 380	187 447	17 220	17 305	8 717
(三)机关	95 349	78 766	17 748	17 782	9 277
二、按国民经济行业分组					
(一)农、林、牧、渔业	5 318	3 029	10 424	10 440	4 615
(二)采掘业	6 862	1 724	13 183	13 183	—
(三)制造业	324 846	81 053	12 425	12 423	12 684
(四)电力、煤气及水的生产和供应业	23 872	10 545	24 628	24 665	12 836
(五)建筑业	61 136	15 378	12 216	12 311	6 530
(六)交通运输、仓储和邮政业	64 937	12 401	16 109	16 133	11 391
(七)信息传输、计算机服务和软件	7 909	5 448	38 968	39 008	6 667
(八)批发和零售业	98 188	30 895	9 952	9 991	7 401
(九)住宿和餐饮业	16 403	6 482	9 077	9 046	12 420
(十)金融业	30 977	22 629	25 183	25 946	15 346
(十一)房地产业	4 334	2 035	18 089	18 347	9 313
(十二)租赁和商务服务业	10 550	3 881	12 545	12 567	9 800
(十三)科研、技术服务和地质勘查业	20 939	14 372	26 949	26 964	26 270
(十四)水利、环境和公共设施管理业	16 810	5 917	13 570	13 732	2 061
(十五)居民服务和其他服务业	3 303	1 241	15 176	15 373	8 247
(十六)教育	124 205	113 272	15 895	15 995	7 613
(十七)卫生、社会保障和社会福利业	36 398	27 040	17 824	17 880	12 500
(十八)文化、体育和娱乐业	14 440	9 477	20 431	20 381	27 454
(十九)公共管理和社会组织	106 889	87 450	17 645	17 681	8 754

全市国有单位从业人员和劳动报酬

2—2　　(2005 年)　　计量单位:人、千元、个

行业名称	年末单位从业人员	年末单位从业人员中:女性	年末单位从业人员中:使用的农村劳动力	1.在岗职工	#专业技术人员
总计	**648 649**	**264 005**	**35 661**	**641 882**	**245 224**
一、按隶属关系分组					
1.中央	130 561	37 439	11 125	128 230	36 216
2.地方	518 088	226 566	24 536	513 652	209 008
二、按企业、事业、机关分组					
(一)企业	326 665	118 931	26 236	322 572	71 664
1.中央	116 154	33 339	10 423	113 838	30 652
2.地方	210 511	85 592	15 813	208 734	41 012
(二)事业	232 083	120 861	8 129	229 926	164 158
1.中央	9 145	2 388	558	9 131	5 274
2.地方	222 938	118 473	7 571	220 795	158 884
(三)机关	89 901	24 213	1 296	89 384	9 402
1.中央	5 262	1 712	144	5 261	290
2.地方	84 639	22 501	1 152	84 123	9 112
三、按国民经济行业分组					
(一)农、林、牧、渔业	4 463	1 588	167	4 461	2 011
(二)采掘业	6 252	1 210	214	6 252	1 099
(三)制造业	138 106	56 910	11 072	137 055	24 057
(四)电力、煤气及水的生产和供应业	16 757	3 987	648	16 668	3 263
(五)建筑业	32 858	5 176	10 879	32 141	8 832
(六)交通运输、仓储和邮政业	51 924	13 736	1 345	51 686	6 835
(七)信息传输、计算机服务和软件	5 855	2 139	28	5 846	3 085
(八)批发和零售业	43 835	20 622	1 237	43 446	8 930
(九)住宿和餐饮业	10 926	6 058	799	10 855	2 030
(十)金融业	18 107	8 701	618	17 111	10 732
(十一)房地产业	3 393	1 185	63	3 328	1 545
(十二)租赁和商务服务业	4 451	1 339	19	4 431	1 361
(十三)科研、技术服务和地质勘查业	20 633	6 082	388	20 200	12 561
(十四)水利、环境和公共设施管理业	15 759	6 491	1 382	15 531	3 994
(十五)居民服务和其他服务业	1 571	516	71	1 477	338
(十六)教育	124 601	73 469	3 852	123 269	107 826
(十七)卫生、社会保障和社会福利业	34 416	21 293	915	34 060	27 143
(十八)文化、体育和娱乐业	13 465	6 283	234	13 363	7 364
(十九)公共管理和社会组织	101 277	27 220	1 730	100 702	12 218

2—2 续表 1　　(2005 年)　　计量单位：人、千元、个、元

行业名称	在岗职工中按用工期限分组		2. 其他从业人员	离开本单位仍保留劳动关系的职工
	长期职工	临时职工		
总计	**603 999**	**37 883**	**6 767**	**71 541**
一、按隶属关系分组				
1.中央	115 415	12 815	2 331	14 050
2.地方	488 584	25 068	4 436	57 491
二、按企业、事业、机关分组				
(一)企业	295 965	26 607	4 093	63 101
1.中央	101 709	12 129	2 316	13 487
2.地方	194 256	14 478	1 777	49 614
(二)事业	221 516	8 410	2 157	2 945
1.中央	8 578	553	14	220
2.地方	212 938	7 857	2 143	2 725
(三)机关	86 518	2 866	517	5 495
1.中央	5 128	133	1	343
2.地方	81 390	2 733	516	5 152
三、按国民经济行业分组				
(一)农、林、牧、渔业	4 307	154	2	376
(二)采掘业	6 200	52	—	422
(三)制造业	131 696	5 359	1 051	24 169
(四)电力、煤气及水的生产和供应业	16 220	448	89	862
(五)建筑业	23 320	8 821	717	5 651
(六)交通运输、仓储和邮政业	50 928	758	238	5 749
(七)信息传输、计算机服务和软件	5 362	484	9	493
(八)批发和零售业	34 319	9 127	389	20 113
(九)住宿和餐饮业	9 479	1 376	71	1 688
(十)金融业	16 322	789	996	2 529
(十一)房地产业	3 276	52	65	482
(十二)租赁和商务服务业	4 375	56	20	910
(十三)科研、技术服务和地质勘查业	19 489	711	433	589
(十四)水利、环境和公共设施管理业	14 438	1 093	228	415
(十五)居民服务和其他服务业	1 399	78	94	90
(十六)教育	120 917	2 352	1 332	482
(十七)卫生、社会保障和社会福利业	31 821	2 239	356	457
(十八)文化、体育和娱乐业	12 678	685	102	402
(十九)公共管理和社会组织	97 453	3 249	575	5 662

2—2 续表 2　　(2005 年)　　计量单位:人、千元、个、元

行业名称	单位从业人员平均人数	# 在岗职工	其他从业人员	离开本单位仍保留劳动关系的职工平均人数
总计	**653 578**	**646 813**	**6 765**	**73 443**
一、按隶属关系分组				
1.中央	132 700	130 344	2 356	13 982
2.地方	520 878	516 469	4 409	59 461
二、按企业、事业、机关分组				
(一)企业	332 541	328 414	4 127	64 885
1.中央	118 353	116 013	2 340	13 421
2.地方	214 188	212 401	1 787	51 464
(二)事业	231 185	228 903	2 282	3 110
1.中央	9 053	9 038	15	217
2.地方	222 132	219 865	2 267	2 893
(三)机关	89 852	89 496	356	5 448
1.中央	5 294	5 293	1	344
2.地方	84 558	84 203	355	5 104
三、按国民经济行业分组				
(一)农、林、牧、渔业	4 436	4 434	2	384
(二)采掘业	5 470	5 470	—	1 663
(三)制造业	137 787	136 659	1 128	24 385
(四)电力、煤气及水的生产和供应业	17 124	17 062	62	726
(五)建筑业	33 266	32 417	849	5 714
(六)交通运输、仓储和邮政业	51 891	51 649	242	5 852
(七)信息传输、计算机服务和软件	5 854	5 846	8	484
(八)批发和零售业	48 665	48 305	360	20 430
(九)住宿和餐饮业	10 932	10 915	17	1 729
(十)金融业	18 202	17 233	969	2 482
(十一)房地产业	3 391	3 334	57	445
(十二)租赁和商务服务业	4 438	4 417	21	928
(十三)科研、技术服务和地质勘查业	20 543	20 110	433	586
(十四)水利、环境和公共设施管理业	15 772	15 541	231	425
(十五)居民服务和其他服务业	1 450	1 388	62	90
(十六)教育	124 973	123 510	1 463	640
(十七)卫生、社会保障和社会福利业	34 993	34 641	352	475
(十八)文化、体育和娱乐业	13 237	13 142	95	392
(十九)公共管理和社会组织	101 154	100 740	414	5 613

2—2 续表 3　　(2005 年)　　计量单位:人、千元、个、元

行业名称	单位从业人员劳动报酬	在岗职工工资总额	其他从业人员劳动报酬	离开本单位仍保留劳动关系职工的生活费	单位数
总计	**10 930 255**	**10 860 851**	**69 404**	**433 479**	**9 429**
一、按隶属关系分组					
1.中央	3 049 598	3 020 598	29 000	128 458	460
2.地方	7 880 657	7 840 253	40 404	305 021	8 969
二、按企业、事业、机关分组					
(一)企业	5 323 873	5 277 699	46 174	315 833	1 899
1.中央	2 611 488	2 582 614	28 874	115 758	367
2.地方	2 712 385	2 695 085	17 300	200 075	1 532
(二)事业	4 011 161	3 991 239	19 922	30 649	5 525
1.中央	313 724	313 605	119	3 512	43
2.地方	3 697 437	3 677 634	19 803	27 137	5 482
(三)机关	1 595 221	1 591 913	3 308	86 997	2 005
1.中央	124 336	124 379	7	9 188	50
2.地方	1 470 835	1 467 534	3 301	77 809	1 955
三、按国民经济行业分组					
(一)农、林、牧、渔业	49 043	49 023	20	1 320	164
(二)采掘业	73 705	73 705	—	7 100	10
(三)制造业	2 003 777	1 991 030	12 747	98 657	444
(四)电力、煤气及水的生产和供应业	449 096	448 331	765	12 556	39
(五)建筑业	524 000	519 119	4 881	21 702	42
(六)交通运输、仓储和邮政业	855 282	852 319	2 963	29 560	222
(七)信息传输、计算机服务和软件	238 559	238 504	55	8 118	58
(八)批发和零售业	528 312	525 143	3 169	83 923	728
(九)住宿和餐饮业	100 092	98 442	1 650	3 798	99
(十)金融业	494 360	486 187	8 173	42 005	221
(十一)房地产业	63 255	62 833	422	6 722	62
(十二)租赁和商务服务业	69 077	68 892	185	6 242	123
(十三)科研、技术服务和地质勘查业	557 214	545 363	11 851	3 728	243
(十四)水利、环境和公共设施管理业	220 317	219 841	476	2 687	199
(十五)居民服务和其他服务业	18 753	18 299	454	235	48
(十六)教育	1 985 880	1 974 836	11 044	6 686	3 709
(十七)卫生、社会保障和社会福利业	639 293	635 027	4 266	3 791	359
(十八)文化、体育和娱乐业	274 616	271 962	2 654	3 740	293
(十九)公共管理和社会组织	1 785 624	1 781 995	3 629	90 909	2 366

2—2 续表 4　　(2005 年)　　计量单位:人、千元、个、元

行业名称	职工	# 中专及以上学历人员	单位从业人员平均报酬	# 在岗职工平均工资	其他从业人员平均报酬
总计	**713 423**	**383 442**	**16 724**	**16 791**	**10 259**
一、按隶属关系分组					
1.中央	142 280	55 963	22 981	23 174	12 309
2.地方	571 143	327 479	15 130	15 180	9 164
二、按企业、事业、机关分组					
(一)企业	385 673	120 111	16 010	16 070	11 188
1.中央	127 325	45 151	22 065	22 261	12 339
2.地方	258 348	74 960	12 664	12 689	9 681
(二)事业	232 871	184 937	17 350	17 436	8 730
1.中央	9 351	5 934	34 654	34 698	7 933
2.地方	223 520	179 003	16 645	16 727	8 735
(三)机关	94 879	78 394	17 754	17 788	9 292
1.中央	5 604	4 878	23 496	23 499	7 000
2.地方	89 275	73 516	17 394	17 429	9 299
三、按国民经济行业分组					
(一)农、林、牧、渔业	4 837	2 934	11 056	11 056	10 000
(二)采掘业	6 674	1 668	13 474	13 474	—
(三)制造业	161 224	44 110	14 543	14 569	11 301
(四)电力、煤气及水的生产和供应业	17 530	7 904	26 226	26 277	12 339
(五)建筑业	37 792	10 669	15 752	16 014	5 749
(六)交通运输、仓储和邮政业	57 435	10 887	16 482	16 502	12 244
(七)信息传输、计算机服务和软件	6 339	4 379	40 751	40 798	6 875
(八)批发和零售业	63 559	21 844	10 856	10 871	8 803
(九)住宿和餐饮业	12 543	5 150	9 156	9 019	97 059
(十)金融业	19 640	14 199	27 160	28 213	8 434
(十一)房地产业	3 810	1 723	18 654	18 846	7 404
(十二)租赁和商务服务业	5 341	2 448	15 565	15 597	8 810
(十三)科研、技术服务和地质勘查业	20 789	14 258	27 124	27 119	27 370
(十四)水利、环境和公共设施管理业	15 946	5 755	13 969	14 146	2 061
(十五)居民服务和其他服务业	1 567	849	12 933	13 184	7 323
(十六)教育	123 751	112 927	15 890	15 989	7 549
(十七)卫生、社会保障和社会福利业	34 517	25 522	18 269	18 332	12 119
(十八)文化、体育和娱乐业	13 765	9 182	20 746	20 694	27 937
(十九)公共管理和社会组织	106 364	87 034	17 653	17 689	8 766

全市城镇及集体经济单位从业人员和劳动报酬

2—3

(2005 年)

计量单位:人、千元、个、元

行业名称	年末单位从业人员	年末单位从业人员中:女性	年末单位从业人员中:使用的农村劳动力	1.在岗职工	#专业技术人员
总计	**86 746**	**31 740**	**15 866**	**85 558**	**16 486**
一、按企业、事业、机关分组					
1.企业	81 892	29 418	15 609	80 776	13 730
2.事业	4 383	2 233	252	4 312	2 605
3.机关	471	89	5	470	151
二、按国民经济行业分组					
(一)农、林、牧、渔业	415	92	3	404	190
(二)采掘业	—	—	—	—	—
(三)制造业	42 444	16 587	7 420	41 725	5 271
(四)电力、煤气及水的生产和供应业	299	102	—	299	—
(五)建筑业	9 602	742	3 449	9 531	1 401
(六)交通运输、仓储和邮政业	3 857	534	349	3 833	371
(七)信息传输、计算机服务和软件	87	13	3	87	19
(八)批发和零售业	13 858	6 253	2 371	13 759	2 316
(九)住宿和餐饮业	1 834	1 101	271	1 703	399
(十)金融业	5 097	2 228	718	5 071	2 871
(十一)房地产业	83	32	—	83	51
(十二)租赁和商务服务业	3 273	1 652	560	3 263	848
(十三)科研、技术服务和地质勘查业	68	13	2	68	9
(十四)水利、环境和公共设施管理业	830	307	154	830	71
(十五)居民服务和其他服务业	1 524	308	390	1 501	99
(十六)教育	442	275	13	406	334
(十七)卫生、社会保障和社会福利业	1 889	1 148	88	1 854	1 677
(十八)文化、体育和娱乐业	618	248	60	616	365
(十九)公共管理和社会组织	526	105	15	525	194

2—3 续表 1　　(2005 年)　　计量单位:人、千元、个、元

行　业　名　称	在岗职工中按用工期限分组		2.其他从业人　员	离开本单位仍保留劳动关系的职工
	长期职工	临时职工		
总　　计	**71 563**	**13 995**	**1 188**	**19 451**
一、按企业、事业、机关分组				
1.企　　业	67 035	13 741	1 116	19 299
2.事　　业	4 058	254	71	152
3.机　　关	470	—	1	—
二、按国民经济行业分组				
(一)农、林、牧、渔业	350	54	11	71
(二)采　掘　业	—	—	—	—
(三)制　造　业	36 430	5 295	719	10 493
(四)电力、煤气及水的生产和供应业	299	—	—	—
(五)建　筑　业	4 693	4 838	71	66
(六)交通运输、仓储和邮政业	2 507	1 326	24	1 468
(七)信息传输、计算机服务和软件	23	64	—	—
(八)批发和零售业	12 938	821	99	6 040
(九)住宿和餐饮业	1 469	234	131	136
(十)金　融　业	5 052	19	26	376
(十一)房 地 产 业	83	—	—	30
(十二)租赁和商务服务业	3 165	98	10	652
(十三)科研、技术服务和地质勘查业	39	29	—	—
(十四)水利、环境和公共设施管理业	796	34	—	34
(十五)居民服务和其他服务业	454	1 047	23	10
(十六)教　　育	333	73	36	3
(十七)卫生、社会保障和社会福利业	1 801	53	35	27
(十八)文化、体育和娱乐业	606	10	2	45
(十九)公共管理和社会组织	525	—	1	—

2—3续表2　　(2005年)　　计量单位:人、千元、个、元

行业名称	单位从业人员平均人数	# 在岗职工	其他从业人员	离开本单位仍保留劳动关系的职工平均人数
总计	**88 076**	**86 972**	**1 104**	**19 407**
一、按企业、事业、机关分组				
1.企业	83 207	82 168	1 039	19 263
2.事业	4 396	4 332	64	144
3.机关	473	472	1	—
二、按国民经济行业分组				
(一)农、林、牧、渔业	427	416	11	66
(二)采掘业	—	—	—	—
(三)制造业	43 318	42 601	717	10 549
(四)电力、煤气及水的生产和供应业	299	299	—	—
(五)建筑业	9 809	9 798	11	63
(六)交通运输、仓储和邮政业	3 990	3 966	24	1 366
(七)信息传输、计算机服务和软件	87	87	—	—
(八)批发和零售业	13 933	13 847	86	6 049
(九)住宿和餐饮业	1 785	1 664	121	131
(十)金融业	5 105	5 079	26	378
(十一)房地产业	83	83	—	30
(十二)租赁和商务服务业	3 334	3 324	10	663
(十三)科研、技术服务和地质勘查业	68	68	—	—
(十四)水利、环境和公共设施管理业	840	840	—	35
(十五)居民服务和其他服务业	1 510	1 487	23	10
(十六)教育	437	401	36	4
(十七)卫生、社会保障和社会福利业	1 907	1 871	36	18
(十八)文化、体育和娱乐业	613	611	2	45
(十九)公共管理和社会组织	531	530	1	—

2—3 续表 3　　(2005 年)　　计量单位:人、千元、个、元

行业名称	单位从业人员劳动报酬	在岗职工工资总额	其他从业人员劳动报酬	离开本单位仍保留劳动关系职工的生活费	单位数
总计	**777 343**	**771 838**	**5 505**	**37 579**	**1 527**
一、按企业、事业、机关分组					
1.企业	723 548	718 574	4 974	37 246	1 320
2.事业	45 925	45 398	527	333	196
3.机关	7 870	7 866	4	—	11
二、按国民经济行业分组					
(一)农、林、牧、渔业	1 688	1 648	40	184	23
(二)采掘业	—	—	—	—	—
(三)制造业	377 803	374 666	3 137	22 833	369
(四)电力、煤气及水的生产和供应业	1 794	1 794	—	—	1
(五)建筑业	58 452	58 352	100	165	36
(六)交通运输、仓储和邮政业	46 075	45 991	84	3 146	44
(七)信息传输、计算机服务和软件	1 400	1 400	—	—	3
(八)批发和零售业	110 959	110 322	637	5 377	500
(九)住宿和餐饮业	15 102	15 038	64	261	30
(十)金融业	59 224	59 045	179	3 424	252
(十一)房地产业	991	991	—	179	4
(十二)租赁和商务服务业	28 577	28 514	63	1 710	60
(十三)科研、技术服务和地质勘查业	734	734	—	—	7
(十四)水利、环境和公共设施管理业	5 106	5 106	—	60	26
(十五)居民服务和其他服务业	26 077	25 830	247	51	21
(十六)教育	7 779	7 422	357	52	5
(十七)卫生、社会保障和社会福利业	18 401	17 817	584	122	120
(十八)文化、体育和娱乐业	8 584	8 575	9	15	13
(十九)公共管理和社会组织	8 597	8 593	4	—	13

2—3 续表 4　　(2005 年)　　计量单位:人、千元、个、元

行业名称	职工	# 中专及以上学万人员	单位从业人员平均报酬	# 在岗职工平均工资	其他从业人员平均报酬
总计	**105 009**	**24 223**	**8 826**	**8 875**	**4 986**
一、按企业、事业、机关分组					
1.企业	100 075	21 356	8 696	8 745	4 787
2.事业	4 464	2 495	10 447	10 480	8 234
3.机关	470	372	16 638	16 665	4 000
二、按国民经济行业分组					
(一)农、林、牧、渔业	475	92	3 953	3 962	3 636
(二)采掘业	—	—	—	—	—
(三)制造业	52 218	9 094	8 722	8 795	4 375
(四)电力、煤气及水的生产和供应业	299	60	6 000	6 000	—
(五)建筑业	9 597	1 633	5 959	5 956	9 091
(六)交通运输、仓储和邮政业	5 301	751	11 548	11 596	3 500
(七)信息传输、计算机服务和软件	87	10	16 092	16 092	—
(八)批发和零售业	19 799	4 152	7 964	7 967	7 407
(九)住宿和餐饮业	1 839	722	8 461	9 037	529
(十)金融业	5 447	3 812	11 601	11 625	6 885
(十一)房地产业	113	58	11 940	11 940	—
(十二)租赁和商务服务业	3 915	830	8 571	8 578	6 300
(十三)科研、技术服务和地质勘查业	68	22	10 794	10 794	—
(十四)水利、环境和公共设施管理业	864	162	6 079	6 079	—
(十五)居民服务和其他服务业	1 511	279	17 270	17 371	10 739
(十六)教育	409	325	17 801	18 509	9 917
(十七)卫生、社会保障和社会福利业	1 881	1 518	9 649	9 523	16 222
(十八)文化、体育和娱乐业	661	287	14 003	14 034	4 500
(十九)公共管理和社会组织	525	416	16 190	16 213	4 000

市区单位从业人员和劳动报酬

2—4 (2005 年) 计量单位:人、千元、个、元

行业名称	年末单位从业人员	年末单位从业人员中:女性	年末单位从业人员中:使用的农村劳动力	1. 在岗职工	# 专业技术人员
总计	**560 258**	**222 006**	**32 015**	**552 137**	**158 555**
#国有控股	311 613	115 494	16 032	308 214	70 602
一、按企业、事业、机关分组					
(一)企业	409 092	155 648	29 134	402 496	85 163
(二)事业	112 153	55 093	2 656	111 041	70 965
(三)机关	39 013	11 265	225	38 600	2 427
二、按国民经济行业分组					
(一)农、林、牧、渔业	2 095	838	50	2 093	1 164
(二)采掘业	5 610	1 054	214	5 610	1 026
(三)制造业	200 158	82 134	13 789	198 117	33 699
(四)电力、煤气及水的生产和供应业	19 600	4 601	323	19 500	4 088
(五)建筑业	37 857	6 381	11 695	37 118	10 570
(六)交通运输、仓储和邮政业	49 080	12 740	712	48 793	6 135
(七)信息传输、计算机服务和软件	5 574	2 148	24	5 565	2 908
(八)批发和零售业	49 450	26 614	932	48 289	8 700
(九)住宿和餐饮业	12 311	7 038	582	12 126	2 398
(十)金融业	17 885	9 381	32	16 503	10 859
(十一)房地产业	3 047	1 040	52	2 926	1 338
(十二)租赁和商务服务业	8 281	3 234	555	8 214	2 151
(十三)科研、技术服务和地质勘查业	18 970	5 440	362	18 520	11 856
(十四)水利、环境和公共设施管理业	10 311	4 348	832	10 083	2 284
(十五)居民服务和其他服务业	2 412	649	410	2 295	189
(十六)教育	43 225	24 297	536	42 708	34 192
(十七)卫生、社会保障和社会福利业	18 954	12 482	580	18 794	14 739
(十八)文化、体育和娱乐业	11 114	5 115	97	11 014	6 535
(十九)公共管理和社会组织	44 324	12 472	238	43 869	3 724

2—4 续表 1　　　　(2005 年)　　　　计量单位:人、千元、个、元

行 业 名 称	在岗职二中按用工期限分组		2. 其他从业人员	离开本单位仍保留劳动关系的职工
	长期职工	临时职工		
总　　计	**509 724**	**42 413**	**8 121**	**91 882**
#国有控股	284 423	23 791	3 399	67 812
一、按企业、事业、机关分组				
(一)企　　业	367 460	35 036	6 596	88 371
(二)事　　业	105 242	5 799	1 112	1 959
(三)机　　关	37 022	1 578	413	1 552
二、按国民经济行业分组				
(一)农、林、牧、渔业	2 076	17	2	154
(二)采 掘 业	5 606	4	—	323
(三)制 造 业	189 813	8 304	2 041	44 605
(四)电力、煤气及水的生产和供应业	19 284	216	100	1 142
(五)建 筑 业	26 890	10 228	739	8 802
(六)交通运输、仓储和邮政业	47 064	1 729	287	6 873
(七)信息传输、计算机服务和软件	5 031	534	9	434
(八)批发和零售业	36 965	11 324	1 161	19 975
(九)住宿和餐饮业	10 697	1 429	185	1 775
(十)金 融 业	15 863	640	1 382	2 248
(十一)房 地 产 业	2 894	32	121	514
(十二)租赁和商务服务业	8 026	188	67	1 624
(十三)科研、技术服务和地质勘查业	17 792	728	450	571
(十四)水利、环境和公共设施管理业	9 369	714	228	175
(十五)居民服务和其他服务业	1 228	1 067	117	227
(十六)教育	41 486	1 222	517	337
(十七)卫生、社会保障和社会福利业	17 011	1 783	160	258
(十八)文化、体育和娱乐业	10 524	490	100	258
(十九)公共管理和社会组织	42 105	1 764	455	1 587

2—4 续表 2　　(2005 年)　　计量单位:人、千元、个、元

行业名称	单位从业人员平均人数	# 在岗职工	其他从业人员	离开本单位仍保留劳动关系的职工平均人数
总计	**566 500**	**558 437**	**8 063**	**93 653**
#国有控股	318 014	314 669	3 345	69 592
一、按企业、事业、机关分组				
(一)企业	416 519	410 004	6 515	90 191
(二)事业	111 068	109 821	1 247	1 930
(三)机关	38 913	38 612	301	1 532
二、按国民经济行业分组				
(一)农、林、牧、渔业	2 099	2 097	2	149
(二)采掘业	4 823	4 823	—	1 538
(三)制造业	201 474	199 468	2 006	44 738
(四)电力、煤气及水的生产和供应业	19 931	19 858	73	1 015
(五)建筑业	38 431	37 560	871	8 911
(六)交通运输、仓储和邮政业	49 128	48 835	293	7 005
(七)信息传输、计算机服务和软件	5 586	5 577	9	430
(八)批发和零售业	53 579	52 459	1 120	20 315
(九)住宿和餐饮业	12 552	12 414	138	1 883
(十)金融业	17 943	16 596	1 347	2 174
(十一)房地产业	3 133	3 018	115	477
(十二)租赁和商务服务业	8 340	8 273	67	1 654
(十三)科研、技术服务和地质勘查业	18 879	18 429	450	571
(十四)水利、环境和公共设施管理业	10 314	10 083	231	182
(十五)居民服务和其他服务业	2 306	2 221	85	214
(十六)教育	43 364	42 699	665	328
(十七)卫生、社会保障和社会福利业	19 470	19 315	155	252
(十八)文化、体育和娱乐业	10 952	10 859	93	249
(十九)公共管理和社会组织	44 196	43 853	343	1 568

2—4 续表 3　　(2005 年)　　计量单位:人、千元、个、元

行业名称	单位从业人员劳动报酬	在岗职工工资总额	其他从业人员劳动报酬	离开本单位仍保留劳动关系职工的生活费	单位数
总计	**10 100 462**	**9 996 672**	**103 790**	**457 658**	**3 792**
#国有控股	5 552 582	5 501 848	50 734	345 451	1 125
一、按企业、事业、机关分组					
(一)企业	6 680 923	5 593 995	86 928	406 038	1 866
(二)事业	2 515 530	2 501 583	13 947	20 860	1 315
(三)机关	904 009	901 094	2 915	30 760	611
二、按国民经济行业分组					
(一)农、林、牧、渔业	29 374	29 354	20	733	50
(二)采掘业	69 252	69 262	—	6 670	4
(三)制造业	2 898 704	2 871 255	27 449	171 087	742
(四)电力、煤气及水的生产和供应业	538 557	537 620	937	14 510	16
(五)建筑业	574 617	568 972	5 645	27 776	54
(六)交通运输、仓储和邮政业	824 674	821 296	3 378	30 709	139
(七)信息传输、计算机服务和软件	257 938	257 878	60	8 064	40
(八)批发和零售业	629 026	620 789	8 237	95 352	489
(九)住宿和餐饮业	120 793	119 079	1 714	4 294	100
(十)金融业	594 674	568 773	25 901	36 981	126
(十一)房地产业	63 000	61 929	1 071	6 845	57
(十二)租赁和商务服务业	105 149	104 486	663	7 479	148
(十三)科研、技术服务和地质勘查业	536 167	524 311	11 856	3 556	169
(十四)水利、环境和公共设施管理业	167 551	167 075	476	1 954	97
(十五)居民服务和其他服务业	37 214	36 513	701	266	47
(十六)教育	943 960	936 708	7 252	4 218	397
(十七)卫生、社会保障和社会福利业	444 846	442 143	2 703	2 709	137
(十八)文化、体育和娱乐业	248 579	245 946	2 633	2 650	191
(十九)公共管理和社会组织	1 016 377	1 013 283	3 094	31 805	789

2—4 续表 4　　(2005 年)　　计量单位:人、千元、个、元

行业名称	职工	# 中专及以上学历人员	单位从业人员平均报酬	# 在岗职工平均工资	其他从业人员平均报酬
总计	**644 019**	**262 580**	**17 830**	**17 901**	**12 872**
#国有控股	376 026	117 076	17 460	17 485	15 167
一、按企业、事业、机关分组					
(一)企业	490 867	145 968	16 040	16 083	13 343
(二)事业	113 000	82 403	22 649	22 779	11 184
(三)机关	40 152	34 209	23 232	23 337	9 684
二、按国民经济行业分组					
(一)农、林、牧、渔业	2 247	1 335	13 994	13 998	10 000
(二)采掘业	5 933	1 572	14 361	14 361	—
(三)制造业	242 722	62 634	14 387	14 395	13 683
(四)电力、煤气及水的生产和供应业	20 642	9 471	27 021	27 073	12 836
(五)建筑业	45 920	12 585	14 952	15 148	6 481
(六)交通运输、仓储和邮政业	55 666	8 386	16 786	16 818	11 529
(七)信息传输、计算机服务和软件	5 999	4 504	46 176	46 240	6 667
(八)批发和零售业	68 264	23 477	11 740	11 834	7 354
(九)住宿和餐饮业	13 901	5 840	9 623	9 592	12 420
(十)金融业	18 751	14 426	33 142	34 272	19 229
(十一)房地产业	3 440	1 455	20 109	20 520	9 313
(十二)租赁和商务服务业	9 838	3 451	12 608	12 630	9 896
(十三)科研、技术服务和地质勘查业	19 091	12 980	28 400	28 450	26 347
(十四)水利、环境和公共设施管理业	10 258	2 930	16 245	16 570	2 061
(十五)居民服务和其他服务业	2 522	881	16 138	16 440	8 247
(十六)教育	43 045	37 139	21 768	21 937	10 905
(十七)卫生、社会保障和社会福利业	19 052	13 185	22 848	22 891	17 439
(十八)文化、体育和娱乐业	11 272	7 814	22 697	22 649	28 312
(十九)公共管理和社会组织	45 456	38 515	22 997	23 106	9 020

市区国有单位从业人员和劳动报酬

2—5

(2005 年)

计量单位:人、千元、个、元

行业名称	年末单位从业人员	年末单位从业人员中:女性	年末单位从业人员中:使用的农村劳动力	1.在岗职工	#专业技术人员
总计	420 385	162 830	18 204	415 924	133 237
一、按隶属关系分组					
1.中央	118 545	32 883	10 201	117 056	31 989
2.地方	301 840	129 947	8 003	298 868	101 248
二、按企业、事业、机关分组					
(一)企业	271 450	97 710	15 383	268 456	60 983
1.中央	107 172	29 564	9 642	105 697	27 031
2.地方	164 278	68 146	5 741	162 759	33 952
(二)事业	110 145	53 909	2 596	109 091	69 882
1.中央	8 488	2 178	531	8 474	4 936
2.地方	101 657	51 731	2 065	100 617	64 946
(三)机关	38 790	11 211	225	38 377	2 372
1.中央	2 885	1 141	28	2 885	22
2.地方	35 905	10 070	197	35 492	2 350
三、按国民经济行业分组					
(一)农、林、牧、渔业	1 952	787	50	1 950	1 152
(二)采掘业	5 610	1 054	214	5 610	1 026
(三)制造业	114 839	48 287	3 366	114 051	21 167
(四)电力、煤气及水的生产和供应业	14 784	3 250	320	14 695	2 842
(五)建筑业	31 491	5 062	10 020	30 782	8 461
(六)交通运输、仓储和邮政业	45 050	12 030	699	44 818	5 665
(七)信息传输、计算机服务和软件	4 138	1 553	21	4 129	2 385
(八)批发和零售业	30 310	14 860	562	29 945	6 750
(九)住宿和餐饮业	8 760	4 895	357	8 706	1 687
(十)金融业	11 618	5 737	24	11 400	7 565
(十一)房地产业	2 593	872	47	2 528	1 208
(十二)租赁和商务服务业	3 925	1 139	—	3 908	1 210
(十三)科研、技术服务和地质勘查业	18 767	5 390	359	18 336	11 751
(十四)水利、环境和公共设施管理业	9 840	4 149	714	9 612	2 272
(十五)居民服务和其他服务业	878	338	20	784	107
(十六)教育	42 807	24 080	523	42 327	33 882
(十七)卫生、社会保障和社会福利业	18 260	11 983	573	18 135	14 196
(十八)文化、体育和娱乐业	10 662	4 946	97	10 562	6 242
(十九)公共管理和社会组织	44 101	12 418	238	43 646	3 669

2—5 续表 1　　(2005 年)　　计量单位:人、千元、个、元

行业名称	在岗职工中按用工期限分组		2.其他从业人员	离开本单位仍保留劳动关系的职工
	长期职工	临时职工		
总　　计	**387 435**	**28 489**	**4 461**	**57 830**
一、按隶属关系分组				
1.中　　央	104 838	12 218	1 489	12 505
2.地　　方	282 597	16 271	2 972	45 325
二、按企业、事业、机关分组				
(一)企　　业	247 135	21 321	2 994	54 436
1.中　　央	94 097	11 600	1 475	12 069
2.地　　方	153 038	9 721	1 519	42 367
(二)事　　业	103 501	5 590	1 054	1 842
1.中　　央	7 922	552	14	216
2.地　　方	95 579	5 038	1 040	1 626
(三)机　　关	36 799	1 578	413	1 552
1.中　　央	2 819	66	—	220
2.地　　方	33 980	1 512	413	1 332
三、按国民经济行业分组				
(一)农、林、牧、渔业	1 933	17	2	83
(二)采　掘　业	5 606	4	—	323
(三)制　造　业	111 464	2 587	788	21 882
(四)电力、煤气及水的生产和供应业	14 479	216	89	798
(五)建　筑　业	22 693	8 089	709	5 565
(六)交通运输、仓储和邮政业	44 365	453	232	5 385
(七)信息传输、计算机服务和软件	3 733	396	9	318
(八)批发和零售业	21 523	8 422	365	15 879
(九)住宿和餐饮业	7 495	1 211	54	1 611
(十)金　融　业	10 876	524	218	1 504
(十一)房 地 产 业	2 496	32	65	478
(十二)租赁和商务服务业	3 863	45	17	815
(十三)科研、技术服务和地质勘查业	17 656	680	431	571
(十四)水利、环境和公共设施管理业	8 932	680	228	144
(十五)居民服务和其他服务业	784	—	94	77
(十六)教　　育	41 178	1 149	480	334
(十七)卫生、社会保障和社会福利业	16 405	1 730	125	231
(十八)文化、体育和娱乐业	10 072	490	100	245
(十九)公共管理和社会组织	41 882	1 764	455	1 587

2—5 续表 2　　(2005 年)　　计量单位:人、千元、个、元

行业名称	单位从业人员平均人数	# 在岗职工	其他从业人员	离开本单位仍保留劳动关系的职工平均人数
总计	**424 716**	**420 273**	**4 443**	**59 383**
一、按隶属关系分组				
1.中央	120 654	119 129	1 525	12 442
2.地方	304 062	301 144	2 918	46 941
二、按企业、事业、机关分组				
(一)企业	276 960	274 014	2 946	56 030
1.中央	109 357	107 847	1 510	12 011
2.地方	167 603	166 167	1 436	44 019
(二)事业	109 066	107 870	1 196	1 821
1.中央	8 396	8 381	15	213
2.地方	100 670	99 489	1 181	1 608
(三)机关	38 690	38 389	301	1 532
1.中央	2 901	2 901	—	218
2.地方	35 789	35 488	301	1 314
三、按国民经济行业分组				
(一)农、林、牧、渔业	1 944	1 942	2	83
(二)采掘业	4 823	4 823	—	1 538
(三)制造业	114 699	113 944	755	21 931
(四)电力、煤气及水的生产和供应业	15 175	15 113	62	663
(五)建筑业	31 903	31 062	841	5 628
(六)交通运输、仓储和邮政业	45 054	44 816	238	5 508
(七)信息传输、计算机服务和软件	4 122	4 114	8	310
(八)批发和零售业	34 543	34 207	336	16 124
(九)住宿和餐饮业	8 781	8 764	17	1 702
(十)金融业	11 690	11 488	202	1 464
(十一)房地产业	2 593	2 536	57	441
(十二)租赁和商务服务业	3 915	3 897	18	831
(十三)科研、技术服务和地质勘查业	18 676	18 245	431	571
(十四)水利、环境和公共设施管理业	9 832	9 601	231	150
(十五)居民服务和其他服务业	759	697	62	77
(十六)教育	42 951	42 323	628	324
(十七)卫生、社会保障和社会福利业	18 786	18 667	119	234
(十八)文化、体育和娱乐业	10 497	10 404	93	236
(十九)公共管理和社会组织	43 973	43 630	343	1 568

2—5 续表 3

(2005 年)

计量单位:人、千元、个、元

行业名称	单位从业人员劳动报酬	在岗职工工资总额	其他从业人员劳动报酬	离开本单位仍保留劳动关系职工的生活费	单位数
总计	**8 256 367**	**8 203 935**	**52 432**	**337 092**	**2 882**
一、按隶属关系分组					
1.中央	2 861 653	2 839 921	21 732	108 045	247
2.地方	5 394 714	5 364 014	30 700	229 047	2 635
二、按企业、事业、机关分组					
(一)企业	4 870 709	4 834 661	36 048	285 778	1 042
1.中央	2 488 197	2 466 584	21 613	99 158	199
2.地方	2 382 512	2 368 077	14 435	186 620	843
(二)事业	2 486 834	2 473 365	13 469	20 554	1 231
1.中央	299 745	299 626	119	3 443	31
2.地方	2 187 089	2 173 739	13 350	17 111	1 200
(三)机关	898 824	895 909	2 915	30 760	609
1.中央	73 711	73 711	—	5 444	17
2.地方	825 113	822 198	2 915	25 316	592
三、按国民经济行业分组					
(一)农、林、牧、渔业	28 902	28 882	20	549	49
(二)采掘业	69 262	69 262	—	6 670	4
(三)制造业	1 847 215	1 837 483	9 732	93 049	335
(四)电力、煤气及水的生产和供应业	429 802	429 037	765	12 186	13
(五)建筑业	517 111	512 266	4 845	21 470	29
(六)交通运输、仓储和邮政业	763 301	760 343	2 958	26 875	118
(七)信息传输、计算机服务和软件	210 711	210 656	55	6 281	31
(八)批发和零售业	450 827	447 905	2 922	77 328	307
(九)住宿和餐饮业	86 073	84 423	1 650	3 795	66
(十)金融业	402 241	400 826	1 415	29 841	89
(十一)房地产业	54 554	54 132	422	6 650	37
(十二)租赁和商务服务业	62 952	62 790	162	5 686	85
(十三)科研、技术服务和地质勘查业	534 023	522 190	11 833	3 556	162
(十四)水利、环境和公共设施管理业	165 324	164 848	476	1 906	78
(十五)居民服务和其他服务业	10 166	9 712	454	42	25
(十六)教育	936 927	930 050	6 877	4 166	392
(十七)卫生、社会保障和社会福利业	434 782	432 663	2 119	2 587	91
(十八)文化、体育和娱乐业	241 002	238 369	2 633	2 650	184
(十九)公共管理和社会组织	1 011 192	1 008 098	3 094	31 805	787

2—5 续表 4　　(2005 年)　　计量单位:人、千元、个、元

行业名称	职工	# 中专及以上学历人员	单位从业人员平均报酬	# 在岗职工平均工资	其他从业人员平均报酬
总计	**473 754**	**214 975**	**19 440**	**19 520**	**11 801**
一、按隶属关系分组					
1.中央	129 561	48 038	23 718	23 839	14 250
2.地方	344 193	166 937	17 742	17 812	10 521
二、按企业、事业、机关分组					
(一)企业	322 892	99 609	17 586	17 644	12 236
1.中央	117 766	39 821	22 753	22 871	14 313
2.地方	205 126	59 788	14 215	14 251	10 052
(二)事业	110 933	81 366	22 801	22 929	11 262
1.中央	8 690	5 424	35 701	35 751	7 933
2.地方	102 243	75 942	21 725	21 849	11 304
(三)机关	39 929	34 000	23 231	23 338	9 684
1.中央	3 105	2 793	25 409	25 409	—
2.地方	36 824	31 207	23 055	23 168	9 684
三、按国民经济行业分组					
(一)农、林、牧、渔业	2 033	1 310	14 867	14 872	10 000
(二)采掘业	5 933	1 572	14 361	14 361	—
(三)制造业	135 933	37 643	16 105	16 126	12 890
(四)电力、煤气及水的生产和供应业	15 493	7 194	28 323	28 389	12 339
(五)建筑业	36 347	10 298	16 209	16 492	5 761
(六)交通运输、仓储和邮政业	50 203	7 418	16 942	16 966	12 429
(七)信息传输、计算机服务和软件	4 447	3 440	51 119	51 205	6 875
(八)批发和零售业	45 824	16 507	13 051	13 094	8 696
(九)住宿和餐饮业	10 317	4 588	9 802	9 633	97 059
(十)金融业	12 904	9 925	34 409	34 891	7 005
(十一)房地产业	3 006	1 208	21 039	21 345	7 404
(十二)租赁和商务服务业	4 723	2 086	16 080	16 112	9 000
(十三)科研、技术服务和地质勘查业	18 907	12 872	28 594	28 621	27 455
(十四)水利、环境和公共设施管理业	9 756	2 888	16 815	17 170	2 061
(十五)居民服务和其他服务业	861	521	13 394	13 934	7 323
(十六)教育	42 661	36 863	21 814	21 975	10 951
(十七)卫生、社会保障和社会福利业	18 366	12 767	23 144	23 178	17 807
(十八)文化、体育和娱乐业	10 807	7 569	22 959	22 911	28 312
(十九)公共管理和社会组织	45 233	38 306	22 996	23 106	9 020

市区城镇及集体单位从业人员和劳动报酬

2—6 (2005 年) 计量单位:人、千元、个、元

行业名称	年末单位从业人员	年末单位从业人员中:女性	年末单位从业人员中:使用的农村劳动力	1.在岗职工	#专业技术人员
总计	**53 383**	**21 206**	**6 863**	**52 314**	**8 171**
一、按企业、事业、机关分组					
1.企业	51 152	19 968	6 803	50 141	7 033
2.事业	2 008	1 184	60	1 950	1 083
3.机关	223	54	—	223	55
二、按国民经济行业分组					
(一)农、林、牧、渔业	143	51	—	143	12
(二)采掘业	—	—	—	—	—
(三)制造业	35 380	13 847	5 284	34 668	4 229
(四)电力、煤气及水的生产和供应业	—	—	—	—	—
(五)建筑业	453	101	3	449	54
(六)交通运输、仓储和邮政业	2 218	264	—	2 194	186
(七)信息传输、计算机服务和软件	69	5	3	69	19
(八)批发和零售业	6 449	2 829	260	6 356	1 202
(九)住宿和餐饮业	1 676	1 023	225	1 545	375
(十)金融业	51	17	3	50	10
(十一)房地产业	43	13	—	43	17
(十二)租赁和商务服务业	3 182	1 635	555	3 172	811
(十三)科研、技术服务和地质勘查业	52	11	2	52	9
(十四)水利、环境和公共设施管理业	471	199	118	471	12
(十五)居民服务和其他服务业	1 455	283	390	1 432	79
(十六)教育	372	206	13	336	265
(十七)卫生、社会保障和社会福利业	694	499	7	659	543
(十八)文化、体育和娱乐业	452	169	—	452	293
(十九)公共管理和社会组织	223	54	—	223	55

2—6续表1　　(2005年)　　计量单位:人、千元、个、元

行业名称	在岗职工中按用工期限分组		2.其他从业人员	离开本单位仍保留劳动关系的职工
	长期职二	临时职工		
总计	**44 579**	**7 735**	**1 069**	**13 717**
一、按企业、事业、机关分组				
1.企业	42 615	7 526	1 011	13 600
2.事业	1 741	209	58	117
3.机关	223	—	—	—
二、按国民经济行业分组				
(一)农、林、牧、渔业	143	—	—	71
(二)采掘业	—	—	—	—
(三)制造业	30 601	4 067	712	9 089
(四)电力、煤气及水的生产和供应业	—	—	—	—
(五)建筑业	188	261	4	42
(六)交通运输、仓储和邮政业	925	1 269	24	1 235
(七)信息传输、计算机服务和软件	18	51	—	—
(八)批发和零售业	5 823	533	93	2 295
(九)住宿和餐饮业	1 336	209	131	110
(十)金融业	35	15	1	112
(十一)房地产业	43	—	—	30
(十二)租赁和商务服务业	3 078	94	10	649
(十三)科研、技术服务和地质勘查业	23	29	—	—
(十四)水利、环境和公共设施管理业	437	34	—	31
(十五)居民服务和其他服务业	385	1 047	23	10
(十六)教育	263	73	36	3
(十七)卫生、社会保障和社会福利业	606	53	35	27
(十八)文化、体育和娱乐业	452	—	—	13
(十九)公共管理和社会组织	223	—	—	—

2—6续表2　　(2005年)　　计量单位:人、千元、个、元

行业名称	单位从业人员平均人数	#在岗职工	其他从业人员	离开本单位仍保留劳动关系的职工平均人数
总计	**54 278**	**53 233**	**1 045**	**13 812**
一、按企业、事业、机关分组				
1.企业	52 053	51 059	994	13 703
2.事业	2 002	1 951	51	109
3.机关	223	223	—	—
二、按国民经济行业分组				
(一)农、林、牧、渔业	155	155	—	66
(二)采掘业	—	—	—	—
(三)制造业	36 151	35 441	710	9 115
(四)电力、煤气及水的生产和供应业	—	—	—	—
(五)建筑业	469	465	4	36
(六)交通运输、仓储和邮政业	2 262	2 238	24	1 233
(七)信息传输、计算机服务和软件	69	69	—	—
(八)批发和零售业	6 501	6 421	80	2 379
(九)住宿和餐饮业	1 625	1 504	121	105
(十)金融业	50	49	1	111
(十一)房地产业	43	43	—	30
(十二)租赁和商务服务业	3 245	3 235	10	660
(十三)科研、技术服务和地质勘查业	52	52	—	—
(十四)水利、环境和公共设施管理业	482	482	—	32
(十五)居民服务和其他服务业	1 445	1 422	23	10
(十六)教育	367	331	36	4
(十七)卫生、社会保障和社会福利业	684	648	36	18
(十八)文化、体育和娱乐业	455	455	—	13
(十九)公共管理和社会组织	223	223	—	—

2—6 续表 3　　　　　　　　　　（2005 年）　　　　　　　　　　计量单位：人、千元、个、元

行业名称	单位从业人员劳动报酬	在岗职工工资总额	其他从业人员劳动报酬	离开本单位仍保留劳动关系职工的生活费	单位数
总计	**542 156**	**537 041**	**5 115**	**33 150**	**646**
一、按企业、事业、机关分组					
1.企业	508 275	503 638	4 637	32 844	560
2.事业	28 696	28 218	478	306	84
3.机关	5 185	5 185	—	—	2
二、按国民经济行业分组					
(一)农、林、牧、渔业	472	472	—	184	1
(二)采掘业	—	—	—	—	—
(三)制造业	336 593	333 521	3 072	22 252	283
(四)电力、煤气及水的生产和供应业	—	—	—	—	—
(五)建筑业	4 407	4 383	24	132	12
(六)交通运输、仓储和邮政业	32 593	32 509	84	3 088	12
(七)信息传输、计算机服务和软件	1 314	1 314	—	—	2
(八)批发和零售业	66 056	55 448	608	4 778	143
(九)住宿和餐饮业	14 583	14 519	64	261	25
(十)金融业	582	570	12	320	10
(十一)房地产业	376	376	—	179	3
(十二)租赁和商务服务业	27 548	27 485	63	1 683	55
(十三)科研、技术服务和地质勘查业	586	586	—	—	4
(十四)水利、环境和公共设施管理业	2 227	2 227	—	48	19
(十五)居民服务和其他服务业	25 395	25 148	247	51	18
(十六)教育	6 598	6 241	357	52	4
(十七)卫生、社会保障和社会福利业	10 064	9 480	584	122	46
(十八)文化、体育和娱乐业	7 577	7 577	—	—	7
(十九)公共管理和社会组织	5 185	5 185	—	—	2

2—6 续表 4　　(2005 年)　　计量单位:人、千元、个、元

行业名称	职工	# 中专及以上学历人员	单位从业人员平均报酬	# 在岗职工平均工资	其他从业人员平均报酬
总计	**66 031**	**13 099**	**9 989**	**10 088**	**4 895**
一、按企业、事业、机关分组					
1.企业	63 741	11 853	9 765	9 864	4 665
2.事业	2 067	1 037	14 334	14 463	9 373
3.机关	223	209	23 251	23 251	—
二、按国民经济行业分组					
(一)农、林、牧、渔业	214	25	3 045	3 045	—
(二)采掘业	—	—	—	—	—
(三)制造业	43 757	7 472	9 311	9 411	4 327
(四)电力、煤气及水的生产和供应业	—	—	—	—	—
(五)建筑业	491	84	9 397	9 426	6 000
(六)交通运输、仓储和邮政业	3 429	290	14 409	14 526	3 500
(七)信息传输、计算机服务和软件	69	5	19 043	19 043	—
(八)批发和零售业	8 651	2 325	10 161	10 193	7 600
(九)住宿和餐饮业	1 655	653	8 974	9 654	529
(十)金融业	162	25	11 640	11 633	12 000
(十一)房地产业	73	24	8 744	8 744	—
(十二)租赁和商务服务业	3 821	762	8 489	8 496	6 300
(十三)科研、技术服务和地质勘查业	52	16	11 269	11 269	—
(十四)水利、环境和公共设施管理业	502	42	4 620	4 620	—
(十五)居民服务和其他服务业	1 442	248	17 574	17 685	10 739
(十六)教育	339	256	17 978	18 855	9 917
(十七)卫生、社会保障和社会福利业	686	418	14 713	14 630	16 222
(十八)文化、体育和娱乐业	465	245	16 653	16 653	—
(十九)公共管理和社会组织	223	209	23 251	23 251	—

分县(市)区单位从业人员和劳动报酬

2—7

(2005年)

计量单位:人、千元、个、元

行政单位	年末单位从业人员	#在岗职工	#专业技术人员	单位从业人员年平均人数	#在岗职工
全市总计	**874 050**	**863 405**	**287 244**	**881 528**	**871 045**
市区合计	560 258	552 137	158 555	566 500	558 437
#长安区	25 050	24 163	5 426	25 605	24 697
桥东区	7 988	7 927	2 941	7 994	7 953
桥西区	12 391	11 975	4 181	12 333	12 117
新华区	17 224	16 969	5 751	16 879	16 476
裕华区	7 946	7 913	3 506	7 275	7 254
矿区	6 138	6 119	1 584	6 123	6 104
高新区	5 981	5 885	2 652	6 100	6 000
井陉县	21 538	21 123	6 222	21 701	21 287
正定县	23 981	23 981	12 186	23 939	23 939
栾城县	15 464	15 464	6 382	15 630	15 630
行唐县	16 032	16 031	7 100	16 171	16 170
灵寿县	13 604	13 063	5 265	13 579	13 037
高邑县	10 841	10 829	3 636	10 840	10 828
深泽县	7 329	7 285	3 729	7 324	7 280
赞皇县	14 869	14 860	4 671	14 857	14 848
无极县	17 102	16 770	6 960	17 039	16 717
平山县	17 810	17 756	8 761	17 641	17 589
元氏县	15 550	15 341	8 380	15 565	15 356
赵县	17 640	17 639	9 000	17 663	17 662
辛集市	29 348	29 312	10 111	29 318	29 282
藁城市	26 849	26 679	11 530	27 472	27 351
晋州市	22 694	22 681	8 402	22 894	22 881
新乐市	17 552	17 444	7 317	17 428	17 209
鹿泉市	25 589	25 010	9 037	25 967	25 542

2—7 续表　　(2005 年)　　计量单位:人、千元、个、元

行政单位	单位从业人员劳动报酬	# 在岗职工工资	单位数	职工	# 中专及以上学历人员	单位从业人员平均报酬	# 在岗职工平均工资
全市总计	**13 394 861**	**13 273 489**	**11 424**	**978 366**	**454 269**	**15 195**	**15 239**
市区合计	10 100 462	9 996 672	3 792	644 019	262 580	17 830	17 901
# 长安区	300 799	296 367	297	25 145	7 723	11 748	12 000
桥东区	118 527	118 354	196	8 507	4 995	14 827	14 882
桥西区	171 330	169 412	221	14 149	6 009	13 892	13 981
新华区	262 506	258 480	233	17 421	9 646	15 552	15 688
裕华区	131 420	130 916	149	8 886	5 856	18 065	18 047
矿区	63 084	63 006	139	6 202	3 027	10 303	10 322
高新区	95 483	93 206	51	6 023	3 490	15 653	15 534
井陉县	256 952	252 857	263	23 658	10 138	11 841	11 878
正定县	293 173	293 173	437	26 454	16 784	12 247	12 247
栾城县	181 368	181 368	414	16 643	11 243	11 604	11 604
行唐县	154 608	154 598	599	18 637	10 902	9 561	9 561
灵寿县	134 719	132 496	543	14 080	8 675	9 921	10 163
高邑县	93 021	92 879	231	11 534	5 755	8 581	8 578
深泽县	75 134	74 868	292	7 488	6 437	10 259	10 284
赞皇县	96 551	96 461	360	14 923	7 189	6 499	6 497
无极县	161 608	158 327	375	18 728	10 455	9 485	9 471
平山县	204 442	203 906	671	18 933	11 718	11 589	11 593
元氏县	152 511	151 828	443	15 866	11 014	9 798	9 887
赵县	188 983	188 977	463	19 012	12 092	10 699	10 700
辛集市	297 714	297 465	534	31 965	16 101	10 155	10 159
藁城市	302 248	301 823	572	27 730	16 958	11 002	11 035
晋州市	202 648	202 585	545	24 473	12 307	8 852	8 854
新乐市	196 200	193 621	390	18 661	11 139	11 258	11 251
鹿泉市	302 519	299 585	500	25 562	12 782	11 650	11 729

三、固定资产投资　建筑业

全市全社会固定资产投资

3—1　　（2005 年）　　计量单位：万元

指标名称	全社会固定资产投资	一、城镇固定资产投资				二、农村投资		
		合计	建设项目投资	房地产开发	城镇工矿区私人建房	合计	农村非农户	农村个人
投资总额	**9 290 289**	**7 947 681**	**6 678 020**	**1 221 027**	**48 634**	**1 342 608**	**961 455**	**381 153**
1.按经济类型分								
国有经济	2 647 372	2 619 586	2 565 694	53 892	—	27 786	27 786	—
集体经济	974 089	725 126	719 776	5 350	—	248 963	248 963	—
私营个体经济	1 180 366	470 815	234 880	187 301	48 634	709 551	328 398	381 153
联营经济	178 285	138 602	138 602	—	—	39 683	39 683	—
股份制经济	3 033 006	2 912 157	2 191 616	720 541	—	120 849	120 849	—
外商投资	283 722	272 912	135 055	137 857	—	10 810	10 810	—
港澳台投资	242 699	235 499	193 001	42 498	—	7 200	7 200	—
其他	750 750	572 984	499 396	73 588	—	177 766	177 766	—
2.按构成分								
建筑工程	4 884 117	4 221 861	3 257 699	915 528	48 634	662 256	378 830	283 426
安装工程	657 533	590 494	513 953	76 541	—	67 039	67 039	—
设备工器具购置	2 407 250	1 942 741	1 931 276	11 465	—	464 509	379 131	85 378
其他费用	1 341 389	1 192 585	975 092	217 493	—	148 804	136 455	12 349
3.本年新增固定资产	4 603 943	3 590 146	3 210 852	330 660	48 634	1 013 797	632 644	381 153
4.按资金来源分								
资金来源合计	9 341 235	7 974 862	6 789 124	1 137 104	48 634	1 366 373	985 220	381 153
国家预算内资金	277 197	273 047	273 047	—	—	4 150	4 150	—
国内贷款	877 597	748 115	612 024	136 091	—	129 482	129 482	—
利用外资	143 332	134 462	105 342	29 120	—	8 870	8 870	—
#外商直接投资	60 183	51 883	22 763	29 120	—	8 300	8 300	—
自筹资金	6 973 542	5 905 386	5 283 557	573 195	48 634	1 068 156	687 003	381 153
其他资金来源	1 009 384	861 969	492 391	369 578	—	147 415	147 415	—
5.按三次产业分								
*三次产业小计	8 909 136	7 947 681	6 678 020	1 221 027	48 634	961 455	961 455	—
第一产业	250 848	161 802	161 802	—	—	89 046	89 046	—
第二产业	4 160 870	3 535 195	3 535 195	—	—	625 675	625 675	—
第三产业	4 497 418	4 250 684	2 981 023	1 221 027	48 634	246 734	246 734	—

注：*三次产业小计 8 909 136 = 全社会固定资产投资—农村个人投资。因农村个人投资无法按一、二、三产业分组，所以仅把全社会固定资产投资中农村个人投资以外的部分进行了一、二、三产业分组。它占全社会固定资产投资的比重为 95.98%。

分县(市)区全社会固定资产投资

3—2　　(2005 年)　　计量单位:万元

行政单位	全社会固定资产投资	一、城镇固定资产投资				二、农村投资		
		合计	建设项目投资	房地产开发	城镇工矿区私人建房	合计	农村非农户	农村个人
全市总计	**9 290 289**	**7 947 681**	**6 678 020**	**1 221 027**	**48 634**	**1 342 608**	**961 455**	**381 153**
市区合计	4 284 088	4 282 358	3 147 209	1 134 218	931	1 730	1 730	—
#长安区	928 269	927 469	651 827	275 642	—	800	800	—
桥东区	675 332	675 332	439 037	236 295	—	—	—	—
桥西区	696 763	696 763	415 499	281 264	—	—	—	—
新华区	710 154	710 154	652 158	57 996	—	—	—	—
裕华区	958 989	958 989	731 180	227 809	—	—	—	—
矿区	72 889	71 705	64 874	5 900	931	1 184	930	254
高新区	241 946	241 946	192 634	49 312	—	—	—	—
井陉县	303 147	241 872	241 872	—	—	61 275	50 700	10 575
正定县	325 003	223 574	222 895	530	149	101 429	63 562	37 867
栾城县	357 366	262 308	257 081	3 877	1 350	95 058	77 007	18 051
行唐县	240 548	161 505	157 353	—	4 152	79 043	52 001	27 042
灵寿县	221 988	197 768	190 141	—	7 627	24 220	15 537	8 683
高邑县	144 094	85 669	84 319	—	1 350	58 425	43 866	14 559
深泽县	96 534	68 357	65 257	—	3 100	28 177	19 180	8 997
赞皇县	165 859	102 949	97 049	—	5 900	62 910	23 895	39 015
无极县	175 310	102 701	98 173	—	4 528	72 609	43 000	29 609
平山县	339 890	268 501	263 501	4 600	400	71 389	65 307	6 082
元氏县	281 452	164 340	162 360	—	1 980	117 112	90 456	26 656
赵县	292 035	209 271	204 134	592	4 545	82 764	48 543	34 221
辛集市	398 724	313 443	287 183	18 890	7 370	85 281	47 810	37 471
藁城市	497 644	407 731	400 698	4 768	2 265	89 913	82 469	7 444
晋州市	348 829	220 049	218 049	—	2 000	128 780	93 406	35 374
新乐市	386 200	218 848	173 198	45 100	550	167 352	128 509	38 843
鹿泉市	431 322	416 437	407 548	8 452	437	14 885	14 477	408

建设项目投资情况

3—3

(2005 年)

计量单位:万元

项　目　名　称	建设项目投资	# 市　区	地方建设 项目投资	# 市　区
本年完成投资	**6 678 020**	**3 147 209**	**6 360 168**	**2 872 890**
#住　　宅	703 581	571 480	659 021	526 920
1.建 筑 工 程	3 257 699	1 816 207	3 156 530	1 723 354
2.安 装 工 程	513 953	215 903	491 117	194 707
3.设备工器具购置	1 931 276	634 663	1 754 031	486 171
#购置旧设备	61 805	47 184	34 936	20 315
4.其 他 费 用	975 092	480 436	958 490	468 658
#旧建筑物购置费	1 000	1 000	1 000	1 000
本年新增固定资产	3 210 852	1 208 871	3 050 949	1 082 203
本年施工房屋面积(平方米)	20 773 533	13 525 023	20 008 165	12 790 115
#住　　宅(平方米)	7 330 136	5 937 204	6 865 744	5 472 812
本年竣工房屋面积(平方米)	8 021 076	3 099 491	7 679 870	2 785 890
#住　　宅(平方米)	2 255 045	1 367 212	2 039 690	1 150 857
本年竣工房屋价值	873 717	412 719	842 836	383 437
#住　　宅	222 666	139 772	204 550	121 656
施工项目个数(个)	3 069	686	3 001	636
#本年新开工(个)	2 682	546	2 633	513
本年投产项目个数(个)	1 322	213	1 295	194
本年实际征用和购置土地面积(平方米)	379 361	—	379 361	—
本年实际征用和购置土地成交价款	8 393	—	8 393	—
本年资金来源合计	7 015 916	3 377 919	6 695 325	3 100 861
1.上年末结余资金	243 013	173 949	241 183	172 119
2.本年资金来源小计	6 772 903	3 203 970	6 454 142	2 928 742
(1)国家预算内资金	273 047	213 331	238 051	186 518
(2)国 内 贷 款	612 024	237 194	570 913	199 214
(3)债　　券	6 542	2 850	6 542	2 850
(4)利 用 外 资	105 342	11 505	105 342	11 505
#外商直接投资	22 763	11 125	22 763	11 125
(5)自 筹 资 金	5 283 557	2 513 542	5 066 859	2 327 163
中央各部门自筹	53 029	38 766	10 340	—
省　自　筹	132 026	28 135	126 826	28 135
市　自　筹	100 437	67 422	93 117	65 422
县　自　筹	214 592	23 959	210 711	23 959
企事业单位自有资金	4 783 473	2 355 260	4 625 865	2 209 647
(6)其他资金来源	492 391	225 548	466 435	201 492
#集　　资	195 736	125 017	171 680	100 961
本年各项应付款合计	230 635	167 304	225 535	162 204
#工　程　款	119 841	87 912	117 541	85 612

3—3 续表 1　　(2005 年)　　计量单位:万元

项目名称	建设项目投资	# 市区	地方建设项目投资	# 市区
设备、器材款	39 421	20 974	36 621	18 174
总计中按经济类型分:				
国有经济	2 565 694	1 337 897	2 292 941	1 106 621
国有	2 523 755	1 322 104	2 264 870	1 097 496
国有联营	640	—	640	—
国有独资公司	41 299	15 793	27 431	9 125
集体经济	719 776	606 278	719 776	606 278
集体	678 466	579 078	678 466	579 078
股份合作	41 310	27 200	41 310	27 200
私营个体	234 880	87 643	234 880	87 643
私营个体	222 300	80 393	222 300	80 393
个体户	11 670	6 600	11 670	6 600
个人合伙	910	650	910	650
联营经济	138 602	95 060	138 602	95 060
国有与集体联营	4 846	—	4 846	—
其他联营	133 756	95 060	133 756	95 060
股份制经济	2 191 616	647 159	2 146 517	604 116
其他有限责任公司	1 283 874	364 321	1 278 656	360 603
股份有限公司	907 742	282 838	867 861	243 513
外商投资	135 055	88 747	135 055	88 747
合资经营	71 441	40 141	71 441	40 141
合作经营	6 808	3 950	6 808	3 950
独资	56 681	44 531	56 681	44 531
股份有限	125	125	125	125
港澳台投资	193 001	44 477	193 001	44 477
合资经营	173 149	38 660	173 149	38 660
合作经营	670	—	670	—
独资	19 182	5 817	19 182	5 817
其他	499 396	239 948	499 396	239 948
总计中按隶属关系分:				
中央	317 852	274 319	—	—
地方	6 360 168	2 872 890	6 360 168	2 872 890
省	681 559	399 696	681 559	399 696
市	934 301	814 476	934 301	814 476
县(县级市)	2 474 247	402 053	2 474 247	402 053
其他	2 270 061	1 256 665	2 270 061	1 256 665
总计中按建设性质分:				
新建	4 775 459	2 423 912	4 605 975	2 272 214

3—3 续表 2　　　　（2005 年）　　　　计量单位：万元

项　目　名　称	建设项目投资	# 市　区	地方建设项目投资	# 市　区
扩　建	873 161	202 243	846 283	176 665
改　建	701 633	318 962	628 034	261 729
单纯建造生活设施	41 309	34 569	35 141	28 401
迁　建	64 818	46 818	59 518	41 518
恢　复	734	—	734	—
单纯购置	220 906	120 705	184 483	92 363
总计中按建设阶段分：				
本年正式施工	6 388 487	2 984 193	6 133 851	2 757 809
本年收尾	68 627	42 311	41 834	22 718
单纯购置	220 906	120 705	184 483	92 363
总计中按控股情况分：				
国有绝对控股	2 996 913	1 538 466	2 684 414	1 267 444
国有相对控股	612 954	272 612	609 101	269 315
集体绝对控股	955 881	833 365	955 881	833 365
集体相对控股	51 072	24 447	51 072	24 447
其　他	2 061 200	478 319	2 059 700	478 319
总计中按建设状态分：				
在　建	4 599 451	2 299 425	4 372 341	2 090 295
全部投产	2 078 569	847 784	1 987 827	782 595
总计中按开发区级别式分：				
国务院批准的	264 454	192 634	240 466	168 646
省批准的	394 086	211 185	367 409	189 508
省以下批准的	198 078	58 376	186 899	55 897
不属于开发区的项目	5 821 402	2 685 014	5 565 394	2 458 839
总计中按行业分：				
农、林、牧、渔业	161 802	3 693	161 802	8 693
农　业	35 136	3 183	35 136	3 183
林　业	25 820	2 700	25 820	2 700
畜牧业	84 775	2 510	84 775	2 510
渔　业	300	—	300	—
采矿业	100 656	21 803	100 656	21 803
煤炭开采和洗选业	47 803	21 303	47 803	21 303
黑色金属矿采选业	25 385	500	25 385	500
有色金属矿采选业	3 000	—	3 000	—
非金属矿采选业	23 818	—	23 818	—
制造业	2 551 724	805 893	2 459 334	728 259
农副食品加工业	92 734	—	92 734	—
食品制造业	89 537	22 048	89 537	22 048

3—3 续表 3　　(2005 年)　　计量单位:万元

项　目　名　称	建设项目投　资	# 市　区	地方建设项目投资	# 市　区
饮料制造业	22 673	8 553	22 673	8 553
烟草制品业	7 340	3 840	6 175	2 675
纺　织　业	257 346	90 905	257 346	90 905
纺织服装、鞋、帽制造业	49 248	18 808	45 618	15 178
皮革、毛皮、羽毛(绒)及其制品业	66 315	1 425	65 240	350
木材加工及木、竹、藤、棕、草制品业	66 047	—	66 047	—
家具制造业	15 743	6 100	15 743	6 100
造纸及纸制品业	148 783	7 275	148 783	7 275
印刷业和记录媒介的复制	43 795	37 722	39 615	33 542
文教体育用品制造业	3 310	1 600	3 310	1 600
石油加工、炼焦及核燃料加工业	57 145	34 705	41 914	19 474
化学原料及化学制品制造业	349 432	87 152	349 432	87 152
医药制造业	281 646	148 625	281 090	148 625
化学纤维制造业	9 700	7 167	9 700	7 167
橡胶制品业	30 945	—	30 945	—
塑料制品业	104 017	36 668	104 017	36 668
非金属矿物制品业	194 451	30 393	194 451	30 393
黑色金属冶炼及压延加工业	107 453	14 815	107 453	14 815
有色金属冶炼及压延加工业	12 921	3 500	12 921	3 500
金属制品业	87 234	37 375	87 234	37 375
通用设备制造业	193 107	81 422	166 759	69 274
专用设备制造业	105 405	55 510	75 108	25 213
交通运输设备制造业	49 959	23 279	46 219	19 539
电气机械及器材制造业	42 250	3 386	42 250	3 386
通信设备、计算机及其他电子设备制造业	27 674	17 150	21 506	10 982
仪器仪表及文化、办公用机械制造业	18 050	15 640	18 050	15 640
工艺品及其他制造业	7 074	500	7 074	500
废弃资源和废旧材料回收加工业	10 390	10 330	10 390	10 330
电力、燃气及水的生产和供应业	623 387	144 916	604 226	144 916
电力、热力的生产和供应业	498 250	67 019	479 089	67 019
燃气生产和供应业	42 040	20 000	42 040	20 000
水的生产和供应业	83 097	57 897	83 097	57 897
建　筑　业	259 428	45 692	257 681	43 945
交通运输、仓储和邮政业	375 532	190 775	329 748	145 391
交通运输业	355 162	185 345	310 708	140 891
仓　储　业	20 320	5 430	18 990	4 500
邮　政　业	50	—	50	—
信息传输、计算机服务和软件业	86 590	69 022	21 211	7 109
批发和零售业	348 874	270 308	348 824	270 308

3—3 续表 4　　(2005 年)　　计量单位:万元

项　目　名　称	建设项目投　资	#市　区	地方建设项目投资	#市　区
住宿和餐饮业	67 604	56 736	67 604	56 736
金　融　业	18 669	12 309	8 342	2 632
房 地 产 业	306 512	267 194	306 512	267 194
租赁和商务服务业	131 684	107 504	131 684	107 504
科学研究、技术服务和地质勘查业	55 130	41 580	37 610	29 060
水利、环境和公共设施管理业	464 283	289 136	464 283	289 136
水利管理业	127 400	43 427	127 400	43 427
环境管理业	85 831	71 133	85 831	71 133
公共设施管理业	251 052	174 576	251 052	174 576
居民服务和其他服务业	15 030	180	15 030	180
教　　育	327 929	239 377	326 295	237 743
卫生、社会保障和社会福利业	132 173	112 261	103 673	83 761
#卫　　生	122 602	103 863	94 102	75 363
文化、体育和娱乐业	39 603	29 308	39 153	28 858
公共管理和社会组织	611 410	434 522	576 500	399 662
总计中按注册类型分:				
内　　资	6 337 384	3 006 735	6 019 532	2 732 416
国　　有	2 523 755	1 322 104	2 264 870	1 097 496
集　　体	678 466	579 078	678 466	579 078
股 份 合 作	41 310	27 200	41 310	27 200
国 有 联 营	640	—	640	—
国有与集体联营	4 846	—	4 846	—
其 他 联 营	133 756	95 060	133 756	95 060
国有独资公司	41 299	15 793	27 431	9 125
其他有限责任公司	1 283 874	364 321	1 278 656	360 603
股份有限公司	907 742	282 838	867 861	243 513
私 营 个 体	222 300	80 393	222 300	80 393
其　　他	499 396	239 948	499 396	239 948
港澳台商投资	135 055	88 747	135 055	88 747
合 资 经 营	71 441	40 141	71 441	40 141
合 作 经 营	6 808	3 950	6 808	3 950
独　　资	56 681	44 531	56 681	44 531
股 份 有 限	125	125	125	125
外 商 投 资	193 001	44 477	193 001	44 477
合 资 经 营	173 149	38 660	173 149	38 660
合 作 经 营	670	—	670	—
独　　资	19 182	5 817	19 182	5 817
个 体 经 营	12 580	7 250	12 580	7 250
个　体　户	11 670	6 600	11 670	6 600
个 人 合 伙	910	650	910	650

全市按经济类型分房地产开发完成情况

3—4　　(2005 年)　　计量单位:万元、平方米、人

项目名称	总计	国有经济	集体经济	其它
本年完成投资	1 221 027	53 892	5 350	1 161 785
按类别分:商品房建设投资额	988 648	18 017	5 350	965 281
土地开发投资额	64 986	30 600	—	34 386
配套工程投资	851	57	—	794
按工程分:建筑工程	915 528	18 017	5 200	892 311
安装工程	76 541	—	110	76 431
设备工器具购置	11 465	—	30	11 435
其他费用	217 493	35 875	10	181 608
#旧建筑物购置费	69	—	—	69
土地购置费	84 703	12 000	—	72 703
按用途分:住宅	809 444	21 192	5 350	782 902
#普通住房	148 776	11 555	500	136 721
经济适用房	128 469	—	—	128 469
办公楼	46 562	—	—	46 562
商业营业用房	182 977	—	—	182 977
其他	182 044	32 700	—	149 344
本年新增固定资产	330 660	11 329	531	318 800
一、本年资金来源合计	1 287 626	50 092	7 520	1 230 014
1.上年末结余资金	179 642	10 061	120	169 461
2.本年资金来源小计	1 107 984	40 031	7 400	1 060 553
(1)国内贷款	136 091	13 000	140	122 951
#银行贷款	112 637	11 000	140	101 497
(2)利用外资	29 120	—	—	29 120
#外商直接投资	29 120	—	—	29 120
(3)自筹资金	573 195	16 148	7 000	550 047
#自有资金	349 269	976	—	348 293
(4)其他资金来源	369 578	10 883	260	358 435
#定金及预收款	301 312	7 842	—	293 470
个人按揭贷款	7 316	—	260	7 056
二、本年各项应付款合计	150 451	12 526	—	137 925
#工程款	57 948	398	—	57 550
本年完成开发土地面积	664 629	—	—	664 629
本年购置土地面积	1 035 502	166 675	—	868 827
本年土地成交价款	95 768	12 000	—	83 768
房屋施工面积	7 444 454	172 177	8 000	7 264 277

3—4 续表 1　　　　（2005 年）　　　　计量单位：万元、平方米、人

项　目　名　称	总　计	国有经济	集体经济	其　它
住　　宅	5 926 160	172 177	8 000	5 745 983
#普通住房	1 527 539	115 231	8 000	1 404 308
经济适用房	1 339 583	—	—	1 339 583
办 公 楼	170 916	—	—	170 916
商业营业用房	1 194 242	—	—	1 194 242
其　　他	153 136	—	—	153 136
房屋施工面积中：新开工面积	3 013 704	34 336	—	2 979 368
住　　宅	2 584 851	34 336	—	2 550 515
#普通住房	813 844	34 336	—	779 508
经济适用房	594 295	—	—	594 295
办 公 楼	54 800	—	—	54 800
商业营业用房	307 350	—	—	307 350
其　　他	66 703	—	—	66 703
房屋竣工面积	1 928 492	90 262	5 000	1 833 230
住　　宅	1 730 717	90 262	5 000	1 635 455
#普通住房	1 022 717	70 000	5 000	947 717
经济适用房	206 994	—	—	206 994
办 公 楼	22 334	—	—	22 334
商业营业用房	165 323	—	—	165 323
其　　他	10 118	—	—	10 118
住宅竣工套数	13 855	675	50	13 130
#普通住房	7 696	495	50	7 151
经济适用房	2 158	—	—	2 158
竣工房屋价值	211 738	11 271	531	199 936
住　　宅	176 536	11 271	531	164 734
#普通住房	104 654	8 520	531	95 603
经济适用房	24 128	—	—	24 128
办 公 楼	3 387	—	—	3 387
商业营业用房	29 904	—	—	29 904
其　　他	1 911	—	—	1 911
商品房销售面积	2 232 011	78 740	8 000	2 145 271
住　　宅	2 116 636	78 740	8 000	2 029 896
#普通住房	1 285 526	65 806	8 000	1 211 720
经济适用房	299 432	—	—	299 432
办 公 楼	55 554	—	—	55 554

3—4 续表 2　　（2005 年）　　计量单位：万元、平方米、人

项目名称	总计	国有经济	集体经济	其它
商业营业用房	59 596	—	—	59 596
其他	225	—	—	225
1.现房销售面积	911 417	27 804	8 000	875 613
住宅	814 258	27 804	8 000	778 454
#普通住房	427 471	14 870	8 000	404 601
经济适用房	75 294	—	—	75 294
办公楼	45 765	—	—	45 765
商业营业用房	51 169	—	—	51 169
其他	225	—	—	225
2.期房销售面积	1 320 594	50 936	—	1 269 658
住宅	1 302 378	50 936	—	1 251 442
#普通住房	858 055	50 936	—	807 119
经济适用房	224 138	—	—	224 138
办公楼	9 789	—	—	9 789
商业营业用房	8 427	—	—	8 427
商品房销售额	417 309	14 854	800	401 655
住宅	360 935	14 854	800	345 281
#普通住房	184 166	12 498	800	170 868
经济适用房	59 301	—	—	59 301
办公楼	40 368	—	—	40 368
商业营业用房	15 956	—	—	15 956
其他	50	—	—	50
1.现房销售额	198 259	4 647	800	192 812
住宅	147 661	4 647	800	142 214
#普通住房	65 064	2 291	800	61 973
经济适用房	14 652	—	—	14 652
办公楼	37 401	—	—	37 401
商业营业用房	13 147	—	—	13 147
其他	50	—	—	50
2.期房销售额	219 050	10 207	—	208 843
住宅	213 274	10 207	—	203 067
#普通住房	119 102	10 207	—	108 895
经济适用房	44 649	—	—	44 649
办公楼	2 967	—	—	2 967
商业营业用房	2 809	—	—	2 809

3—4 续表 3　　(2005 年)　　计量单位:万元、平方米、人

项目名称	总计	国有经济	集体经济	其它
商品住宅销售套数	16 988	694	72	16 222
#普通住房	9 721	594	72	9 055
经济适用房	2 874	—	—	2 874
住宅现房销售套数	6 222	229	72	5 921
#普通住房	2 939	129	72	2 738
经济适用房	706	—	—	706
住宅期房销售套数	10 766	465	—	10 301
#普通住房	6 782	465	—	6 317
经济适用房	2 168	—	—	2 168
现房平均销售价格	2 175	1 671	1 000	2 202
住宅	1 813	1 671	1 000	1 827
#普通住房	1 522	1 541	1 000	1 532
经济适用房	1 946	—	—	1 946
办公楼	8 172	—	—	8 172
商业营业用房	2 569	—	—	2 569
其他	2 222	—	—	2 222
期房平均销售价格	1 659	2 004	—	1 645
住宅	1 638	2 004	—	1 623
#普通住房	1 388	2 004	—	1 349
经济适用房	1 992	—	—	1 992
办公楼	3 031	—	—	3 031
商业营业用房	3 333	—	—	3 333
空置面积	197 000	5 800	—	191 200
住宅	107 865	5 800	—	102 065
#普通住房	75 670	5 800	—	69 870
经济适用房	3 960	—	—	3 960
办公楼	31 067	—	—	31 067
商业营业用房	52 751	—	—	52 751
其他	5 317	—	—	5 317
三、年初存货	888 751	6 835	459	881 457
流动资产合计	2 116 138	75 638	1 130	2 039 370
#存货	1 220 086	26 262	460	1 193 364
固定资产原价	131 076	7 626	964	122 486
累计折旧	38 451	1 082	153	37 216
#本年折旧	4 377	77	24	4 276

3—4 续表 4 (2005 年) 计量单位:万元、平方米、人

项目名称	总计	国有经济	集体经济	其它
资产总计	2 327 656	86 932	1 951	2 238 773
负债合计	1 661 244	72 913	480	1 587 851
所有者权益合计	666 412	14 019	1 471	650 922
#实收资本	511 957	12 994	1 234	497 729
国家资本	17 941	9 872	—	8 069
集体资本	9 351	520	736	8 095
法人资本	353 133	2 602	118	350 413
个人资本	87 812	—	380	87 432
港澳台资本	16 272	—	—	16 272
外商资本	27 448	—	—	27 448
主营业务收入	413 535	19 656	1 251	392 628
土地转让收入	1 242	—	—	1 242
商品房屋销售收入	392 392	15 624	1 181	375 587
房屋出租收入	429	429	—	—
其他收入	19 472	3 603	70	15 799
主营业务成本	324 453	16 264	1 060	307 129
主营业务税金及附加	22 104	1 363	48	20 693
主营业务利润	45 982	2 029	121	43 832
其他业务收入	1 852	—	—	1 852
其他业务利润	1 568	-3	—	1 571
销售费用	20 996	—	22	20 974
管理费用	45 087	1 625	84	43 378
#税金	1 783	110	9	1 664
财务费用	12 170	1 156	8	11 006
#利息支出	5 937	712	5	5 220
营业利润	-9 707	-755	29	-8 981
投资收益	-525	—	—	-525
营业外收入	11 467	40	—	11 427
营业外支出	3 016	1	—	3 015
利润总额	-1 781	-716	29	-1 094
应交所得税	5 556	46	6	5 504
劳动、失业保险费	134	10	1	123
住房公积金及住房补贴	147	43	—	104
本年应付工资总额	12 000	1 271	52	10 677
本年应付福利费总额	1 955	117	7	1 831
四、全部从业人员年平均人数	9 771	757	65	8 949

全市按隶属关系分房地产开发完成情况

3—5

(2005 年)

计量单位:万元、平方米、人

项　目　名　称	总　　计	省	市	县	其　他
本年完成投资	1 221 027	100 236	297 743	104 691	718 357
按类别分:商品房建设投资额	988 648	76 511	229 857	74 127	608 153
土地开发投资额	64 986	2 670	48 251	1 599	12 466
配套工程投资	851	—	—	57	794
按工程分:建筑工程	915 528	71 634	222 753	97 499	523 642
安 装 工 程	76 541	3 912	7 183	3 399	62 047
设备工器具购置	11 465	1 841	4 002	21	5 601
其 他 费 用	217 493	22 849	63 805	3 772	127 067
#旧建筑物购置费	69	—	—	69	—
土地购置费	84 703	10 270	15 047	985	58 401
按用途分:住宅	809 444	49 265	194 831	77 429	487 919
#普 通 住 房	148 776	11 100	15 690	32 982	89 004
经济适用房	128 469	9 033	37 360	12 001	70 075
办　公　楼	46 562	13 437	7 839	4 803	20 483
商业营业用房	182 977	12 386	42 090	18 726	109 775
其　　他	182 044	25 148	52 983	3 733	100 180
本年新增固定资产	330 660	25 360	41 601	32 205	231 494
一、本年资金来源合计	1 287 626	117 619	317 101	110 060	742 846
1.上年末结余资金	179 642	13 342	67 120	19 548	79 632
2.本年资金来源小计	1 107 984	104 277	249 981	90 512	663 214
(1)国 内 贷 款	136 091	10 873	15 656	13 292	96 270
#银 行 贷 款	112 637	10 873	13 656	7 292	80 816
(2)利 用 外 资	29 120	—	—	—	29 120
#外商直接投资	29 120	—	—	—	29 120
(3)自 筹 资 金	573 195	50 683	209 745	15 926	296 841
#自 有 资 金	349 269	33 810	145 982	8 908	160 569
(4)其他资金来源	369 578	42 721	24 580	61 294	240 983
#定金及预收款	301 312	34 524	20 843	42 186	203 759
个人按揭贷款	7 316	—	—	7 056	260
二、本年各项应付款合计	150 451	10 667	34 063	18 336	87 385
#工程款	57 948	1 087	8 468	9 182	39 211
本年完成开发土地面积	664 629	165 120	145 420	92 315	261 774
本年购置土地面积	1 035 502	111 001	266 856	87 227	570 418
本年土地成交价款	95 768	8 890	16 489	3 179	67 210
房屋施工面积	7 444 454	388 645	1 044 644	833 471	5 177 694

3—5 续表 1　　(2005 年)　　计量单位:万元、平方米、人

项目名称	总计	省	市	县	其他
住宅	5 926 160	290 474	714 633	723 422	4 197 631
#普通住房	1 527 539	—	247 678	384 161	895 700
经济适用房	1 339 583	63 908	238 520	259 326	777 829
办公楼	170 916	—	43 700	—	127 216
商业营业用房	1 194 242	92 171	233 047	83 775	785 249
其他	153 136	6 000	53 264	26 274	67 598
房屋施工面积中:新开工面积	3 013 704	101 452	603 570	304 629	2 004 053
住宅	2 584 851	101 452	432 010	281 557	1 769 832
#普通住房	813 844	—	52 123	100 495	661 226
经济适用房	594 295	22 007	198 120	136 330	237 838
办公楼	54 800	—	—	—	54 800
商业营业用房	307 350	—	118 296	20 066	168 988
其他	66 703	—	53 264	3 006	10 433
房屋竣工面积	1 928 492	120 695	202 466	343 185	1 262 146
住宅	1 730 717	85 719	185 862	289 311	1 169 825
#普通住房	1 022 717	—	165 600	188 992	668 125
经济适用房	206 994	—	—	72 004	134 990
办公楼	22 334	—	5 000	—	17 334
商业营业用房	165 323	34 596	11 604	45 666	73 457
其他	10 118	380	—	8 208	1 530
住宅竣工套数	13 855	660	1 243	2 002	9 950
#普通住房	7 696	—	1 063	1 205	5 428
经济适用房	2 158	—	—	617	1 541
竣工房屋价值	211 738	16 170	21 543	29 042	144 983
住宅	176 536	7 861	18 658	24 572	125 445
#普通住房	104 654	—	15 907	17 420	71 327
经济适用房	24 128	—	—	5 389	18 739
办公楼	3 387	—	625	—	2 762
商业营业用房	29 904	8 200	2 260	3 668	15 776
其他	1 911	109	—	802	1 000
商品房销售面积	2 232 011	36 735	348 084	414 820	1 432 372
住宅	2 116 636	33 694	327 625	384 382	1 370 935
#普通住房	1 285 526	2 114	147 858	265 433	870 121
经济适用房	299 432	1 152	79 665	101 378	117 237
办公楼	55 554	3 041	2 900	—	49 613

3—5 续表 2　　(2005 年)　　计量单位:万元、平方米、人

项目名称	总计	省	市	县	其他
商业营业用房	59 596	—	17 559	30 213	11 824
其　　他	225	—	—	225	—
1.现房销售面积	911 417	19 516	195 903	285 691	410 307
住　　宅	814 258	17 466	178 344	259 593	358 855
#普通住房	427 471	2 114	117 739	213 556	94 062
经济适用房	75 294	—	—	34 571	40 723
办 公 楼	45 765	2 050	—	—	43 715
商业营业用房	51 169	—	17 559	25 873	7 737
其　　他	225	—	—	225	—
2.期房销售面积	1 320 594	17 219	152 181	129 129	1 022 065
住　　宅	1 302 378	16 228	149 281	124 789	1 012 080
#普通住房	858 055	—	30 119	51 877	776 059
经济适用房	224 138	1 152	79 665	66 807	76 514
办 公 楼	9 789	991	2 900	—	5 898
商业营业用房	8 427	—	—	4 340	4 087
商品房销售额	417 309	13 076	77 216	63 060	263 957
住　　宅	360 935	10 484	70 598	57 376	222 477
#普通住房	184 166	845	22 522	43 617	117 182
经济适用房	59 301	198	21 780	12 026	25 297
办 公 楼	40 368	2 592	725	—	37 051
商业营业用房	15 956	—	5 893	5 634	4 429
其　　他	50	—	—	50	—
1.现房销售额	198 259	6 043	39 206	45 977	107 033
住　　宅	147 661	4 026	33 313	41 285	69 037
#普通住房	65 064	845	13 670	36 026	14 523
经济适用房	14 652	—	—	4 014	10 638
办 公 楼	37 401	2 017	—	—	35 384
商业营业用房	13 147	—	5 893	4 642	2 612
其　　他	50	—	—	50	—
2.期房销售额	219 050	7 033	38 010	17 083	156 924
住　　宅	213 274	6 458	37 285	16 091	153 440
#普通住房	119 102	—	8 852	7 591	102 659
经济适用房	44 649	198	21 780	8 012	14 659
办 公 楼	2 967	575	725	—	1 667
商业营业用房	2 809	—	—	992	1 817

3—5 续表 3　　　　(2005 年)　　　　计量单位：万元、平方米、人

项目名称	总计	省	市	县	其他
商品住宅销售套数	16 988	341	2 748	2 798	11 101
#普通住房	9 721	21	1 189	1 747	6 764
经济适用房	2 874	10	653	928	1 283
住宅现房销售套数	6 222	151	1 469	1 790	2 812
#普通住房	2 939	21	922	1 327	669
经济适用房	706	—	—	388	318
住宅期房销售套数	10 766	190	1 279	1 008	8 289
#普通住房	6 782	—	267	420	6 095
经济适用房	2 168	10	653	540	965
现房平均销售价格	2 175	3 096	2 001	1 609	2 609
住宅	1 813	2 305	1 868	1 590	1 924
#普通住房	1 522	3 997	1 161	1 687	1 544
经济适用房	1 946	—	—	1 161	2 612
办公楼	8 172	9 839	—	—	8 094
商业营业用房	2 569	—	3 356	1 794	3 376
其他	2 222	—	—	2 222	—
期房平均销售价格	1 659	4 084	2 498	1 323	1 535
住宅	1 638	3 980	2 498	1 289	1 516
#普通住房	1 388	—	2 939	1 463	1 323
经济适用房	1 992	1 719	2 734	1 199	1 916
办公楼	3 031	5 802	2 500	—	2 826
商业营业用房	3 333	—	—	2 286	4 446
空置面积	197 000	1 028	63 797	84 924	47 251
住宅	107 865	1 028	53 281	24 335	29 221
#普通住房	75 670	—	51 561	5 800	18 309
经济适用房	3 960	—	—	—	3 960
办公楼	31 067	—	—	20 912	10 155
商业营业用房	52 751	—	10 516	34 360	7 875
其他	5 317	—	—	5 317	—
三、年初存货	888 751	34 312	328 235	48 167	478 037
流动资产合计	2 116 138	216 129	635 267	151 704	1 113 038
#存货	1 220 086	197 079	326 667	70 033	626 307
固定资产原价	131 076	5 362	63 210	6 754	55 750
累计折旧	38 451	779	5 901	2 067	29 704
#本年折旧	4 377	620	892	461	2 404

3—5 续表 4　　　　(2005 年)　　　　计量单位:万元、平方米、人

项 目 名 称	总 计	省	市	县	其 他
资 产 总 计	2 327 656	225 288	701 589	172 908	1 227 871
负 债 合 计	1 661 244	102 412	528 316	138 992	891 524
所有者权益合计	666 412	122 876	173 273	33 916	336 347
#实 收 资 本	511 957	122 196	148 113	30 762	210 886
国 家 资 本	17 941	5 870	7 395	3 558	1 118
集 体 资 本	9 351	733	835	2 080	5 703
法 人 资 本	353 133	106 054	129 188	9 470	108 421
个 人 资 本	87 812	9 539	9 107	3 910	65 256
港澳台资本	16 272	—	1 588	744	13 940
外 商 资 本	27 448	—	—	11 000	16 448
主营业务收入	413 535	27 524	53 268	58 245	274 498
土地转让收入	1 242	142	—	—	1 100
商品房屋销售收入	392 392	25 508	48 754	53 778	264 352
房屋出租收入	429	—	429	—	—
其 他 收 入	19 472	1 374	4 085	4 467	9 046
主营业务成本	324 453	22 805	40 015	48 830	212 803
主营业务税金及附加	22 104	2 171	3 531	3 093	13 309
主营业务利润	45 982	1 556	3 415	4 239	36 772
其他业务收入	1 852	20	605	112	1 115
其他业务利润	1 568	76	924	147	421
销 售 费 用	20 996	992	6 307	2 083	11 614
管 理 费 用	45 087	6 443	13 468	3 457	21 719
#税 金	1 783	138	569	163	913
财 务 费 用	12 170	616	4 284	477	6 793
#利 息 支 出	5 937	－375	1 435	153	4 724
营 业 利 润	－9 707	－5 427	－13 413	452	8 681
投 资 收 益	－525	—	－114	4	－415
营业外收入	11 467	12	4 877	95	6 483
营业外支出	3 016	－312	1 871	65	1 392
利 润 总 额	－1 781	－5 103	－10 521	486	13 357
应交所得税	5 556	410	323	843	3 980
劳动、失业保险费	134	—	34	9	91
住房公积金及住房补贴	147	—	61	13	73
本年应付工资总额	12 000	582	3 975	1 633	5 810
本年应付福利费总额	1 955	77	720	204	954
四、全部从业人员年平均人数	9 771	418	2 964	1 446	4 943

全市按资质等级分房地产开发完成情况

3—6　　(2005 年)　　计量单位:万元、平方米、人

项目名称	总计	一级	二级	三级	四级	暂定
本年完成投资	1 221 027	21 303	88 580	284 130	489 915	285 649
按类别分:商品房建设投资额	988 648	17 141	82 115	234 224	399 547	233 291
土地开发投资额	64 986	—	2 835	7 951	32 910	21 290
配套工程投资	851	—	—	—	851	—
按工程分:建筑工程	915 528	16 564	70 386	244 288	347 687	217 373
安装工程	76 541	2 350	8 381	19 595	31 150	11 965
设备工器具购置	11 465	—	—	578	5 232	5 655
其他费用	217 493	2 389	9 813	19 669	105 846	50 656
#旧建筑物购置费	69	—	—	—	69	—
土地购置费	84 703	—	235	4 046	31 042	21 080
按用途分:住宅	809 444	17 262	86 008	215 917	298 884	170 843
#普通住房	148 776	17 262	22 423	13 334	87 310	8 447
经济适用房	128 469	—	3 125	53 388	37 593	13 833
办公楼	46 562	—	900	8 153	29 784	7 725
商业营业用房	182 977	1 915	17	46 267	78 459	54 519
其他	182 044	2 126	1 655	13 793	82 788	52 562
本年新增固定资产	330 660	—	12 580	65 638	177 478	74 964
一、本年资金来源合计	1 287 626	34 134	95 452	291 891	547 129	268 669
1.上年末结余资金	179 642	5 450	14 743	34 532	59 878	64 538
2.本年资金来源小计	1 107 984	28 684	80 709	257 359	487 251	204 131
(1)国内贷款	136 091	—	18 500	47 684	55 987	13 920
#银行贷款	112 637	—	18 500	28 030	52 487	13 620
(2)利用外资	29 120	—	—	—	—	29 120
#外商直接投资	29 120	—	—	—	—	29 120
(3)自筹资金	573 195	—	46 013	80 692	294 315	131 445
#自有资金	349 269	—	6 754	50 607	180 659	95 719
(4)其他资金来源	369 578	28 684	16 196	128 983	136 949	58 766
#定金及预收款	301 312	28 684	14 696	106 515	128 824	22 593
个人按揭贷款	7 316	—	—	6 734	122	460
二、本年各项应付款合计	150 451	—	1 241	40 447	47 647	59 217
#工程款	57 948	—	683	22 965	18 236	14 165
本年完成开发土地面积	664 629	—	122 500	160 220	279 974	101 935
本年购置土地面积	1 035 502	—	6 000	183 450	535 114	199 384
本年土地成交价款	95 768	—	318	7 221	35 479	24 450
房屋施工面积	7 444 454	198 454	487 119	2 863 331	2 706 664	1 066 486

3—6 续表 1　　(2005 年)　　计量单位:万元、平方米、人

项 目 名 称	总 计	一 级	二 级	三 级	四 级	暂 定
住 宅	5 926 160	172 135	473 645	2 122 299	2 193 497	882 184
#普通住房	1 527 539	172 135	10 278	120 369	1 044 083	180 674
经济适用房	1 339 583	—	130 322	636 222	412 028	78 611
办 公 楼	170 916	—	—	50 000	103 582	17 334
商业营业用房	1 194 242	11 259	574	627 587	374 983	139 839
其 他	153 136	15 060	12 900	63 445	34 602	27 129
房屋施工面积中:新开工面积	3 013 704	55 000	276 187	1 024 603	1 412 123	245 791
住 宅	2 584 851	55 000	276 187	798 502	1 254 443	200 719
#普通住房	813 844	55 000	3 129	30 963	702 060	22 692
经济适用房	594 295	—	—	413 588	180 707	—
办 公 楼	54 800	—	—	50 000	4 800	—
商业营业用房	307 350	—	—	127 006	138 278	42 066
其 他	66 703	—	—	49 095	14 602	3 006
房屋竣工面积	1 928 492	—	94 571	506 233	1 036 679	291 009
住 宅	1 730 717	—	93 997	456 778	949 953	229 989
#普通住房	1 022 717	—	48 997	99 995	712 051	161 674
经济适用房	206 994	—	—	82 113	124 881	—
办 公 楼	22 334	—	—	—	5 000	17 334
商业营业用房	165 323	—	574	47 545	81 726	35 478
其 他	10 118	—	—	1 910	—	8 208
住宅竣工套数	13 855	—	726	3 676	7 848	1 605
#普通住房	7 696	—	406	696	5 524	1 070
经济适用房	2 158	—	—	672	1 486	—
竣工房屋价值	211 738	—	12 580	46 498	110 149	42 511
住 宅	176 536	—	12 333	41 498	91 275	31 430
#普通住房	104 654	—	6 733	7 832	66 547	23 542
经济适用房	24 128	—	—	9 787	14 341	—
办 公 楼	3 387	—	—	—	625	2 762
商业营业用房	29 904	—	247	3 891	18 249	7 517
其 他	1 911	—	—	1 109	—	802
商品房销售面积	2 232 011	101 280	74 191	645 342	1 140 469	270 729
住 宅	2 116 636	99 626	73 617	621 894	1 093 850	227 649
#普通住房	1 285 526	99 626	43 617	156 813	826 993	158 477
经济适用房	299 432	—	—	172 585	109 186	17 661
办 公 楼	55 554	—	—	18 628	4 050	32 876

3—6续表2　　(2005年)　　计量单位:万元、平方米、人

项目名称	总计	一级	二级	三级	四级	暂定
商业营业用房	59 596	1 429	574	4 820	42 569	10 204
其他	225	225	—	—	—	—
1.现房销售面积	911 417	101 280	44 191	298 843	297 157	169 946
住宅	814 258	99 626	43 617	280 135	255 477	135 403
#普通住房	427 471	99 626	43 617	49 039	136 459	98 730
经济适用房	75 294	—	—	43 774	31 520	—
办公楼	45 765	—	—	18 628	1 150	25 987
商业营业用房	51 169	1 429	574	80	40 530	8 556
其他	225	225	—	—	—	—
2.期房销售面积	1 320 594	—	30 000	346 499	843 312	100 783
住宅	1 302 378	—	30 000	341 759	838 373	92 246
#普通住房	858 055	—	—	107 774	690 534	59 747
经济适用房	224 138	—	—	128 811	77 666	17 661
办公楼	9 789	—	—	—	2 900	6 889
商业营业用房	8 427	—	—	4 740	2 039	1 648
商品房销售额	417 309	26 677	12 463	155 486	176 763	45 920
住宅	360 935	25 715	12 216	122 658	164 593	35 753
#普通住房	184 166	25 715	8 916	23 396	106 008	20 131
经济适用房	59 301	—	—	37 753	19 497	2 051
办公楼	40 368	—	—	31 524	2 220	6 624
商业营业用房	15 956	912	247	1 304	9 950	3 543
其他	50	50	—	—	—	—
1.现房销售额	198 259	26 677	9 163	82 240	58 547	21 632
住宅	147 661	25 715	8 916	50 654	47 350	15 026
#普通住房	65 064	25 715	8 916	4 031	18 099	8 303
经济适用房	14 652	—	—	10 012	4 640	—
办公楼	37 401	—	—	31 524	1 495	4 382
商业营业用房	13 147	912	247	62	9 702	2 224
其他	50	50	—	—	—	—
2.期房销售额	219 050	—	3 300	73 246	118 216	24 288
住宅	213 274	—	3 300	72 004	117 243	20 727
#普通住房	119 102	—	—	19 365	87 909	11 828
经济适用房	44 649	—	—	27 741	14 857	2 051
办公楼	2 967	—	—	—	725	2 242
商业营业用房	2 809	—	—	1 242	248	1 319

3—6 续表 3 (2005 年) 计量单位:万元、平方米、人

项 目 名 称	总计	一级	二级	三级	四级	暂定
商品住宅销售套数	16 988	658	478	5 017	9 267	1 568
#普通住房	9 721	658	268	1 106	6 647	1 042
经济适用房	2 874	—	—	1 491	1 243	140
住宅现房销售套数	6 222	658	268	2 344	2 133	819
#普通住房	2 939	658	268	331	1 135	547
经济适用房	706	—	—	438	268	—
住宅期房销售套数	10 766	—	210	2 673	7 134	749
#普通住房	6 782	—	—	775	5 512	495
经济适用房	2 168	—	—	1 053	975	140
现房平均销售价格	2 175	2 634	2 073	2 752	1 970	1 273
住宅	1 813	2 531	2 044	1 808	1 853	1 110
#普通住房	1 522	2 531	2 044	822	1 326	841
经济适用房	1 946	—	—	2 287	1 472	—
办公楼	8 172	—	—	16 923	13 000	1 686
商业营业用房	2 569	6 382	4 303	7 750	2 394	2 599
其他	2 222	2 222	—	—	—	—
期房平均销售价格	1 659	—	1 100	2 114	1 402	2 410
住宅	1 638	—	1 100	2 107	1 398	2 247
#普通住房	1 388	—	—	1 797	1 273	1 980
经济适用房	1 992	—	—	2 154	1 913	1 161
办公楼	3 031	—	—	—	2 500	3 254
商业营业用房	3 333	—	—	2 620	1 216	8 004
空置面积	197 000	—	1 115	50 601	35 425	109 859
住宅	107 865	—	1 115	50 601	28 425	27 724
#普通住房	75 570	—	1 115	41 561	26 705	6 289
经济适用房	3 960	—	—	3 960	—	—
办公楼	31 067	—	—	—	—	31 067
商业营业用房	52 751	—	—	—	7 000	45 751
其他	5 317	—	—	—	—	5 317
三、年初存货	888 751	7 859	57 088	282 273	337 082	156 436
流动资产合计	2 116 138	30 283	153 975	543 536	875 323	447 152
#存货	1 220 086	2 512	118 143	349 214	466 901	227 666
固定资产原价	131 076	2 441	3 792	24 156	92 242	8 320
累计折旧	38 451	282	1 211	11 002	23 363	2 553
#本年折旧	4 377	278	278	838	2 276	687

3—6 续表 4　　(2005 年)　　计量单位:万元、平方米、人

项目名称	总计	一级	二级	三级	四级	暂定
资产总计	2 327 656	38 536	162 272	623 169	971 055	466 670
负债合计	1 661 244	25 356	120 856	477 733	638 423	354 602
所有者权益合计	666 412	13 180	41 416	145 436	332 632	112 068
#实收资本	511 957	11 000	15 575	102 203	294 185	69 046
国家资本	17 941	—	1 200	—	11 983	4 758
集体资本	9 351	—	200	4 000	4 091	1 060
法人资本	353 133	—	4 580	67 100	231 081	46 372
个人资本	87 812	—	6 719	29 941	35 540	15 612
港澳台资本	16 272	—	2 876	1 162	11 490	744
外商资本	27 448	11 000	—	—	—	500
主营业务收入	413 535	21 861	56 392	157 312	105 139	71 816
土地转让收入	1 242	—	—	—	1 242	—
商品房屋销售收入	392 392	21 861	56 249	154 497	94 875	63 895
房屋出租收入	429	—	—	—	429	—
其他收入	19 472	—	143	2 815	8 593	7 921
主营业务成本	324 453	15 528	46 343	120 703	82 896	58 120
主营业务税金及附加	22 104	1 093	3 069	7 871	6 307	3 703
主营业务利润	45 982	3 345	6 133	21 891	9 676	5 024
其他业务收入	1 852	102	—	386	1 332	32
其他业务利润	1 568	98	91	625	726	28
销售费用	20 996	1 895	847	6 847	6 260	4 969
管理费用	45 087	1 283	3 181	10 906	21 216	8 312
#税金	1 783	24	14	380	1 223	140
财务费用	12 170	28	986	5 516	3 356	1 621
#利息支出	5 937	25	179	2 456	1 304	1 333
营业利润	- 9 707	2 132	2 057	6 094	- 14 170	- 4 881
投资收益	- 525	4	- 231	- 13	- 285	—
营业外收入	11 467	48	11	11 077	41	290
营业外支出	3 016	24	81	688	2 069	154
利润总额	- 1 781	2 160	1 756	16 470	- 16 483	- 4 745
应交所得税	5 556	759	870	1 957	1 809	161
劳动、失业保险费	134	—	—	10	111	9
住房公积金及住房补贴	147	—	—	63	82	—
本年应付工资总额	12 000	469	595	2 925	4 847	3 090
本年应付福利费总额	1 955	56	125	758	671	336
四、全部从业人员年平均人数	9 771	580	479	2 425	3 807	2 424

全市建筑业企业生产情况

3—7　　(2005年)　　计量单位:个、千元

项目	入统企业个数	签订的合同额	上年结转合同额	本年新签合同额	建筑业总产值
总计	**233**	**31 616 560**	**11 459 875**	**20 156 685**	**19 511 158**
#国有及国有控股	46	20 977 451	8 139 386	12 838 065	12 145 297
一、按登记注册类型分组					
内资企业	232	31 603 526	11 454 415	20 149 111	19 498 197
国有企业	22	12 953 422	5 088 709	7 864 713	7 078 705
集体企业	15	506 446	99 875	406 571	420 287
股份合作企业	3	94 914	5 600	89 314	82 040
有限责任公司	91	13 941 321	5 497 102	8 444 219	9 248 853
股份有限公司	23	634 925	168 890	466 035	519 032
私营企业	78	3 472 498	594 239	2 878 259	2 149 280
港、澳、台商投资企业	1	13 034	5 460	7 574	12 961
二、按国民经济行业分组					
房屋和土木工程建筑业	148	24 536 884	9 516 020	15 020 864	15 048 846
建筑安装业	40	6 162 422	1 808 732	4 353 690	3 606 798
建筑装饰业	39	414 223	21 677	392 546	381 114
其他建筑业	6	503 031	113 446	389 585	474 400
三、按企业资质等级分组					
施工总承包	159	29 709 512	10 864 058	18 845 454	17 932 431
特级	2	6 260 020	2 674 710	3 585 310	3 888 571
一级	31	17 306 106	6 676 276	10 629 830	9 772 782
二级	62	4 694 539	1 112 965	3 581 574	3 134 393
三级	64	1 448 847	400 107	1 048 740	1 136 685
专业承包	74	1 907 048	595 817	1 311 231	1 578 727
一级	14	1 013 460	168 475	844 985	981 871
二级	27	691 251	390 323	300 928	415 279
三级	32	178 357	33 319	145 038	172 177
四、按国有经济控股情况分组					
国有绝对控股	34	19 810 072	7 859 959	11 950 113	11 495 715
国有相对控股	12	1 167 379	279 427	887 952	649 582
集体绝对控股	16	506 446	99 875	406 571	456 807
集体相对控股	1	490 350	239 330	251 020	279 920

3—7 续表 1　　（2005 年）　　计量单位:个、千元

项　　目	建筑业总产值中：装饰装修产值	建筑业总产值中：在外省完成的产值	承包工程完成情况：直接从建设单位承揽工程完成的产值	承包工程完成情况：自行完成施工产值	承包工程完成情况：从建设单位以外承揽工程完成的产值
总　　计	**950 687**	**4 475 451**	**19 142 003**	**18 948 612**	**562 546**
#国有及国有控股	426 971	3 664 203	12 012 949	11 938 810	206 487
一、按登记注册类型分组					
内资企业	950 687	4 474 846	19 129 042	18 935 651	562 546
国有企业	383 280	1 814 404	7 047 875	6 973 736	104 969
集体企业	28 986	—	420 287	420 287	—
股份合作企业	—	—	82 040	82 040	—
有限责任公司	391 253	2 510 213	8 908 721	8 811 828	437 025
股份有限公司	1 262	21 240	507 032	507 032	12 000
私营企业	145 906	128 989	2 163 087	2 140 728	8 552
港、澳、台商投资企业	—	605	12 961	12 961	—
二、按国民经济行业分组					
房屋和土木工程建筑业	644 366	3 226 542	14 699 047	14 575 722	473 124
建筑安装业	2 697	909 410	3 614 444	3 544 378	62 420
建筑装饰业	303 624	9 739	369 049	369 049	12 065
其他建筑业	—	329 760	459 463	459 463	14 937
三、按企业资质等级分组					
施工总承包	740 672	4 133 187	17 599 981	17 406 590	525 841
特　级	41 380	1 565 012	3 822 981	3 822 981	65 590
一　级	572 030	2 546 935	9 495 407	9 332 521	440 261
二　级	37 806	18 540	3 150 685	3 134 393	—
三　级	89 456	2 700	1 130 908	1 116 695	19 990
专业承包	210 015	342 264	1 542 022	1 542 022	36 705
一　级	63 766	323 299	966 934	966 934	14 937
二　级	115 712	16 200	394 563	394 563	20 716
三　级	30 537	2 765	171 125	171 125	1 052
四、按国有经济控股情况分组					
国有绝对控股	426 471	3 390 516	11 378 304	11 304 165	191 550
国有相对控股	500	273 687	634 645	634 645	14 937
集体绝对控股	28 986	—	456 807	456 807	—
集体相对控股	420	1 950	279 920	187 100	92 820

3—7 续表 2　　(2005 年)　　计量单位:个、千元

项　　目	按构成分的建筑业总产值			竣工产值
	建筑工程产值	安装工程产值	其他产值	
总　　计	**14 503 822**	**3 803 649**	**1 203 687**	**13 551 503**
#国有及国有控股	8 154 244	3 584 717	406 336	8 063 518
一、按登记注册类型分组				
内 资 企 业	14 503 217	3 798 900	1 196 080	13 538 542
国 有 企 业	4 922 854	1 988 435	167 416	4 884 095
集 体 企 业	373 949	17 853	28 485	313 618
股份合作企业	82 040	—	—	81 318
有限责任公司	6 716 975	1 670 321	861 557	6 355 581
股份有限公司	510 440	6 689	1 903	331 093
私 营 企 业	1 896 959	115 602	136 719	1 572 837
港、澳、台商投资企业	605	4 749	7 607	12 961
二、按国民经济行业分组				
房屋和土木工程建筑业	13 017 769	1 708 372	322 705	10 267 933
建筑安装业	1 375 436	2 083 981	147 381	2 678 458
建筑装饰业	109 957	11 296	259 861	288 436
其他建筑业	660	—	473 740	316 676
三、按企业资质等级分组				
施工总承包	14 145 635	3 288 936	497 860	12 394 333
特　　级	2 852 564	872 596	163 411	2 384 529
一　　级	7 170 333	2 342 109	260 340	6 763 287
二　　级	3 057 923	42 748	33 722	2 379 201
三　　级	1 064 815	31 483	40 387	867 316
专 业 承 包	358 187	514 713	705 827	1 157 170
一　　级	53 704	426 130	502 037	718 927
二　　级	279 598	12 114	123 567	313 213
三　　级	15 485	76 469	80 223	121 330
四、按国有经济控股情况分组				
国有绝对控股	7 831 967	3 303 286	360 462	7 719 417
国有相对控股	322 277	281 431	45 874	344 101
集体绝对控股	410 469	17 853	28 485	313 618
集体相对控股	250 516	6 346	23 058	279 910

3—7 续表 3　　　　(2005 年)　　　　计量单位:个、千元

项　　目	房屋建筑施工面积	本年新开工面积	实行投标承包面积	本年新开工	年末自有机械设备净值
总　　计	**20 705 434**	**11 057 353**	**18 939 037**	**10 353 948**	**1 392 440**
#国有及国有控股	7 627 277	3 584 038	7 468 323	3 450 531	604 780
一、按登记注册类型分组					
内资企业	20 705 434	11 057 353	18 939 037	10 353 948	1 390 083
国有企业	4 085 325	1 928 954	3 951 971	1 878 954	405 847
集体企业	819 341	643 164	734 503	474 272	31 823
股份合作企业	159 212	156 300	156 300	156 300	2 160
有限责任公司	10 574 586	5 080 279	9 831 993	4 923 284	613 906
股份有限公司	1 356 054	795 109	1 195 214	653 110	59 509
私营企业	3 710 916	2 453 547	3 069 056	2 268 028	276 838
港、澳、台商投资企业	—	—	—	—	2 357
二、按国民经济行业分组					
房屋和土木工程建筑业	20 313 022	10 875 439	18 564 646	10 185 544	1 155 635
建筑安装业	392 412	181 914	374 391	168 404	175 884
建筑装饰业	—	—	—	—	34 711
其他建筑业	—	—	—	—	26 210
三、按企业资质等级分组					
施工总承包	20 510 507	11 017 082	18 846 182	10 313 677	1 303 049
特　级	2 663 005	1 183 786	2 663 005	1 183 786	120 955
一　级	9 614 832	4 450 854	8 892 733	4 400 854	618 508
二　级	5 718 340	3 730 753	5 094 461	3 286 714	414 254
三　级	2 514 330	1 651 689	2 195 983	1 442 323	149 332
专业承包	194 927	40 271	92 855	40 271	89 391
一　级	2 654	—	—	—	24 885
二　级	179 089	30 846	80 901	30 846	49 902
三　级	13 184	9 425	11 954	9 425	14 215
四、按国有经济控股情况分组					
国有绝对控股	6 860 627	3 161 811	6 727 273	3 111 811	545 103
国有相对控股	766 650	422 227	741 050	338 720	59 677
集体绝对控股	821 995	643 164	734 503	474 272	32 079
集体相对控股	714 523	346 333	346 333	346 333	4 219

3—7 续表 4 （2005 年） 计量单位：个、千元

项目	年末自有机械设备		计算劳动生产率的平均人数	期末从业人员		企业总产值
	总台数	总功率			工程技术人员	
总计	**72 197**	**1 035 625**	**175 941**	**177 079**	**26 311**	**20 092 763**
#国有及国有控股	26 755	448 428	66 012	69 300	10 108	12 668 807
一、按登记注册类型分组						
内资企业	72 135	1 029 475	175 859	176 997	26 306	20 076 601
国有企业	16 915	294 475	42 947	45 172	6 220	7 467 280
集体企业	4 145	28 228	9 592	7 465	1 325	420 287
股份合作企业	143	3 386	806	967	197	82 040
有限责任公司	31 380	472 285	77 713	77 609	11 552	9 414 316
股份有限公司	3 693	51 104	12 544	12 874	1 916	520 082
私营企业	15 859	179 997	32 257	32 910	5 096	2 172 596
港、澳、台商投资企业	62	6 150	82	82	5	16 162
二、按国民经济行业分组						
房屋和土木工程建筑业	60 343	867 989	149 061	146 395	21 686	15 221 955
建筑安装业	7 694	111 958	19 602	21 595	3 206	4 007 172
建筑装饰业	2 848	27 381	4 410	5 216	1 030	389 236
其他建筑业	1 312	28 297	2 868	3 873	389	474 400
三、按企业资质等级分组						
施工总承包	65 323	887 781	161 722	161 745	24 002	18 498 561
特级	5 116	104 900	15 781	16 666	2 254	3 970 421
一级	22 817	427 229	68 938	71 120	10 107	10 214 425
二级	24 886	243 453	53 163	53 654	8 856	3 165 767
三级	12 504	112 199	23 840	20 305	2 785	1 147 948
专业承包	6 874	147 844	14 219	15 334	2 309	1 594 202
一级	2 252	33 269	5 373	6 782	709	982 793
二级	2 716	87 879	6 464	5 941	1 030	419 013
三级	1 840	26 109	2 262	2 485	554	182 996
四、按国有经济控股情况分组						
国有绝对控股	23 713	415 326	61 403	64 724	8 867	11 966 140
国有相对控股	3 042	33 102	4 609	4 576	1 241	702 667
集体绝对控股	4 201	28 331	9 857	7 827	1 325	456 807
集体相对控股	213	1 671	3 089	3 250	433	279 920

市区建筑业企业生产情况

3—8　　(2005年)　　单位:个、千元

项　　目	入统企业个数	签订的合同额	上年结转合同额	本年新签合同额	建筑业总产值
总　　计	**133**	**25 953 829**	**10 077 834**	**15 875 995**	**15 707 481**
#国有及国有控股	30	20 387 046	7 967 126	12 419 920	11 710 658
一、按登记注册类型分组					
内资企业	132	25 940 795	10 072 374	15 868 421	15 694 520
国有企业	18	12 858 123	5 069 680	7 788 443	7 007 935
集体企业	6	36 128	23 706	12 422	32 486
股份合作企业	2	92 902	5 600	87 302	80 028
有限责任公司	55	11 626 324	4 674 904	6 951 420	7 414 811
股份有限公司	7	313 780	99 060	214 720	269 833
私营企业	44	1 013 538	199 424	814 114	889 427
港、澳、台商投资企业	1	13 034	5 460	7 574	12 961
二、按国民经济行业分组					
房屋和土木工程建筑业	61	18 930 128	8 145 033	10 785 095	11 298 806
建筑安装业	33	6 130 449	1 808 339	4 322 110	3 575 071
建筑装饰业	34	408 221	21 016	387 205	375 204
其他建筑业	5	485 031	103 446	381 585	458 400
三、按企业资质等级分组					
施工总承包	73	24 205 402	9 535 023	14 670 379	14 285 841
特　级	2	6 260 020	2 674 710	3 585 310	3 888 571
一　级	29	16 733 156	6 511 904	10 221 252	9 421 848
二　级	26	1 048 006	290 360	757 646	820 054
三　级	16	164 220	58 049	106 171	155 368
专业承包	60	1 748 427	542 811	1 205 616	1 421 640
一　级	14	1 013 460	168 475	844 985	981 871
二　级	22	577 091	348 172	228 919	300 178
三　级	23	133 896	22 464	111 432	130 191
四、按国有经济控股情况分组					
国有绝对控股	27	19 641 703	7 803 990	11 837 713	11 379 825
国有相对控股	3	745 343	163 136	582 207	330 833
集体绝对控股	7	36 128	23 706	12 422	69 006
集体相对控股	1	490 350	239 330	251 020	279 920

3—8 续表 1　　(2005 年)　　单位:个、千元

项　　目	建筑业总产值中:装饰装修产值	建筑业总产值中:在外省完成的产值	承包工程完成情况:直接从建设单位承揽工程完成的产值	承包工程完成情况:自行完成施工产值	承包工程完成情况:从建设单位以外承揽工程完成的产值
总　计	**875 036**	**4 402 981**	**15 336 725**	**15 153 474**	**554 007**
#国有及国有控股	426 471	3 664 203	11 578 310	11 504 171	206 487
一、按登记注册类型分组					
内资企业	875 036	4 402 376	15 323 764	15 140 513	554 007
国有企业	383 280	1 814 404	6 977 105	6 902 966	104 969
集体企业	356	—	32 486	32 486	—
股份合作企业	—	—	80 028	80 028	—
有限责任公司	376 313	2 494 213	7 075 378	6 978 485	436 326
股份有限公司	276	21 240	257 833	257 833	12 000
私营企业	114 811	72 519	900 934	888 715	712
港、澳、台商投资企业	—	605	12 961	12 961	—
二、按国民经济行业分组					
房屋和土木工程建筑业	574 425	3 154 072	10 946 367	10 833 182	465 624
建筑安装业	2 697	909 410	3 582 717	3 512 651	62 420
建筑装饰业	297 914	9 739	364 178	364 178	11 026
其他建筑业	—	329 760	443 463	443 463	14 937
三、按企业资质等级分组					
施工总承包	668 831	4 060 717	13 950 751	13 767 500	518 341
特　级	41 380	1 565 012	3 822 981	3 822 981	65 590
一　级	572 030	2 490 465	9 144 473	8 981 587	440 261
二　级	19 600	2 540	836 346	820 054	—
三　级	35 821	2 700	146 951	142 878	12 490
专业承包	206 205	342 264	1 385 974	1 385 974	35 666
一　级	63 766	323 299	966 934	966 934	14 937
二　级	114 382	16 200	280 161	280 161	20 017
三　级	28 057	2 765	129 479	129 479	712
四、按国有经济控股情况分组					
国有绝对控股	426 471	3 390 516	11 262 414	11 188 275	191 550
国有相对控股	—	273 687	315 896	315 896	14 937
集体绝对控股	356	—	69 006	69 006	—
集体相对控股	420	1 950	279 920	187 100	92 820

3—8 续表 2　　(2005 年)　　单位:个、千元

项　　目	按构成分的建筑业总产值			竣工产值
	建筑工程产值	安装工程产值	其他产值	
总　　计	**10 842 650**	**3 720 664**	**1 144 167**	**10 596 748**
#国有及国有控股	7 741 205	3 579 317	390 136	7 682 238
一、按登记注册类型分组				
内资企业	10 842 045	3 715 915	1 136 560	10 583 787
国有企业	4 852 084	1 988 435	167 416	4 838 834
集体企业	19 698	3 373	9 415	28 601
股份合作企业	80 028	—	—	80 028
有限责任公司	4 934 043	1 650 099	830 669	4 850 205
股份有限公司	268 130	—	1 703	159 277
私营企业	688 062	74 008	127 357	626 842
港、澳、台商投资企业	605	4 749	7 607	12 961
二、按国民经济行业分组				
房屋和土木工程建筑业	9 370 654	1 646 919	281 233	7 358 716
建筑安装业	1 362 436	2 065 254	147 381	2 654 981
建筑装饰业	108 900	8 491	257 813	282 375
其他建筑业	660	—	457 740	300 676
三、按企业资质等级分组				
施工总承包	10 606 537	3 222 916	456 388	9 574 989
特　　级	2 852 564	872 596	163 411	2 384 529
一　　级	6 823 568	2 337 940	260 340	6 481 791
二　　级	788 956	7 876	23 222	588 549
三　　级	141 449	4 504	9 415	120 120
专 业 承 包	236 113	497 748	687 779	1 021 759
一　　级	53 704	426 130	502 037	718 927
二　　级	168 620	8 479	123 079	201 382
三　　级	4 389	63 139	62 663	97 750
四、按国有经济控股情况分组				
国有绝对控股	7 737 177	3 298 186	344 462	7 632 536
国有相对控股	4 028	281 131	45 674	49 702
集体绝对控股	56 218	3 373	9 415	28 601
集体相对控股	250 516	6 346	23 058	279 910

3—8 续表 3　　(2005 年)　　单位:个、千元

项　　目	房屋建筑施工面积	本年新开工面积	实行投标承包面积	本年新开工
总　　计	**13 170 408**	**6 202 262**	**11 964 397**	**5 946 731**
#国有及国有控股	6 616 950	3 020 800	6 487 529	2 970 800
一、按登记注册类型分组				
内资企业	13 170 408	6 202 262	11 964 397	5 946 731
国有企业	3 953 945	1 837 014	3 824 524	1 787 014
集体企业	12 631	5 920	7 610	5 410
股份合作企业	159 212	156 300	156 300	156 300
有限责任公司	7 136 828	3 039 542	6 486 397	2 972 383
股份有限公司	808 888	375 116	678 941	326 274
私营企业	1 098 904	788 370	810 625	699 350
港、澳、台商投资企业	—	—	—	—
二、按国民经济行业分组				
房屋和土木工程建筑业	12 777 996	6 020 348	11 590 006	5 778 327
建筑安装业	392 412	181 914	374 391	168 404
建筑装饰业	—	—	—	—
其他建筑业	—	—	—	—
三、按企业资质等级分组				
施工总承包	13 048 384	6 188 130	11 927 585	5 932 599
特　级	2 663 005	1 183 786	2 663 005	1 183 786
一　级	8 730 206	3 909 274	8 008 107	3 859 274
二　级	1 458 839	1 009 376	1 208 504	845 664
三　级	196 334	85 694	47 969	43 875
专业承包	122 024	14 132	36 812	14 132
一　级	2 654	—	—	—
二　级	119 370	14 132	36 812	14 132
三　级	—	—	—	—
四、按国有经济控股情况分组				
国有绝对控股	6 616 950	3 020 800	6 487 529	2 970 800
国有相对控股	—	—	—	—
集体绝对控股	15 285	5 920	7 610	5 410
集体相对控股	714 523	346 333	346 333	346 333

3—8 续表 4　　(2005 年)　　单位:个、千元

项　　目	年末自有机械设备		计算劳动生产率的平均人数	期末从业人员	工程技术人员	企业总产值
	总台数	总功率				
总　计	**899 616**	**37 244**	**670 028**	**108 894**	**113 436**	**16 834**
#国有及国有控股	534 991	21 753	359 905	60 259	63 813	9 059
一、按登记注册类型分组						
内资企业	897 259	37 182	663 878	108 812	113 354	16 829
国有企业	377 682	15 212	237 637	41 283	43 547	6 025
集体企业	3 116	550	4 023	716	880	175
股份合作企业	1 840	127	3 086	770	930	190
有限责任公司	389 184	15 889	305 762	48 281	48 578	7 628
股份有限公司	17 414	512	12 429	4 960	4 459	869
私营企业	108 023	4 892	100 941	12 802	14 960	1 942
港、澳、台商投资企业	2 357	62	6 150	82	82	5
二、按国民经济行业分组						
房屋和土木工程建筑业	668 484	25 707	511 466	82 789	83 537	12 383
建筑安装业	171 095	7 523	111 219	19 110	21 090	3 118
建筑装饰业	33 827	2 702	19 046	4 227	5 036	969
其他建筑业	26 210	1 312	28 297	2 768	3 773	364
三、按企业资质等级分组						
施工总承包	837 833	32 464	597 311	96 814	100 321	14 927
特　级	120 955	5 116	104 900	15 781	16 666	2 254
一　级	599 317	21 770	415 650	65 729	67 594	9 547
二　级	90 553	3 310	47 396	12 471	12 343	2 504
三　级	27 008	2 268	29 365	2 833	3 718	622
专业承包	61 783	4 780	72 717	12 080	13 115	1 907
一　级	24 885	2 252	33 269	5 373	6 782	709
二　级	26 630	938	21 986	5 021	4 411	761
三　级	9 879	1 524	16 875	1 566	1 796	421
四、按国有经济控股情况分组						
国有绝对控股	513 630	20 741	350 350	59 181	62 539	8 575
国有相对控股	21 361	1 012	9 555	1 078	1 274	484
集体绝对控股	3 372	606	4 176	981	1 242	175
集体相对控股	4 219	213	1 671	3 089	3 250	433

全市建筑业企业财务状况

3—9

（2005年）

计量单位:千元

项　目	流动资产小计	存　货	长期投资	无形及递延资产小计	无形资产	其他资产
总　计	**11 333 782**	**3 099 063**	**935 417**	**770 059**	**741 208**	**216 502**
#国有及国有控股	7 223 408	1 739 657	665 270	370 286	353 814	182 003
一、按登记注册类型分组						
内资企业	11 328 397	3 096 706	935 417	770 036	741 208	216 502
国有企业	4 296 461	1 115 301	203 663	188 693	174 813	131 633
集体企业	120 197	47 361	4 040	12 622	12 621	—
股份合作企业	14 664	10 078	2 890	10	—	—
有限责任公司	5 240 654	1 362 832	611 654	526 876	524 386	75 090
股份有限公司	394 522	150 740	6 745	21 539	8 930	6 192
私营企业	1 261 899	410 344	106 425	20 296	20 458	3 587
港、澳、台商投资企业	5 385	2 357	—	23	—	—
二、按国民经济行业分组						
房屋和土木工程建筑业	9 472 017	2 669 651	823 647	678 565	657 988	156 574
建筑安装业	1 371 211	334 029	53 140	50 253	48 942	59 416
建筑装饰业	387 856	90 130	58 630	21 742	17 595	512
其他建筑业	102 698	5 253	—	19 499	16 683	—
三、按企业资质等级分组						
施工总承包	10 541 270	2 944 071	871 984	723 291	703 175	215 601
特　级	2 352 456	496 803	454 380	151 741	150 350	50 370
一　级	5 929 506	1 791 476	334 723	498 168	496 342	163 815
二　级	1 577 442	430 366	26 806	55 188	38 048	636
三　级	681 866	225 426	56 075	18 194	18 435	780
专业承包	792 512	154 992	63 433	46 768	38 033	901
一　级	287 464	31 188	8 830	30 096	24 364	512
二　级	352 995	82 272	53 738	10 124	8 622	389
三　级	131 242	36 524	865	6 548	5 047	—
四、按国有经济控股情况分组						
国有绝对控股	6 806 385	1 628 790	659 823	346 314	330 950	182 003
国有相对控股	416 523	110 867	5 447	23 972	22 864	—
集体绝对控股	121 489	47 401	4 040	14 390	14 389	—
集体相对控股	113 237	28 515	48 154	127 900	127 900	4 837

3—9 续表 1　　(2005 年)　　计量单位:千元

项　　目	固定资产合　计	固定资产原　价	生产经营用	累计折旧	本年折旧	在建工程
总　　计	**3 826 689**	**5 396 805**	**4 368 028**	**2 030 262**	**311 648**	**264 260**
#国有及国有控股	1 803 407	3 091 781	2 564 691	1 385 020	215 443	85 243
一、按登记注册类型分组						
内 资 企 业	3 822 044	5 390 991	4 365 671	2 029 093	311 177	264 260
国 有 企 业	1 189 023	1 902 951	1 531 494	787 884	175 267	69 439
集 体 企 业	131 517	111 379	97 529	30 855	5 348	24 720
股份合作企业	19 306	21 671	14 273	2 365	262	—
有限责任公司	1 708 230	2 395 884	2 038 774	944 415	88 406	128 735
股份有限公司	123 210	158 110	109 607	56 686	6 507	18 706
私 营 企 业	650 758	800 996	573 994	206 888	35 387	22 660
港、澳、台商投资企业	4 645	5 814	2 357	1 169	471	—
二、按国民经济行业分组						
房屋和土木工程建筑业	2 964 986	4 195 562	3 355 626	1 623 655	212 881	211 032
建筑安装业	625 900	932 174	796 885	318 464	86 948	11 562
建筑装饰业	132 640	131 669	84 496	37 803	6 079	30 652
其他建筑业	103 163	137 400	131 021	50 340	5 740	11 014
三、按企业资质等级分组						
施工总承包	3 415 197	4 908 467	3 986 684	1 880 841	283 780	220 052
特　　级	477 150	1 009 959	885 431	533 689	29 554	880
一　　级	1 546 601	2 449 991	1 944 257	1 006 437	204 627	87 915
二　　级	1 023 052	1 062 600	842 956	259 155	37 365	102 945
三　　级	368 394	385 917	314 040	81 560	12 234	28 312
专 业 承 包	411 492	488 338	381 344	149 421	27 868	44 208
一　　级	125 440	185 026	172 372	68 862	9 456	9 235
二　　级	212 816	237 142	174 572	64 197	15 283	13 940
三　　级	72 847	65 675	33 928	16 256	3 054	21 033
四、按国有经济控股情况分组						
国有绝对控股	1 720 794	2 985 742	2 477 885	1 351 019	210 680	76 144
国有相对控股	82 613	106 039	86 806	34 001	4 763	9 099
集体绝对控股	132 687	113 172	99 322	31 478	5 492	24 720
集体相对控股	9 214	21 038	16 830	11 824	1 778	—

3—9续表2　　　　（2005年）　　　　计量单位：千元

项　　目	流动负债合计	长期负债合计	负债合计	所有者权益合计	
					实收资本
总　　计	**9 873 505**	**710 468**	**10 583 973**	**6 498 476**	**5 068 430**
#国有及国有控股	7 175 213	593 688	7 768 901	2 475 473	1 855 089
一、按登记注册类型分组					
内 资 企 业	9 870 930	710 468	10 581 398	6 490 998	5 063 280
国 有 企 业	4 233 447	423 745	4 657 192	1 352 281	1 041 095
集 体 企 业	61 998	10 901	72 899	195 477	136 365
股份合作企业	3 533	656	4 189	32 681	31 754
有限责任公司	4 726 288	230 858	4 957 146	3 205 358	2 506 357
股份有限公司	274 480	14 022	288 502	263 706	220 108
私 营 企 业	571 184	30 286	601 470	1 441 495	1 127 601
港、澳、台商投资企业	2 575	—	2 575	7 478	5 150
二、按国民经济行业分组					
房屋和土木工程建筑业	8 359 743	509 518	8 869 261	5 226 528	4 106 555
建筑安装业	1 231 871	162 609	1 394 480	765 440	586 543
建筑装饰业	164 490	20 114	184 604	416 776	303 142
其他建筑业	117 401	18 227	135 628	89 732	72 190
三、按企业资质等级分组					
施工总承包	9 339 934	677 068	10 017 002	5 750 341	4 420 735
特　　级	2 501 537	167 190	2 668 727	817 370	585 900
一　　级	5 675 791	442 791	6 118 582	2 354 231	1 745 185
二　　级	822 415	35 626	858 041	1 825 083	1 567 915
三　　级	340 191	31 461	371 652	753 657	521 735
专 业 承 包	533 571	33 400	566 971	748 135	647 695
一　　级	259 279	16 527	275 806	176 536	150 423
二　　级	219 359	14 389	233 748	396 314	336 117
三　　级	54 513	2 484	56 997	154 505	140 375
四、按国有经济控股情况分组					
国有绝对控股	6 855 785	592 935	7 448 720	2 267 099	1 704 757
国有相对控股	319 428	753	320 181	208 374	150 332
集体绝对控股	62 857	10 901	73 758	198 848	139 736
集体相对控股	174 176	—	174 176	129 166	129 100

3—9 续表 3　　　　　　　　(2005 年)　　　　　　　　计量单位:千元

项　　目	所有者权益中: 实收资本中: 国家资本	集体资本	法人资本	个人资本	港澳台资本	工程结算收入
总　　计	**1 207 842**	**384 241**	**1 475 603**	**1 998 677**	**2 067**	**17 647 172**
# 国有及国有控股	1 202 572	14 430	569 790	68 297	—	10 717 935
一、按登记注册类型分组						
内 资 企 业	1 207 842	384 241	1 472 520	1 998 677	—	17 633 538
国 有 企 业	562 734	—	478 361	—	—	6 902 080
集 体 企 业	—	78 210	58 155	—	—	389 381
股份合作企业	—	—	6 754	25 000	—	48 475
有限责任公司	637 928	282 078	530 066	1 056 285	—	7 750 629
股份有限公司	7 180	23 953	29 597	159 378	—	440 537
私 营 企 业	—	—	369 587	758 014	—	2 102 436
港、澳、台商投资企业	—	—	3 083	—	2 067	13 634
二、按国民经济行业分组						
房屋和土木工程建筑业	1 091 045	366 481	985 074	1 663 955	—	13 517 676
建筑安装业	79 147	11 430	361 061	132 838	2 067	3 436 449
建筑装饰业	22 650	6 000	95 537	178 955	—	340 426
其他建筑业	15 000	330	33 931	22 929	—	352 621
三、按企业资质等级分组						
施工总承包	1 170 254	375 511	1 152 432	1 722 538	—	16 491 682
特　　级	585 900	—	—	—	—	2 872 383
一　　级	446 400	248 561	402 921	647 303	—	9 618 630
二　　级	106 774	67 060	581 492	812 589	—	2 783 190
三　　级	31 180	59 890	168 019	262 646	—	1 217 479
专 业 承 包	37 588	8 730	323 171	276 139	2 067	1 155 490
一　　级	11 318	—	86 485	52 620	—	574 119
二　　级	22 660	400	169 082	143 975	—	430 974
三　　级	3 610	8 330	67 604	58 764	2 067	146 697
四、按国有经济控股情况分组						
国有绝对控股	1 202 572	8 830	482 575	10 780	—	10 063 347
国有相对控股	—	5 600	87 215	57 517	—	654 588
集体绝对控股	—	78 210	61 526	—	—	390 741
集体相对控股	—	129 100	—	—	—	323 418

3—9 续表 4　　(2005 年)　　计量单位:千元

项　　目	工程结算成本	工程结算税金及附加	工程结算利润	其他业务收入	其他业务利润	管理费用
总　　计	**15 472 601**	**655 388**	**1 397 732**	**515 325**	**67 939**	**1 103 287**
#国有及国有控股	9 332 636	427 285	902 845	469 227	56 591	845 498
一、按登记注册类型分组						
内资企业	15 460 592	655 211	1 396 634	515 325	67 939	1 102 277
国有企业	6 027 276	208 116	619 466	337 071	52 120	589 758
集体企业	336 612	13 271	31 364	—	—	17 663
股份合作企业	45 288	1 181	1 848	—	—	1 714
有限责任公司	6 834 962	345 162	529 483	168 687	13 432	400 149
股份有限公司	384 492	19 173	32 231	2 316	2 299	20 901
私营企业	1 831 962	68 308	182 242	7 251	88	72 092
港、澳、台商投资企业	12 009	177	1 098	—	—	1 010
二、按国民经济行业分组						
房屋和土木工程建筑业	11 922 786	531 157	979 707	243 325	59 962	754 098
建筑安装业	2 943 686	102 332	364 840	266 569	7 682	311 226
建筑装饰业	287 208	11 839	37 321	5 348	222	23 899
其他建筑业	318 921	10 050	15 864	83	73	14 064
三、按企业资质等级分组						
施工总承包	14 491 738	620 521	1 282 900	507 015	67 096	998 346
特　　级	2 499 169	189 844	183 370	130 120	3 520	183 291
一　　级	8 410 766	293 392	855 121	351 913	52 878	680 848
二　　级	2 520 583	98 008	136 678	20 545	8 438	89 298
三　　级	1 061 220	39 277	107 731	4 437	2 260	44 909
专业承包	980 363	34 867	114 832	8 310	843	104 941
一　　级	488 390	16 176	61 570	2 962	-287	59 516
二　　级	374 436	13 992	33 912	601	544	31 632
三　　级	115 067	4 645	18 744	4 747	586	13 419
四、按国有经济控股情况分组						
国有绝对控股	8 750 229	405 958	855 310	467 503	55 837	817 541
国有相对控股	582 407	21 327	47 535	1 724	754	27 957
集体绝对控股	337 859	13 315	31 432	—	—	17 717
集体相对控股	304 682	10 697	8 039	13 944	1 279	8 808

3—9 续表 5　　(2005 年)　　计量单位:千元

项　　目	管理费用中:税　金	管理费用中:财产保险费	财务费用	财务费用:利息支出	营业利润
总　　计	**25 208**	**4 745**	**57 167**	**48 214**	**305 217**
#国有及国有控股	7 861	2 034	37 016	34 784	76 922
一、按登记注册类型分组					
内资企业	25 203	4 745	57 169	48 214	305 127
国有企业	5 573	1 621	29 671	26 913	52 157
集体企业	1 092	232	912	453	12 789
股份合作企业	25	—	– 17	– 1	151
有限责任公司	15 109	2 338	17 369	17 126	125 397
股份有限公司	829	150	2 815	2 649	10 814
私营企业	2 575	404	6 419	1 074	103 819
港、澳、台商投资企业	5	—	– 2	—	90
二、按国民经济行业分组					
房屋和土木工程建筑业	17 290	3 195	53 015	45 930	232 556
建筑安装业	3 767	953	3 529	1 780	57 767
建筑装饰业	3 188	67	489	435	13 155
其他建筑业	963	530	134	69	1 739
三、按企业资质等级分组					
施工总承包	20 321	4 111	54 429	46 206	297 221
特　级	1 337	140	5 887	6 381	– 2 288
一　级	7 893	2 160	37 514	33 062	189 637
二　级	8 809	1 367	6 852	5 227	48 966
三　级	2 282	444	4 176	1 536	60 906
专业承包	4 887	634	2 738	2 008	7 996
一　级	1 300	572	156	263	1 611
二　级	1 953	5	2 450	1 696	374
三　级	1 604	57	132	49	5 779
四、按国有经济控股情况分组					
国有绝对控股	7 150	1 761	35 507	33 291	58 099
国有相对控股	711	273	1 509	1 493	18 823
集体绝对控股	1 101	247	912	453	12 803
集体相对控股	172	40	594	620	– 84

3—9续表6 (2005年) 计量单位:千元

项目	利润总额	应交所得税	应付利润	本年应付工资总额	主营业务应付工资总额	本年应付福利费总额
总计	**364 906**	**96 867**	**207 075**	**1 602 783**	**1 501 106**	**235 485**
#国有及国有控股	126 503	26 605	69 531	896 250	827 927	162 906
一、按登记注册类型分组						
内资企业	364 858	96 860	207 035	1 601 789	1 500 354	235 485
国有企业	74 582	17 643	62 126	659 380	598 804	90 418
集体企业	13 865	2 021	3 642	69 766	68 656	5 700
股份合作企业	302	125	16	4 798	4 798	877
有限责任公司	165 128	47 399	80 431	560 732	542 501	110 316
股份有限公司	11 027	2 321	3 120	76 156	65 008	6 602
私营企业	99 954	27 351	57 700	230 957	220 587	21 572
港、澳、台商投资企业	48	7	40	994	752	—
二、按国民经济行业分组						
房屋和土木工程建筑业	287 777	78 160	149 967	1 214 038	1 152 531	181 234
建筑安装业	54 734	12 796	40 869	341 228	308 183	48 143
建筑装饰业	18 963	5 525	14 117	31 152	27 537	2 556
其他建筑业	3 432	336	2 122	16 365	12 855	3 552
三、按企业资质等级分组						
施工总承包	355 177	89 806	196 098	1 501 395	1 407 152	223 365
特级	29 833	2 460	412	173 505	169 265	64 662
一级	224 823	67 033	152 800	765 205	711 133	113 017
二级	43 669	12 884	19 423	373 234	355 781	38 725
三级	56 852	7 429	23 463	189 451	170 973	6 961
专业承包	9 729	7 061	10 977	101 388	93 954	12 120
一级	4 031	2 653	1 774	40 452	38 313	5 991
二级	623	3 005	5 142	44 104	39 503	4 263
三级	4 843	1 326	3 906	15 963	15 456	1 744
四、按国有经济控股情况分组						
国有绝对控股	112 537	22 239	64 958	862 425	794 725	159 168
国有相对控股	13 966	4 366	4 573	33 825	33 202	3 738
集体绝对控股	13 920	2 066	3 652	73 216	72 106	5 748
集体相对控股	492	230	262	8 247	6 597	1 155

3—9 续表 7　　(2005 年)　　计量单位:千元

项　目	主营业务应付福利费总额	年末拖欠工程款	竣工拖欠	新增固定资产
总　计	**210 103**	**4 877 448**	**2 809 570**	**43 534**
# 国有及国有控股	153 153	3 296 731	1 928 291	28 335
一、按登记注册类型分组				
内 资 企 业	210 103	4 877 448	2 809 570	43 534
国 有 企 业	82 321	2 379 639	1 420 600	23 844
集 体 企 业	5 700	54 489	33 719	7
股份合作企业	877	3 572	2 031	—
有限责任公司	102 113	1 889 365	1 119 189	16 678
股份有限公司	4 528	147 719	101 832	627
私 营 企 业	14 564	402 664	132 199	2 378
港、澳、台商投资企业	—	—	—	—
二、按国民经济行业分组				
房屋和土木工程建筑业	164 040	3 514 471	1 795 892	31 645
建筑安装业	40 748	1 251 345	943 851	11 889
建筑装饰业	2 014	73 365	64 760	—
其他建筑业	3 301	38 267	5 067	—
三、按企业资质等级分组				
施工总承包	199 046	4 700 758	2 697 441	43 299
特　级	64 072	803 780	434 050	
一　级	101 476	3 067 534	1 837 012	32 193
二　级	27 617	593 945	293 730	9 995
三　级	5 881	235 499	132 649	1 111
专 业 承 包	11 057	176 690	112 129	235
一　级	5 583	62 275	27 940	3
二　级	3 924	84 046	62 139	110
三　级	1 455	24 669	22 050	122
四、按国有经济控股情况分组				
国有绝对控股	150 066	3 223 349	1 890 991	23 844
国有相对控股	3 087	73 382	37 300	4 491
集体绝对控股	5 748	55 192	34 422	7
集体相对控股	924	101 560	63 590	840

市区建筑业企业财务状况

3—10　(2005年)　计量单位:千元

项目	流动资产小计	存货	长期投资	无形及递延资产小计	无形资产	其他资产
总计	**9 647 065**	**2 479 143**	**904 535**	**712 245**	**687 980**	**214 884**
#国有及国有控股	6 833 778	1 659 400	662 713	367 401	352 756	182 003
一、按登记注册类型分组						
内资企业	9 641 680	2 476 786	904 535	712 222	687 980	214 884
国有企业	4 213 143	1 105 042	203 663	187 866	174 813	131 633
集体企业	29 063	6 664	4 040	4 426	4 425	—
股份合作企业	13 625	10 078	2 890	10	—	—
有限责任公司	4 341 764	1 079 880	587 006	505 984	503 494	73 910
股份有限公司	224 740	80 544	6 745	7 472	1 074	6 192
私营企业	819 345	194 578	100 191	6 464	4 174	3 149
港、澳、台商投资企业	5 385	2 357	—	23	—	—
二、按国民经济行业分组						
房屋和土木工程建筑业	7 824 540	2 065 628	793 075	621 429	605 320	154 956
建筑安装业	1 351 858	328 550	53 140	49 693	48 382	59 416
建筑装饰业	370 259	79 716	58 320	21 624	17 595	512
其他建筑业	100 408	5 249	—	19 499	16 683	—
三、按企业资质等级分组						
施工总承包	8 967 006	2 346 492	841 412	666 135	650 487	213 983
特级	2 352 456	496 803	454 380	151 741	150 350	50 370
一级	5 751 086	1 681 270	316 345	497 482	495 656	163 377
二级	616 907	128 863	16 600	11 971	42	236
三级	246 557	39 556	54 087	4 941	4 439	—
专业承包	680 059	132 651	63 123	46 110	37 493	901
一级	287 464	31 188	8 830	30 096	24 364	512
二级	260 854	63 204	53 738	10 124	8 622	389
三级	110 930	33 251	555	5 890	4 507	—
四、按国有经济控股情况分组						
国有绝对控股	6 701 660	1 610 769	659 823	345 487	330 950	182 003
国有相对控股	132 118	48 631	2 890	21 914	21 806	—
集体绝对控股	30 355	6 704	4 040	6 194	6 193	—
集体相对控股	113 237	28 515	48 154	127 900	127 900	4 837

3—10续表1　　(2005年)　　计量单位:千元

项　　目	固定资产合计	固定资产原价	生产经营用	累计折旧	本年折旧	在建工程
总　　计	**2 681 170**	**4 164 346**	**3 356 915**	**1 750 713**	**275 042**	**148 374**
#国有及国有控股	1 657 857	2 960 582	2 459 069	1 348 096	212 008	35 444
一、按登记注册类型分组						
内资企业	2 676 525	4 158 532	3 354 558	1 749 544	274 571	148 374
国有企业	1 116 409	1 859 132	1 493 619	775 979	173 909	28 739
集体企业	15 856	19 028	15 334	3 394	709	—
股份合作企业	13 615	14 429	7 249	814	131	—
有限责任公司	1 203 996	1 843 536	1 601 936	836 159	78 653	96 500
股份有限公司	59 794	80 746	55 287	32 719	4 295	11 412
私营企业	266 855	341 661	181 133	100 479	16 874	11 723
港、澳、台商投资企业	4 645	5 814	2 357	1 169	471	—
二、按国民经济行业分组						
房屋和土木工程建筑业	1 846 797	2 997 838	2 375 741	1 352 018	176 842	95 146
建筑安装业	613 237	916 646	783 104	315 509	86 505	11 562
建筑装饰业	124 373	119 062	73 249	33 046	6 045	30 652
其他建筑业	96 763	130 800	124 821	50 140	5 650	11 014
三、按企业资质等级分组						
施工总承包	2 363 118	3 770 578	3 060 476	1 617 909	249 014	104 166
特　　级	477 150	1 009 959	885 431	533 689	29 554	880
一　　级	1 483 884	2 359 559	1 893 709	978 722	202 592	87 915
二　　级	321 913	299 630	206 401	80 758	12 864	12 156
三　　级	80 171	101 430	74 935	24 740	4 004	3 215
专业承包	318 052	393 768	296 439	132 804	26 028	44 208
一　　级	125 440	185 026	172 372	68 862	9 456	9 235
二　　级	136 215	161 088	106 691	49 744	13 691	13 940
三　　级	56 008	47 159	16 904	14 092	2 806	21 033
四、按国有经济控股情况分组						
国有绝对控股	1 632 322	2 923 389	2 421 876	1 336 438	209 190	35 444
国有相对控股	25 535	37 193	37 193	11 658	2 818	—
集体绝对控股	17 026	20 821	17 127	4 017	853	—
集体相对控股	9 214	21 038	16 830	11 824	1 778	—

3—10 续表 2　　(2005 年)　　计量单位:千元

项　目	流动负债合计	长期负债合计	负债合计	所有者权益合计	实收资本
总　计	**8 884 512**	**639 387**	**9 523 899**	**4 636 000**	**3 587 786**
# 国有及国有控股	6 891 808	590 438	7 482 246	2 221 506	1 663 821
一、按登记注册类型分组					
内 资 企 业	8 881 937	639 387	9 521 324	4 628 522	3 582 636
国 有 企 业	4 152 745	423 145	4 575 890	1 276 824	971 446
集 体 企 业	21 700	—	21 700	31 685	29 385
股份合作企业	2 803	56	2 859	27 281	26 754
有限责任公司	4 168 158	184 345	4 352 503	2 360 157	1 799 686
股份有限公司	176 197	11 143	187 340	117 603	116 456
私 营 企 业	360 334	20 698	381 032	814 972	638 909
港、澳、台商投资企业	2 575	—	2 575	7 478	5 150
二、按国民经济行业分组					
房屋和土木工程建筑业	7 390 711	441 286	7 831 997	3 408 800	2 661 994
建筑安装业	1 228 582	161 860	1 390 442	736 902	558 910
建筑装饰业	152 918	20 014	172 932	402 156	295 192
其他建筑业	112 301	16 227	128 528	88 142	71 690
三、按企业资质等级分组					
施工总承包	8 425 008	622 087	9 047 095	4 004 559	3 026 214
特　级	2 501 537	167 190	2 668 727	817 370	585 900
一　级	5 547 031	434 827	5 981 858	2 230 316	1 644 005
二　级	277 172	56	277 228	690 399	599 670
三　级	99 268	20 014	119 282	266 474	196 639
专 业 承 包	459 504	17 300	476 804	631 441	561 572
一　级	259 279	16 527	275 806	176 536	150 423
二　级	157 311	389	157 700	303 620	270 874
三　级	42 494	384	42 878	130 505	119 495
四、按国有经济控股情况分组					
国有绝对控股	6 768 578	590 335	7 358 913	2 162 382	1 610 938
国有相对控股	123 230	103	123 333	59 124	52 883
集体绝对控股	22 559	—	22 559	35 056	32 756
集体相对控股	174 176	—	174 176	129 166	129 100

3—10 续表 3　　(2005 年)　　计量单位:千元

项　　目	所有者权益合计				
	实收资本中:				
	国家资本	集体资本	法人资本	个人资本	港澳台资本
总　　计	**1 121 573**	**245 151**	**1 029 099**	**1 189 896**	**2 067**
#国有及国有控股	1 116 533	8 830	506 229	32 229	—
一、按登记注册类型分组					
内资企业	1 121 573	245 151	1 026 016	1 189 896	—
国有企业	493 085	—	478 361	—	—
集体企业	—	11 330	18 055	—	—
股份合作企业	—	—	6 754	20 000	—
有限责任公司	624 918	218 568	321 122	635 078	—
股份有限公司	3 570	15 253	11 550	86 083	—
私营企业	—	—	190 174	448 735	—
港、澳、台商投资企业	—	—	3 083	—	2 067
二、按国民经济行业分组					
房屋和土木工程建筑业	1 008 386	230 391	539 920	883 297	—
建筑安装业	75 537	8 430	361 061	111 815	2 067
建筑装饰业	22 650	6 000	94 687	171 855	—
其他建筑业	15 000	330	33 431	22 929	—
三、按企业资质等级分组					
施工总承包	1 087 595	239 421	714 628	984 570	—
特级	585 900	—	—	—	—
一级	446 400	206 231	402 921	588 453	—
二级	43 155	—	243 081	313 434	—
三级	12 140	33 190	68 626	82 683	—
专业承包	33 978	5 730	314 471	205 326	2 067
一级	11 318	—	86 485	52 620	—
二级	22 660	400	169 082	78 732	—
三级	—	5 330	58 904	53 194	2 067
四、按国有经济控股情况分组					
国有绝对控股	1 116 533	8 830	482 075	3 500	—
国有相对控股	—	—	24 154	28 729	—
集体绝对控股	—	11 330	21 426	—	—
集体相对控股	—	129 100	—	—	—

3—10续表4 (2005年) 计量单位:千元

项 目	工程结算收入	工程结算成本	工程结算税金及附加	工程结算利润	其他业务收入	其他业务利润
总 计	**14 094 218**	**12 293 614**	**538 285**	**1 169 765**	**507 200**	**60 939**
#国有及国有控股	10 328 044	8 992 127	413 235	870 819	467 779	56 113
一、按登记注册类型分组						
内资企业	14 080 584	12 281 605	538 108	1 168 667	507 200	60 939
国有企业	6 831 526	5 963 830	206 057	615 180	337 071	52 120
集体企业	32 430	27 295	1 330	3 654	—	—
股份合作企业	45 697	43 822	1 121	598	—	—
有限责任公司	6 105 735	5 334 154	293 651	447 803	162 827	8 560
股份有限公司	199 260	174 027	11 697	10 175	308	291
私营企业	865 936	738 477	24 252	91 257	6 994	－32
港、澳、台商投资企业	13 634	12 009	177	1 098	—	—
二、按国民经济行业分组						
房屋和土木工程建筑业	10 013 664	8 785 094	415 413	756 822	237 199	54 953
建筑安装业	3 408 972	2 918 773	101 752	362 972	264 669	5 782
建筑装饰业	334 961	282 841	11 610	36 527	5 249	131
其他建筑业	336 621	306 901	9 510	13 444	83	73
三、按企业资质等级分组						
施工总承包	13 123 109	11 474 892	508 814	1 070 210	498 989	60 187
特 级	2 872 383	2 499 169	189 844	183 370	130 120	3 520
一 级	9 267 696	8 083 558	281 753	843 424	351 913	52 878
二 级	706 150	646 239	27 707	25 988	14 419	3 429
三 级	276 880	245 926	9 510	17 428	2 537	360
专业承包	971 109	818 722	29 471	99 555	8 211	752
一 级	574 119	488 390	16 176	61 570	2 962	－287
二 级	290 565	248 069	10 058	24 253	578	529
三 级	102 725	79 293	3 183	13 126	4 671	510
四、按国有经济控股情况分组						
国有绝对控股	9 947 673	8 647 273	402 411	847 927	467 503	55 837
国有相对控股	380 371	344 854	10 824	22 892	276	276
集体绝对控股	33 790	28 542	1 375	3 722	—	—
集体相对控股	323 418	304 682	10 697	8 039	13 944	1 279

3—10续表5　　(2005年)　　计量单位:千元

项　　目	管理费用	税　金	财产保险费	财务费用	利息支出
总　　计	**987 807**	**14 939**	**3 149**	**46 583**	**42 735**
#国有及国有控股	831 119	7 207	1 871	35 900	33 883
一、按登记注册类型分组					
内资企业	986 797	14 934	3 149	46 585	42 735
国有企业	588 980	5 417	1 619	29 659	26 913
集体企业	4 117	205	7	67	—
股份合作企业	740	14	—	-16	—
有限责任公司	346 152	7 955	1 360	13 917	14 505
股份有限公司	13 676	204	89	1 171	1 170
私营企业	33 132	1 139	74	1 787	147
港、澳、台商投资企业	1 010	5	—	-2	—
二、按国民经济行业分组					
房屋和土木工程建筑业	641 865	7 108	1 618	43 010	40 925
建筑安装业	308 770	3 704	943	3 067	1 318
建筑装饰业	23 648	3 167	58	452	423
其他建筑业	13 524	960	530	54	69
三、按企业资质等级分组					
施工总承包	889 583	10 347	2 534	44 718	40 779
特　级	183 291	1 337	140	5 887	6 381
一　级	671 164	7 796	2 160	37 376	33 079
二　级	22 526	811	205	1 926	1 296
三　级	12 602	403	29	-471	23
专业承包	98 224	4 592	615	1 865	1 956
一　级	59 516	1 300	572	156	263
二　级	27 375	1 717	5	1 725	1 696
三　级	10 959	1 545	38	-16	-3
四、按国有经济控股情况分组					
国有绝对控股	815 537	6 957	1 759	35 417	33 291
国有相对控股	15 582	250	112	483	592
集体绝对控股	4 171	214	22	67	—
集体相对控股	8 808	172	40	594	620

3—10续表6　(2005年)　计量单位:千元

项　目	营业利润	利润总额	应交所得税	应付利润	本年应付工资总额	主营业务应付工资总额
总　计	**196 314**	**272 039**	**78 989**	**171 356**	**1 117 452**	**1 041 042**
#国有及国有控股	59 913	116 098	25 266	65 476	860 975	793 673
一、按登记注册类型分组						
内资企业	196 224	271 991	78 982	171 316	1 116 458	1 040 290
国有企业	48 661	71 001	17 606	61 945	645 759	586 143
集体企业	－530	－649	38	61	6 398	5 288
股份合作企业	－126	25	8	4	4 170	4 170
有限责任公司	96 294	134 790	40 241	63 305	352 152	340 352
股份有限公司	－4 381	4 078	679	745	24 788	23 847
私营企业	56 306	62 746	20 410	45 256	83 191	80 490
港、澳、台商投资企业	90	48	7	40	994	752
二、按国民经济行业分组						
房屋和土木工程建筑业	126 900	198 070	60 555	116 289	733 235	696 867
建筑安装业	56 917	53 900	12 653	40 748	338 585	305 578
建筑装饰业	12 558	18 437	5 418	13 974	29 497	25 972
其他建筑业	－61	1 632	363	345	16 135	12 625
三、按企业资质等级分组						
施工总承包	196 096	270 422	73 535	163 782	1 027 772	958 693
特　级	－2 288	29 853	2 460	412	173 505	169 265
一　级	187 762	222 618	66 420	152 527	745 948	691 876
二　级	4 965	7 362	3 653	3 966	82 199	80 745
三　级	5 657	10 609	1 002	6 877	26 120	16 807
专业承包	218	1 617	5 454	7 574	89 680	82 349
一　级	1 511	4 031	2 653	1 774	40 452	38 313
二　级	－4 318	－5 330	1 489	3 537	35 693	31 132
三　级	2 593	2 684	1 235	2 108	12 666	12 222
四、按国有经济控股情况分组						
国有绝对控股	52 310	107 163	22 178	62 999	845 574	778 834
国有相对控股	7 103	8 935	3 088	2 477	15 401	14 839
集体绝对控股	－516	－594	83	71	9 848	8 738
集体相对控股	－84	492	230	262	8 247	6 597

3—10 续表 7　　(2005 年)　　计量单位:千元

项　　目	本年应付福利费总额	主营业务应付福利费总额	年末拖欠工程款	竣工拖欠	新增固定资产
总　　计	**190 557**	**173 433**	**4 206 160**	**2 407 526**	**33 483**
#国有及国有控股	160 409	151 417	3 177 629	1 870 384	27 901
一、按登记注册类型分组					
内资企业	190 557	173 433	4 206 160	2 407 526	33 483
国有企业	90 010	82 038	2 335 979	1 400 683	23 844
集体企业	544	544	4 659	989	7
股份合作企业	619	619	3 050	1 850	—
有限责任公司	83 826	81 924	1 529 670	876 103	9 164
股份有限公司	1 302	958	81 124	46 968	416
私营企业	14 256	7 350	251 678	80 933	52
港、澳、台商投资企业	—	—	—	—	—
二、按国民经济行业分组					
房屋和土木工程建筑业	136 633	127 631	2 847 482	1 397 558	21 594
建筑安装业	47 950	40 610	1 249 558	942 286	11 889
建筑装饰业	2 472	1 941	72 853	64 615	—
其他建筑业	3 502	3 251	36 267	3 067	—
三、按企业资质等级分组					
施工总承包	179 364	163 238	4 058 201	2 323 549	33 358
特级	64 662	64 072	803 780	434 050	—
一级	105 197	93 656	2 988 534	1 786 012	30 463
二级	7 845	4 193	213 904	62 995	2 888
三级	1 660	1 317	51 983	40 492	7
专业承包	11 193	10 195	147 959	83 977	125
一级	5 991	5 583	62 275	27 940	3
二级	3 607	3 269	60 220	38 482	—
三级	1 473	1 248	19 764	17 555	122
四、按国有经济控股情况分组					
国有绝对控股	158 340	149 413	3 169 139	1 864 074	23 844
国有相对控股	2 069	2 004	8 490	6 310	4 057
集体绝对控股	592	592	5 362	1 692	7
集体相对控股	1 155	924	101 560	63 590	840

全市建筑业企业房屋建筑竣工面积情况

3—11

（2005 年）

计量单位：平方米

项　　目	总　计	厂房、仓库	住　宅	办公用房	批发和零售用房	住宿和餐饮用房
总　　计	**9 152 341**	**1 051 662**	**5 360 795**	**994 787**	**98 915**	**126 950**
#国有及国有控股	2 921 867	695 752	1 218 597	270 107	59 240	5 409
一、按登记注册类型分组						
内资企业	9 152 341	1 051 662	5 360 795	994 787	98 915	126 950
国有企业	1 553 349	311 620	700 891	187 345	2 020	—
集体企业	447 866	37 467	278 508	59 560	—	1 896
股份合作企业	135 330	—	135 330	—	—	—
有限责任公司	4 733 863	559 325	2 648 616	524 173	67 270	109 403
股份有限公司	537 840	27 815	406 951	18 758	10 965	—
私营企业	1 744 093	115 435	1 190 499	204 951	18 660	15 651
二、按国民经济行业分组						
房屋和土木工程建筑业	9 005 409	998 912	5 293 583	981 787	85 455	126 950
建筑安装业	146 932	52 750	67 212	13 000	13 460	—
三、按企业资质等级分组						
施工总承包	9 054 575	1 051 652	5 328 165	963 087	98 915	126 950
特　级	861 014	337 150	248 336	65 573	—	—
一　级	3 885 891	422 691	2 137 639	433 772	10 965	82 066
二　级	3 178 317	217 481	2 191 637	392 791	80 854	15 109
三　级	1 129 353	74 340	750 553	70 951	7 096	29 775
专业承包	97 766	—	32 630	31 700	—	—
二　级	97 766	—	32 630	31 700	—	—
四、按国有经济控股情况分组						
国有绝对控股	2 458 354	648 770	957 948	252 918	2 020	—
国有相对控股	463 513	46 982	260 649	17 189	57 220	5 409
集体绝对控股	447 866	37 467	278 508	59 560	—	1 896
集体相对控股	391 000	—	269 793	70 386	—	38 767

3—11 续表　　(2005 年)　　计量单位:平方米

项　　目	居民服务业用房	教育用房	文化、体育和娱乐用房	卫生医疗用房	科研用房	其他用房
总　　计	**196 991**	**638 918**	**50 434**	**105 167**	**20 806**	**506 916**
# 国有及国有控股	120 323	255 609	8 150	79 664	20 806	188 210
一、按登记注册类型分组						
内资企业	196 991	638 918	50 434	105 167	20 806	506 916
国有企业	46 827	129 269	—	59 707	20 806	94 864
集体企业	21 768	14 222	—	8 048	—	26 397
有限责任公司	104 723	394 859	25 264	26 764	—	273 466
股份有限公司	17 473	40 108	5 907	4 757	—	5 106
私营企业	6 200	60 460	19 263	5 891	—	107 083
二、按国民经济行业分组						
房屋和土木工程建筑业	196 991	638 918	50 434	105 167	20 806	506 406
三、按企业资质等级分组						
施工总承包	196 991	638 918	50 434	105 167	20 806	473 480
特　　级	46 827	85 371	8 150	19 957	—	49 650
一　　级	66 954	396 456	3 239	61 564	20 806	249 739
二　　级	29 882	110 229	13 385	11 057	—	115 892
三　　级	53 328	46 862	25 660	12 589	—	58 199
专业承包	—	—	—	—	—	33 436
二　　级	—	—	—	—	—	33 436
四、按国有经济控股情况分组						
国有绝对控股	120 323	223 241	8 150	79 664	20 806	144 514
国有相对控股	—	32 368	—	—	—	43 696
集体绝对控股	21 768	14 222	—	8 048	—	26 397
集体相对控股	—	—	—	—	—	12 054

市区建筑业企业房屋建筑竣工面积情况

3—12　　(2005 年)　　计量单位:平方米

项　　目	总　计	厂房、仓库	住　宅	办公用房	批发和零售用房	住宿和餐饮用房
总　　计	**5 302 398**	**768 291**	**2 883 653**	**516 586**	**26 445**	**81 366**
#国有及国有控股	2 356 183	645 470	925 147	222 118	2 020	—
一、按登记注册类型分组						
内资企业	5 302 398	768 291	2 883 653	516 586	26 445	81 366
国有企业	1 495 169	308 320	676 811	156 545	2 020	—
集体企业	8 120	4 950	2 660	—	—	—
股份合作企业	135 330		135 330	—	—	—
有限责任公司	2 795 714	389 436	1 466 460	319 027	—	81 366
股份有限公司	267 375	15 567	211 245	4 996	10 965	—
私营企业	600 690	50 018	391 147	36 018	13 460	—
二、按国民经济行业分组						
房屋和土木工程建筑业	5 155 466	715 541	2 816 441	503 586	12 985	81 366
建筑安装业	146 932	52 750	67 212	13 000	13 460	—
三、按企业资质等级分组						
施工总承包	5 246 282	768 291	2 883 653	493 906	26 445	81 366
特　级	861 014	337 150	248 336	65 573	—	—
一　级	3 570 711	422 691	1 890 918	391 675	10 965	80 266
二　级	654 967	3 500	612 323	21 764	15 480	—
三　级	159 590	4 950	132 076	14 894	—	1 100
专业承包	56 116	—	—	22 680	—	—
二　级	56 116	—	—	22 680	—	—
四、按国有经济控股情况分组						
国有绝对控股	2 356 183	645 470	925 147	222 118	2 020	—
集体绝对控股	8 120	4 950	2 660	—	—	—
集体相对控股	391 000	—	269 793	70 386	—	38 767

3—12 续表　　(2005 年)　　计量单位:平方米

项　　目	居民服务业用房	教育用房	文化、体育和娱乐用房	卫生医疗用房	科研用房	其他用房
总　计	**115 441**	**458 085**	**11 389**	**81 521**	**20 806**	**338 815**
# 国有及国有控股	93 654	214 640	8 150	79 664	20 806	144 514
一、按登记注册类型分组						
内资企业	115 441	458 085	11 389	81 521	20 806	338 815
国有企业	46 827	129 269	—	59 707	20 806	94 864
集体企业	—	—	—	—	—	510
有限责任公司	68 614	275 822	11 389	21 814	—	161 786
股份有限公司	—	21 985	—	—	—	2 617
私营企业	—	31 009	—	—	—	79 038
二、按国民经济行业分组						
房屋和土木工程建筑业	115 441	458 085	11 389	81 521	20 806	338 305
建筑安装业	—	—	—	—	—	510
三、按企业资质等级分组						
施工总承包	115 441	458 085	11 389	81 521	20 806	305 379
特　级	46 827	85 371	8 150	19 957	—	49 650
一　级	66 954	371 894	3 239	61 564	20 806	249 739
二　级	—	820	—	—	—	1 080
三　级	1 660	—	—	—	—	4 910
专业承包	—	—	—	—	—	33 436
二　级	—	—	—	—	—	33 436
四、按国有经济控股情况分组						
国有绝对控股	93 654	214 640	8 150	79 664	20 806	144 514
集体绝对控股	—	—	—	—	—	510
集体相对控股	—	—	—	—	—	12 054

全市建筑业企业房屋建筑竣工造价情况

3—13

（2005 年）

计量单位：千元

项　　目	总　计	厂房、仓库	住　宅	办公用房	批发和零售用房	住宿和餐饮用房
总　　计	**7 991 799**	**1 575 150**	**3 881 892**	**971 627**	**76 929**	**99 825**
#国有及国有控股	3 500 604	1 317 027	1 024 109	316 660	47 397	4 962
一、按登记注册类型分组						
内资企业	7 991 799	1 575 150	3 881 892	971 627	76 929	99 825
国有企业	1 943 772	752 947	567 802	194 905	791	—
集体企业	289 448	39 570	178 577	27 806	—	986
股份合作企业	76 000	—	76 000	—	—	—
有限责任公司	4 207 736	703 513	2 089 559	548 603	51 656	86 099
股份有限公司	302 617	10 571	219 606	15 680	8 940	—
私营企业	1 172 226	68 549	750 348	184 633	15 542	12 740
二、按国民经济行业分组						
房屋和土木工程建筑业	7 821 054	1 484 279	3 817 638	968 627	64 819	99 825
建筑安装业	170 745	90 871	64 254	3 000	12 110	—
三、按企业资质等级分组						
施工总承包	7 904 291	1 575 150	3 863 222	951 557	76 929	99 825
特　　级	1 243 203	542 663	294 660	107 330	—	—
一　　级	3 805 272	849 978	1 581 276	553 768	8 940	66 478
二　　级	2 204 212	140 021	1 565 569	240 599	63 027	10 982
三　　级	651 604	42 488	421 717	49 860	4 962	22 365
专业承包	87 508	—	18 670	20 070	—	—
二　　级	87 508	—	18 670	20 070	—	—
四、按国有经济控股情况分组						
国有绝对控股	3 207 495	1 295 610	867 272	302 235	791	—
国有相对控股	293 109	21 417	156 837	14 425	46 606	4 962
集体绝对控股	289 448	39 570	178 577	27 806	—	986
集体相对控股	279 910	—	183 141	56 407	—	31 982

3—13 续表　　(2005 年)　　计量单位：千元

项　　目	居民服务业用房	教育用房	文化、体育和娱乐用房	卫生医疗用房	科研用房	其他用房
总　　计	**170 957**	**560 607**	**33 261**	**115 594**	**23 780**	**482 177**
#国有及国有控股	121 310	280 527	5 700	99 586	23 780	259 546
一、按登记注册类型分组						
内资企业	170 957	560 607	33 261	115 594	23 780	482 177
国有企业	54 910	137 080	—	66 346	23 780	145 211
集体企业	14 642	9 165	—	4 168	—	14 534
有限责任公司	88 792	345 782	16 801	37 978	—	238 953
股份有限公司	7 513	27 622	5 500	3 180	—	4 005
私营企业	5 100	40 958	10 960	3 922	—	79 474
二、按国民经济行业分组						
房屋和土木工程建筑业	170 957	560 607	33 261	115 594	23 780	481 667
三、按企业资质等级分组						
施工总承包	170 957	560 607	33 261	115 594	23 780	433 409
特　级	54 910	120 190	5 700	33 240	—	84 510
一　级	68 337	361 209	3 261	68 284	23 780	219 961
二　级	21 092	54 467	12 790	6 910	—	88 755
三　级	26 618	24 741	11 510	7 160	—	40 183
专业承包	—	—	—	—	—	48 768
二　级	—	—	—	—	—	48 768
四、按国有经济控股情况分组						
国有绝对控股	121 310	261 490	5 700	99 586	23 780	229 721
国有相对控股	—	19 037	—	—	—	29 825
集体绝对控股	14 642	9 165	—	4 168	—	14 534
集体相对控股	—	—	—	—	—	8 380

市区建筑业企业房屋建筑竣工造价情况

3—14　　(2005 年)　　计量单位:千元

项　　目	总　计	厂房、仓库	住　宅	办公用房	批发和零售用房	住宿和餐饮用房
总　　计	**5 350 197**	**1 395 191**	**2 194 191**	**601 073**	**21 841**	**64 453**
#国有及国有控股	3 143 314	1 291 610	849 581	275 455	791	—
一、按登记注册类型分组						
内资企业	5 350 197	1 395 191	2 194 191	601 073	21 841	64 453
国有企业	1 900 111	748 947	554 921	168 125	791	—
集体企业	12 631	550	11 571	—	—	—
股份合作企业	76 000	—	76 000	—	—	—
有限责任公司	2 779 613	604 317	1 170 877	401 913	—	64 453
股份有限公司	151 201	5 160	111 161	4 680	8 940	—
私营企业	430 641	36 217	269 661	26 355	12 110	—
二、按国民经济行业分组						
房屋和土木工程建筑业	5 179 452	1 304 320	2 129 937	598 073	9 731	64 453
建筑安装业	170 745	90 871	64 254	3 000	12 110	—
三、按企业资质等级分组						
施工总承包	5 286 429	1 395 191	2 194 191	586 073	21 841	64 453
特　级	1 243 203	542 663	294 660	107 330	—	—
一　级	3 533 195	849 973	1 439 368	454 696	8 940	63 925
二　级	431 935	2 000	394 021	19 153	12 901	—
三　级	78 096	550	66 142	4 894	—	528
专业承包	63 768	—	—	15 000	—	—
二　级	63 768	—	—	15 000	—	—
四、按国有经济控股情况分组						
国有绝对控股	3 143 314	1 291 610	849 581	275 455	791	—
集体绝对控股	12 631	550	11 571	—	—	—
集体相对控股	279 910	—	183 141	56 407	—	31 982

3—14续表　　(2005年)　　计量单位:千元

项　　目	居民服务业用房	教育用房	文化、体育和娱乐用房	卫生医疗用房	科研用房	其他用房
总　　计	**123 957**	**453 475**	**8 961**	**101 524**	**23 780**	**361 751**
#国有及国有控股	109 820	257 270	5 700	99 586	23 780	229 721
一、按登记注册类型分组						
内资企业	123 957	453 475	8 961	101 524	23 780	361 751
国有企业	54 910	137 080	—	66 346	23 780	145 211
集体企业	—	—	—	—	—	510
有限责任公司	69 047	273 985	8 961	35 178	—	150 882
股份有限公司	—	18 600	—	—	—	2 660
私营企业	—	23 810	—	—	—	62 488
二、按国民经济行业分组						
房屋和土木工程建筑业	123 957	453 475	8 961	101 524	23 780	361 241
建筑安装业	—	—	—	—	—	510
三、按企业资质等级分组						
施工总承包	123 957	453 475	8 961	101 524	23 780	312 983
特　级	54 910	120 190	5 700	33 240	—	84 510
一　级	68 337	332 665	3 261	68 284	23 780	219 961
二　级	—	620	—	—	—	3 240
三　级	710	—	—	—	—	5 272
专业承包	—	—	—	—	—	48 768
二　级	—	—	—	—	—	48 768
四、按国有经济控股情况分组						
国有绝对控股	109 820	257 270	5 700	99 586	23 780	229 721
集体绝对控股	—	—	—	—	—	510
集体相对控股	—	—	—	—	—	8 380

分县(市)区建筑业主要指标情况

3—15　　(2005 年)　　计量单位:千元、个

行政单位	企业个数	建筑业总产值	装饰装修产值	建筑工程产值	期末从业人员
全市总计	**233**	**19 511 158**	**950 687**	**14 503 822**	**177 079**
市区合计	133	15 707 481	875 036	10 842 650	113 436
#长安区	41	3 868 232	313 178	2 405 961	29 326
桥东区	9	1 882 024	46 130	1 400 349	12 177
桥西区	18	3 396 874	195 122	3 062 390	23 097
新华区	16	3 987 073	100 476	2 581 845	22 445
裕华区	46	2 259 561	62 238	1 078 388	23 599
开发区	2	289 110	157 892	289 110	1 980
矿区	1	24 607	—	24 607	812
井陉县	5	135 563	—	119 963	5 943
正定县	13	556 952	—	538 866	9 017
栾城县	7	167 518	4 830	157 158	1 735
行唐县	1	88 600	17 720	76 200	820
灵寿县	3	87 510	26 630	68 440	450
高邑县	3	83 706	—	83 706	2 395
深泽县	4	541 016	—	541 016	8 733
赞皇县	7	21 900	2 500	21 900	1 160
无极县	5	202 569	—	202 569	3 717
平山县	6	129 140	486	128 091	2 570
元氏县	2	110 388	—	110 388	1 412
赵县	2	51 251	9 415	45 357	497
辛集市	9	508 945	960	506 875	6 176
藁城市	10	622 922	11 280	598 696	7 877
晋州市	6	74 590	500	74 090	1 963
新乐市	8	212 289	1 330	184 906	5 131
鹿泉市	9	208 818	—	202 951	4 047

3—15 续表　　(2005 年)　　计量单位:千元、个

行政单位	流动资产小计	固定资产合计	累计折旧	利润总额	本年应付工资总额
全市总计	**11 333 782**	**3 826 689**	**2 030 262**	**364 906**	**1 602 783**
市区合计	9 647 065	2 681 170	1 750 713	272 039	1 117 452
#长安区	1 937 863	775 256	402 986	129 937	272 067
桥东区	1 875 879	474 034	431 526	14 348	101 583
桥西区	2 484 258	463 688	341 778	60 393	303 065
新华区	1 586 871	364 032	256 548	37 322	197 267
裕华区	1 495 719	565 060	286 620	21 567	216 875
开发区	261 814	36 338	31 132	8 439	22 140
矿区	4 661	2 762	123	33	4 455
井陉县	56 837	29 133	26 803	1 924	25 370
正定县	299 533	162 380	55 835	11 884	66 610
栾城县	30 248	59 234	3 684	1 490	8 310
行唐县	22 180	25 160	2 740	—	4 648
灵寿县	32 590	16 020	4 780	7 140	5 860
高邑县	90 505	29 500	3 430	1 779	19 142
深泽县	85 838	123 018	7 120	9 886	72 526
赞皇县	13 450	34 973	1 179	1 440	5 800
无极县	12 494	124 964	16 579	3 236	20 568
平山县	49 948	35 783	10 718	10 209	14 536
元氏县	13 406	57 271	10 146	4 303	9 814
赵县	26 268	10 478	4 639	1 173	4 035
辛集市	399 311	113 309	27 666	4 173	47 063
藁城市	255 193	139 495	50 731	19 854	93 318
晋州市	85 283	27 655	4 732	2 866	11 985
新乐市	126 262	76 813	29 198	7 278	39 633
鹿泉市	87 371	80 333	19 569	4 232	36 113

四、能 源 消 费

全市工业企业能源购进、消费及库存

4—1

（2005 年）

能源名称	计量单位	年初库存	购进量		消费量			年末库存
			实物量	金额（万元）	合计	1.工业生产产消费	2.非工业生产消费	
能源合计	**吨标准煤**	**—**	**—**	**—**	**67 300**	**35 971 765**	**195 535**	**—**
原煤	吨	1 307 537	29 844 248	1 149 861	30 128 316	29 988 205	140 111	1 626 653
洗精煤	吨	59 650	3 196 872	207 470	3 068 800	3 068 800	—	181 839
其它洗煤	吨	5 593	55 278	1 836	59 550	59 550	—	1 014
型煤	吨	10	469	20	578	509	69	—
焦炭	吨	27 632	1 979 193	223 629	2 481 691	2 481 606	85	42 510
其它焦化产品	吨	7 204	82 759	11 288	87 920	87 920	—	6 143
焦炉煤气	万立方米	—	50 074	49 075	50 074	50 055	19	—
其他煤气	万立方米	—	830	1 278	830	830	—	—
天然气	万立方米	34	8 232	13 895	8 232	8 208	24	—
原油	吨	107 448	3 718 420	1 218 281	3 622 516	3 622 506	10	193 152
汽油	吨	490	72 244	35 617	73 441	65 387	8 054	443
煤油	吨	152	3 082	12 834	3 169	3 122	47	34
柴油	吨	2 853	77 008	35 440	76 166	71 496	4 670	3 897
燃料油	吨	1 595	20 269	8 044	18 408	18 408	—	3 481
液化石油气	吨	16	1 106	4 470	1 315	886	429	23
炼厂干气	吨	—	688	511	137 399	137 399	—	—
其它石油制品	吨	4 938	94 744	74 202	308 913	308 913	—	4 670
热力	百万千焦	—	23 714 672	65 272	34 347 470	32 955 533	1 391 937	—
电力	万千瓦时	—	1 585 779	844 906	1 655 685	1 638 397	17 288	—
其它燃料	吨标准煤	80	3 339	3 116	3 852	3 817	35	47

市区工业企业能源购进、消费及库存

4—2

（2005 年）

能源名称	计量单位	年初库存	购进量		消费量			年末库存
			实物量	金额（万元）	合计	1.工业生产消费	2.非工业生产消费	
能源合计	**吨标准煤**	**—**	**—**	**—**	**28 933 840**	**28 777 412**	**156 428**	**—**
原煤	吨	1 046 030	23 875 398	919 889	24 102 653	23 990 564	112 088.8	1 301 322
洗精煤	吨	47 720	2 557 498	165 976	2 455 040	2 455 040	—	145 471.2
其它洗煤	吨	4 474.4	44 222.4	1 469	47 640	47 640	—	811.2
型煤	吨	8	375.2	16	462.4	407.2	55.2	—
焦炭	吨	22 105.6	1 583 354	178 903	1 985 353	1 985 285	68	34 008
其它焦化产品	吨	5 763.2	66 207.2	9 030	70 336	70 336	—	4 914.4
焦炉煤气	万立方米	—	40 059.2	39 260	40 059.2	40 044	15.2	—
其他煤气	万立方米	—	664	1 022	664	664	—	—
天然气	万立方米	27.2	6 585.6	11 116	6 585.6	6 566.4	19.2	—
原油	吨	85 958.4	2 974 736	974 625	2 898 013	2 898 005	8	154 521.6
汽油	吨	392	57 795.2	28 494	58 752.8	52 309.6	6 443.2	354.4
煤油	吨	121.6	2 465.6	10 267	2 535.2	2 497.6	37.6	27.2
柴油	吨	2 282.4	61 606.4	28 352	60 932.8	57 196.8	3 736	3 117.6
燃料油	吨	1 276	16 215.2	6 435	14 726.4	14 726.4	—	2 784.8
液化石油气	吨	12.8	884.8	3 576	1 052	708.8	343.2	18.4
炼厂干气	吨	—	550.4	409	109 919.2	109 919.2	—	—
其它石油制品	吨	3 950.4	75 795.2	59 362	247 130.4	247 130.4	—	3 736
热力	百万千焦	—	18 971 738	52 218	27 477 976	26 364 426	1 113 550	—
电力	万千瓦时	—	1 268 623	675 925	1 324 548	1 310 718	13 830.4	—
其它燃料	吨标准煤	64	2 671.2	2 493	3 081.6	3 053.6	28	37.6

全市重点耗能工业企业产值综合能耗

4—3

(2005)年

行业名称	综合能源消费量(吨标准煤)		工业总产值(不变价)(万元)		产值能耗(吨标准煤/万元)	
	本年	去年同期	本年	去年同期	本年	去年同期
总计	**22 561 497**	**21 594 088**	**20 057 987**	**15 006 307**	**1.12**	**1.44**
煤炭采选业	545 410	780 565	190 941	157 115	2.86	4.97
食品制造业	136 457	109 674	965 947	764 243	0.14	0.14
饮料制造业	105 603	34 185	173 228	124 257	0.61	0.28
烟草制品业	10 790	13 363	195 894	159 523	0.06	0.08
纺织业	406 120	550 811	1 124 727	890 158	0.36	0.62
纺织服装、鞋、帽制造业	41 804	36 561	318 533	222 543	0.13	0.16
皮革、毛皮、羽毛(绒)及其制品业	169 031	119 976	1 377 446	868 462	0.12	0.14
木材加工及木、竹、藤、棕、草制品业	104 023	138 213	364 089	250 868	0.29	0.55
造纸及纸制品业	354 397	198 045	344 601	257 259	1.03	0.77
石油加工、炼焦及核燃料加工业	1 663 891	2 533 019	1 466 449	1 121 441	1.13	2.26
化学原料及化学制品制造业	3 714 829	4 191 593	2 096 068	1 550 840	1.77	2.70
医药制造业	798 503	1 213 117	1 579 749	1 258 214	0.51	0.96
化学纤维制造业	141 432	135 207	146 672	104 913	0.96	1.29
非金属矿物制品业	2 510 237	2 483 658	1 137 061	836 476	2.21	2.97
黑色金属冶炼及压延加工业	3 404 682	2 804 549	2 149 409	1 587 973	1.58	1.77
有色金属冶炼及压延加工业	99 883	32 749	122 374	88 006	0.82	0.37
通用设备制造业	293 115	243 913	631 227	456 883	0.46	0.54
专用设备制造业	115 978	70 784	359 138	270 653	0.32	0.26
交通运输设备制造业	361 221	79 517	423 328	325 108	0.85	0.24
仪器仪表及文化、办公用机械制造业	27 410	16 729	34 627	21 826	0.79	0.77
电力、蒸汽、热水的生产和供应业	5 779 820	4 810 388	1 586 307	1 381 306	3.64	3.48
自来水的生产和供应业	14 519	42 391	45 920	31 379	0.32	1.35

全市主要能源调出调入情况

4—4　　(2005 年)　　计量单位:吨

能源名称	调出量	# 调出省外	调入量	# 省外调入
原煤	1 144 574	1 144 574	28 784 535	28 784 535
洗精煤	121 450	121 450	1 782 202	1 782 202
其它洗煤	84	84	112 242	112 242
焦炭	1 105 707	1 105 707	481 932	481 932
原油	45 883	45 883	361 223	361 223
汽油	813 835	813 835	123 734	123 734
柴油	1 022 002	1 022 002	258 508	258 508
煤油	93 400	93 400	6 766	6 766
天然气	—	—	10 050	10 050
燃料油	—	—	9 236	9 236

市区主要能源调出调入情况

4—5　　(2005 年)　　计量单位:吨

能源名称	调出量	# 调出省外	调入量	# 省外调入
原煤	915 659.2	915 659.2	23 027 628	23 027 628
洗精煤	97 160	97 160	1 425 762	1 425 762
其它洗煤	67.2	67.2	89 793.6	89 793.6
焦炭	884 565.6	884 565.6	385 545.6	385 545.6
原油	36 706.4	36 706.4	288 978.4	288 978.4
汽油	651 068	651 068	98 987.2	98 987.2
柴油	817 601.6	817 601.6	206 806.2	206 806.2
煤油	74 720	74 720	5 412.8	5 412.8
天然气	—	—	8 040	8 040
燃料油	—	—	7 388.8	7 388.8

全市工业企业主要能源消费情况

4—6

（2005 年）

行业名称	原煤（吨）	焦炭（吨）	汽油（吨）	柴油（吨）	电力（万千瓦时）
总计	**5 856 765**	**392 259**	**215 579**	**155 611**	**628 170**
轻工业	4 334 365	361 529	102 103	93 189	270 303
重工业	1 522 400	30 730	113 476	62 422	357 867
采掘业	329 692	—	4 698	10 874	22 229
煤炭开采和洗选业	40 897	—	22	231	1 058
黑色金属矿采选业	2 782	—	460	479	7 355
有色金属矿采选业	2 273	—	29	580	266
非金属矿采选业	271 733	—	3 827	9 016	11 984
其它矿采选业	12 007	—	360	568	1 566
制造业	5 524 966	392 259	210 320	144 298	604 792
农副食品加工业	227 497	—	11 421	11 945	103 078
食品制造业	69 779	—	1 546	2 592	7 316
饮料制造业	9 002	—	532	591	4 778
烟草制品业	1 455	—	73	315	120
纺织业	119 823	—	6 973	1 174	24 520
纺织服装、鞋、帽制造业	51 228	—	49 643	2 941	59 113
皮革、毛皮、羽毛（绒）及其制品业	130 527	—	3 031	5 336	11 465
木材加工及木、竹、藤、棕、草制品业	99 847	—	825	1 007	6 582
家具制造业	120 769	2 395	16 739	21 138	76 353
造纸及纸制品业	176 613	—	5 404	1 357	38 114
印刷业及记录媒介的复制	2 224	—	532	198	4 249

4—6 续表 (2005 年)

行业名称	原煤(吨)	焦炭(吨)	汽油(吨)	柴油(吨)	电力(万千瓦时)
文教体育用品制造业	3 699	—	16	14	1 822
石油加工、炼焦及核燃料加工业	87 202	1 712	1 266	987	5 771
化学原料及化学制品制造业	761 418	13 145	52 761	34 438	73 492
医药制造业	15 773	—	885	138	156
化学纤维制造业	3 230	—	294	209	493
橡胶制品业	15 642	1 771	237	161	2 139
塑料制品业	177 579	4 307	5 169	3 024	21 884
非金属矿物制品业	2 327 123	44 282	13 956	17 259	52 233
黑色金属冶炼及压延加工业	564 211	226 633	9 798	18 820	49 206
有色金属冶炼及压延加工业	43 537	10 571	2 669	809	6 497
金属制品业	155 594	48 656	3 645	1 907	20 403
通用设备制造业	137 057	20 893	10 126	9 408	10 426
专用设备制造业	19 201	5 461	1 244	604	981
交通运输设备制造业	7 197	—	516	370	222
通信设备、计算机及其他电子设备制造业	829	6 705	418	1 202	893
仪器仪表及文化、办公用机械制造业	832	—	132	396	268
工艺品及其他制造业	765	—	513	392	425
废弃资源和废旧材料回收加工业	195 313	5 728	9 956	5 566	21 793
电力及水的生产和供应业	2 107	—	561	439	1 149
电力、蒸汽、热水的生产和供应业	1 554	—	561	439	283
自来水的生产和供应业	553	—	—	—	866

市区工业企业主要能源消费情况

4—7

（2005 年）

行业名称	原煤（吨）	焦炭（吨）	汽油（吨）	柴油（吨）	电力（万千瓦时）
总计	**4 685 412**	**313 807.2**	**172 463.2**	**124 488.8**	**502 536**
轻工业	3 467 492	289 223.2	81 682.4	74 551.2	216 242.4
重工业	1 217 920	24 584	90 780.8	49 937.6	286 293.6
采掘业	263 753.6	—	3 758.4	8 699.2	17 783.2
煤炭开采和洗选业	32 717.6	—	17.6	184.8	846.4
黑色金属矿采选业	2 225.6	—	368	383.2	5 884
有色金属矿采选业	1 818.4	—	23.2	464	212.8
非金属矿采选业	217 386.4	—	3 061.6	7 212.8	9 587.2
其它矿采选业	9 605.6	—	288	454.4	1 252.8
制造业	4 419 973	313 807.2	168 256	1 155 438.4	483 833.6
农副食品加工业	181 997.6	—	9 136.8	9 556	82 462.4
食品制造业	55 823.2	—	1 236.8	2 073.6	5 852.8
饮料制造业	7 201.6	—	425.6	472.8	3 822.4
烟草制品业	1 164	—	58.4	252	96
纺织业	95 858.4	—	5 578.4	939.2	19 616
纺织服装、鞋、帽制造业	40 982.4	—	39 714.4	2 352.8	47 290.4
皮革、毛皮、羽毛(绒)及其制品业	104 421.6	—	2 424.8	4 268.8	9 172
木材加工及木、竹、藤、棕、草制品业	79 877.6	—	660	805.6	5 265.6
家具制造业	96 615.2	1 916	13 391.2	16 910.4	61 082.4
造纸及纸制品业	141 290.4	—	4 323.2	1 085.6	30 491.2
印刷业及记录媒介的复制	1 779.2	—	425.6	158.4	3 399.2
文教体育用品制造业	2 959.2	—	12.8	11.2	1 457.6
石油加工、炼焦及核燃料加工业	69 761.6	1 369.6	1 012.8	789.6	4 616.8
化学原料及化学制品制造业	609 134.4	10 516	42 208.8	27 550.4	58 793.6
医药制造业	12 618.4	—	708	110.4	124.8
化学纤维制造业	2 584	—	235.2	167.2	394.4
橡胶制品业	12 513.6	1 416.8	189.6	128.8	1 711.2
塑料制品业	142 063.2	3 445.6	4 135.2	2 419.2	17 507.2
非金属矿物制品业	1 861 698	35 425.6	11 164.8	13 807.2	41 786.4
黑色金属冶炼及压延加工业	451 368.8	181 306.4	7 838.4	15 056	39 364.8
有色金属冶炼及压延加工业	34 829.6	8 456.8	2 135.2	647.2	5 197.6
金属制品业	124 475.2	38 924.8	2 916	1 525.6	16 322.4
通用设备制造业	109 645.6	16 714.4	8 100.8	7 526.4	8 340.8
专用设备制造业	15 360.8	4 368.8	995.2	483.2	784.8
交通运输设备制造业	5 757.6	—	412.8	296	177.4
通信设备、计算机及其他电子设备制造业	663.2	5 364	334.4	961.6	714.4
仪器仪表及文化、办公用机械制造业	665.6	—	105.6	316.8	214.4
工艺品及其他制造业	612	4 582.4	410.4	313.6	340
废弃资源和废旧材料回收加工业	156 250.4	4 582.4	7 964.8	4 452.8	17 434.4
电力及水的生产和供应业	1 685.6	—	448.8	351.2	919.2
电力、蒸汽、热水的生产和供应业	1 243.2	—	448.8	351.2	226.4
自来水的生产和供应业	442.4	—	—	—	692.8

全市有关行业能源消费量

4—8

（2005 年）

能源名称	计量单位	本年消费量	# 农林牧渔水利业	建筑业	批发零售贸易餐饮业	公路运输业
煤炭	吨	673 620	12 821	27 246	75 830	41 317
煤制品	吨	3 005	124	—	283	4
焦炭	吨	1 201	—	359	—	—
焦炉煤气	万立方米	741 944	—	—	723 452	—
汽油	吨	78 281	1 837	7 665	10 666	9 865
煤油	吨	760	—	87	123	—
柴油	吨	68 614	765	22 842	4 919	32 102
燃料油	吨	2 159	—	1 202	213	—
液化石油气	吨	530	6	—	293	9
热力	百万千焦	6 645 195	97 666	598 183	1 007 057	190 272
电力	万千瓦时	135 693	4 106	14 443	27 098	3 430

市区有关行业能源消费量

4—9

（2005 年）

能源名称	计量单位	本年消费量	# 农林牧渔水利业	建筑业	批发零售贸易餐饮业	公路运输业
煤炭	吨	538 896	10 256.8	21 796.8	60 664	33 053.6
煤制品	吨	2 404	99.2	—	226.4	3.2
焦炭	吨	960.8	—	287.2	—	—
焦炉煤气	万立方米	593 555.2	—	—	578 761.6	—
汽油	吨	62 624.8	1 469.6	6 132	8 532.8	7 892
煤油	吨	608	—	69.6	98.4	—
柴油	吨	54 891.2	612	18 273.6	3 935.2	25 681.6
燃料油	吨	1 727.2	—	961.6	170.4	—
液化石油气	吨	424	4.8	—	234.4	7.2
热力	百万千焦	5 316 156	78 132.8	478 546.4	805 645.6	152 217.6
电力	万千瓦时	108 554.4	3 284.8	11 554.4	21 678.4	2 744

五、财政　金融

财政收入情况

5—1

(2005 年)

计量单位:万元、%

行政单位	全部财政收入		#地方一般预算收入			
	绝对量	比上年增长	绝对量	比上年增长	增值税	营业税
石家庄市	**1 656 419**	**14.00**	**658 796**	**17.30**	**102 170**	**197 599**
市区合计	1 123 103	9.38	421 211	14.85	64 382	137 640
#长安区	240 038	1.97	86 493	7.27	18 090	30 719
桥东区	101 338	14.50	45 145	24.67	6 250	20 387
桥西区	256 119	23.40	78 847	22.78	10 534	29 224
新华区	140 018	18.57	56 187	31.10	7 474	20 904
裕华区	112 956	-6.00	51 162	4.25	6 813	22 082
矿区	25 216	54.25	8 738	53.22	2 591	2 018
高新区	100 128	30.65	36 497	51.35	8 372	11 858
井陉县	34 195	27.29	17 493	20.62	2 225	4 664
正定县	34 914	16.30	17 460	18.92	2 135	6 900
栾城县	30 208	20.02	12 910	27.47	2 293	2 709
行唐县	13 168	14.09	7 746	16.27	659	1 484
灵寿县	13 201	20.30	6 439	19.75	766	1 837
高邑县	11 500	14.98	6 528	4.99	570	1 981
深泽县	10 808	13.35	6 295	12.29	496	2 589
赞皇县	10 529	31.25	4 582	11.46	811	1 272
无极县	21 306	15.14	10 436	10.97	1 216	2 172
平山县	65 002	107.36	20 693	72.99	7 046	4 546
元氏县	21 033	16.77	9 390	0.49	1 265	3 205
赵县	19 136	18.35	10 405	8.00	958	3 059
辛集市	56 001	18.96	22 382	66.78	4 385	4 660
藁城市	70 530	15.82	32 295	12.16	4 730	6 339
晋州市	30 248	14.87	13 977	23.81	1 758	2 048
新乐市	27 068	16.42	13 285	5.70	1 531	3 451
鹿泉市	64 469	23.00	25 269	19.17	4 944	7 043

5—1 续表　　(2005 年)　　计量单位:万元、%

行政单位	一般预算收入中:					
	企业所得税	个人所得税	城市维护建设税	农牧业税、农业特产税	耕地占用税	契税
石家庄市	**45 264**	**44 066**	**54 149**	**6 753**	**3 455**	**31 863**
市区合计	34 786	31 270	38 121	—	463	25 806
#长安区	8 121	6 475	8 638	—	—	—
桥东区	1 690	4 666	3 501	—	—	—
桥西区	9 448	5 497	11 751	—	96	—
新华区	5 201	7 843	4 551	—	204	—
裕华区	2 675	4 293	4 902	—	163	—
矿区	228	275	1 108	—	—	291
高新区	2 423	2 221	3 670	—	—	2 270
井陉县	396	805	740	—	50	50
正定县	538	975	695	588	87	820
栾城县	622	578	457	508	706	680
行唐县	133	395	958	391	128	53
灵寿县	330	386	143	180	60	50
高邑县	246	209	231	158	62	100
深泽县	108	421	129	182	65	94
赞皇县	198	177	76	—	153	110
无极县	331	1 010	659	470	47	900
平山县	593	645	2 256	—	34	127
元氏县	782	379	354	457	54	74
赵县	258	768	319	1 136	270	53
辛集市	1 268	1 232	1 733	—	249	717
藁城市	1 666	1 634	4 006	1 237	738	559
晋州市	771	1 238	607	669	213	258
新乐市	407	954	994	475	30	120
鹿泉市	1 831	990	1 671	302	46	1 292

财政支出情况

5—2 (2005年) 计量单位:万元

行政单位	财政支出		财政支出中:			
	绝对量	比上年(±%)	基本建设	农业支出	林业支出	水利和气象
石家庄市	**1 081 627**	**16.34**	**68 281**	**33 056**	**8 351**	**9 243**
市区合计	555 948	11.74	48 253	9 668	1 621	4 408
#长安区	31 168	4.73	2 022	7 248	75	2
桥东区	28 080	27.44	380	158	6	—
桥西区	31 956	19.20	2 813	142	20	—
新华区	37 098	3.34	2 915	92	53	16
裕华区	33 820	-2.52	1 108	420	23	—
矿区	15 742	48.03	224	1 258	151	134
高新区	38 390	30.19	23 500	135	—	2
井陉县	30 798	24.99	1 050	541	428	249
正定县	36 160	22.12	290	1 758	421	422
栾城县	27 554	25.59	130	1 427	680	212
行唐县	24 710	24.38	406	1 024	515	423
灵寿县	24 838	13.98	2 689	878	579	395
高邑县	14 923	19.56	130	456	152	74
深泽县	17 070	30.88	820	370	91	167
赞皇县	18 355	13.56	1 082	895	421	209
无极县	26 477	24.20	1 105	1 165	116	128
平山县	43 283	25.42	2 391	2 044	1 131	809
元氏县	24 176	15.25	1 488	1 072	443	374
赵县	30 237	27.63	1 740	1 090	198	304
辛集市	47 663	33.10	2 397	1 815	247	146
藁城市	54 013	6.22	745	2 730	296	337
晋州市	31 615	29.05	272	1 893	220	171
新乐市	29 448	18.72	1 460	1 286	345	85
鹿泉市	44 359	19.65	2 833	2 944	447	330

5—2 续表　　　　　　　　　　（2005 年）　　　　　　　　　　计量单位：万元

行政单位	财政支出中：(续)				
	教育	科学	医疗卫生	社会保障补助	行政管理费
石家庄市	**240 891**	**4 519**	**53 050**	**44 417**	**134 622**
市区合计	95 470	3 755	34 119	33 856	64 686
#长安区	10 274	16	26 753	614	3 186
桥东区	9 403	12	1 279	760	3 257
桥西区	10 061	34	1 262	569	3 870
新华区	11 662	9	613	676	5 447
裕华区	9 640	31	1 978	594	7 389
矿区	2 989	28	388	200	2 271
高新区	1 650	—	419	100	2 122
井陉县	9 320	6	980	245	5 911
正定县	11 794	216	705	1 371	4 724
栾城县	7 996	23	1 124	407	4 086
行唐县	8 402	4	1 170	263	3 409
灵寿县	5 630	29	765	117	2 779
高邑县	3 459	32	446	352	1 857
深泽县	4 428	40	454	710	3 881
赞皇县	4 498	48	926	97	2 464
无极县	8 888	13	366	1 640	4 340
平山县	9 327	39	1 464	264	3 516
元氏县	8 077	47	661	261	3 647
赵县	9 773	53	1 385	305	4 716
辛集市	10 698	38	590	3 073	4 696
藁城市	13 600	21	2 999	445	6 731
晋州市	9 984	73	1 510	408	4 805
新乐市	7 373	23	1 130	221	2 867
鹿泉市	12 174	59	2 256	382	5 507

全市金融机构本外币信贷收支情况

5—3　　(2005年)　　计量单位:万元

指标名称	本年余额	比年初增减数
一、各项存款	2 610 699	2 695 315
1.企事业单位存款	7 482 949	485 925
(1)活期存款	5 738 732	518 658
(2)定期存款	1 744 216	－32 733
2.储蓄存款	13 767 169	1 402 413
(1)活期储蓄	3 633 859	429 081
(2)定期储蓄	10 133 310	973 332
3.委托存款	9 693	3 579
4.其他存款	4 846 289	803 398
二、所有者权益	471 519	99 355
#实收资本	338 764	5 644
当年结益	210 562	199 891
三、其他	－9 931 373	－1 747 979
资金来源总计	16 646 245	1 046 691
四、各项贷款	15 788 538	1 241 215
1.短期贷款	7 146 076	804 491
2.中长期贷款	6 658 541	288 711
3.委托贷款	600	1 000
4.其它贷款	45 583	3 211
5.票据融资	1 926 454	151 921
6.各项垫款	11 284	－8 119
五、有价证券及投资	857 706	－194 523
资金运用总计	16 646 245	1 046 691

全市金融机构人民币信贷收支情况

5—4 (2005年) 计量单位:万元

指标名称	本年余额	比年初增减数	指标名称	本年余额	比年初增减数
一、各项存款	25 741 536	2 764 071	#农副产品贷款	456 514	5 123
1.企业存款	7 368 273	519 362	(3)建筑业贷款	83 418	-53 920
(1)活期存款	5 650 921	551 335	(4)农业贷款	1 118 036	135 262
(2)定期存款	1 717 352	-31 973	(5)乡镇企业贷款	802 133	39 705
2.财政存款	266 842	106 332	(6)三资企业贷款	90 475	-6 886
3.机关团体存款	2 187 410	362 054	(7)私营企业及个体贷款	65 616	-7 213
4.储蓄存款	1 355	1 449 676	(8)其他短期贷款	1 496 863	518 898
(1)活期储蓄	3 597 134	426 994	#个人短期消费贷款	63 133	-24 051
(2)定期储蓄	9 954 782	1 022 681	2.中长期贷款	6 572 554	293 437
5.农业存款	290 617	23 466	(1)基本建设贷款	2 218 571	125 058
6.委托存款	9 693	3 579	(2)技术改造贷款	174 992	15 974
7.其他存款	2 066 785	299 602	(3)其他中长期贷款	4 178 991	152 405
二、金融债券	176	—	#个人中长期消费贷款	1 272 312	190 785
三、应付及暂收款	2 866 581	-65 105	3.委托贷款	600	1 000
#应付及预收利息	135 791	16 642	4.票据融资	1 924 219	150 944
四、同业往来	559 756	-59 426	#贴现	1 924 219	150 944
五、各项准备	294 094	121 568	5.各项垫款	11 284	2 078
#贷款损失准备	248 315	70 917	九、有价证券及投资	1 457 804	168 397
六、所有者权益	468 234	92 010	十、应收及预付款	114 513	-13 063
#实收资本	338 764	5 644	#应收利息	21 083	-27 895
当年结益	207 280	196 030	十一、同业往来	2 957	-4 467
七、其他	-2 848 123	83 507	十二、二级准备金	1 474 625	285 349
资金来源总计	24 502 253	2 936 624	十三、行内资金往来	5 340 496	1 214 737
八、各项贷款	15 610 128	1 245 480	十四、外汇占款	5 595	2 365
1.短期贷款	7 101 472	798 020	十五、固定资产	317 235	17 183
(1)工业贷款	2 321 074	195 856	十六、库存现金	178 900	20 765
(2)商业贷款	1 123 858	-23 681	资金运用总计	24 502 253	2 936 624

市区金融机构人民币信贷收支情况

5—5　　(2005年)　　计量单位:万元

指标名称	本年余额	比年初增减数	指标名称	本年余额	比年初增减数
一、各项存款	18 216 740	2 024 774	#农副产品贷款	71 541	8 809
1.企业存款	6 475 484	404 373	(3)建筑业贷款	75 346	-55 352
(1)活期存款	5 094 612	498 633	(4)农业贷款	54 246	12 747
(2)定期存款	1 380 872	-94 260	(5)乡镇企业贷款	269 142	11 991
2.财政存款	123 185	81 777	(6)三资企业贷款	89 875	-5 919
3.机关团体存款	2 035 255	329 306	(7)私营企业及个体贷款	25 004	22 558
4.储蓄存款	7 418 651	882 747	(8)其他短期贷款	1 347 027	487 204
(1)活期储蓄	2 235 238	250 345	#个人短期消费贷款	52 478	-21 077
(2)定期储蓄	5 183 412	632 401	2.中长期贷款	6 096 771	258 381
5.农业存款	161 837	15 815	(1)基本建设贷款	2 054 468	91 095
6.委托存款	8 947	10 870	(2)技术改造贷款	163 384	17 714
7.其他存款	1 993 381	299 887	(3)其他中长期贷款	3 878 919	149 572
二、金融债券	175	—	#个人中长期消费贷款	1 156 729	176 217
三、应付及暂收款	190 378	-73 044	3.委托贷款	600	1 000
#应付及预收利息	69 705	9 261	4.票据融资	1 823 422	132 045
四、同业往来	529 280	-55 870	#贴现	1 823 422	132 045
五、各项准备	240 779	99 886	5.各项垫款	11 005	1 799
#贷款损失准备	196 979	49 478	九、有价证券及投资	1 168 278	103 896
六、所有者权益	483 147	64 085	十、应收及预付款	100 930	-4 937
#实收资本	83 385	392	#应收利息	18 074	-17 698
当年结益	226 077	194 703	十一、同业往来	732	-4 259
七、其他	-928 469	149 323	十二、二级准备金	1 387 228	263 991
资金来源总计	18 732 030	2 209 154	十三、行内资金	3 347 837	786 079
八、各项贷款	12 446 474	1 031 128	十四、外汇占款	5 594	2 406
1.短期贷款	4 514 677	637 902	十五、固定资产	170 297	18 232
(1)工业贷款	2 064 614	182 192	十六、库存现金	140 661	12 740
(2)商业贷款	589 423	-17 518	资金运用总计	18 732 030	2 209 154

全市金融机构外汇信贷收支情况

5—6

(2005 年)

计量单位:万美元

指标名称	本年余额	比年初增减数	指标名称	本年余额	比年初增减数
一、各项存款	45 174	-8 306	九、各项贷款	22 107	-514
1.单位活期存款	10 881	-3 948	1.短期贷款	5 527	782
#中资企业存款	4 991	-1 141	#中资企业贷款	4 187	-408
外商投资企业存款	2 732	-2 337	外商投资企业贷款	420	1 021
2.单位定期存款	3 329	-92	2.中长期贷款	10 655	-571
#中资企业存款	353	-635	#中资企业贷款	9 421	-1 442
3.储蓄存款	26 673	-5 710	3.进出口贸易融资	1 980	-163
#定期存款	22 122	-5 962	4.票据融资	277	118
4.其他类存款	4 292	1 443	#贴现	267	120
二、境外筹资	612	119	5.境外筹资转贷款	3 669	551
三、同业存放	140	-427	十、有价证券及投资	30	—
四、应付及暂收款	1 267	526	十一、应收及预付款	348	-11 534
#应付及预提利息	461	-128	#应收及预付利息	71	24
五、外汇买卖	694	267	十二、存放中央银行	8	—
#结售汇	645	280	十三、存放同业	1 263	50
六、各项准备	174	402	存放境外同业	1 242	-61
七、所有者权益	407	887	十四、存放境内联行	32 905	13 029
八、其他	9 297	7 904	十五、库存现金	1 104	242
资金来源总计	57 765	1 372	资金运用总计	57 765	1 372

全市金融机构现金收支情况

5—7　　(2005 年)　　计量单位:万元

指标名称	本年余额	比年初增减数	指标名称	本年余额	比年初增减数
一、商品销售收入	5 765 988	202 813	3.部队存款支出	156 284	40 316
二、服务业收入	1 974 203	－3 652	4.其他单位工资性支出	647 153	154 832
三、税款收入	280 970	63 794	十二、农副产品采购支出	1 059 948	160 448
四、城乡个体经营收入	1 133 276	－276 717	十三、工矿及其他产品采购支出	1 575 612	－50 912
五、储蓄存款收入	38 341 659	3 767 110	十四、行政企事业管理费支出	2 376 410	191 095
六、其他金融机构收入	130 621	9 128	十五、城乡个体经营支出	1 932 086	－419 931
七、居民归还贷款收入	801 026	109 019	十六、储蓄存款支出	38 528 814	3 926 877
八、汇兑收入	1 548 074	87 154	十七、其他金融机构支出	137 561	－15 741
九、有价证券收入	261 703	－84 678	十八、居民提取贷款支出	579 048	19 745
十、其他收入	3 617 092	831 584	十九、汇兑支出	107 947	－22 876
#兑换外币收入	6 154	－12 111	二十、有价证券支出	186 123	－74 607
收入合计	53 854 612	4 705 555	二十一、其他支出	3 597 337	735 259
十一、工资性支出	2 387 412	316 577	#兑换外币支出	36 719	3 550
1.国家工资及奖金支出	1 049 088	137 201	支出合计	52 468 297	3 550
2.国家对个人其他支出	534 887	－15 772	投放(＋)、回笼(－)	－1 386 315	60 381

分县(市)金融机构信贷情况

5—8　　(2005 年)　　计量单位:万元

行政单位	存款余额	#城乡居民储蓄余额	#城镇居民	乡村居民	贷款余额
全市总计	**25 741 536**	**13 551 916**	**10 347 379**	**3 204 537**	**15 610 128**
市区合计	18 216 740	7 418 651	7 054 246	364 405	12 446 474
井陉县	378 824	303 792	174 469	129 323	151 840
正定县	783 093	633 812	330 728	303 084	279 590
栾城县	421 827	310 090	144 132	165 958	217 991
行唐县	232 852	208 052	97 045	111 007	96 020
灵寿县	244 801	209 050	97 029	112 021	95 452
高邑县	143 045	130 750	69 392	61 358	90 442
深泽县	274 105	254 864	150 235	104 629	101 941
赞皇县	151 546	132 516	51 829	80 687	79 871
无极县	434 532	383 987	204 440	179 547	174 697
平山县	422 679	310 792	170 538	140 254	193 996
元氏县	297 686	255 387	116 844	138 543	175 843
赵县	311 499	261 973	128 381	133 592	186 565
辛集市	1 008 502	832 469	540 943	291 526	276 641
藁城市	747 432	599 963	305 946	294 017	287 035
晋州市	641 986	561 204	292 181	269 023	214 745
新乐市	321 220	260 700	153 880	106 820	222 816
鹿泉市	649 511	483 864	265 121	218 743	318 169

六、物价

居民消费价格指数

6—1

(2005年)

类别及品名	以上年同期价格为100		
	全市	城市	农村
居民消费价格总指数	**101.9**	**101.5**	**102.8**
一、食　品	102.5	103.4	100.8
1.粮　食	103.7	103.3	104.4
2.淀粉及薯类	110.9	113.4	105.5
3.干豆类及豆制品	100.8	99.9	102.5
4.油　脂	92.3	91.2	93.5
5.肉禽及其制品	102.1	102.5	101.4
6.蛋	101.3	101.5	101.0
7.水产品	107.4	110.1	101.5
8.菜	101.3	103.3	98.1
9.调味品	102.0	103.0	100.9
10.糖	106.5	106.0	106.9
11.茶及饮料	99.4	99.1	100.3
12.干鲜瓜果	109.8	113.4	102.2
13.糕点饼干面包	99.4	99.3	99.4
14.奶及奶制品	99.2	98.7	103.0
15.在外用膳食品	102.0	102.8	99.8
16.其他食品及食品加工服务	106.6	114.7	99.8
二、烟酒及用品	100.2	99.6	100.7
1.烟　草	99.4	98.4	100.7
2.酒	101.0	101.4	100.7
3.吸烟饮酒用品	100.0	99.9	100.3
三、衣　着	99.7	98.4	102.2
1.服　装	99.5	97.8	103.3

6—1 续表　　（2005 年）

类别及品名	以上年同期价格为 100		
	全市	城市	农村
2.衣着材料	101.9	102.6	101.3
3.鞋袜帽	99.4	98.6	100.3
4.衣着加工服务	100.6	100.0	102.3
四、家庭设备用品及维修服务	99.2	98.4	101.3
1.耐用消费品	100.2	99.9	101.2
2.室内装饰品	98.3	98.3	98.4
3.床上用品	99.9	99.1	101.2
4.家庭日用杂品	99.5	98.4	101.6
5.家庭服务及加工维修服务	92.3	90.3	104.0
五、医疗保健和个人用品	100.3	99.7	101.7
1.医疗保健	100.1	100.0	100.2
2.个人用品及服务	100.8	99.0	103.4
六、交通和通讯	99.1	98.3	101.3
1.交通	101.7	100.9	102.9
2.通信	96.5	96.1	97.9
七、娱乐教育文化用品及服务	104.7	102.5	108.3
1.文娱用耐用消费品及服务	94.0	92.3	98.2
2.教育	108.8	106.4	111.6
3.文化娱乐用品	101.0	101.2	100.2
4.旅游及外出	105.3	106.3	98.5
八、居住	104.0	103.3	105.3
1.建房及装修材料	101.1	100.1	102.0
2.租房	100.0	100.0	100.2
3.自有住房	104.5	105.7	100.0
4.水、电、燃料	107.1	105.9	109.3

商品零售价格指数

6—2

(2005年)

类别及品名	以上年同期价格为100		
	全市	城市	农村
商品零售价格总指数	**101.5**	**101.0**	**102.1**
一、食品类	102.5	103.6	100.8
1.粮食	103.9	103.4	104.3
2.淀粉及薯类	107.9	113.4	102.3
3.干豆类及豆制品	103.0	102.1	104.9
4.油脂	92.7	91.3	94.0
5.肉禽及其制品	102.1	102.9	100.9
6.蛋	101.1	101.7	100.6
7.水产品	107.7	110.2	101.2
8.菜	101.1	103.2	97.6
9.调味品	102.2	103.0	101.3
10.糖	105.0	104.0	106.0
11.干鲜瓜果	109.1	113.5	101.8
12.糕点饼干面包	99.1	99.2	99.0
13.奶及奶制品	100.0	99.2	102.6
14.在外用膳食品	101.6	102.6	99.7
15.其他食品	105.1	115.1	99.8
二、饮料、烟酒	100.2	99.6	100.8
1.茶及饮料	99.4	98.7	100.4
2.烟草	99.5	98.2	100.9
3.酒	101.3	101.7	100.9
三、服装、鞋帽类	99.9	98.0	102.6
1.服装	99.9	97.6	103.5
2.鞋袜帽	99.9	99.2	100.5
3.其它	98.0	96.1	100.5
四、纺织品类	100.8	100.5	101.0
1.衣着材料	101.6	102.6	101.1
2.床上用品	100.0	99.3	100.9
五、家用电器及音像器材	97.1	95.6	99.5
1.家庭设备	99.3	98.7	100.2
2.文娱用耐用消费品	94.3	91.1	98.9

6—2 续表　　　　　　(2005 年)

类别及品名	以上年同期价格为 100		
	全市	城市	农村
3.音响器材类	99.2	99.3	98.6
六、文化办公用品	97.0	94.7	99.8
七、日用品	100.2	99.1	101.6
1.日用百货	100.0	99.1	101.1
2.日用杂品	100.9	98.7	103.7
3.洗涤用品	100.2	97.4	103.0
4.其它日用品	100.1	100.4	99.7
八、体育娱乐用品	99.0	98.7	99.4
1.体育用品	100.2	101.2	99.8
2.娱乐用品	98.1	97.3	99.0
九、交通、通信用品	91.6	89.5	95.3
1.交通运输机械	97.3	96.1	98.9
2.通讯器材类	85.2	83.4	89.4
十、家具	102.7	102.6	102.8
十一、化妆品类	99.1	98.7	99.8
十二、金银珠宝类	105.7	105.9	104.3
十三、中西药品及医疗保健用品类	100.4	100.6	100.1
1.医疗器具及用品	99.7	100.0	98.7
2.中药材及中成药	100.5	100.4	100.8
3.西药	100.6	101.1	99.9
4.保健器具及用品	99.8	100.0	99.3
十四、书报杂志及电子出版物类	99.7	99.8	99.5
1.教材及参考书	99.8	100.0	99.4
2.书报杂志	100.0	100.0	100.1
3.电子音像制品	98.3	98.5	97.9
十五、燃料类	114.6	112.7	116.8
1.煤炭及制品类	118.1	121.3	115.8
2.石油及制品类	112.4	108.6	117.6
十六、建筑材料及五金电料类	101.6	99.7	103.2
1.建筑装璜材料	102.1	100.2	103.7
2.五金电料类	100.0	98.0	101.4

农业生产资料价格指数

6—3

(2005年)

类 别 及 品 名	以上年同期价格为100	类 别 及 品 名	以上年同期价格为100
农业生产资料价格指数	**107.7**		
一、小 农 具	101.5	八、农药及农药械	102.8
二、饲 料	102.8	1.化学农药	102.8
三、产 品 畜	104.6	2.农药器械	102.2
四、役 畜	96.7	九、农用机油	112.7
五、半机械化农具	100.3	十、其他农业生产资料	123.1
六、机械化农具	100.6	1.农用种子	140.7
七、化学肥料	112.2	2.其 它	102.0

工业产品出厂价格指数

6—4

(2005年)

行 业 名 称	以上年同期为100	行 业 名 称	以上年同期为100
全部工业品	**102.41**	按工业部门分	
#轻 工 业	98.48	冶金工业	103.20
以农产品为原料	99.50	电力工业	107.69
以非农产品为原料	97.48	煤炭及炼焦工业	106.76
重 工 业	108.95	石油工业	124.03
原 料	111.47	化学工业	100.94
加 工	104.05	机械工业	99.73
#生产资料	103.06	建筑材料工业	101.31
原 料	105.04	森林工业	101.60
加 工	100.43	食品工业	100.15
生活资料	100.34	纺织工业	96.04
食 品	100.60	缝纫工业	100.14
衣 着	98.28	皮革工业	100.61
一般日用品	101.80	造纸工业	100.59
耐用消费品	102.86	其它工业	103.60

工业企业原材料购进价格指数

6—5

(2005 年)

行业名称	以上年同期为100	行业名称	以上年同期为100
全部原材料	**107.58**	(四)化工原料类	109.47
(一)燃料、动力类	121.36	(五)木材及纸浆类	101.21
(二)黑色金属材料	106.84	(六)建筑材料及非金属矿类	104.81
#钢　　材	103.66	(七)其它工业原材料及半成品类	102.24
其　　它	110.17	(八)农副产品类	94.3
(三)有色金属材料和电线类	105.16	(九)纺织原料类	99.71

城市房地产价格指数

6—6

(2005 年)

行业名称	以上年同期为100	行业名称	以上年同期为100
土地交易价格指数	**100.2**	#商业用房	103.5
一、居民住宅用地	100.2	二、二　手　房	106.1
#普通住宅用地	100.2	(一)住　　宅	106.6
二、工 业 用 地	100.2	#多 层 住 宅	106.6
三、商业、旅游、娱乐用地	100.2	(二)非　住　宅	105.0
四、其他用地	100.2	**房地产租赁价格指数**	**100.6**
房地产销售价格指数	**105.6**	一、住　　宅	100.9
一、商　品　房	105.2	#普 通 住 宅	101.1
(一)住　　宅	105.2	高 档 住 宅	100.5
1.经济适用房	—	二、办 公 用 房	100.1
2.普 通 住 宅	105.3	(一)写　字　楼	99.7
(1)多 层 住 宅	105.1	(二)普通办公用房	100.2
(2)高 层 住 宅	105.4	三、商 业 用 房	100.8
3.豪 华 住 宅	100.2	四、厂 房 仓 库	100.5
其中:高档公寓	100.8	(一)工 业 厂 房	100.8
(二)非　住　宅	105.1	(二)仓　　库	100.0

七、居民生活

城市住户调查基本情况

7—1

(2005年)

计量单位:人/户

指标名称	总计	按相对收入等距5组分组				
		低收入组	较低收入组	中等收入组	较高收入组	高收入组
一、调查户数(户)	300	60	60	60	60	60
二、家庭人口	2.88	3.27	3.13	2.83	2.73	2.43
(一)有收入人数	2.11	1.98	2.21	2.17	2.13	2.05
1.就业人口	1.40	1.36	1.53	1.25	1.45	1.43
①国有经济单位职工	0.75	0.56	0.88	0.60	0.83	0.86
②城镇集体经济单位职工	0.11	0.18	0.12	0.11	0.11	0.02
③其它经济单位职工	0.07	0.08	0.08	0.08	0.10	0.03
④个体经营者人数	0.15	0.15	0.08	0.16	0.05	0.30
⑤个体被雇者人数	0.19	0.22	0.24	0.23	0.21	0.07
⑥离退休再就业者人数	0.05	0.02	0.06	0.03	0.05	0.10
⑦其他就业者人数	0.09	0.15	0.08	0.05	0.10	0.05
2.离退休者人数	0.68	0.51	0.67	0.91	0.67	0.62
3.其他有收入者人数	0.03	0.11	0.01	0.01	0.01	—
(二)无收入者人数	0.77	1.28	0.93	0.66	0.60	0.38
三、期末家庭人口数	2.85	3.23	3.10	2.77	2.73	2.40
四、非家庭人口在家用餐人次数	2.20	1.07	0.91	2.00	2.36	4.65
五、家庭人口在外用餐人次数	6.33	3.82	4.27	6.17	4.89	12.48
六、平均每一就业者负担人数	2.05	2.40	2.05	2.26	1.88	1.70

城市平均每百户家庭主要耐用消费品拥有量

7—2

（2005 年）

指 标 名 称	计量单位	总 计	按相对收入等距5组分组				
			低收入组	较低收入 组	中等收入 组	较高收入 组	高收入组
1.成套家具	套	92.00	81.67	80.00	98.33	91.67	108.33
2.摩 托 车	辆	10.67	11.67	13.33	11.67	10.00	6.67
3.自 行 车	辆	215.67	225.00	231.67	203.33	210.00	208.33
4.助 力 车	辆	14.67	10.00	11.67	16.67	21.67	13.33
5.家用汽车	辆	2.67	—	1.67	1.67	—	10.00
6.洗 衣 机	台	95.33	81.67	95.00	101.67	96.67	101.67
7.电 风 扇	台	140.33	153.33	135.00	156.67	131.67	125.00
8.电 冰 箱	台	93.00	85.00	91.67	98.33	93.33	96.67
9.冰 柜	台	21.33	13.33	20.00	18.33	18.33	36.67
10.彩色电视机	台	122.00	108.33	113.33	126.67	131.67	130.00
11.影 碟 机	台	49.67	25.00	53.33	41.67	58.33	70.00
12.录 音 机	台	39.00	33.33	38.33	35.00	50.00	38.33
13.录放像机	台	16.00	6.67	13.33	20.00	8.33	31.67
14.家用电脑	台	42.67	15.00	46.67	41.67	46.67	63.33
15.组合音响	套	20.33	11.67	15.00	23.33	23.33	28.33
16.摄 像 机	架	6.67	1.67	1.67	5.00	3.33	21.67
17.照 相 机	架	52.00	28.33	38.33	41.67	68.33	83.33
18.钢 琴	架	1.33	—	—	—	—	6.67
19.其他中高档乐器	件	5.67	—	5.00	—	6.67	16.67
20.微 波 炉	台	53.33	25.00	51.67	51.67	70.00	68.33
21.空 调 器	台	116.33	61.67	98.33	108.33	136.67	176.67
22.取 暖 器	台	20.67	18.33	16.67	15.00	18.33	35.00
23.电 炊 具	台	62.33	23.33	45.00	75.00	78.33	90.00
24.淋浴热水器	台	75.33	60.00	76.67	76.67	78.33	85.00
25.排油烟机	台	70.67	66.67	55.00	70.00	75.00	86.67
26.消毒碗柜	台	8.67	3.33	1.67	6.67	11.67	20.00
27.洗 碗 机	台	0.67	1.67	1.67	—	—	—
28.饮 水 机	台	46.33	25.00	43.33	50.00	53.33	60.00
29.吸 尘 器	台	20.33	10.00	10.00	15.00	18.33	48.33
30.健身器材	套	5.33	—	1.67	3.33	8.33	13.33
31.普通电话	部	89.67	80.00	88.33	91.67	98.33	90.00
32.移动电话	部	116.67	75.00	110.00	106.67	131.67	160.00
33.传 真 机	部	1.67	1.67	1.67	3.33	—	1.67

城 市 住 户 居 住 情 况

7—3

（2005 年）

指 标 名 称	计量单位	总 计	按相对收入等距5组分组				
			低收入组	较低收入 组	中等收入 组	较高收入 组	高收入组
1.现住房总建筑面积	平方米	27.03	19.77	23.16	27.20	29.48	38.95
2.现住房屋总使用面积	平方米	21.54	15.73	18.40	21.85	23.65	30.80
3.房 屋 产 权							
租 赁 公 房	%	4.00	6.67	3.33	—	8.33	1.67
租 赁 私 房	%	4.33	3.33	5.00	3.33	3.33	6.67
原 有 私 房	%	6.67	8.33	3.33	10.00	1.67	10.00
房 改 私 房	%	74.00	71.67	75.00	76.67	76.67	70.00
商 品 房	%	8.00	8.33	8.33	6.67	6.67	10.00
其 他	%	3.00	1.67	5.00	3.33	3.33	1.67
4.住宅建筑式样							
单 栋 住 宅	%	0.33	1.67	—	—	—	—
四 居 室	%	4.00	—	6.67	3.33	5.00	5.00
三 居 室	%	27.00	10.00	13.33	31.67	36.67	43.33
二 居 室	%	55.67	71.67	68.33	46.67	46.67	45.00
一 居 室	%	4.00	3.33	3.33	8.33	1.67	3.33
普 通 楼 房	%	5.67	6.67	3.33	8.33	8.33	1.67
平房及其他	%	3.33	6.67	5.00	1.67	1.67	1.67
5.用 水 情 况							
独用自来水	%	93.00	98.33	90.00	93.33	93.33	90.00
公用自来水	%	7.00	1.67	10.00	6.67	6.67	10.00
6.卫 生 设 备							
无卫生设备	%	0.67	1.67	1.67	—	—	—
有厕所浴室	%	42.67	30.00	36.67	48.33	50.00	48.33
有厕所无浴室	%	53.00	61.67	55.00	50.00	46.67	51.67
公 用	%	3.67	6.67	6.67	1.67	3.33	—
7.取 暖 设 备							
空 调 设 备	%	28.00	26.67	35.00	21.67	26.67	30.00
暖 气	%	61.33	50.00	56.67	71.67	66.67	61.67
其 他	%	10.67	23.33	8.33	6.67	6.67	8.33
8.炊用燃料使用情况							
管 道 煤 气	%	47.33	36.67	46.67	43.33	55.00	55.00
液化石油气	%	51.00	60.00	51.67	55.00	43.33	45.00
煤	%	1.67	3.33	1.67	1.67	1.67	—
9.通信设备使用情况							
固定电话	部/百户	89.67	80.00	88.33	91.67	98.33	90.00
移动电话	部/百户	116.67	75.00	110.00	106.67	131.67	160.00
使用互联网	条/百户	143.67	150.00	153.33	135.00	150.00	130.00

城市住户人均现金收支情况

7—4 (2005 年) 计量单位:元

指标名称	总计	按相对收入等距5组分组				
		低收入组	较低收入组	中等收入组	较高收入组	高收入组
一、期初手存现金	850.82	451.28	672.09	808.34	1 102.77	1 384.50
二、家庭总收入	10 694.97	5 033.62	8 037.04	9 944.41	12 756.25	20 288.11
# 可支配收入	10 039.83	4 604.82	7 348.10	9 397.76	11 995.06	19 365.44
(一)工薪收入	6 235.84	3 135.72	5 560.96	5 354.58	8 675.84	9 555.33
(二)经营净收入	1 178.60	420.63	341.64	798.75	253.61	4 758.58
(三)财产性收入	119.90	37.43	60.05	64.95	111.34	381.51
(四)转移性收入	3 160.62	1 439.85	2 074.39	3 726.13	3 715.46	5 592.69
三、出售财物收入	114.38	1.56	1.78	0.33	3.41	668.66
四、借贷收入	940.87	412.18	812.19	911.17	1 096.96	1 676.48
五、家庭总支出	8 349.06	4 710.78	7 287.86	8 414.88	9 653.67	13 064.27
(一)消费性支出	7 261.02	4 189.64	6 027.78	7 578.76	8 453.71	11 268.94
# 服务性消费支出	1 635.93	971.62	1 210.09	1 628.30	1 978.55	2 701.68
1.食品	2 643.26	1 746.37	2 252.52	2 809.85	3 042.97	3 709.40
2.衣着	879.87	410.08	791.19	868.42	1 127.16	1 361.00
3.家庭设备用品及服务	401.98	158.75	373.47	481.86	450.78	617.85
4.医疗保健	690.83	347.85	518.75	750.75	839.65	1 136.73
5.交通和通信	697.93	356.04	592.39	700.05	785.57	1 192.54
6.教育文化娱乐服务	920.75	554.64	675.10	851.51	1 069.80	1 642.61
7.居住	790.17	540.52	636.06	881.70	789.84	1 218.34
8.杂项商品和服务	236.22	75.38	188.29	234.62	347.94	390.47
(二)购房与建房支出	1.31	—	2.01	—	4.61	—
(三)转移性支出	563.35	173.43	662.88	408.68	598.35	1 099.68
(四)财产性支出	12.20	—	20.75	—	7.59	36.97
(五)社会保障支出	511.17	347.71	574.45	427.44	589.40	658.69
六、借贷支出	2 587.00	326.59	795.10	1 630.35	2 904.26	8 692.82
七、期末手存现金	918.66	485.44	736.10	875.89	1 210.99	1 457.52

城市住户人均生活消费性支出情况

7—5

(2005 年)

计量单位:元

指标名称	总计	按相对收入等距5组分组				
		低收入组	较低收入组	中等收入组	较高收入组	高收入组
生活消费性支出	**7 261.02**	**4 189.64**	**6 027.78**	**7 578.76**	**8 453.71**	**11 268.94**
一、食品	2 643.26	1 746.37	2 252.52	2 809.85	3 042.97	3 709.40
(一)粮油类	450.43	335.38	407.95	497.39	466.68	519.73
1.粮食	248.17	222.56	218.70	281.08	248.93	281.45
(1)大米	72.73	71.26	63.62	80.00	67.34	84.08
(2)面粉	56.02	56.90	53.64	57.98	55.20	56.53
(3)其他粮食	16.08	12.22	14.34	17.10	17.29	20.95
(4)粮食制品	103.34	82.18	87.10	126.01	109.11	119.89
2.淀粉及薯类	20.74	15.72	18.55	22.81	23.05	25.29
3.干豆类及豆制品	36.67	25.28	34.54	40.50	40.50	45.97
4.油脂类	144.85	121.82	136.16	152.99	154.19	167.03
(1)食用植物油	144.57	121.10	136.13	152.88	154.04	166.69
(2)食用动物油	0.28	0.72	0.03	0.11	0.16	0.34
(二)肉禽蛋水产品类	643.82	429.16	570.00	736.32	701.87	854.61
1.肉类	351.85	242.09	322.63	402.14	376.70	450.60
(1)猪肉	182.17	127.29	163.98	213.54	194.33	229.23
(2)牛肉	60.91	52.10	54.87	69.03	64.17	67.41
(3)羊肉	34.50	23.58	31.12	38.63	35.39	47.74
(4)其他肉	8.33	4.30	8.26	10.87	8.05	11.20
(5)肉制品	65.94	34.83	64.41	70.07	74.76	95.01
2.禽类	85.01	47.49	76.04	98.84	92.57	122.43
(1)鸡	37.85	22.29	32.70	43.95	43.25	52.24
(2)鸭	5.22	1.74	5.34	6.33	6.12	7.44
(3)其他禽类	1.03	0.91	0.58	1.40	1.41	0.90
(4)禽制品	40.92	22.56	37.43	47.16	41.80	61.84

7—5 续表 1　　(2005 年)　　计量单位:元

指 标 名 称	总 计	按相对收入等距5组分组				
		低收入组	较低收入组	中等收入组	较高收入组	高收入组
3.蛋　类	103.99	82.88	91.65	115.48	112.45	125.41
(1)鲜　蛋	97.03	79.28	87.13	108.80	102.94	113.28
(2)蛋 制 品	6.97	3.59	4.52	6.68	9.51	12.12
4.水 产 品 类	102.96	56.70	79.68	119.86	120.14	156.17
(1)鱼	54.27	34.63	41.52	64.49	63.18	75.20
(2)虾	36.08	16.62	28.31	40.00	44.53	58.17
(3)其他水产品	5.70	2.45	4.31	7.22	4.83	11.05
(4)水 产 制 品	6.92	3.00	5.53	8.15	7.60	11.75
(三)蔬　菜　类	297.39	227.88	261.77	319.25	333.75	370.41
1.鲜　菜	256.15	202.01	225.35	277.40	283.74	312.87
2.干　菜	33.00	20.25	29.97	32.50	39.78	46.99
3.菜 制 品	8.24	5.63	6.45	9.35	10.23	10.54
(四)调　味　品	33.49	20.74	30.86	36.77	38.46	44.61
(五)糖烟酒饮料类	388.37	249.71	349.82	402.57	410.39	583.13
1.糖　类	34.81	22.29	29.70	39.09	43.59	43.39
2.烟 草 类	143.37	94.07	136.80	145.03	125.54	236.21
3.酒　类	117.47	79.79	110.12	115.92	124.32	171.71
(1)白　酒	82.12	58.12	77.67	75.37	80.32	129.95
(2)果　酒	5.65	1.60	4.72	6.76	6.96	9.52
(3)啤　酒	27.66	19.32	25.49	32.12	34.19	29.14
(4)其 他 酒	2.05	0.75	2.24	1.67	2.85	3.10
4.饮　料	92.71	53.56	73.19	102.53	116.94	131.83
(1)碳 酸 饮 料	19.40	13.22	16.29	17.50	23.61	29.20
(2)果 蔬 饮 料	13.23	5.84	9.76	18.89	13.53	20.73
(3)瓶装饮用水	4.86	2.56	4.05	4.32	6.43	7.85

7—5续表2　　　(2005年)　　　计量单位:元

指标名称	总计	按相对收入等距5组分组				
		低收入组	较低收入组	中等收入组	较高收入组	高收入组
(4)茶叶	40.89	24.62	30.35	45.65	51.57	58.79
(5)咖啡可可粉	2.23	1.05	0.34	2.51	4.09	3.86
(6)其他饮料	12.10	6.27	12.39	13.65	17.71	11.41
(六)干鲜瓜果类	194.90	116.44	155.86	208.63	225.99	299.76
1.鲜果	125.78	80.75	101.33	133.98	143.15	188.76
2.鲜瓜	30.29	19.39	23.95	31.80	31.78	49.70
3.干果	9.42	3.64	7.03	10.49	13.75	14.15
4.瓜果制品	5.18	2.68	4.55	4.42	7.95	7.16
5.坚果及果仁	24.22	9.98	19.01	27.95	29.36	39.99
(七)糕点、奶及奶制品	234.13	144.17	209.10	267.89	277.55	299.23
1.糕点	54.00	30.69	48.97	59.63	63.42	74.71
2.奶及奶制品	180.13	113.49	160.13	208.26	214.13	224.52
(1)鲜乳品	118.02	81.85	105.86	139.09	131.98	142.11
(2)奶粉	11.51	2.18	11.26	14.22	17.60	14.35
(3)酸奶	37.83	22.06	32.47	41.47	44.95	53.69
(4)其他奶制品	12.77	7.38	10.54	13.48	19.59	14.37
(八)其他食品	22.00	7.07	19.91	20.43	39.20	27.25
#半成品	3.90	1.54	3.70	2.67	6.14	6.23
(九)饮食服务	378.74	165.82	247.26	320.60	549.08	710.66
1.食品加工服务费	1.20	1.16	1.13	2.10	1.17	0.31
2.在外饮食	377.54	164.66	246.13	318.50	547.91	710.35
(1)购自食堂	71.04	34.33	39.93	79.60	92.40	126.56
(2)购自饮食业	280.10	108.97	182.47	229.36	399.57	560.78
(3)在亲友家搭伙支出	26.40	21.37	23.72	9.54	55.94	23.01
非食品类	4 617.75	2 443.27	3 775.26	4 768.91	5 410.74	7 559.54

7—5 续表 3　　(2005 年)　　计量单位:元

指 标 名 称	总 计	按相对收入等距5组分组				
		低收入组	较低收入组	中等收入组	较高收入组	高收入组
二、衣　着	879.87	410.08	791.19	868.42	1 127.16	1 361.00
(一)服　装	607.54	275.40	542.36	586.36	790.83	956.59
1.男士服装	240.53	113.60	205.40	239.45	312.99	376.25
2.女士服装	304.52	114.32	276.24	288.96	404.88	501.92
3.童　装	62.49	47.47	60.72	57.95	72.96	78.42
(二)衣着材料	10.54	3.61	12.16	8.89	10.58	19.65
(三)鞋　类	209.35	107.53	185.79	215.19	276.07	294.79
(四)其他衣着用品	45.09	19.69	40.81	53.10	42.41	78.43
(五)衣着加工服务费	7.35	3.85	10.08	4.89	7.26	11.53
三、家庭设备用品及服务	401.98	158.75	373.47	481.86	450.78	617.85
(一)耐用消费品	190.28	63.62	191.58	267.58	148.48	315.88
1.家　具	43.08	7.35	41.69	84.44	14.47	76.91
(1)成套家具	32.81	—	34.09	70.53	8.85	58.32
(2)其他家具	10.26	7.35	7.60	13.92	5.62	18.59
2.家庭设备	147.20	56.27	149.89	183.14	134.01	238.97
(1)洗衣机	20.21	—	13.88	29.60	22.27	42.29
(2)电风扇	3.33	3.02	—	4.42	5.32	4.56
(3)电冰箱	8.96	—	15.96	13.15	—	17.15
(4)冰　柜	2.33	—	5.96	—	—	6.11
(5)微波炉	4.77	1.02	1.74	—	10.07	13.30
(6)空调器	53.09	29.09	59.66	69.89	44.30	67.22
(7)电炊具	6.77	1.07	7.23	5.95	7.02	14.49
(8)淋浴热水器	14.55	3.57	34.52	3.35	9.14	22.64
(9)排油烟机	2.76	—	2.50	1.09	2.01	9.60
(10)吸尘器	1.00	1.02	—	—	—	4.53

7—5 续表 4　　(2005年)　　计量单位:元

指标名称	总计	按相对收入等距5组分组				
		低收入组	较低收入组	中等收入组	较高收入组	高收入组
⑾消毒碗柜	0.82	3.62	—	—	—	—
⑿洗碗机	0.75	3.32	—	—	—	—
⒀饮水机	5.01	2.39	1.96	—	14.95	7.10
⒁取暖器	1.80	—	0.82	2.93	1.71	4.25
⒂其他	21.06	8.15	5.65	52.75	17.22	25.73
㈡室内装饰品	20.81	6.56	14.97	22.42	26.03	39.76
1.纺织装饰品	6.68	2.89	4.56	5.77	5.84	16.49
2.装饰灯具	8.64	1.14	6.29	7.01	15.85	15.53
3.其他装饰品	5.50	2.53	4.12	9.65	4.34	7.74
㈢床上用品	54.74	24.16	50.54	55.87	87.88	62.67
㈣家庭日用杂品	115.00	58.08	94.85	118.44	164.28	158.07
1.厨、餐、茶具	18.99	12.91	16.16	18.84	29.68	18.96
2.家用工具	4.69	0.56	1.74	2.43	6.62	14.51
3.家居清洁用品	30.98	13.67	29.74	31.30	47.93	36.41
4.其他日用杂品	60.34	30.94	47.22	65.86	80.05	88.20
㈤家具材料	2.16	—	5.87	0.32	0.40	4.39
㈥家庭服务	19.00	6.33	15.66	17.23	23.72	37.07
1.家政服务	10.81	4.27	7.22	6.67	15.30	23.97
2.加工维修服务费	8.19	2.05	8.44	10.56	8.42	13.10
四、医疗保健	690.83	347.85	518.75	750.75	839.65	1 136.73
㈠医疗器具	11.04	6.40	2.06	10.96	24.91	13.37
㈡保健器具	27.80	2.69	25.54	1.95	31.36	90.51
㈢药品费	317.73	221.43	258.51	318.05	334.23	504.58
㈣滋补保健品	155.88	58.86	124.09	199.37	244.73	176.79
㈤医疗费	168.50	55.53	101.94	208.77	193.83	330.85

7—5 续表 5　　(2005 年)　　计量单位:元

指标名称	总计	按相对收入等距5组分组				
		低收入组	较低收入组	中等收入组	较高收入组	高收入组
(六)其　　他	9.89	2.96	6.60	11.65	10.59	20.62
五、交通和通讯	697.93	356.04	592.39	700.05	785.57	1 192.54
(一)交　　通	216.07	93.59	196.80	170.05	248.88	422.19
1.家庭交通工具	55.76	39.94	78.20	56.24	52.55	51.10
(1)自　行　车	19.73	16.46	7.22	27.93	10.74	40.81
(2)助　力　车	31.94	23.48	52.23	28.30	41.81	10.29
(3)其他交通工具	4.08	—	18.75	—	—	—
2.车辆用燃料及零配件	20.88	5.76	5.22	19.12	25.65	58.06
(1)燃　　料	15.56	2.02	2.99	17.65	8.58	55.39
(2)零　配　件	4.28	2.90	1.64	0.97	15.23	1.06
(3)其　　他	1.04	0.84	0.59	0.49	1.85	1.61
3.交通工具服务支出	29.33	6.64	8.86	16.79	43.01	85.43
(1)维　修　费	17.33	4.92	8.40	16.76	19.54	43.71
(2)车辆使用税费	10.29	0.01	0.33	—	19.48	38.59
(3)其它车辆使用费用	1.71	1.71	0.13	0.02	4.00	3.12
4.交　通　费	110.11	41.25	104.52	77.91	127.66	227.60
(1)飞　　机	0.87	—	—	—	—	5.15
(2)火　　车	31.02	10.76	29.88	22.43	32.91	67.58
(3)长途汽车	10.01	6.66	11.79	8.51	6.98	17.39
(4)市内公共交通	21.09	10.83	27.95	15.67	22.41	30.84
(5)出租汽车费	46.16	12.11	33.74	30.20	64.66	105.74
(6)其他交通费	0.96	0.89	1.16	1.11	0.71	0.91
(二)通　　信	481.86	262.45	395.59	530.00	536.69	770.36
1.通信工具	89.95	23.20	53.38	119.59	82.64	200.57

7—5 续表 6

(2005 年)

计量单位:元

指标名称	总计	按相对收入等距5组分组				
		低收入组	较低收入组	中等收入组	较高收入组	高收入组
(1)电话机	1.69	2.17	1.36	1.16	2.81	0.83
(2)移动电话	86.71	20.82	52.02	117.72	79.23	192.32
(3)其他通信工具	1.56	0.20	—	0.71	0.61	7.42
2.通信服务	391.91	239.25	342.21	410.41	454.05	569.78
(1)电信费	379.28	233.02	333.13	395.06	441.74	546.81
(2)邮费	3.18	2.84	4.97	2.31	3.60	1.83
(3)其他	9.45	3.38	4.12	13.04	8.70	21.13
六、教育文化娱乐服务	920.75	554.64	675.10	851.51	1 069.80	1 642.61
(一)文化娱乐用品	311.88	62.14	243.53	230.99	357.42	778.62
1.彩色电视机	42.79	—	42.55	27.12	60.67	98.72
2.影碟机	3.19	1.52	—	5.30	1.71	8.78
3.家用电脑	91.03	1.15	77.37	87.77	100.87	222.20
(1)整机电脑	84.02	—	70.74	87.27	89.23	204.45
(2)计算机外部设备	4.37	0.36	4.33	—	5.92	13.14
(3)各种零配件及耗材	2.64	0.80	2.29	0.50	5.72	4.61
5.录音机	1.34	—	0.64	0.24	—	6.83
6.照相机	31.31	12.76	25.00	—	27.74	104.84
7.其他中高档乐器	27.89	—	—	1.30	—	163.63
8.电子辞典	2.05	0.31	5.53	—	2.04	2.32
9.音像制品及软件	16.76	8.83	12.69	24.05	18.74	21.94
10.体育用品	16.42	6.52	12.45	15.88	35.51	14.04
11.书报杂志	48.28	20.01	47.84	48.61	73.66	57.94
12.纸张文具	11.88	3.55	10.03	13.79	16.74	11.04
13.其他文娱用品	11.94	2.49	9.42	6.95	16.32	28.75

7—5 续表 7 （2005 年） 计量单位:元

指标名称	总计	按相对收入等距5组分组				
		低收入组	较低收入组	中等收入组	较高收入组	高收入组
(二)文化娱乐服务	169.18	60.89	71.03	197.56	204.80	368.26
1.参观游览	46.51	13.61	34.34	64.12	60.63	70.04
2.健身活动	16.33	7.58	10.07	19.50	29.58	17.59
3.团体旅游	78.49	25.73	3.61	81.52	67.81	254.49
4.其它文娱活动	25.40	12.82	19.80	29.00	44.89	23.43
5.文娱用品修理服务费	2.45	1.15	3.22	3.43	1.89	2.71
(三)教育	439.69	431.61	360.55	422.96	507.57	495.73
1.教材	49.85	57.25	45.50	35.26	51.00	61.17
(1)课本及参考书	32.51	39.85	26.54	24.09	33.88	38.60
(2)教育软件	4.98	2.47	5.07	2.63	5.67	10.22
(3)其它教材	12.35	14.92	13.90	8.54	11.45	12.35
2.教育费用	389.84	374.37	315.04	387.69	456.57	434.56
(1)非义务教育学杂费	74.59	103.58	47.56	30.69	84.89	109.99
(2)义务教育学杂费	33.48	54.40	23.96	19.49	26.17	42.16
(3)托幼费	45.56	27.38	66.43	62.85	35.22	34.58
(4)成人教育费	26.00	15.69	27.15	26.84	31.02	31.74
(5)家教费	20.85	13.32	10.53	24.18	35.10	24.40
(6)培训班	70.64	50.34	77.26	74.52	63.53	92.84
(7)学校住宿费	8.66	9.70	12.45	1.06	9.77	9.95
(8)其他	110.06	99.95	49.69	148.06	170.89	88.92
七、居住	790.17	540.52	636.06	881.70	789.84	1 218.34
(一)住房	81.49	64.04	64.91	94.37	35.64	162.89
1.租赁房房租	29.80	49.27	23.75	2.48	27.76	45.52
2.住房装潢	36.85	4.24	28.11	87.28	—	74.68
3.维修用建筑材料	10.66	3.14	8.20	3.64	1.24	42.69

7—5 续表 8　　(2005 年)　　计量单位:元

指标名称	总计	按相对收入等距5组分组				
		低收入组	较低收入组	中等收入组	较高收入组	高收入组
4.其　他	4.18	7.39	4.84	0.97	6.64	—
(二)水电燃料及其他	687.96	457.01	559.28	775.43	731.69	1 013.37
1.水	58.68	35.49	46.65	62.49	69.92	88.27
2.电	187.71	124.25	172.59	204.44	199.37	259.91
3.燃　料	133.68	128.22	117.98	135.53	144.21	147.25
(1)煤　炭	12.39	30.44	10.70	10.69	3.94	1.80
(2)液化石油气	64.07	56.94	63.68	72.72	49.55	66.95
(3)管道煤气	55.16	30.84	43.60	52.12	82.54	75.51
(4)其他燃料	2.06	—	—	—	8.18	2.98
4.其　他	307.89	159.04	222.05	372.96	318.19	517.94
(三)居住服务费	20.72	19.48	11.87	11.90	22.50	42.08
1.物业管理费	11.16	8.68	6.24	6.89	9.84	27.29
2.维修服务费	5.97	4.58	4.58	2.90	8.82	10.02
3.其　它	3.59	6.22	1.05	2.11	3.84	4.77
八、杂项商品和服务	236.22	75.38	188.29	234.62	347.94	390.47
(一)杂项商品	140.74	45.80	118.60	138.21	205.69	226.83
1.金银珠宝饰品	12.58	3.57	18.40	—	16.60	27.31
2.手　表	3.53	—	4.44	4.68	2.60	6.78
3.理发美容用具	3.68	1.93	4.25	3.96	2.37	6.45
4.化妆品	97.63	32.02	71.00	92.55	167.11	147.95
5.其他杂品	23.32	8.27	20.50	37.02	17.01	38.35
(二)服　务	95.48	29.58	69.70	96.41	142.25	163.63
1.旅馆住宿费	2.16	—	1.27	—	2.20	8.66
2.理发洗澡费	44.49	22.73	41.40	40.41	58.81	66.38
3.美容费	26.53	1.88	12.68	13.41	55.31	60.43
4.其他服务	22.30	4.97	14.35	42.58	25.93	28.16

农村住户调查基本情况

7—6

(2005 年)

指 标 名 称	计量单位	全 市	矿 区	井陉县	正定县	栾城县
一、调 查 户 数	户	1 800	100	100	100	100
二、调 查 人 口	人	7 282	382	381	426	447
1.整半劳动力数	人	5 077	240	244	297	308
#整劳动力	人	3 402	180	160	214	205
2.劳动力文化程度						
1.不识字或识字很少	人	126	1	2	12	13
2.小学程度	人	767	12	30	29	47
3.初中程度	人	2 748	138	142	171	150
4.高中程度	人	1 239	64	63	64	85
5.中专以上	人	197	25	7	21	13
三、年末生产用固定资产原值	元/人	2 620	644	3 916	4 962	3 915
农 业	元/人	1 110	46	613	799	1 251
林 业	元/人	2	21	5	—	—
牧 业	元/人	344	—	250	950	1 703
采 矿 业	元/人	2	—	33	—	—
制 造 业	元/人	186	10	289	234	112
建 筑 业	元/人	25	5	5	6	246
交通运输业、仓储和邮政业	元/人	655	495	2 404	1 452	548
批发和零售贸易业	元/人	80	31	59	484	46
住宿和餐饮业	元/人	48	18	—	519	—
居民服务与其他服务业	元/人	56	18	214	21	4
卫生、社会保障和福利业	元/人	32	—	43	493	—
文化、体育和娱乐业	元/人	5	—	—	—	—
其 他	元/人	75	—	—	6	4
四、年末拥有主要固定资产						
房屋及建筑物	平方米/人	6	—	4	11	7
小型和手扶拖拉机	台/人	—	—	—	3 426	0
五、经营耕地面积	亩/人	1	—	1	1	1
#有效灌溉面积	亩/人	1	—	—	1	1
六、年内新建房屋面积	平方米/人	1	—	1	2	2
年末住房面积	平方米/人	36	39	37	32	53
年内新建房屋价值	元/人	422	—	184	617	492
年末住房价值	元/人	8 204	9 404	8 855	10 509	11 063

7—6 续表 1　　　　　　　　　　（2005 年）

指　标　名　称	计量单位	行唐县	灵寿县	高邑县	深泽县	赞皇县
一、调 查 户 数	户	100	100	100	100	100
二、调 查 人 口	人	405	358	429	387	371
1.整半劳动力数	人	317	245	273	286	262
#整劳动力	人	209	155	205	176	181
2.劳动力文化程度						
1.不识字或识字很少	人	20	17	1	1	5
2.小 学 程 度	人	36	81	34	43	72
3.初 中 程 度	人	56	114	133	181	159
4.高 中 程 度	人	205	23	103	47	22
5.中 专 以 上	人	—	10	2	14	4
三、年末生产用固定资产原值	元/人	1 822	877	3 410	2 462	1 361
农　　业	元/人	1 159	515	2 433	1 163	876
林　　业	元/人	—	3	—	2	—
牧　　业	元/人	662	196	—	73	—
采 矿 业	元/人	—	—	—	—	—
制 造 业	元/人	—	—	37	52	—
建 筑 业	元/人	—	—	—	52	—
交通运输业、仓储和邮政业	元/人	—	37	928	103	485
批发和零售贸易业	元/人	—	22	—	207	—
住宿和餐饮业	元/人	—	56	—	—	—
居民服务与其他服务业	元/人	—	15	12	364	—
卫生、社会保障和福利业	元/人	—	—	—	—	—
文化、体育和娱乐业	元/人	—	34	—	—	—
其　　他	元/人	—	—	—	447	—
四、年末拥有主要固定资产						
房屋及建筑物	平方米/人	17	1	8	3	—
小型和手扶拖拉机	台/人	—	—	—	—	—
五、经营耕地面积	亩/人	2	1	1	1	1
#有效灌溉面积	亩/人	1	1	1	1	1
六、年内新建房屋面积	平方米/人	1	1	1	1	6
年末住房面积	平方米/人	32	29	25	37	28
年内新建房屋价值	元/人	391	313	354	362	1 830
年末住房价值	元/人	5 650	4 606	5 855	8 743	4 661

7—6 续表 2 （2005 年）

指 标 名 称	计量单位	无极县	平山县	元氏县	赵县	辛集市
一、调 查 户 数	户	100	100	100	100	100
二、调 查 人 口	人	420	399	406	433	410
1.整半劳动力数	人	333	265	282	322	280
#整劳动力	人	209	183	182	229	180
2.劳动力文化程度						
1.不识字或识字很少	人	5	16	3	10	6
2.小 学 程 度	人	65	28	47	53	42
3.初 中 程 度	人	168	171	161	188	169
4.高 中 程 度	人	78	39	65	60	51
5.中 专 以 上	人	17	11	6	11	12
三、年末生产用固定资产原值	元/人	1 735	1 234	1 896	2 018	1 567
农 业	元/人	1 084	485	1 519	1 357	1 312
林 业	元/人	—	—	—	—	—
牧 业	元/人	51	145	—	170	50
采 矿 业	元/人	—	—	—	—	—
制 造 业	元/人	440	—	7	35	—
建 筑 业	元/人	15	—	7	—	—
交通运输业、仓储和邮政业	元/人	26	358	121	373	159
批发和零售贸易业	元/人	31	197	25	84	10
住宿和餐饮业	元/人	26	40	—	—	—
居民服务与其他服务业	元/人	25	9	7	—	7
卫生、社会保障和福利业	元/人	10	—	—	—	—
文化、体育和娱乐业	元/人	14	—	6	—	29
其 他	元/人	12	1	203	—	—
四、年末拥有主要固定资产						
房屋及建筑物	平方米/人	3	1	1	3	4
小型和手扶拖拉机	台/人	—	—	—	—	—
五、经营耕地面积	亩/人	1	1	1	1	2
#有效灌溉面积	亩/人	1	1	1	1	2
六、年内新建房屋面积	平方米/人	1	1	3	—	2
年末住房面积	平方米/人	38	28	34	33	42
年内新建房屋价值	元/人	435	135	714	162	611
年末住房价值	元/人	7 924	4 957	6 486	9 049	9 253

7—6 续表 3　　　　(2005 年)

指标名称	计量单位	藁城市	晋州市	新乐市	鹿泉市
一、调查户数	户	100	100	100	100
二、调查人口	人	385	420	413	410
1.整半劳动力数	人	250	288	305	278
#整劳动力	人	188	175	204	165
2.劳动力文化程度					
1.不识字或识字很少	人	6	—	2	6
2.小学程度	人	42	27	31	48
3.初中程度	人	130	191	180	145
4.高中程度	人	56	60	85	69
5.中专以上	人	16	10	7	10
三、年末生产用固定资产原值	元/人	5 569	3 828	2 893	2 544
农业	元/人	1 431	1 280	1 224	1 148
林业	元/人	—	—	—	—
牧业	元/人	712	12	867	170
采矿业	元/人	—	—	—	5
制造业	元/人	—	1 723	—	314
建筑业	元/人	—	—	—	93
交通运输业、仓储和邮政业	元/人	2 710	556	637	478
批发和零售贸易业	元/人	78	92	46	10
住宿和餐饮业	元/人	—	—	7	180
居民服务与其他服务业	元/人	279	8	5	49
卫生、社会保障和福利业	元/人	—	—	—	—
文化、体育和娱乐业	元/人	12	—	—	—
其他	元/人	347	156	82	98
四、年末拥有主要固定资产					
房屋及建筑物	平方米/人	21	8	3	5
小型和手扶拖拉机	台/人	—	—	—	—
五、经营耕地面积	亩/人	1	1	1	1
#有效灌溉面积	亩/人	1	1	1	1
六、年内新建房屋面积	平方米/人	1	2	1	—
年末住房面积	平方米/人	39	39	33	42
年内新建房屋价值	元/人	104	599	334	12
年末住房价值	元/人	9 591	9 938	5 627	14 513

农村平均每百户家庭主要耐用消费品拥有量

7—7

（2005 年）

指标名称	计量单位	全市	矿区	井陉县	正定县	栾城县
大型家具	件	191	200	305	243	193
洗衣机	台	80	103	76	103	80
电风扇	台	174	151	135	223	231
电冰箱	台	35	37	33	86	58
空调机	台	13	17	5	47	10
抽油烟机	台	6	13	14	12	15
微波炉	台	4	—	4	19	14
热水器	台	12	29	5	27	25
自行车	辆	191	170	119	224	259
摩托车	台	63	100	59	81	54
汽车(生活用)	台	2	1	—	5	4
电话机	部	75	87	81	96	92
移动电话	部	55	73	64	111	80
寻呼机	台	1	2	—	—	—
彩色电视机	台	100	112	107	128	109
#接入有线电视网的	台	25	112	66	47	22
黑白电视机	台	18	5	22	1	10
#接入有线电视网的	台	1	5	10	—	—
录放像机	台	3	12	7	7	5
摄像机	台	2	—	—	—	—
影碟机	台	25	27	44	65	46
组合音响	台	16	21	23	27	18
收录机	台	15	34	42	10	12
照相机	架	6	5	7	3	7
家用计算机	台	2	2	3	8	2

7—7 续表 1 （2005 年）

指标名称	计量单位	行唐县	灵寿县	高邑县	深泽县	赞皇县
大型家具	件	77	1	137	287	—
洗衣机	台	40	38	84	112	—
电风扇	台	94	83	175	237	—
电冰箱	台	8	14	12	49	4
空调机	台	—	3	7	28	—
抽油烟机	台	—	2	—	8	—
微波炉	台	—	—	—	7	—
热水器	台	—	5	2	27	—
自行车	辆	103	105	223	224	83
摩托车	台	32	43	75	71	43
汽车(生活用)	台	—	—	—	3	—
电话机	部	55	50	88	89	19
移动电话	部	23	15	36	77	1
寻呼机	台	—	—	—	—	—
彩色电视机	台	68	64	100	102	70
#接入有线电视网的	台	—	5	—	16	—
黑白电视机	台	35	49	6	18	28
#接入有线电视网的	台	—	—	—	—	—
录放像机	台	—	1	1	8	—
摄像机	台	—	—	6	2	—
影碟机	台	14	10	22	16	2
组合音响	台	8	6	19	19	2
收录机	台	16	19	10	16	8
照相机	架	—	3	—	5	—
家用计算机	台	—	1	1	3	—

7—7 续表 2　　(2005 年)

指 标 名 称	计量单位	无极县	平山县	元氏县	赵县	辛集市
大型家具	件	114	38	167	306	827
洗衣机	台	103	44	76	88	93
电风扇	台	170	103	151	155	308
电冰箱	台	44	13	4	31	37
空调机	台	12	—	1	8	12
抽油烟机	台	14	1	2	—	—
微波炉	台	4	—	—	—	—
热水器	台	26	4	5	1	11
自行车	辆	194	131	191	207	269
摩托车	台	58	59	44	70	67
汽车(生活用)	台	1	—	—	5	1
电话机	部	71	55	38	79	90
移动电话	部	61	29	23	47	60
寻呼机	台	9	3	10	—	—
彩色电视机	台	99	79	70	104	114
#接入有线电视网的	台	26	8	17	—	47
黑白电视机	台	12	30	26	14	10
#接入有线电视网的	台	—	5	—	—	1
录放像机	台	3	2	1	3	2
摄像机	台	6	2	20	5	—
影碟机	台	5	24	1	24	26
组合音响	台	12	7	17	5	20
收录机	台	9	10	11	1	6
照相机	架	2	2	21	6	3
家用计算机	台	2	—	1	2	1

7—7 续表 3　　(2005 年)

指标名称	计量单位	藁城市	晋州市	新乐市	鹿泉市
大型家具	件	184	199	63	96
洗衣机	台	93	105	104	99
电风扇	台	211	212	209	279
电冰箱	台	41	44	42	64
空调机	台	12	23	9	41
抽油烟机	台	10	3	2	19
微波炉	台	13	5	3	8
热水器	台	14	15	18	10
自行车	辆	228	240	214	248
摩托车	台	70	73	55	77
汽车(生活用)	台	—	2	—	6
电话机	部	87	86	92	93
移动电话	部	92	54	67	82
寻呼机	台	—	—	—	1
彩色电视机	台	115	114	117	123
#接入有线电视网的	台	51	—	4	28
黑白电视机	台	27	12	8	4
#接入有线电视网的	台	—	—	—	—
录放像机	台	4	5	—	—
摄像机	台	1	—	1	—
影碟机	台	30	52	9	25
组合音响	台	21	35	21	14
收录机	台	21	27	11	10
照相机	架	10	9	1	17
家用计算机	台	5	2	1	5

农村住户粮食收支情况

7—8 (2005 年) 计量单位:千克/人

指标名称	全市	矿区	井陉县	正定县	栾城县
一、期初粮食结存	457	297	508	553	466
二、期内粮食收入合计	940	395	512	1 161	1 257
(一)家庭经营生产粮食	864	322	402	958	1 145
#谷物	858	322	396	958	1 145
(二)购入粮食	74	59	110	203	104
#谷物	72	58	109	201	102
三、期内粮食支出	661	297	453	863	777
(一)主食用粮	200	218	249	259	188
#谷物	198	217	244	258	186
(二)出售粮食	379	72	131	334	439
#谷物	378	72	130	334	436
(三)种籽用粮食	9	6	7	11	9
(四)饲料用粮食	73	—	65	258	140
四、期末粮食结存实际调查数	735	395	568	850	945
五、期内生产加工用粮	106	—	29	348	291

7—8 续表 1 (2005 年) 计量单位:千克/人

指标名称	行唐县	灵寿县	高邑县	深泽县	赞皇县
一、期初粮食结存	259	357	409	629	275
二、期内粮食收入合计	1 274	457	1 087	967	614
(一)家庭经营生产粮食	1 196	412	1 072	934	609
#谷物	1 145	406	1 060	933	609
(二)购入粮食	76	42	15	33	5
#谷物	73	41	14	29	5
三、期内粮食支出合计	842	377	703	948	439
(一)主食用粮	184	172	215	234	194
#谷物	182	167	214	230	193
(二)出售粮食	585	75	441	691	155
#谷物	584	74	441	691	155
(三)种籽用粮食	5	7	5	8	16
(四)饲料用粮食	68	124	43	—	74
四、期末粮食结存实际调查数	691	437	793	648	451
五、期内生产加工用粮	254	141	71	—	59

7—8 续表 2　　(2005 年)　　计量单位:千克/人

指标名称	无极县	平山县	元氏县	赵　县	辛集市
一、期初粮食结存	658	467	251	658	340
二、期内粮食收入合计	1 015	413	1 262	1 304	1 024
(一)家庭经营生产粮食	912	332	1 231	1 222	964
#谷　物	910	326	1 230	1 219	958
(二)购入粮食	103	74	31	83	61
#谷　物	100	74	30	80	58
三、期内粮食支出合计	648	451	471	953	665
(一)主食用粮	243	257	146	210	207
#谷　物	239	252	145	205	203
(二)出售粮食	308	74	303	697	416
#谷　物	308	72	303	697	413
(三)种籽用粮食	9	8	9	7	11
(四)饲料用粮食	88	112	12	40	31
四、期末粮食结存实际调查数	1 024	430	1 043	1 008	700
五、期内生产加工用粮	211	288	—	—	2

7—8 续表 3　　(2005 年)　　计量单位:千克/人

指标名称	藁城市	晋州市	新乐市	鹿泉市
一、期初粮食结存	634	675	312	434
二、期内粮食收入合计	1 209	930	1 045	772
(一)家庭经营生产粮食	1 100	818	1 012	707
#谷　物	1 100	818	1 008	698
(二)购入粮食	109	111	33	65
#谷　物	108	110	33	64
三、期内粮食支出合计	1 062	918	440	495
(一)主食用粮	186	245	71	124
#谷　物	186	243	70	122
(二)出售粮食	753	577	349	327
#谷　物	753	576	348	324
(三)种籽用粮食	11	9	12	10
(四)饲料用粮食	112	88	8	34
四、期末粮食结存实际调查数	781	687	917	712
五、期内生产加工用粮	—	36	47	89

农村住户收入情况

7—9　　(2005年)　　计量单位:元/人

指标名称	全市	矿区	井陉县	正定县	栾城县
一、全年总收入	5 538	5 495	4 839	7 697	6 303
(一)工资性收入	1 774	3 523	1 943	2 057	1 959
1.在非企业组织中劳动得到收入	208	898	250	217	159
2.在本乡地域内劳动得到收入	1 254	2 331	900	1 520	1 639
3.外出从业得到收入	312	294	792	320	161
(二)家庭经营收入	3 545	1 561	2 732	5 377	4 213
1.第一产业收入	2 405	661	1 027	2 930	3 440
#农业收入	1 528	512	629	1 355	1 575
牧业收入	866	98	397	1 575	1 864
2.第二产业收入	326	116	684	433	291
(1)工业收入	271	70	684	343	132
(2)建筑业收入	55	46	—	90	158
3.第三产业收入	814	783	1 021	2 015	483
#交通、运输、邮电业收入	281	473	626	566	211
批零贸易业、饮食业收入	254	249	139	1 037	231
社会服务业收入	107	62	163	181	—
(三)财产性收入	120	53	46	56	77
(四)转移性收入	98	358	118	208	53
二、全年纯收入	4 118	5 267	3 643	4 797	4 667
(一)工资性收入	1 774	3 523	1 943	2 057	1 959
(二)家庭经营纯收入	2 144	1 333	1 549	2 562	2 588
1.第一产业纯收入	1 441	543	632	1 222	1 964
#农业收入	1 058	419	442	899	1 140
牧业收入	373	75	189	323	822
2.非农产业纯收入	703	790	917	1 340	625
A.第二产业纯收入	123	112	333	252	214
(1)工业收入	113	68	333	201	74
(2)建筑业收入	10	44	—	51	140
B.第三产业纯收入	580	678	584	1 088	410
(1)交通、运输、邮电业收入	177	406	239	317	162
(2)批零贸易业、饮食业收入	186	212	130	584	214
(3)社会服务业收入	79	60	140	87	—
(4)文教卫生业收入	30	—	76	100	—
(5)其他行业收入	108	—	—	—	35
(三)财产性纯收入	120	53	46	56	77
(四)转移性纯收入	79	357	104	123	43

7—9 续表 1　　(2005 年)　　计量单位:元/人

指 标 名 称	行唐县	灵寿县	高邑县	深泽县	赞皇县
一、全年总收入	3 982	3 382	5 557	4 929	2 674
(一)工资性收入	463	952	2 272	2 055	897
1.在非企业组织中劳动得到收入	13	37	14	298	—
2.在本乡地域内劳动得到收入	149	614	2 156	1 059	641
3.外出从业得到收入	302	302	102	698	256
(二)家庭经营收入	3 433	2 352	2 684	2 674	1 745
1.第一产业收入	3 277	1 414	2 067	1 625	1 745
#农业收入	2 092	730	1 979	1 533	1 311
牧业收入	1 171	657	87	92	380
2.第二产业收入	59	450	132	279	—
(1)工业收入	32	430	132	184	—
(2)建筑业收入	26	20	—	94	—
3.第三产业收入	97	487	484	770	—
#交通、运输、邮电业收入	48	77	365	151	—
批零贸易业.饮食业收入	10	149	63	105	—
社会服务业收入	3	112	50	203	—
(三)财产性收入	11	10	559	59	23
(四)转移性收入	75	68	42	142	10
二、全年纯收入	2 929	2 681	3 975	4 155	2 316
(一)工资性收入	463	952	2 272	2 055	897
(二)家庭经营纯收入	2 385	1 678	1 102	1 921	1 387
1.第一产业纯收入	2 271	837	1 474	1 129	1 433
#农业收入	1 565	519	1 545	1 064	1 090
牧业收入	697	293	-68	67	296
2.非农产业纯收入	114	841	-372	791	-46
A.第二产业纯收入	30	434	-623	145	—
(1)工业收入	30	416	-114	85	—
(2)建筑业收入	—	18	-509	60	—
B.第三产业纯收入	84	407	251	646	-46
(1)交通、运输、邮电业收入	43	61	234	140	-46
(2)批零贸易业、饮食业收入	10	125	-30	86	—
(3)社会服务业收入	3	94	42	142	—
(4)文教卫生业收入	5	91	4	27	—
(5)其他行业收入	23	36	2	252	—
(三)财产性纯收入	11	10	559	59	23
(四)转移性纯收入	70	40	41	120	10

7—9 续表 2 （2005 年） 计量单位:元/人

指　标　名　称	无极县	平山县	元氏县	赵　县	辛集市
一、全年总收入	5 893	3 060	4 682	5 452	6 576
(一)工资性收入	1 728	1 132	1 746	862	1 173
1.在非企业组织中劳动得到收入	249	108	430	69	206
2.在本乡地域内劳动得到收入	866	562	1 277	653	552
3.外出从业得到收入	613	463	40	139	415
(二)家庭经营收入	4 007	1 746	2 658	4 485	5 197
1.第一产业收入	1 962	1 250	1 880	3 286	4 449
# 农业收入	1 225	665	1 597	2 576	2 980
牧业收入	736	529	282	710	1 462
2.第二产业收入	968	5	101	35	—
(1)工业收入	920	5	25	35	—
(2)建筑业收入	49	—	76	—	—
3.第三产业收入	1 077	491	677	1 165	748
# 交通、运输、邮电业收入	189	115	178	393	76
批零贸易业、饮食业收入	387	166	314	496	235
社会服务业收入	174	37	85	58	335
(三)财产性收入	127	16	190	52	119
(四)转移性收入	32	165	88	52	87
二、全年纯收入	4 476	2 430	3 726	4 110	4 467
(一)工资性收入	1 728	1 132	1 746	862	1 173
(二)家庭经营纯收入	2 595	1 147	1 730	3 162	3 091
1.第一产业纯收入	997	764	1 090	2 120	2 390
# 农业收入	711	431	951	1 895	1 967
牧业收入	286	280	139	225	416
2.非农产业纯收入	1 598	383	640	1 042	701
A.第二产业纯收入	702	5	76	25	—
(1)工业收入	657	5	8	25	—
(2)建筑业收入	45	—	68	—	—
B.第三产业纯收入	896	378	564	1 017	701
(1)交通、运输、邮电业收入	156	70	124	328	47
(2)批零贸易业、饮食业收入	329	120	282	429	222
(3)社会服务业收入	150	33	81	54	333
(4)文教卫生业收入	113	8	2	—	99
(5)其他行业收入	148	147	74	206	—
(三)财产性纯收入	127	16	190	52	119
(四)转移性纯收入	27	134	60	34	85

7—9 续表 3　　(2005 年)　　计量单位:元/人

指标名称	藁城市	晋州市	新乐市	鹿泉市
一、全年总收入	7 464	8 154	5 795	6 918
(一)工资性收入	1 853	2 092	1 897	3 258
1.在非企业组织中劳动得到收入	238	207	133	247
2.在本乡地域内劳动得到收入	1 441	1 884	1 250	2 904
3.外出从业得到收入	173	—	514	107
(二)家庭经营收入	5 309	5 725	3 682	3 511
1.第一产业收入	4 042	2 281	2 844	2 604
# 农业收入	2 042	1 837	1 304	1 248
牧业收入	2 000	445	1 540	1 352
2.第二产业收入	—	1 830	99	313
(1)工业收入	—	1 735	12	89
(2)建筑业收入	—	95	87	223
3.第三产业收入	1 267	1 614	739	594
# 交通、运输、邮电业收入	436	512	255	349
批零贸易业、饮食业收入	342	343	143	70
社会服务业收入	72	189	160	32
(三)财产性收入	222	286	120	82
(四)转移性收入	80	52	95	66
二、全年纯收入	5 060	4 828	4 872	5 313
(一)工资性收入	1 853	2 092	1 897	3 258
(二)家庭经营纯收入	2 931	2 402	2 820	1 911
1.第一产业纯收入	1 983	1 348	2 096	1 386
# 农业收入	1 393	1 164	869	780
牧业收入	590	184	1 227	604
2.非农产业纯收入	948	1 054	724	525
A.第二产业纯收入	—	294	89	164
(1)工业收入	—	232	8	30
(2)建筑业收入	—	62	81	134
B.第三产业纯收入	948	760	635	360
(1)交通、运输、邮电业收入	218	275	200	182
(2)批零贸易业、饮食业收入	303	101	128	44
(3)社会服务业收入	46	-2	150	24
(4)文教卫生业收入	-1	15	9	—
(5)其他行业收入	381	371	148	110
(三)财产性纯收入	222	286	120	82
(四)转移性纯收入	55	49	35	61

农村住户现金收支情况

7—10 (2005年) 计量单位:元/人

指标名称	全市	矿区	井陉县	正定县	栾城县
一、期内现金收入	4 796	5 105	4 410	6 776	5 282
(一)工资性收入	1 773	3 513	1 941	2 057	1 959
1.在非企业组织中劳动得到收入	208	898	250	217	159
2.在本乡地域内劳动得到收入	1 253	2 321	900	1 520	1 639
3.外出从业得到收入	312	294	791	320	161
(二)家庭经营现金收入	2 826	1 195	2 318	4 459	3 206
1.第一产业现金收入	1 686	296	613	2 011	2 438
#农业现金收入	860	152	217	623	747
牧业现金收入	815	98	394	1 387	1 690
2.第二产业现金收入	325	116	684	433	285
(1)工业收入	270	70	684	343	127
(2)建筑业收入	55	46	—	90	158
3.第三产业现金收入	814	783	1 021	2 015	482
#交通、运输、邮电业收入	281	473	626	566	211
批零贸易业、饮食业收入	254	249	139	1 037	231
社会服务业收入	107	62	163	181	—
(三)财产性收入	102	53	43	52	67
(四)转移性收入	95	344	108	208	51
#粮食直接补贴收入	14	5	7	17	17
二、非收入现金所得	373	652	585	298	77
(一)非借贷性现金所得	51	20	80	184	48
(二)借贷性现金所得	322	632	505	114	29
三、期内现金支出	3 482	4 170	3 798	5 484	3 882
(一)生产费用支出	1 362	260	910	2 771	1 424
#家庭经营费用支出	1 154	179	722	2 372	1 304
购置生产性固定资产支出	205	81	188	398	119
(二)税费支出	38	1	179	37	1
(三)生活消费支出	1 998	3 852	2 137	2 551	2 424
(四)财产性支出	3	—	18	8	1
(五)转移性支出	81	57	554	118	31
四、非消费性支出	591	1 383	649	521	69
五、期末金融资产余额	6 245	8 930	3 881	13 342	4 840

7—10续表1　　(2005年)　　计量单位:元/人

指标名称	行唐县	灵寿县	高邑县	深泽县	赞皇县
一、期内现金收入	3 028	2 829	4 523	4 558	1 681
(一)工资性收入	462	952	2 272	2 055	897
1.在非企业组织中劳动得到收入	12	37	14	298	—
2.在本乡地域内劳动得到收入	148	614	2 156	1 059	641
3.外出从业得到收入	302	302	102	698	256
(二)家庭经营现金收入	2 481	1 804	1 791	2 316	759
1.第一产业现金收入	2 326	867	1 174	1 267	759
#农业现金收入	1 143	211	972	1 175	539
牧业现金收入	1 170	629	200	92	170
2.第二产业现金收入	59	450	132	279	—
(1)工业收入	32	430	132	184	—
(2)建筑业收入	26	20	—	94	—
3.第三产业现金收入	97	487	484	770	—
#交通、运输、邮电业收入	48	77	365	151	—
批零贸易业.饮食业收入	10	149	63	105	—
社会服务业收入	3	112	50	203	—
(三)财产性收入	11	10	418	45	19
(四)转移性收入	74	62	42	142	6
#粮食直接补贴收入	18	14	19	13	6
二、非收入现金所得	69	92	85	805	239
(一)非借贷性现金所得	12	20	83	178	—
(二)借贷性现金所得	58	72	2	628	239
三、期内现金支出	2 399	1 403	3 488	3 267	783
(一)生产费用支出	1 266	509	1 878	608	173
#家庭经营费用支出	917	502	1 298	565	173
购置生产性固定资产支出	316	8	580	43	—
(二)税费支出	—	1	14	3	—
(三)生活消费支出	1 127	376	1 573	2 508	610
(四)财产性支出	—	—	18	5	—
(五)转移性支出	6	16	5	143	—
四、非消费性支出	87	135	24	1 212	314
五、期末金融资产余额	1 243	962	5 435	8 296	1 463

7—10 续表 2　　(2005 年)　　计量单位:元/人

指 标 名 称	无极县	平山县	元氏县	赵 县	辛集市
一、期内现金收入	5 187	2 499	3 537	4 632	5 634
(一)工资性收入	1 728	1 132	1 746	862	1 173
1.在非企业组织中劳动得到收入	249	108	430	69	206
2.在本乡地域内劳动得到收入	866	562	1 277	653	552
3.外出从业得到收入	613	463	40	139	415
(二)家庭经营现金收入	3 322	1 220	1 518	3 696	4 255
1.第一产业现金收入	1 277	723	740	2 496	3 508
#农业现金收入	550	168	473	1 870	2 077
牧业现金收入	727	500	267	626	1 424
2.第二产业现金收入	968	5	101	35	—
(1)工业收入	920	5	25	35	—
(2)建筑业收入	49	—	76	—	—
3.第三产业现金收入	1 077	491	677	1 165	748
#交通、运输、邮电业收入	189	115	178	393	76
批零贸易业.饮食业收入	387	166	314	496	235
社会服务业收入	174	37	85	58	335
(三)财产性收入	105	15	185	22	119
(四)转移性收入	32	132	88	52	87
#粮食直接补贴收入	14	5	14	24	16
二、非收入现金所得	646	85	81	315	195
(一)非借贷性现金所得	10	34	—	47	39
(二)借贷性现金所得	637	51	80	268	156
三、期内现金支出	3 553	2 012	2 483	3 030	4 797
(一)生产费用支出	1 479	435	896	1 670	2 053
#家庭经营费用支出	1 241	425	699	1 159	1 984
购置生产性固定资产支出	238	10	189	511	70
(二)税费支出	46	—	102	29	2
(三)生活消费支出	1 997	1 558	1 436	1 311	2 528
(四)财产性支出	—	—	—	—	6
(五)转移性支出	31	19	50	20	208
四、非消费性支出	810	301	184	490	184
五、期末金融资产余额	5 471	1 832	6 495	6 244	5 735

7—10续表3 （2005年） 计量单位:元/人

指标名称	藁城市	晋州市	新乐市	鹿泉市
一、期内现金收入	6 830	7 798	4 987	6 310
（一）工资性收入	1 853	2 086	1 897	3 258
1.在非企业组织中劳动得到收入	238	207	133	247
2.在本乡地域内劳动得到收入	1 441	1 878	1 250	2 903
3.外出从业得到收入	173	—	514	107
（二）家庭经营现金收入	4 726	5 388	2 874	2 921
1.第一产业现金收入	3 460	1 944	2 036	2 013
#农业现金收入	1 675	1 531	496	657
牧业现金收入	1 785	413	1 540	1 352
2.第二产业现金收入	—	1 830	99	313
（1）工业收入	—	1 735	12	89
（2）建筑业收入	—	95	87	223
3.第三产业现金收入	1 267	1 614	739	594
#交通、运输、邮电业收入	436	512	255	349
批零贸易业、饮食业收入	342	343	143	70
社会服务业收入	72	189	160	32
（三）财产性收入	172	273	120	66
（四）转移性收入	80	52	95	66
#粮食直接补贴收入	17	13	16	8
二、非收入现金所得	389	1 976	14	116
（一）非借贷性现金所得	99	—	11	56
（二）借贷性现金所得	290	1 976	3	60
三、期内现金支出	4 490	5 503	3 229	4 300
（一）生产费用支出	1 975	2 975	1 309	1 415
#家庭经营费用支出	1 950	2 824	661	1 414
购置生产性固定资产支出	25	152	648	1
（二）税费支出	17	234	9	1
（三）生活消费支出	2 442	2 281	1 814	2 820
（四）财产性支出	—	—	—	1
（五）转移性支出	56	13	97	63
四、非消费性支出	1 319	2 885	—	125
五、期末金融资产余额	11 252	13 366	3 403	9 105

农村住户支出情况

7—11　　(2005年)　　计量单位:元/人

指标名称	全市	矿区	井陉县	正定县	栾城县
总支出	**3 801**	**4 428**	**4 119**	**5 887**	**4 243**
一、家庭经营费用支出	1 187	184	743	2 448	1 363
1.第一产业生产费用支出	854	113	336	1 573	1 278
#农业生产费用支出	385	90	145	389	350
牧业生产费用支出	468	23	191	1 184	928
2.第二产业生产费用支出	174	3	260	163	52
(1)工业生产费用支出	132	2	260	125	51
(2)建筑业生产费用支出	43	1	—	38	1
3.第三产业生产费用支出	159	67	147	712	33
(1)交通运输邮电业生产费用支出	53	34	119	144	12
(2)批零贸易餐饮业生产费用支出	58	33	4	381	14
(3)社会服务业生产费用支出	23	—	9	92	—
(4)文教卫生业生产费用支出	9	—	14	94	—
(5)其他行业生产费用支出	17	—	—	—	7
二、购置生产性固定资产支出	205	81	188	398	119
三、建.造生产性固定资产雇工支出	2	—	—	1	—
四、税费支出	39	1	179	37	1
五、生活消费支出	2 283	4 104	2 437	2 877	2 727
#服务性支出	611	1 188	904	1 043	473
1.食品消费支出	856	1 307	975	988	883
2.衣着消费支出	164	401	166	208	142
3.居住消费支出	495	852	394	527	1 129
4.家庭设备、用品消费支出	109	192	99	121	73
5.交通和通讯消费支出	209	378	191	382	211
6.文化教育、娱乐消费支出	289	359	358	479	209
7.医疗保健消费支出	126	575	187	152	48
8.其他商品和服务消费支出	35	40	66	21	31
六、财产性支出	3	—	18	8	1
七、转移性支出	81	59	555	118	31

7—11 续表 1　　(2005 年)　　计量单位:元/人

指 标 名 称	行唐县	灵寿县	高邑县	深泽县	赞皇县
总 支 出	**2 638**	**1 806**	**3 840**	**3 586**	**1 363**
一、家庭经营费用支出	926	614	1 340	567	267
1.第一产业生产费用支出	885	530	417	394	254
#农业生产费用支出	449	177	260	373	163
牧业生产费用支出	430	351	153	19	84
2.第二产业生产费用支出	29	16	753	125	—
(1)工业生产费用支出	3	14	244	94	—
(2)建筑业生产费用支出	27	2	509	31	—
3.第三产业生产费用支出	12	68	170	48	13
(1)交通运输邮电业生产费用支出	5	13	69	4	13
(2)批零贸易餐饮业生产费用支出	—	17	93	4	—
(3)社会服务业生产费用支出	—	18	7	37	—
(4)文教卫生业生产费用支出	—	17	—	—	—
(5)其他行业生产费用支出	7	3	1	3	—
二、购置生产性固定资产支出	316	8	580	43	—
三、建、造生产性固定资产雇工支出	33	—	—	—	—
四、税费支出	—	1	14	21	—
五、生活消费支出	1 356	1 167	1 883	2 807	1 096
#服务性支出	403	314	228	1 045	90
1.食品消费支出	612	533	704	869	754
2.衣着消费支出	82	80	145	168	62
3.居住消费支出	236	150	507	490	91
4.家庭设备、用品消费支出	49	68	83	130	36
5.交通和通讯消费支出	94	77	245	382	88
6.文化教育、娱乐消费支出	176	189	139	595	52
7.医疗保健消费支出	91	52	39	148	6
8.其他商品和服务消费支出	17	17	20	25	6
六、财产性支出	—	—	18	5	—
七、转移性支出	7	16	5	143	—

7—11 续表 2　　(2005 年)　　计量单位:元/人

指 标 名 称	无极县	平山县	元氏县	赵 县	辛集市
总 支 出	**3 861**	**2 522**	**2 722**	**3 317**	**5 084**
一、家庭经营费用支出	1 250	517	699	1 159	2 000
1.第一产业生产费用支出	868	443	605	1 036	1 968
#农业生产费用支出	426	202	474	567	925
牧业生产费用支出	442	239	131	469	1 043
2.第二产业生产费用支出	217	—	24	7	—
(1)工业生产费用支出	215	—	16	7	—
(2)建筑业生产费用支出	3	—	7	—	—
3.第三产业生产费用支出	164	73	70	116	31
(1)交通运输邮电业生产费用支出	30	22	39	40	19
(2)批零贸易餐饮业生产费用支出	53	30	27	61	11
(3)社会服务业生产费用支出	20	4	3	4	1
(4)文教卫生业生产费用支出	28	1	—	—	—
(5)其他行业生产费用支出	34	17	2	12	—
二、购置生产性固定资产支出	238	10	189	511	70
三、建、造生产性固定资产雇工支出	—	—	7	—	—
四、税费支出	46	—	102	29	2
五、生活消费支出	2 296	1 976	1 675	1 598	2 798
#服务性支出	426	511	464	274	752
1.食品消费支出	968	969	712	714	835
2.衣着消费支出	195	96	137	110	133
3.居住消费支出	665	305	326	385	913
4.家庭设备、用品消费支出	75	111	169	58	107
5.交通和通讯消费支出	131	163	104	165	149
6.文化教育、娱乐消费支出	110	242	154	116	507
7.医疗保健消费支出	68	61	45	27	139
8.其他商品和服务消费支出	83	29	28	23	14
六、财产性支出	—	—	—	—	6
七、转移性支出	31	19	50	20	208

7—11 续表 3　　(2005 年)　　计量单位:元/人

指　标　名　称	藁城市	晋州市	新乐市	鹿泉市
总　支　出	**4 738**	**5 811**	**3 305**	**4 572**
一、家庭经营费用支出	1 990	2 834	661	1 430
1.第一产业生产费用支出	1 901	824	600	1 129
#农业生产费用支出	543	566	347	390
牧业生产费用支出	1 359	258	252	737
2.第二产业生产费用支出	—	1 263	9	121
(1)工业生产费用支出	—	1 236	2	38
(2)建筑业生产费用支出	—	27	6	83
3.第三产业生产费用支出	89	747	53	180
(1)交通运输邮电业生产费用支出	37	191	13	135
(2)批零贸易餐饮业生产费用支出	32	219	12	13
(3)社会服务业生产费用支出	7	182	10	5
(4)文教卫生业生产费用支出	—	—	3	—
(5)其他行业生产费用支出	12	156	15	27
二、购置生产性固定资产支出	25	152	648	1
三、建、造生产性固定资产雇工支出	—	—	—	—
四、税费支出	17	234	9	1
五、生活消费支出	2 650	2 579	1 891	3 075
#服务性支出	833	479	571	1 041
1.食品消费支出	893	875	606	1 203
2.衣着消费支出	215	249	179	180
3.居住消费支出	446	799	188	362
4.家庭设备、用品消费支出	165	134	105	189
5.交通和通讯消费支出	257	235	229	273
6.文化教育、娱乐消费支出	407	182	474	471
7.医疗保健消费支出	138	57	105	359
8.其他商品和服务消费支出	129	48	4	38
六、财产性支出	—	—	—	1
七、转移性支出	56	13	97	63

分县(市)区农民人均纯收入

7—12 计量单位:元

行政单位	2001年	2002年	2003年	2004年	2005年
石家庄市	**3 149**	**3 245**	**3 394**	**3 799**	**4 118**
矿区	4 019	4 140	4 265	4 854	5 267
井陉县	2 680	2 787	2 941	3 342	3 643
正定县	3 621	3 770	3 885	4 375	4 797
栾城县	3 421	3 558	3 755	4 247	4 667
行唐县	2 542	2 619	2 698	2 836	2 929
灵寿县	2 397	2 428	2 477	2 599	2 681
高邑县	3 125	3 250	3 407	3 680	3 975
深泽县	3 308	3 408	3 579	3 956	4 155
赞皇县	1 706	1 785	1 878	2 133	2 316
无极县	3 429	3 497	3 619	4 107	4 476
平山县	1 999	2 019	2 080	2 298	2 430
元氏县	2 812	2 897	3 021	3 431	3 726
赵县	3 049	3 141	3 283	3 730	4 110
辛集县	3 365	3 470	3 609	4 061	4 467
藁城市	3 805	3 919	4 086	4 621	5 060
晋州市	3 667	3 777	3 892	4 429	4 828
新乐市	3 688	3 800	3 961	4 461	4 872
鹿泉市	4 008	4 170	4 387	4 913	5 313

八、城市公用设施

城市建设用地情况

8—1

指标名称	计量单位	2005年	指标名称	计量单位	2005年
建成区土地面积	平方公里	165.65	对外交通用地	平方公里	8.44
城市建设用地面积	平方公里	164.47	道路广场用地	平方公里	13.87
居住用地	平方公里	49.00	市政公用设施用地	平方公里	7.13
公共设施用地	平方公里	29.65	绿地	平方公里	18.86
工业用地	平方公里	25.60	特殊用地	平方公里	4.52
仓储用地	平方公里	7.40	本年征用土地面积	平方公里	10.55

城市供水情况

8—2

指标名称	计量单位	2005年	指标名称	计量单位	2005年
综合生产能力	万立方米/日	109	居民家庭用水	万立方米	7 428
#地下水	万立方米/日	79	消防及其他用水	万立方米	5 593
供水管道长度	公里	1 228	售水量	万立方米	12 608
供水总量	万立方米	26 612	用水户数	户	436 855
#生产运营用水	万立方米	9 455	#家庭用户	户	427 125
公共服务用水	万立方米	4 136	用水人口	万人	214

城市节约用水情况

8—3

指标名称	计量单位	2005年	指标名称	计量单位	2005年
计划用水量	万立方米	14 025	#工　业	万立方米	8 938
#工　业	万立方米	13 185	重复利用量	万立方米	90 742
实际用水量	万立方米	100 387	#工　业	万立方米	90 742
#工　业	万立方米	99 680	节约用水量	万立方米	4 380
新水取水量	万立方米	9 645	#工　业	万立方米	4 247

城市燃气情况

8—4

指标名称	计量单位	2005年	指标名称	计量单位	2005年
一、人工煤气					
生产能力	万立方米/日	63	供气总量	万立方米、吨	5 775
储气能力	万立方米、吨	19	#家庭用量	万立方米、吨	230
供气管道长度	公里	333	用气户数	户	35 204
购气量	万立方米、吨	10 543	#家庭用户	户	33 174
供气总量	万立方米、吨	10 115	用气人口	万人	12
#家庭用量	万立方米、吨	6 451	三、液化石油气		
用气户数	户	252 110	储气能力	万立方米、吨	1 270
#家庭用户	户	251 858	购气量	万立方米、吨	24 870
用气人口	万人	117	供气总量	万立方米、吨	24 870
二、天然气			#家庭用量	万立方米、吨	18 155
储气能力	万立方米、吨	19	用气户数	户	280 000
供气管道长度	公里	262	#家庭用户	户	279 000
购气量	万立方米、吨	5 842	用气人口	万人	85

城市集中供热情况

8—5

指 标 名 称	计量单位	2005年	指 标 名 称	计量单位	2005年
一、蒸　　汽			二、热　　水		
供热能力	吨/小时	4 164	供热能力	兆瓦	1 177
#热电厂供热	吨/小时	3 553	#锅炉房供热	兆瓦	707
锅炉房供热	吨/小时	611	供热总量	万吉焦	732
供热总量	万吉焦	3 235	#锅炉房供热	万吉焦	224
#热电厂供热	万吉焦	2 627	管道长度	公里	174
锅炉房供热	万吉焦	70	三、供热面积	万平方米	4 580
管道长度	公里	347	#住　　宅	万平方米	3 828

城市公共汽车和出租汽车情况

8—6

指 标 名 称	计量单位	2005年	指 标 名 称	计量单位	2005年
一、公共汽车			运营线路网长度	公里	416
运营车数	辆	1 789	客运总量	万人次	26 583
公共汽车	辆	1 789	公共汽车	万人次	26 583
#小公共汽车	辆	358	#小公共汽车	万人次	4 659
天然气燃料车	辆	209	二、出租汽车		
标准运营车数	标台	1 685	出租车数量	辆	6 700

城市市政设施情况

8—7

指标名称	计量单位	2005年	指标名称	计量单位	2005年
道路长度	公里	974	#二、三级处理	座	2
道路面积	万平方米	1 932	处理能力	万立方米/日	26
#人行道面积	万平方米	474	#二、三级处理	万立方米/日	26
桥梁数	座	272	处理量	万立方米	5 965
#立交桥	座	38	其他污水处理设施		
路灯盏数	盏	48 590	处理能力	万立方米/日	5
排水管道长度	公里	1 558	处理量	万立方米	1 825
#污水管道	公里	514	污水处理总量	万立方米	7 790
污水排放量	万立方米	21 289	污水再生利用总量	万立方米	2 920
污水处理厂			防洪堤长度	公里	32
座数	座	2	#百年一遇	公里	11

城市园林绿化情况

8—8

指标名称	计量单位	2005年	指标名称	计量单位	2005年
绿化覆盖面积	公顷	5 922	公共绿地面积	公顷	1 573
#建成区	公顷	5 444	公园个数	个	333
园林绿地面积	公顷	5 409	公园面积	公顷	579
#建成区	公顷	4 898	游人量	万人次	1 600

城市市容环境卫生情况

8—9

指标名称	计量单位	2005年	指标名称	计量单位	2005年
道路清扫保洁面积	万平方米	1 870	焚烧	座	800
#机械化	万平方米	923	无害化处理量	万吨	97
生活垃圾清运量	万吨	97	#卫生填埋	座	64
无害化处理厂(场)数	座	3	堆肥	座	18
#卫生填埋	座	1	焚烧	座	15
堆肥	座	1	粪便清运量	万吨	18
焚烧	座	1	无害化处理量	万吨	18
无害化处理能力	吨/日	3 300	公厕数	座	483
#卫生填埋	座	2 000	#水冲式	座	453
堆肥	座	500	市容环卫专用车辆总数	台	378

全市工业污染排放及处理利用情况

8—10

指　　标　　名　　称	计量单位	2005年
一、工业废水		
1.工业用水总量	万吨	523 988
#新鲜水量	万吨	36 318
重复用水量	万吨	487 670
2.工业用水重复利用率	%	93
3.废水治理设施数	套	665
4.废水治理设施处理能力	万吨/日	324
5.废水治理设施运行费用	万元	19 577
6.工业废水排放量	万吨	24 230
#排入污水处理厂的	万吨	6 639
7.工业废水排放达标量	万吨	23 969
8.工业废水排放达标率	%	99
9.工业废水中污染物去除量		
(1)挥发酚	吨	525
(2)氰化物	吨	209
(3)化学需氧量	吨	160 586
#当年新增设施去除的	吨	838
(4)石油类	吨	7 872
(5)氨氮	吨	5 204
10.工业废水中污染物排放量		
(1)六价铬	吨	2.33
(2)挥发酚	吨	2
(3)氰化物	吨	3
(4)化学需氧量	吨	92 580
(5)石油类	吨	225
(6)氨氮	吨	6 052

8--10续表 1

指　标　名　称	计量单位	2005年
二、工业废气		
1.煤炭消费总量	万吨	2 272
#燃料煤消费量	万吨	1 832
原料煤消费量	万吨	440
2.燃料油消费量	万吨	2
重　油	万吨	2
柴　油	万吨	1
3.天然气消费量	万立方米	145 085
4.工业废气排放总量	万标立方米	47 566 149
#燃料燃烧过程中排放量	万标立方米	28 580 260
生产工艺过程中排放量	万标立方米	18 985 889
5.废气治理设施数	套	1 782
#脱硫设施数	套	569
6.废气治理设施处理能力	万标立方米/小时	3 295
#脱硫设施脱硫能力	吨/时	24
7.废气治理设施设备运行费用	万元	17 605
8.二氧化硫去除量	吨	193 427
#燃料燃烧过程中去除量	吨	178 886
生产工艺过程中去除量	吨	14 541
#当年新增设施去除量	吨	1 707
9.二氧化硫排放量	吨	181 472
#燃料燃烧过程中排放量	吨	16 642
#排放达标量	吨	135 738
生产工艺过程中排放量	吨	15 053
#排放达标量	吨	10 891
10.烟尘去除量	吨	2 917 478
11.烟尘排放量	吨	89 649
#排放达标量	吨	89 201

8—10 续表 2

指　标　名　称	计 量 单 位	2005 年
12.工业粉尘去除量	吨	829 272
13.工业粉尘排放量	吨	149 802
#排放达标量	吨	142 656
三、工业固体废物		
1.工业固体废物产生量	万吨	852
(1)危险废物	吨	144 524
(2)冶炼废渣	万吨	240
(3)粉　煤　灰	万吨	296
(4)炉　　渣	万吨	158
(5)煤　矸　石	万吨	3
(6)尾　　矿	万吨	8
(7)其他废物	万吨	44
2.工业固定废物综合利用量	万吨	782
(1)危险废物	吨	98 248
(2)冶炼废渣	万吨	235
(3)粉　煤　灰	万吨	257
(4)炉　　渣	万吨	147
(5)煤　矸　石	万吨	3
(6)尾　　矿	万吨	7
(7)其他废物	万吨	41
3.工业固体废物综合利用率	%	92
4.工业固体废物贮存量	万吨	61
5.工业固体废物处置量	万吨	9
#危险废物处置量	吨	46 122
#送往集中处置场处置的	吨	618
6.工业固体废物排放量	万吨	0.16

全市危险物、污水及生活污染处理情况

8—11

指标名称	计量单位	2005年
1.危险废物实际处置能力	吨/日	13
2.危险废物处置量	吨	2 821
#焚烧量	吨	2 691
填埋量	吨	130
#处置工业危险废物量	吨	1 641
处置非工业危险废物量	吨	1 180
3.焚烧残渣填埋量	吨	74
4.污水处理厂处理能力	万吨/日	71
5.污水处理量	万吨	12 862
#处理生活污水量	万吨	6 223
处理工业废水量	万吨	6 639
6.污水再生利用量	万吨	713
7.化学需氧量去除量	吨	92 860
8.氨氮去除量	吨	1 335
9.总磷去除量	吨	317
10.污泥产生量	吨	315 846
11.污泥处置量	吨	312 343
12.污泥利用量	吨	3 306
13.污泥排放量	吨	197
14.城镇生活污水排放量	万吨	18 431
15.城镇生活污水中氨氮产生量	吨	9 215
16.城镇生活污水中氨氮排放量	吨	5 347
17.城镇生活污水中氨氮去除量	吨	3 868
18.生活及其他二氧化硫排放量	吨	28 668
19.生活及其他烟尘排放量	吨	23 317
20.城镇生活污水排放量	万吨	18 431
21.城镇生活污水处理量	万吨	6 223
22.城镇生活污水处理率	%	33.76

九、农村经济

农村基本情况及农业生产条件

9—1

(2005 年)

行政单位	一、农村基层组织情况			二、农村基础设施		
	(一)乡镇个数(个)	#镇个数(个)	(二)村委会个数(个)	(一)自来水受益村(个)	(二)通汽车村数(个)	(三)通电话村数(个)
石家庄市	**223**	**120**	**4 450**	**3 969**	**4 448**	**4 449**
长安区	3	3	33	33	33	33
桥东区	1	1	—	—	—	—
桥西区	1	—	16	16	16	16
新华区	4	2	25	25	25	25
裕华区	2	2	16	16	16	16
矿区	3	2	30	30	30	30
高新区	1	—	9	9	9	9
井陉县	17	10	318	261	316	317
正定县	9	4	174	174	174	174
栾城县	8	5	182	182	182	182
行唐县	15	4	330	231	330	330
灵寿县	15	6	279	147	279	279
高邑县	5	1	107	107	107	107
深泽县	6	2	125	111	125	125
赞皇县	11	2	212	120	212	212
无极县	11	6	213	212	213	213
平山县	23	12	717	690	717	717
元氏县	15	6	208	157	208	208
赵县	11	7	281	281	281	281
辛集市	15	8	344	344	344	344
藁城市	14	13	239	239	239	239
晋州市	10	8	224	224	224	224
新乐市	11	8	160	160	160	160
鹿泉市	12	8	208	200	208	208

9—1 续表 1

（2005 年）

行政单位	三、乡村户数（户）	四、乡村人口数（人）	五、乡村劳动力资源数（人）	#劳动年龄内人数（人）	六、乡村从业人员（人）	#劳动年龄内从业人员数（人）
石家庄市	1 746 560	6 587 593	3 836 304	3 619 955	3 543 276	3 408 649
长安区	26 956	84 760	49 988	48 952	48 134	46 523
桥东区	—	—	—	—	—	—
桥西区	9 861	30 876	19 284	17 089	16 812	16 223
新华区	21 831	76 828	54 529	48 127	39 866	37 510
裕华区	15 694	58 278	32 956	31 552	29 825	28 163
矿区	13 874	47 945	21 280	20 808	20 560	20 084
高新区	7 209	26 311	15 089	14 511	14 215	14 011
井陉县	82 037	287 025	159 653	149 911	143 759	134 017
正定县	95 704	368 933	239 112	223 611	222 674	209 930
栾城县	71 123	295 728	176 888	164 069	163 241	157 710
行唐县	104 460	382 938	194 489	186 922	185 754	179 990
灵寿县	69 886	269 355	142 503	133 711	132 458	128 418
高邑县	39 487	155 489	90 153	87 826	89 265	86 850
深泽县	60 112	223 596	130 876	126 048	125 023	121 240
赞皇县	58 986	213 368	122 132	116 593	112 486	106 938
无极县	112 479	437 016	260 410	258 975	247 598	237 365
平山县	114 960	419 609	208 302	197 261	206 591	196 252
元氏县	76 000	296 054	218 540	193 430	185 900	183 780
赵县	130 670	511 080	295 984	281 219	275 039	273 456
辛集市	151 662	551 050	332 283	299 956	300 527	284 679
藁城市	173 255	688 729	414 785	389 905	384 911	368 103
晋州市	128 635	472 406	279 158	264 400	259 837	252 032
新乐市	95 766	382 504	204 830	197 430	181 930	173 690
鹿泉市	85 913	307 715	173 080	167 649	156 871	151 685

9—1 续表 2

(2005 年)

行政单位	六、乡村从业人员(人)(续)					
	1. 按性别分		2. 按国民经济行业分			
	(1)男	(2)女	(1)农林牧渔业从业人员	#种植业	(2)工业从业人员	#采掘业
石家庄市	**1 869 986**	**1 673 290**	**1 561 085**	**1 308 865**	**925 116**	**44 905**
长安区	23 366	24 768	9 866	8 170	23 398	15
桥东区	—	—	—	—	—	—
桥西区	8 112	8 700	2 747	2 185	6 151	—
新华区	21 807	18 059	4 937	4 538	21 597	—
裕华区	15 300	14 525	8 075	6 596	9 324	—
矿区	11 024	9 536	4 176	3 140	9 402	4 112
高新区	8 016	6 199	5 511	5 511	2 312	—
井陉县	78 869	64 890	71 755	57 245	32 784	14 251
正定县	115 449	107 225	73 059	55 746	49 833	1 484
栾城县	88 772	74 469	92 335	74 580	29 505	6
行唐县	95 776	89 978	97 245	71 271	31 720	3 160
灵寿县	72 976	59 482	86 137	62 054	21 415	3 244
高邑县	46 075	43 190	46 360	43 141	18 297	89
深泽县	65 718	59 305	56 562	48 847	32 848	633
赞皇县	65 367	47 119	51 305	33 297	16 648	2 678
无极县	123 823	123 775	119 824	95 624	73 204	—
平山县	122 615	83 976	142 406	128 660	38 708	9 205
元氏县	97 730	88 170	126 301	120 000	18 980	1 180
赵县	140 408	134 631	128 594	117 965	65 190	—
辛集市	159 818	140 709	105 185	94 331	107 848	—
藁城市	199 744	185 167	88 899	71 805	124 773	140
晋州市	137 081	122 756	108 695	97 803	96 101	164
新乐市	90 230	91 700	54 320	42 460	59 650	350
鹿泉市	81 910	74 961	76 791	63 896	35 428	4 194

9—1 续表 3

(2005 年)

行政单位	六、乡村从业人员(人)(续) 2.按国民经济行业分(续) (2)工业从业人员(续) 制造业	电力、煤气及水的生产和供应业	(3) 建筑业从业人员	(4) 交通运输业、仓储业和邮电通讯业从业人员	(5) 信息传输、计算机服务和软件业从业人员	(6) 批发和零售业从业人员
石家庄市	**860 203**	**20 008**	**332 068**	**195 496**	**12 601**	**223 856**
长安区	23 113	270	6 688	1 020	183	2 482
桥东区	—	—	—	—	—	—
桥西区	5 985	166	2 186	871	108	1 647
新华区	21 597	—	2 166	1 292	15	3 474
裕华区	9 312	12	6 360	2 026	—	1 933
矿区	4 862	428	1 129	2 163	122	1 130
高新区	2 162	150	3 120	795	211	510
井陉县	17 813	720	8 442	10 384	108	4 907
正定县	45 229	3 120	37 824	16 151	1 825	14 797
栾城县	28 656	843	13 118	6 021	207	10 932
行唐县	27 921	639	20 474	9 041	237	7 202
灵寿县	17 918	253	4 945	3 893	4 368	3 852
高邑县	18 114	94	6 152	3 612	195	4 810
深泽县	31 336	879	13 530	7 838	111	8 146
赞皇县	13 751	219	8 369	10 516	601	11 738
无极县	72 406	798	18 193	8 514	120	17 935
平山县	27 378	2 125	7 132	4 259	119	5 796
元氏县	17 210	590	17 560	6 080	565	3 810
赵县	63 770	1 420	22 940	17 432	588	13 929
辛集市	107 003	845	33 914	12 043	525	12 872
藁城市	122 212	2 421	50 649	37 408	1 735	38 593
晋州市	94 963	974	15 179	10 259	26	15 879
新乐市	57 060	2 240	19 305	13 510	340	26 240
鹿泉市	30 432	802	12 693	10 368	292	11 242

9—1 续表 4

(2005 年)

行政单位	六、乡村从业人员(人)(续) 2.按国民经济行业分(续) (7) 住宿和餐饮业从业人员	(8) 金融业从业人员	(9) 房地产业从业人员	(10) 租赁和商务服务业从业人员	(11) 科学研究、技术服务和地质勘查业从业人员	(12) 水利、环境和公共设施管理业从业人员
石家庄市	**71 561**	**13 219**	**1 954**	**28 425**	**4 546**	**5 970**
长安区	1 987	210	63	168	59	93
桥东区	—	—	—	—	—	—
桥西区	693	58	126	581	24	111
新华区	1 381	92	31	487	—	150
裕华区	572	61	29	36	29	77
矿区	515	49	6	222	24	79
高新区	512	29	70	110	40	150
井陉县	2 046	194	13	470	88	162
正定县	9 119	621	198	3 058	83	1 354
栾城县	1 590	253	7	608	291	133
行唐县	3 830	850	8	1 779	210	443
灵寿县	1 024	502	20	178	140	497
高邑县	3 497	485	11	210	38	62
深泽县	1 628	454	7	286	38	37
赞皇县	8 136	716	68	416	1 219	82
无极县	1 204	1 163	—	600	—	104
平山县	410	510	289	1 376	775	137
元氏县	3 345	350	410	5 773	136	290
赵县	5 647	1 470	—	325	611	485
辛集市	2 461	1 611	430	1 365	213	613
藁城市	15 181	1 400	46	8 260	269	440
晋州市	3 714	803	—	942	92	190
新乐市	490	910	100	275	65	25
鹿泉市	2 579	428	22	900	102	256

9—1 续表 5

(2005 年)

行政单位	六、乡村从业人员(人)(续)					
	2.按国民经济行业分(续)					3.按文化程度分
	(13)居民服务和其他服务业从业人员	(14)教育从业人员	(15)卫生、社会保障和社会福利业从业人员	(16)文化、体育和娱乐业从业人员	(17)公共管理和社会组织从业人员	(1)文盲、半文盲从业人员
石家庄市	**74 017**	**28 126**	**21 604**	**20 209**	**23 423**	**66 009**
长安区	972	380	188	81	296	20
桥东区	—	—	—	—	—	—
桥西区	746	142	169	140	312	44
新华区	2 620	578	320	387	339	—
裕华区	796	227	74	18	188	68
矿区	425	288	184	129	517	130
高新区	270	160	310	35	70	100
井陉县	6 860	753	868	2 920	1 005	4
正定县	3 229	2 483	3 681	2 523	2 836	5 014
栾城县	4 300	1 817	859	475	790	800
行唐县	6 843	1 474	1 735	815	1 848	580
灵寿县	3 035	1 055	717	446	234	6 152
高邑县	4 662	321	252	78	223	200
深泽县	829	642	682	442	943	884
赞皇县	128	201	618	509	1 216	3 418
无极县	2 806	100	300	1 980	1 551	9 704
平山县	425	1 220	1 336	78	1 615	17 525
元氏县	290	840	370	220	580	7 000
赵县	6 140	2 724	2 816	4 574	1 574	4 031
辛集市	14 076	2 843	1 207	1 158	2 163	4 716
藁城市	6 891	4 206	1 592	1 362	3 207	2 491
晋州市	3 449	1 323	1 312	1 145	728	175
新乐市	1 370	3 540	1 380	240	170	1 520
鹿泉市	2 855	809	634	454	1 018	1 433

9—1 续表 6

(2005 年)

行政单位	六、乡村从业人员(人)(续) 3.按文化程度分(续) (2)小学文化程度从业人员	(3)初中文化程度从业人员	(4)高中文化程度从业人员	(5)中专文化程度从业人员	(6)大专及以上文化程度从业人员	七、耕地情况(公顷) (一)年初耕地总资源	(二)年内减少耕地面积
石家庄市	**879 800**	**1 705 376**	**767 536**	**82 182**	**42 373**	**594 165**	**1 566**
长安区	6 522	24 449	13 040	2 673	1 430	4 169	—
桥东区	—	—	—	—	—	503	28
桥西区	2 850	6 526	5 587	1 424	381	1 556	67
新华区	5 526	14 897	12 581	5 008	1 854	2 385	—
裕华区	6 020	14 617	7 174	1 645	301	4 017	202
矿区	3 196	9 812	5 823	1 157	442	2 055	70
高新区	1 167	8 623	2 456	912	957	562	—
井陉县	40 391	69 080	31 167	2 617	500	22 691	6
正定县	48 063	107 350	49 209	5 942	7 096	30 294	97
栾城县	38 442	77 228	39 915	4 508	2 348	26 539	149
行唐县	48 286	91 315	44 326	926	321	39 180	—
灵寿县	42 224	57 257	24 858	1 512	455	24 501	—
高邑县	18 430	38 691	27 484	3 432	1 028	16 845	9
深泽县	41 946	58 062	23 395	518	218	19 806	9
赞皇县	25 872	65 707	16 726	612	151	15 943	24
无极县	93 804	96 074	44 791	2 164	1 061	35 633	14
平山县	45 940	92 350	34 320	12 136	4 320	34 362	1
元氏县	52 435	81 052	33 151	8 012	4 250	36 787	420
赵县	62 441	158 154	44 838	3 599	1 976	50 837	251
辛集市	72 171	152 405	62 231	6 111	2 893	69 521	15
藁城市	95 251	202 190	79 284	4 259	1 436	57 258	—
晋州市	62 413	126 207	68 225	2 178	639	41 955	37
新乐市	33 900	83 070	55 260	5 460	2 720	28 752	—
鹿泉市	32 510	70 260	41 695	5 377	5 596	28 014	167

9—1 续表 7　　(2005 年)

行政单位	七、耕地情况(公顷)(续)				
	年内减少耕地面积中：		(三)		
	国家基建占地	退耕还林还草占地	年末耕地总资源	# 常用耕地	# 水浇地
石家庄市	**321**	**358**	**593 775**	**572 699**	**514 461**
长安区	—	—	4 169	4 169	4 169
桥东区	28	—	475	475	475
桥西区	—	—	1 489	1 489	1 447
新华区	—	—	2 385	2 357	2 202
裕华区	202	—	3 815	3 815	3 815
矿区	—	—	1 985	1 985	1 934
高新区	—	—	562	562	562
井陉县	—	—	22 690	22 690	11 356
正定县	—	1	30 291	27 303	27 303
栾城县	57	—	26 579	26 579	26 579
行唐县	—	—	39 361	35 900	28 209
灵寿县	—	—	24 501	22 118	16 168
高邑县	—	—	16 849	15 970	15 970
深泽县	—	—	19 908	19 800	19 800
赞皇县	18	—	15 973	15 973	9 630
无极县	—	—	35 640	35 303	35 303
平山县	1	—	34 361	30 185	16 800
元氏县	—	357	36 843	35 056	26 080
赵县	—	—	50 590	50 590	50 590
辛集市	15	—	69 506	69 506	69 506
藁城市	—	—	57 258	54 700	54 700
晋州市	—	—	41 946	40 582	40 582
新乐市	—	—	28 752	28 006	28 006
鹿泉市	—	—	27 847	27 586	23 275

9—1 续表 8 (2005 年)

行政单位	八、农业机械化情况					
	农用机械总动力(千瓦)				(一)拖拉机及配套农具	
	合计	1.柴油发动机动力	2.汽油发动机动力	3.电动机动力	大中型拖拉机	
					台	千瓦
石家庄市	**18 039 338**	**12 752 730**	**350 015**	**4 936 593**	**17 265**	**725 044**
长安区	233 300	69 600	49 700	114 000	168	7 800
桥东区	6 828	3 862	—	2 966	36	1 445
桥西区	17 992	8 859	4 009	5 124	60	2 541
新华区	40 245	17 083	11 579	11 583	129	5 645
裕华区	46 198	33 367	—	12 831	207	8 213
矿区	33 965	18 963	1 292	13 710	123	3 979
高新区	49 000	35 000	—	14 000	67	2 400
井陉县	397 824	249 767	45 064	102 993	272	4 847
正定县	1 427 577	934 026	69 878	423 673	1 575	64 474
栾城县	605 222	337 529	37 870	229 823	1 001	45 690
行唐县	804 567	621 683	13 150	169 734	550	21 930
灵寿县	332 914	288 153	2 557	42 204	493	12 132
高邑县	291 803	218 223	80	73 500	467	19 866
深泽县	652 596	555 854	851	95 891	682	27 566
赞皇县	353 145	307 073	—	46 072	241	10 476
无极县	856 433	748 615	1 390	106 428	1 125	49 171
平山县	593 884	440 533	6 403	146 948	245	8 520
元氏县	565 982	459 141	590	106 251	1 223	54 291
赵县	2 786 567	1 915 078	3 545	867 944	1 892	80 718
辛集市	2 086 479	1 424 093	25 013	637 373	1 198	55 961
藁城市	2 132 167	1 358 654	30 100	743 413	2 229	93 327
晋州市	1 293 158	1 027 914	2 136	263 108	1 028	41 636
新乐市	1 804 510	1 260 233	19 172	525 105	1 444	67 499
鹿泉市	626 982	419 427	25 636	181 919	810	34 917

9—1 续表 9

（2005 年）

行政单位	八、农业机械化情况(续)					
	(一)拖拉机及配套农具(续)				(二)农用排灌机械	
	小型拖拉机		大中型拖拉机配套农具	小型拖拉机配套农具	1.农用排灌动力机械	
	(台)	(千瓦)	(台)	(台)	(台)	(千瓦)
石家庄市	**184 318**	**1 903 178**	**40 561**	**207 847**	**488 421**	**4 863 259**
长安区	1 000	10 100	300	500	2 125	54 982
桥东区	174	1 893	33	200	186	2 040
桥西区	74	749	85	87	346	4 504
新华区	235	2 177	257	54	753	10 303
裕华区	545	5 706	339	425	932	8 868
矿区	702	7 062	241	868	305	12 650
高新区	210	2 200	111	100	800	16 800
井陉县	14 694	119 361	340	13 197	3 779	51 786
正定县	7 997	72 048	2 913	6 554	34 621	372 821
栾城县	6 587	75 785	2 053	9 410	17 713	174 456
行唐县	4 600	47 333	1 100	4 646	39 520	343 642
灵寿县	5 278	47 182	718	4 781	12 520	105 786
高邑县	9 793	89 485	1 047	6 563	10 115	102 773
深泽县	3 570	39 386	4 826	8 070	12 588	116 722
赞皇县	13 252	127 275	555	14 658	7 689	51 883
无极县	11 535	127 449	2 076	2 467	31 816	298 616
平山县	11 200	102 314	384	11 547	18 812	189 630
元氏县	10 880	119 161	3 260	12 800	20 180	162 835
赵县	23 821	274 554	4 875	46 712	55 610	578 941
辛集市	18 194	227 452	2 834	31 060	48 970	572 675
藁城市	9 828	98 276	5 362	4 972	49 249	493 892
晋州市	17 783	176 265	2 496	8 759	21 461	233 086
新乐市	4 373	47 161	2 616	14 018	87 928	810 011
鹿泉市	7 993	82 804	1 740	5 399	10 403	93 557

9—1 续表 10

(2005 年)

行政单位	八、农业机械化情况(续)					
	(二)农用排灌机械(续)					
	#(1)柴油机		(2)电动机		2. 农用水泵	3. 节水灌溉机械
	(台)	(千瓦)	(台)	(千瓦)	(台)	(套)
石家庄市	**259 127**	**2 484 153**	**229 294**	**2 379 076**	**196 047**	**1 919**
长安区	495	4 369	1 630	50 613	2 151	40
桥东区	—	—	186	2 040	186	—
桥西区	—	—	346	4 504	383	28
新华区	7	70	746	10 233	748	39
裕华区	—	—	932	8 868	854	8
矿区	67	592	238	12 058	230	56
高新区	500	4 200	300	12 600	350	—
井陉县	1 282	11 376	2 497	40 410	2 130	134
正定县	17 187	167 983	17 434	204 838	14 288	143
栾城县	6 580	60 013	11 133	114 443	7 067	19
行唐县	24 767	224 202	14 753	119 440	13 500	102
灵寿县	8 240	74 510	4 280	31 276	6 000	10
高邑县	4 129	36 894	5 986	65 879	3 664	—
深泽县	7 100	64 037	5 488	52 685	5 838	42
赞皇县	4 420	29 792	3 269	22 091	6 512	—
无极县	21 740	239 348	10 076	59 268	11 495	—
平山县	9 834	91 015	8 978	98 615	5 097	31
元氏县	9 822	86 849	10 358	75 956	8 592	120
赵县	26 677	246 719	28 933	332 222	19 122	4
辛集市	29 919	344 063	19 051	228 612	22 902	22
藁城市	20 744	185 504	28 505	308 388	16 798	900
晋州市	9 365	82 356	12 096	150 730	10 890	192
新乐市	55 260	518 558	32 668	291 453	32 540	18
鹿泉市	992	11 703	9 411	81 854	4 710	11

9—1续表11

(2005年)

行政单位	八、农用机械化情况(续)					
	(三)收获机械			(四)植保机械		(五)农副产品加工机械动力(千瓦)
	联合收割机		机动脱粒机	机动喷雾(粉)机		
	(台)	(千瓦)	(台)	(部)	(千瓦)	
石家庄市	**14 881**	**604 319**	**32 430**	**31 832**	**52 174**	**2 940 062**
长安区	134	6 463	6	34	75	34 080
桥东区	10	820	10	100	379	251
桥西区	24	2 094	21	6	19	620
新华区	60	2 324	56	128	465	1 255
裕华区	52	1 816	—	—	—	3 353
矿区	161	714	283	55	96	907
高新区	—	—	—	—	—	—
井陉县	345	288	6 189	81	193	63 765
正定县	862	33 947	—	803	7 677	239 900
栾城县	721	34 972	3 031	76	359	132 127
行唐县	534	26 345	—	256	568	42 960
灵寿县	359	12 994	518	213	635	8 371
高邑县	779	30 100	—	30	80	7 621
深泽县	600	24 022	—	189	851	43 206
赞皇县	342	4 925	3 571	—	—	14 684
无极县	847	42 881	—	360	1 390	31 192
平山县	302	3 668	6 361	1 726	5 471	75 433
元氏县	996	39 831	—	160	590	32 387
赵县	1 706	33 113	4 331	13 412	3 545	713 700
辛集市	1 189	66 957	3 083	8 845	19 910	416 871
藁城市	1 516	63 028	666	2 119	3 861	560 368
晋州市	1 239	64 693	1 621	1 105	2 136	103 980
新乐市	1 514	79 946	1 314	1 602	3 177	319 113
鹿泉市	589	28 378	1 369	532	697	93 918

9—1 续表 12　　　　(2005 年)

行政单位	八、农业机械化情况(续)			九、农业机械化项目水平(公顷)		
	(六)农用运输机械		(七)其他农业机械动力(千瓦)	(一)当年实际机耕地面积	(二)当年机械播种面积	(三)当年机械收获面积
	(辆)	(千瓦)				
石家庄市	**432 619**	**6 550 001**	**399 244**	**485 888**	**597 004**	**327 031**
长安区	2 500	29 283	90 517	2 000	4 000	2 200
桥东区	—	—	—	474	1 000	1 000
桥西区	67	7 465	—	1 489	590	370
新华区	213	8 445	9 631	1 937	1 775	900
裕华区	1 048	15 708	2 534	3 815	6 260	3 170
矿区	287	5 417	2 828	1 467	2 001	1 697
高新区	200	3 700	23 900	540	1 130	560
井陉县	8 503	150 867	6 457	11 300	8 977	4 320
正定县	36 100	609 600	27 110	27 013	35 734	20 667
栾城县	5 591	119 122	22 711	26 579	26 412	17 882
行唐县	30 346	302 400	19 389	26 841	30 000	17 000
灵寿县	14 907	138 807	7 007	15 330	13 680	7 810
高邑县	2 586	41 688	190	16 350	18 440	9 000
深泽县	18 800	397 400	3 443	19 779	24 168	12 596
赞皇县	5 974	130 529	13 373	13 025	14 525	7 366
无极县	26 163	286 637	19 097	33 780	43 670	26 620
平山县	11 542	204 067	3 849	10 666	13 400	6 830
元氏县	6 071	138 900	17 987	25 333	33 333	19 730
赵县	63 077	1 085 152	16 844	49 784	61 503	31 960
辛集市	38 626	686 208	40 405	69 506	82 967	37 867
藁城市	57 338	785 760	33 655	50 112	61 330	34 296
晋州市	55 706	657 952	13 410	32 000	51 960	28 400
新乐市	39 239	467 000	10 603	26 293	36 062	19 010
鹿泉市	7 735	277 894	14 304	20 475	24 087	15 780

9—1 续表 13

(2005 年)

行政单位	十、农业主要能源及物资消耗					
	(一)农村用电量(万千瓦时)	(二)农用化肥施用量(吨) 按实物量计算				
		合计	氮肥	磷肥	钾肥	复合肥
石家庄市	**515 196**	**1 738 991**	**973 491**	**489 684**	**56 561**	**219 255**
长安区	12 824	15 820	10 195	3 780	640	1 205
桥东区	7 089	993	560	119	—	314
桥西区	10 170	2 660	1 032	444	266	918
新华区	9 077	3 589	1 774	611	299	905
裕华区	2 151	11 295	5 955	2 047	480	2 813
矿区	8 478	5 660	3 453	1 484	5	718
高新区	1 550	381	271	69	—	41
井陉县	11 461	40 894	25 799	13 575	21	1 499
正定县	13 352	166 203	98 448	39 499	4 023	24 233
栾城县	12 486	64 645	34 614	23 797	943	5 291
行唐县	13 178	96 207	76 781	7 371	657	11 398
灵寿县	20 550	56 344	31 989	15 491	653	8 211
高邑县	7 960	27 367	12 292	5 176	998	8 901
深泽县	14 359	49 032	24 486	15 446	936	8 164
赞皇县	15 801	29 728	12 931	5 338	—	11 459
无极县	21 796	111 490	63 330	35 800	2 900	9 460
平山县	9 280	70 225	45 753	20 890	22	3 560
元氏县	8 623	105 960	51 000	34 510	2 030	18 420
赵县	31 050	147 883	68 593	37 992	12 732	28 566
辛集市	25 256	221 634	110 990	85 168	8 411	17 065
藁城市	58 658	226 689	124 611	68 471	8 209	25 398
晋州市	77 019	109 775	68 269	24 127	2 177	15 202
新乐市	22 290	133 250	78 620	37 520	8 260	8 850
鹿泉市	100 738	41 267	21 745	10 959	1 899	6 664

9—1 续表 14 （2005 年）

行政单位	十、农业主要能源及物资消耗(续) (二)农用化肥施用量(吨)(续) 按折纯法计算				
	合计	氮肥	磷肥	钾肥	复合肥
石家庄市	**486 060**	**278 929**	**84 404**	**27 191**	**95 536**
长安区	4 950	3 061	941	350	598
桥东区	397	225	19	—	153
桥西区	1 031	459	88	111	373
新华区	1 259	456	130	134	539
裕华区	4 608	2 675	363	232	1 338
矿区	1 480	1 038	151	3	288
高新区	151	114	19	—	18
井陉县	9 475	5 934	2 780	12	749
正定县	44 455	25 290	5 885	2 091	11 189
栾城县	17 327	9 790	4 947	509	2 081
行唐县	22 332	15 190	1 099	334	5 709
灵寿县	9 654	6 405	1 924	231	1 094
高邑县	10 721	4 659	906	349	4 807
深泽县	14 059	7 737	2 099	468	3 755
赞皇县	10 173	2 341	1 602	—	5 730
无极县	28 699	18 112	5 516	1 391	3 680
平山县	14 619	9 134	4 325	12	1 148
元氏县	29 675	15 310	6 907	1 013	6 445
赵县	60 480	32 052	9 513	6 612	12 303
辛集市	63 015	39 910	13 925	3 164	6 016
藁城市	58 912	31 153	10 955	4 105	12 699
晋州市	32 485	19 789	3 264	983	8 449
新乐市	30 363	19 105	4 127	4 031	3 100
鹿泉市	15 740	8 490	2 919	1 056	3 275

9—1 续表 15　　(2005 年)

行政单位	十、农业主要能源及物资消耗(续)				
	(三) 农用塑料薄膜使用量(吨)	# 地膜使用量	地膜覆盖面积(公顷)	(四) 农用柴油消耗量(吨)	(五) 农药使用量(吨)
石家庄市	**7 653**	**3 116**	**49 076**	**1 279 143**	**13 210**
长安区	144	18	242	7 550	471
桥东区	21	7	99	400	39
桥西区	47	36	497	900	20
新华区	33	22	498	1 700	49
裕华区	50	22	310	3 500	42
矿区	10	5	75	1 900	50
高新区	3	1	9	5 400	9
井陉县	40	10	134	24 200	176
正定县	767	244	3 812	98 930	468
栾城县	142	81	1 100	32 500	285
行唐县	242	160	3 543	91 038	546
灵寿县	104	32	630	29 000	81
高邑县	412	63	846	21 700	299
深泽县	69	33	569	55 410	170
赞皇县	282	116	1 548	31 100	305
无极县	470	125	2 140	76 200	580
平山县	132	128	2 400	43 100	205
元氏县	620	400	6 660	60 515	515
赵县	262	87	1 466	187 500	2 087
辛集市	1 656	613	8 178	114 200	3 637
藁城市	963	318	5 196	135 000	658
晋州市	94	44	589	101 500	967
新乐市	600	490	7 630	115 500	760
鹿泉市	490	61	905	40 400	791

9—1 续表 16　　　　(2005 年)

行政单位	十一、农田水利建设情况				
	(一)有效灌溉面积(公顷)	(二)旱涝保收面积(公顷)	(三)机电排灌面积(公顷)	(四)机电井年末达到数(眼)	#已配套机电井
石家庄市	**514 842**	**475 114**	**482 371**	**130 212**	**129 240**
长安区	4 169	4 169	4 169	1 446	1 446
桥东区	475	404	426	185	185
桥西区	1 447	1 447	1 447	346	346
新华区	2 202	2 202	2 202	693	693
裕华区	3 815	3 570	3 570	1 000	1 000
矿区	1 934	1 679	1 210	44	44
高新区	562	308	308	180	180
井陉县	11 356	8 633	4 122	537	522
正定县	27 303	27 303	27 303	9 186	9 186
栾城县	26 579	26 579	26 579	6 070	6 070
行唐县	28 550	26 828	26 828	7 945	7 945
灵寿县	16 208	8 632	10 520	2 348	2 032
高邑县	15 970	11 640	15 970	3 771	3 771
深泽县	19 800	19 800	19 800	5 842	5 842
赞皇县	9 630	2 700	6 900	2 996	2 565
无极县	35 303	35 303	35 303	10 305	10 305
平山县	16 800	13 500	10 180	2 709	2 545
元氏县	26 080	15 600	25 850	5 668	5 668
赵县	50 590	50 590	50 590	11 839	11 839
辛集市	69 506	67 664	69 506	14 637	14 637
藁城市	54 700	54 700	54 700	16 085	16 085
晋州市	40 582	40 582	40 582	10 263	10 263
新乐市	28 006	28 006	28 006	11 960	11 960
鹿泉市	23 275	23 275	16 300	4 157	4 111

农业主要产品生产情况

9—2

(2005年)

计量单位:公顷、公斤/公顷、吨

行政单位	农作物总播种面积	一、粮食作物合计			(一)夏收粮食		
		播种面积	单产	总产量	播种面积	单产	总产量
石家庄市	**832 005**	**732 649**	**6 585**	**4 824 262**	**341 507**	**6 683**	**2 282 389**
长安区	5 437	4 941	6 677	32 990	2 434	6 537	15 912
桥东区	468	468	5 643	2 641	277	5 397	1 495
桥西区	878	766	6 149	4 711	365	5 710	2 085
新华区	1 713	1 579	6 358	10 040	795	6 015	4 783
裕华区	6 131	6 084	6 457	39 287	3 000	6 236	18 707
矿区	3 277	3 157	5 506	17 384	1 447	5 519	7 986
高新区	616	616	6 963	4 289	308	6 800	2 094
井陉县	28 773	25 174	4 134	104 059	9 012	4 379	39 464
正定县	47 120	40 815	7 561	308 620	20 476	7 399	151 498
栾城县	39 413	35 629	7 656	272 785	17 845	7 119	127 039
行唐县	55 546	46 208	6 423	296 771	17 410	6 156	107 178
灵寿县	33 540	30 113	4 547	136 936	12 302	4 659	57 319
高邑县	21 604	18 959	6 150	116 597	8 300	6 495	53 909
深泽县	29 581	26 727	6 767	180 150	12 498	6 744	84 289
赞皇县	32 862	24 131	4 606	111 158	9 467	4 680	44 304
无极县	54 775	49 852	7 018	349 868	25 667	7 275	186 727
平山县	44 102	36 771	5 510	202 616	16 083	5 970	96 111
元氏县	49 428	45 168	5 966	269 453	20 666	6 232	128 800
赵县	67 764	62 724	7 290	457 269	31 462	7 523	236 674
辛集市	94 675	76 637	6 693	512 899	37 396	6 920	258 762
藁城市	68 571	65 354	7 625	498 322	32 735	7 545	246 993
晋州市	61 370	57 029	6 780	386 676	27 161	7 095	192 707
新乐市	46 322	38 000	7 740	294 121	18 175	6 750	122 681
鹿泉市	38 039	35 747	6 004	214 620	16 226	5 847	94 872

9—2 续表 1　　(2005 年)　　计量单位:公顷、公斤/公顷、吨

行政单位	夏收粮食中:冬小麦			(二)秋收粮食		
	播种面积	单产	总产量	播种面积	单产	总产量
石家庄市	**340 093**	**6 696**	**2 277 178**	**391 142**	**6 499**	**2 541 873**
长安区	2 390	6 610	15 789	2 507	6 812	17 078
桥东区	277	5 397	1 495	191	6 000	1 146
桥西区	365	5 710	2 085	401	6 549	2 626
新华区	795	6 015	4 783	784	6 705	5 257
裕华区	3 000	6 236	18 707	3 084	6 673	20 580
矿区	1 447	5 519	7 986	1 710	5 496	9 398
高新区	308	6 800	2 094	308	7 126	2 195
井陉县	9 012	4 379	39 464	16 162	3 997	64 595
正定县	20 476	7 399	151 498	20 339	7 725	157 122
栾城县	17 412	7 211	125 562	17 784	8 195	145 746
行唐县	17 230	6 175	106 395	28 798	6 584	189 593
灵寿县	11 870	4 770	56 620	17 811	4 470	79 617
高邑县	8 300	6 495	53 909	10 659	5 881	62 688
深泽县	12 462	6 755	84 177	14 229	6 737	95 861
赞皇县	9 467	4 680	44 304	14 664	4 559	66 854
无极县	25 667	7 275	186 727	24 185	6 746	163 141
平山县	15 828	6 030	95 443	20 688	5 148	106 505
元氏县	20 666	6 232	128 800	24 502	5 740	140 653
赵县	31 462	7 523	236 674	31 262	7 056	220 595
辛集市	37 396	6 920	258 762	39 241	6 476	254 137
藁城市	32 701	7 512	245 644	32 619	7 705	251 329
晋州市	27 161	7 095	192 707	29 868	6 494	193 969
新乐市	18 175	6 750	122 681	19 825	8 648	171 440
鹿泉市	16 226	5 847	94 872	19 521	6 134	119 748

9—2 续表 2　　(2005 年)　　计量单位:公顷、公斤/公顷、吨

行政单位	1.秋收谷物			#(1)玉米		
	播种面积	单产	总产量	播种面积	单产	总产量
石家庄市	**328 347**	**6 863**	**2 253 529**	**308 048**	**7 066**	**2 176 628**
长安区	2 219	6 660	14 779	2 219	6 660	14 779
桥东区	191	6 000	1 146	191	6 000	1 146
桥西区	362	6 801	2 462	362	6 801	2 462
新华区	784	6 705	5 257	784	6 705	5 257
裕华区	2 946	6 796	20 020	2 946	6 796	20 020
矿区	1 587	5 686	9 024	1 516	389	8 852
高新区	308	7 126	2 195	308	7 126	2 195
井陉县	13 217	4 138	54 694	11 441	4 425	50 626
正定县	16 703	8 317	138 918	16 568	8 329	137 996
栾城县	16 168	8 678	140 304	16 000	8 730	139 679
行唐县	19 446	7 399	143 884	18 543	7 649	141 828
灵寿县	13 846	4 624	64 026	13 445	4 698	63 163
高邑县	9 475	6 177	58 529	9 298	6 225	57 880
深泽县	12 186	6 843	83 389	11 642	6 969	81 131
赞皇县	10 648	5 127	54 591	9 667	5 400	52 202
无极县	20 809	7 092	147 585	19 668	7 320	143 970
平山县	16 588	5 402	89 603	14 015	5 980	83 810
元氏县	19 863	5 808	115 358	18 200	3 030	109 746
赵县	27 319	7 452	203 575	25 105	7 681	192 840
辛集市	33 186	6 811	226 038	28 335	7 093	200 983
藁城市	29 777	7 924	235 964	29 774	7 924	235 939
晋州市	24 944	6 919	172 587	22 698	7 147	162 230
新乐市	18 125	8 750	158 594	18 125	8 750	158 594
鹿泉市	17 650	6 289	111 007	17 198	6 355	109 300

9—2 续表 3　　(2005 年)　　计量单位:公顷、公斤/公顷、吨

行政单位	(2)谷子			(3)高粱		
	播种面积	单产	总产量	播种面积	单产	总产量
石家庄市	**17 925**	**3 799**	**68 101**	**576**	**3 819**	**2 200**
长安区	—	—	—	—	—	—
桥东区	—	—	—	—	—	—
桥西区	—	—	—	—	—	—
新华区	—	—	—	—	—	—
裕华区	—	—	—	—	—	—
矿区	71	2 423	172	—	—	—
高新区	—	—	—	—	—	—
井陉县	1 547	1 906	2 948	50	1 940	97
正定县	—	—	—	26	4 346	113
栾城县	23	4 870	112	41	4 902	201
行唐县	826	2 103	1 737	37	4 649	172
灵寿县	263	2 205	580	—	—	—
高邑县	177	3 667	649	—	—	—
深泽县	535	4 131	2 210	9	5 333	48
赞皇县	681	3 160	2 152	47	1 532	72
无极县	1 038	3 015	3 130	20	2 800	56
平山县	1 626	1 315	2 139	72	3 319	239
元氏县	1 600	3 370	5 392	63	3 492	220
赵县	2 155	4 837	10 423	59	5 258	312
辛集市	4 740	5 170	24 506	111	4 946	549
藁城市	3	8 333	25	—	—	—
晋州市	2 211	4 635	10 248	35	3 115	109
新乐市	—	—	—	—	—	—
鹿泉市	429	3 911	1 678	6	2	12

9—2 续表 4　　(2005 年)　　计量单位:公顷、公斤/公顷、吨

行政单位	2.秋收豆类			#大豆		
	播种面积	单产	总产量	播种面积	单产	总产量
石家庄市	**29 247**	**3 428**	**100 246**	**26 588**	**3 585**	**95 312**
长安区	36	5 025	181	36	5 025	181
桥东区	—	—	—	—	—	—
桥西区	39	4 205	164	39	4 205	164
新华区	—	—	—	—	—	—
裕华区	135	4 022	543	135	4 022	543
矿区	70	1 886	132	20	2 200	44
高新区	—	—	—	—	—	—
井陉县	2 034	1 510	3 071	999	1 650	1 648
正定县	2 549	3 758	9 580	2 547	3 758	9 571
栾城县	1 314	2 922	3 839	1 314	2 922	3 839
行唐县	607	3 318	2 014	587	3 370	1 978
灵寿县	119	2 261	269	107	2 271	243
高邑县	1 085	3 143	3 410	1 048	3 165	3 317
深泽县	1 095	3 448	3 776	986	3 582	3 532
赞皇县	1 334	1 050	1 401	1 043	1 080	1 126
无极县	1 401	3 305	4 630	1 401	3 305	4 630
平山县	980	2 691	2 637	538	2 827	1 521
元氏县	1 139	3 018	3 437	980	3 160	3 097
赵县	3 216	3 802	12 228	3 146	3 826	12 038
辛集市	5 218	4 197	21 898	5 151	4 222	21 748
藁城市	1 867	4 199	7 839	1 866	4 200	7 837
晋州市	3 409	3 744	12 765	3 206	3 852	12 348
新乐市	600	4 580	2 748	600	4 580	2 748
鹿泉市	1 000	3 684	3 684	839	3 765	3 159

9—2 续表 5　　(2005 年)　　计量单位:公顷、公斤/公顷、吨

行政单位	3.秋收薯类			二、油料		
	播种面积	单产	总产量	播种面积	单产	总产量
石家庄市	**33 548**	**5 607**	**188 098**	**69 863**	**3 416**	**238 671**
长安区	252	8 400	2 118	414	3 947	1 634
桥东区	—	—	—	—	—	—
桥西区	—	—	—	—	—	—
新华区	—	—	—	134	3 000	402
裕华区	3	5 666	17	1	3 000	3
矿区	53	4 566	242	107	2 047	219
高新区	—	—	—	—	—	—
井陉县	911	7 497	6 830	3 245	1 823	5 915
正定县	1 087	7 934	8 624	5 474	3 887	21 278
栾城县	302	5 308	1 603	962	4 130	3 973
行唐县	8 745	4 997	43 695	6 200	3 258	20 199
灵寿县	3 846	3 984	15 322	2 429	1 966	4 776
高邑县	99	7 566	749	1 780	3 600	6 408
深泽县	948	9 173	8 696	2 098	4 101	8 603
赞皇县	2 682	4 050	10 862	7 639	1 983	15 147
无极县	1 975	5 532	10 926	4 597	3 516	16 163
平山县	3 120	4 572	14 265	3 292	2 048	6 743
元氏县	3 500	6 245	21 858	3 160	2 989	9 445
赵县	727	6 590	4 792	3 119	4 251	13 260
辛集市	837	7 409	6 201	8 970	4 186	37 546
藁城市	975	7 719	7 526	2 798	5 001	13 993
晋州市	1 515	5 687	8 617	3 525	3 112	10 971
新乐市	1 100	9 180	10 098	8 000	4 660	37 280
鹿泉市	871	5 806	5 057	1 919	2 456	4 713

9—2 续表 6　　(2005 年)　　计量单位:公顷、公斤/公顷、吨

行政单位	油料作物中:花生			三、棉花		
	播种面积	单产	总产量	播种面积	单产	总产量
石家庄市	**59 818**	**3 643**	**217 903**	**16 720**	**1 048**	**17 529**
长安区	407	3 975	1 618	82	1 050	86
桥东区	—	—	—	—	—	—
桥西区	—	—	—	—	—	—
新华区	27	3 000	81	—	—	—
裕华区	1	3 000	3	9	1 111	10
矿区	17	2 176	37	—	—	—
高新区	—	—	—	—	—	—
井陉县	566	2 251	1 274	94	596	56
正定县	5 474	3 887	21 278	689	832	573
栾城县	487	4 567	2 224	333	766	255
行唐县	6 023	3 293	19 832	667	714	476
灵寿县	2 333	2 027	4 728	230	874	201
高邑县	1 675	3 676	6 156	322	1 199	386
深泽县	2 049	4 164	8 532	709	1 096	777
赞皇县	4 755	2 025	9 629	148	608	90
无极县	4 597	3 516	16 163	326	672	219
平山县	2 360	2 255	5 321	583	736	429
元氏县	2 400	2 830	6 792	1 000	1 050	1 050
赵县	3 119	4 251	13 260	1 411	1 054	1 487
辛集市	8 719	4 221	36 803	8 440	1 144	9 658
藁城市	2 798	5 001	13 993	382	1 312	501
晋州市	3 511	3 120	10 956	813	902	733
新乐市	8 000	4 660	37 280	322	981	316
鹿泉市	500	3 886	1 943	160	1 413	226

9—2 续表 7　　(2005 年)　　计量单位:公顷、公斤/公顷、吨

行政单位	棉花作物中:地膜棉			四、蔬菜、瓜类		
	播种面积	单产	总产量	播种面积	单产	总产量
石家庄市	**11 452**	**1 157**	**13 250**	**175 971**	**75 797**	**13 338 048**
长安区	82	1 050	86	2 224	60 284	134 072
桥东区	—	—	—	532	48 641	25 877
桥西区	—	—	—	1 701	57 106	97 138
新华区	—	—	—	2 225	56 949	126 712
裕华区	—	—	—	1 564	65 881	103 038
矿区	—	—	—	641	43 704	28 014
高新区	—	—	—	—	—	—
井陉县	—	—	—	3 633	36 649	133 145
正定县	247	834	206	8 491	94 997	806 620
栾城县	22	770	17	13 203	101 469	1 339 698
行唐县	333	793	264	4 085	55 584	227 062
灵寿县	—	—	—	3 018	52 835	159 455
高邑县	322	1 199	386	9 810	68 360	670 616
深泽县	540	1 019	550	5 470	65 471	358 125
赞皇县	42	714	30	2 088	48 420	101 101
无极县	—	—	—	9 099	74 223	675 352
平山县	200	1 425	285	3 776	35 651	134 617
元氏县	533	1 351	720	6 580	59 360	390 587
赵县	598	1 229	735	12 975	73 253	950 460
辛集市	8 178	1 153	9 433	16 175	112 391	1 817 927
藁城市	204	1 706	348	36 100	72 878	2 630 885
晋州市	—	—	—	6 845	43 982	301 055
新乐市	150	1 253	188	14 419	84 936	1 224 693
鹿泉市	1	2 000	2	11 317	79 685	901 799

9—2 续表 8　　　　(2005 年)　　　　计量单位:公顷、公斤/公顷、吨

行政单位	(一)蔬菜(含菜用瓜)			(二)瓜类		
	播种面积	单产	总产量	播种面积	单产	总产量
石家庄市	**164 084**	**77 408**	**12 701 456**	**11 887**	**53 554**	**636 592**
长安区	2 074	60 454	125 382	150	57 933	8 690
桥东区	457	50 880	23 252	75	35 000	2 625
桥西区	1 701	57 106	97 138	—	—	—
新华区	2 132	57 731	123 082	93	39 032	3 630
裕华区	1 564	65 881	103 038	—	—	—
矿区	641	43 704	28 014	—	—	—
高新区	—	—	—	—	—	—
井陉县	3 633	36 649	133 145	—	—	—
正定县	7 395	102 199	755 765	1 096	46 401	50 855
栾城县	12 295	104 550	1 285 442	908	59 753	54 256
行唐县	3 842	56 358	216 529	243	43 346	10 533
灵寿县	2 700	55 452	149 720	318	30 613	9 735
高邑县	9 299	68 410	636 140	511	67 468	34 476
深泽县	5 338	65 584	350 086	132	60 902	8 039
赞皇县	1 552	59 006	91 577	536	17 769	9 524
无极县	8 564	73 586	630 188	535	84 419	45 164
平山县	3 420	36 601	125 177	356	26 517	9 440
元氏县	5 770	61 447	354 547	810	44 494	36 040
赵县	11 895	74 718	888 770	1 080	57 120	61 690
辛集市	16 135	112 547	1 815 940	40	49 675	1 987
藁城市	35 362	73 216	2 589 062	738	56 671	41 823
晋州市	6 721	44 096	296 371	124	37 774	4 684
新乐市	10 487	94 844	994 632	3 932	58 510	230 061
鹿泉市	11 107	79 991	888 459	210	63 524	13 340

9—2 续表 9　　(2005 年)　　计量单位:公顷、公斤/公顷、吨

行政单位	瓜类中:西瓜			五、粮食作物占用耕地		六、蔬菜作物占用耕地
	播种面积	单产	总产量	面积	单产	
石家庄市	**10 529**	**56 453**	**594 393**	**403 059**	**11 969**	**85 615**
长安区	147	58 503	8 600	2 471	13 351	519
桥东区	43	40 000	1 720	246	10 736	256
桥西区	—	—	—	401	11 748	668
新华区	93	39 032	3 630	784	12 806	782
裕华区	—	—	—	3 042	10 632	619
矿区	—	—	—	1 635	12 915	461
高新区	—	—	—	308	13 925	—
井陉县	—	—	—	16 162	6 438	1 267
正定县	606	56 124	34 011	20 336	15 176	3 322
栾城县	691	66 501	45 952	17 845	15 286	5 910
行唐县	233	44 541	10 378	27 669	10 726	2 301
灵寿县	318	30 613	9 735	17 811	7 688	3 158
高邑县	510	67 529	34 440	14 584	7 995	10 249
深泽县	101	69 594	7 029	13 440	13 404	2 040
赞皇县	374	18 890	7 065	14 028	7 924	842
无极县	535	84 419	45 164	27 543	12 703	4 731
平山县	232	25 043	5 810	23 246	8 716	2 306
元氏县	600	50 000	30 000	28 109	9 586	4 142
赵县	1 080	57 120	61 690	31 363	14 580	5 947
辛集市	8	86 750	694	38 138	13 449	7 555
藁城市	738	56 671	41 823	32 897	15 148	18 386
晋州市	83	40 663	3 375	34 149	11 323	3 814
新乐市	3 932	58 510	230 061	18 750	15 686	3 710
鹿泉市	205	64 468	13 216	18 102	11 856	2 630

水果生产情况

(2005年)

9—3

行政单位	一、水果产量(不含果用瓜)(吨)	#1.苹果	红富士苹果	国光苹果	2.梨
石家庄市	**1 725 579**	**263 650**	**175 769**	**22 968**	**1 061 760**
长安区	2 782	22	22	—	80
桥东区	2 985	—	—	—	2 850
桥西区	52	45	—	45	—
新华区	4 637	1 205	483	50	2 737
裕华区	288	150	150	—	60
矿区	6 223	4 338	1 907	824	955
井陉县	23 908	15 284	12 227	1 887	230
正定县	17 790	8 811	5 000	2 000	7 298
栾城县	3 850	1 478	879	258	1 536
行唐县	69 144	4 520	3 690	417	4 020
灵寿县	23 740	8 000	8 000	—	9 000
高邑县	6 935	635	600	35	4 500
深泽县	64 109	43 807	38 296	1 936	11 468
赞皇县	107 610	5 400	3 860	—	2 900
无极县	55 010	23 300	23 300	—	25 025
平山县	51 800	17 600	10 800	500	3 900
元氏县	22 660	6 644	4 632	2 012	9 000
赵县	400 090	—	—	—	400 000
辛集市	253 782	57 640	27 492	5 330	132 942
藁城市	165 598	28 261	14 000	4 000	126 030
晋州市	369 849	11 822	4 065	—	291 683
新乐市	30 000	3 500	2 450	1 050	24 000
鹿泉市	42 737	21 188	13 916	2 624	1 546

9—3 续表 1 (2005 年)

行政单位	一、水果产量(吨)(续)				
	梨产量(续)		3.桃	4.葡萄	5.红枣
	雪花梨	鸭梨			
石家庄市	**327 889**	**502 114**	**70 124**	**99 182**	**160 130**
长安区	60	20	2 680	—	—
桥东区	—	—	—	135	—
桥西区	—	—	—	7	—
新华区	712	2 025	369	210	—
裕华区	60	—	—	78	—
矿区	350	605	240	65	51
井陉县	—	—	430	49	1 652
正定县	5 058	2 182	1 104	133	371
栾城县	1 184	155	23	765	27
行唐县	3 000	960	220	280	60 000
灵寿县	4 500	4 500	400	300	350
高邑县	3 950	550	50	810	720
深泽县	1 210	234	1 429	6 950	224
赞皇县	2 240	—	230	49	80 000
无极县	14 000	11 025	4 950	535	200
平山县	1 550	2 350	5 400	250	6 000
元氏县	8 480	520	260	520	400
赵县	220 000	100 000	10	42	7
辛集市	18 099	42 217	42 220	11 692	2 523
藁城市	21 000	81 000	4 806	4 612	1 450
晋州市	14 411	236 252	3 302	62 974	35
新乐市	7 000	17 000	1 600	390	100
鹿泉市	1 025	519	401	8 336	6 020

9—3 续表 2　　　　　　　　　　（2005 年）

行 政 单 位	二、果园面积（公顷）	# 苹果园	梨 园	桃 园	葡萄园
石家庄市	**173 602**	**24 229**	**50 624**	**6 040**	**4 397**
长安区	113	1	4	108	—
桥东区	101	—	95	—	6
桥西区	6	5	—	—	1
新华区	122	42	58	10	7
裕华区	11	6	3	—	2
矿区	530	463	14	13	3
井陉县	3 108	1 598	9	79	3
正定县	4 027	1 879	1 739	358	46
栾城县	294	74	57	3	160
行唐县	45 580	3 985	1 400	80	63
灵寿县	4 013	400	300	60	40
高邑县	1 872	295	854	30	67
深泽县	3 824	2 194	744	118	680
赞皇县	29 516	1 177	953	53	34
无极县	3 648	1 420	1 600	330	35
平山县	8 860	1 730	190	420	40
元氏县	5 257	560	450	36	45
赵县	16 671	—	16 666	1	4
辛集市	22 160	5 279	11 520	3 850	608
藁城市	5 499	1 276	3 335	245	147
晋州市	11 596	566	8 839	120	2 071
新乐市	2 273	340	1 733	93	13
鹿泉市	4 521	939	61	33	322

林业生产情况

9—4

(2005年)

行政单位	一、营林情况(公顷)				
	1.当年造林面积		(1)按造林方式分		(2)按用途分
	合计	#退耕造林面积	当年人工造林面积	当年飞机播种造林面积	用材林
石家庄市	**14 581**	**2 667**	**11 247**	**3 334**	**2 250**
长安区	67	—	67	—	67
桥东区	—	—	—	—	—
桥西区	—	—	—	—	—
新华区	1	—	1	—	—
裕华区	5	—	5	—	—
矿区	267	267	267	—	—
井陉县	533	200	533	—	—
正定县	200	—	200	—	—
栾城县	433	—	433	—	—
行唐县	1 333	667	1 333	—	85
灵寿县	1 600	933	933	667	—
高邑县	587	—	587	—	—
深泽县	633	—	633	—	533
赞皇县	1 400	200	733	667	—
无极县	667	—	667	—	533
平山县	3 134	267	1 134	2 000	50
元氏县	633	—	633	—	—
赵县	333	—	333	—	—
辛集市	333	—	333	—	333
藁城市	767	—	767	—	—
晋州市	—	—	—	—	—
新乐市	334	—	334	—	—
鹿泉市	1 321	133	1 321	—	649

9—4 续表 1　　(2005 年)

行政单位	一、营林情况(公顷) (2)按用途分(续) 经济林	防护林	2. 封山育林面积	3. 当年零星(四旁)植树(万株)	4. 育苗面积
石家庄市	**403**	**11 928**	**54 001**	**2 074**	**4 990**
长安区	—	—	—	50	43
桥东区	—	—	—	—	13
桥西区	—	—	—	—	—
新华区	—	1	—	1	132
裕华区	—	5	—	—	67
矿区	20	247	667	3	33
井陉县	8	525	5 333	137	209
正定县	—	200	—	24	115
栾城县	24	409	—	52	500
行唐县	—	1 248	8 668	120	80
灵寿县	—	1 600	8 667	90	67
高邑县	63	524	—	20	280
深泽县	—	100	—	31	41
赞皇县	—	1 400	13 200	60	400
无极县	—	134	—	5	—
平山县	—	3 084	8 000	600	720
元氏县	—	633	8 133	280	233
赵县	—	333	—	24	21
辛集市	—	—	—	128	693
藁城市	—	767	—	114	560
晋州市	—	—	—	35	33
新乐市	7	327	—	65	80
鹿泉市	281	391	1 333	235	670

9—4 续表 2 （2005 年）

行政单位	一、营林情况(公顷)(续) 5. 当年苗木产量(万株)	6. 当年幼林抚育作业面积	7. 当年成林抚育面积	二、主要林产品产量 1.干果(吨)	#核桃(吨)	板栗(吨)
石家庄市	**11 402**	**114 592**	**123 825**	**22 239**	**17 870**	**4 232**
长安区	3	90	—	—	—	—
桥东区	—	—	38	—	—	—
桥西区	—	—	—	—	—	—
新华区	396	—	—	—	—	—
裕华区	25	—	136	—	—	—
矿区	150	1 333	200	77	77	—
井陉县	931	19 167	42 013	784	784	—
正定县	520	—	—	—	—	—
栾城县	1 650	3 033	—	—	—	—
行唐县	330	9 600	2 000	139	100	22
灵寿县	402	16 000	2 667	5 600	3 700	1 800
高邑县	1 000	—	—	50	50	—
深泽县	87	810	282	—	—	—
赞皇县	2 400	16 000	6 667	6 610	5 900	710
无极县	—	1 333	—	—	—	—
平山县	390	32 000	53 333	8 200	6 500	1 700
元氏县	1 300	1 200	4 804	380	360	—
赵县	95	—	—	—	—	—
辛集市	427	2 368	1 455	—	—	—
藁城市	80	67	—	—	—	—
晋州市	50	—	—	—	—	—
新乐市	45	5 661	4 800	—	—	—
鹿泉市	1 121	5 930	5 430	399	399	—

9—4 续表 3

(2005 年)

行政单位	二、主要林产品产量(续) 3. 花椒(吨)	4. 其他林产品(吨)	三、木材采伐量(立方米)	#村及村以下(立方米)	四、年末实有林地面积(公顷)
石家庄市	**3 098**	**8 662**	**32 345**	**32 161**	**366 069**
长安区	—	—	8	8	473
桥东区	—	—	—	—	—
桥西区	—	—	—	—	75
新华区	—	—	—	—	351
裕华区	—	—	—	—	308
矿区	9	—	230	170	1 600
井陉县	259	—	1 039	1 007	60 060
正定县	—	—	683	683	8 330
栾城县	—	—	5 000	5 000	—
行唐县	80	—	903	903	18 985
灵寿县	150	—	2 000	2 000	41 000
高邑县	—	—	221	221	—
深泽县	1	4 882	1 955	1 955	1 534
赞皇县	30	—	2 000	2 000	52 151
无极县	—	—	240	240	2 221
平山县	2 500	3 330	8 900	8 900	126 667
元氏县	20	—	1 600	1 600	21 000
赵县	—	—	240	240	54
辛集市	—	450	3 429	3 429	1 650
藁城市	—	—	532	440	3 764
晋州市	—	—	704	704	—
新乐市	—	—	1 600	1 600	8 900
鹿泉市	49	—	1 061	1 061	16 946

畜牧业生产情况

9—5

（2005年）

行政单位	一、当年出售和自宰的(百头、百只)					
	(一)大牲畜	1.牛	2.马	3.驴	4.骡	(二)猪
石家庄市	**15 809**	**14 887**	**180**	**586**	**156**	**89 195**
长安区	160	160	—	—	—	1 092
桥东区	17	17	—	—	—	170
桥西区	4	4	—	—	—	264
新华区	24	24	—	—	—	732
裕华区	165	165	—	—	—	1 237
矿区	38	38	—	—	—	350
井陉县	573	558	3	7	5	2 674
正定县	1 247	1 246	—	1	—	8 006
栾城县	837	837	—	—	—	5 447
行唐县	324	284	6	26	8	4 166
灵寿县	563	543	6	10	4	3 135
高邑县	61	61	—	—	—	2 089
深泽县	45	32	3	7	3	2 254
赞皇县	702	696	2	2	2	1 458
无极县	1 956	1 864	6	80	6	4 984
平山县	1 704	1 704	—	—	—	4 844
元氏县	423	390	—	33	—	4 800
赵县	636	605	8	11	12	4 025
辛集市	831	699	29	70	33	6 650
藁城市	2 960	2 848	32	53	27	9 891
晋州市	874	805	24	28	17	5 718
新乐市	1 577	1 220	61	257	39	8 040
鹿泉市	88	87	—	1	—	7 169

9—5 续表 1

(2005 年)

行政单位	一、当年出售和自宰的(百头、百只)(续)					二、期末存栏(百头)
	(三)羊	(四)家禽	#鸡	鸭	(五)兔	(一)大牲畜
石家庄市	**25 566**	**1 491 511**	**1 468 852**	**20 220**	**71 257**	**17 316**
长安区	34	9 056	9 056	—	—	128
桥东区	80	10 200	10 200	—	—	2
桥西区	38	3 112	3 112	—	257	8
新华区	68	9 990	7 990	2 000	—	26
裕华区	13	18 510	18 252	258	—	153
矿区	101	2 400	2 400	—	460	48
井陉县	2 485	36 462	35 581	881	4 108	655
正定县	225	179 118	178 605	513	930	1 130
栾城县	571	164 950	164 277	673	1 183	647
行唐县	751	49 980	48 605	1 375	1 229	1 417
灵寿县	1 210	54 029	52 696	280	3 132	1 178
高邑县	422	36 860	36 860	—	4 600	71
深泽县	824	20 795	20 421	334	902	113
赞皇县	466	22 600	22 600	—	6 200	879
无极县	1 715	74 201	74 201	—	4 712	1 536
平山县	2 158	26 756	25 916	809	13 650	2 100
元氏县	2 400	72 000	71 400	600	3 360	880
赵县	1 007	68 170	67 128	1 042	1 660	980
辛集市	4 901	218 531	218 531	—	6 238	997
藁城市	1 833	136 879	130 560	5 949	5 654	1 572
晋州市	1 970	78 400	76 088	1 367	5 830	1 310
新乐市	1 752	115 244	114 696	548	6 250	1 038
鹿泉市	542	83 268	79 677	3 591	902	448

9—5 续表 2

(2005 年)

行政单位	二、期末存栏(百头、百只)(续)					
	1.牛	#能繁殖的母畜	当年生仔畜	良种及改良种乳牛	2.马	3.驴
石家庄市	**15 599**	**5 898**	**3 233**	**4 652**	**377**	**945**
长安区	128	80	30	112	—	—
桥东区	2	2	—	2	—	—
桥西区	8	7	1	8	—	—
新华区	26	26	—	26	—	—
裕华区	153	30	7	39	—	—
矿区	43	13	9	5	2	2
井陉县	611	331	174	35	8	26
正定县	1 126	297	88	475	1	2
栾城县	640	380	119	410	—	7
行唐县	1 220	604	134	920	41	98
灵寿县	1 069	298	161	155	23	62
高邑县	71	24	10	18	—	—
深泽县	83	57	16	76	7	16
赞皇县	863	365	312	29	6	5
无极县	1 248	484	314	115	43	188
平山县	2 100	693	548	375	—	—
元氏县	876	265	238	255	—	4
赵县	928	314	201	140	—	52
辛集市	694	360	193	153	67	177
藁城市	1 341	655	371	461	64	77
晋州市	1 158	140	72	122	44	65
新乐市	770	211	148	304	69	160
鹿泉市	441	262	87	417	2	4

9—5 续表 3 (2005 年)

行政单位	二、期末存栏(百头、百只)(续)					
	4.骡	(二)猪	(三)羊	(四)家禽	# 鸡	(五)兔
石家庄市	**395**	**52 730**	**24 412**	**1 850 016**	**1 819 397**	**44 738**
长安区	—	728	60	9 013	9 013	—
桥东区	—	110	35	2 697	2 673	—
桥西区	—	127	25	2 550	2 550	2
新华区	—	370	38	8 759	8 086	—
裕华区	—	721	25	20 050	19 950	—
矿区	1	175	103	2 800	2 800	420
井陉县	10	1 303	1 374	41 858	40 080	2 262
正定县	1	4 072	349	228 623	227 961	2 916
栾城县	—	2 704	576	173 366	172 749	817
行唐县	58	3 300	1 071	54 051	51 983	732
灵寿县	24	2 384	1 674	31 910	31 753	1 797
高邑县	—	1 310	434	47 470	47 470	1 450
深泽县	7	1 620	787	27 273	26 734	736
赞皇县	5	1 177	479	28 000	28 000	6 600
无极县	57	3 162	2 116	125 866	125 866	3 830
平山县	—	2 165	688	27 090	26 225	2 900
元氏县	—	2 520	1 730	83 600	83 500	2 200
赵县	—	2 910	1 093	85 815	82 394	1 332
辛集市	59	4 801	4 190	256 421	256 421	2 838
藁城市	90	6 447	2 404	297 494	286 249	3 339
晋州市	43	3 820	3 810	116 242	112 839	3 900
新乐市	39	3 880	910	122 412	121 052	6 250
鹿泉市	1	2 924	441	56 656	53 049	417

9—5 续表 4

(2005 年)

行政单位	三、肉类产量(吨)	#1.牛肉	2.驴肉	3.猪肉	4.羊肉	5.家禽肉	6.兔肉
石家庄市	**1 072 719**	**198 157**	**4 718**	**657 929**	**31 186**	**165 314**	**10 458**
长安区	11 755	2 303	—	8 190	47	1 215	—
桥东区	2 786	230	—	1 275	97	1 184	—
桥西区	2 600	62	—	1 980	57	466	34
新华区	9 029	384	—	6 954	99	1 592	—
裕华区	15 606	2 415	—	9 951	17	3 223	—
矿区	3 180	475	—	2 275	121	240	69
井陉县	34 313	7 227	52	19 520	3 091	3 730	616
正定县	91 346	15 491	5	57 624	270	17 812	139
栾城县	72 074	10 815	—	40 272	670	19 199	158
行唐县	42 108	3 551	234	30 548	817	6 612	184
灵寿县	36 536	6 386	68	22 598	1 462	5 522	383
高邑县	21 494	784	—	15 668	506	3 846	690
深泽县	20 575	394	60	16 858	995	2 077	133
赞皇县	23 283	8 863	18	10 582	582	2 260	930
无极县	72 306	25 599	480	35 853	2 096	7 452	700
平山县	67 940	23 174	—	36 330	2 908	3 480	2 048
元氏县	52 292	5 460	248	36 000	2 880	7 200	504
赵县	46 486	7 560	82	28 980	1 210	8 180	250
辛集市	86 890	8 738	627	47 880	5 811	22 283	832
藁城市	129 334	38 185	318	73 306	2 198	13 850	842
晋州市	63 479	10 067	210	41 170	2 364	8 071	874
新乐市	102 935	18 880	2 313	60 300	2 250	17 155	937
鹿泉市	64 372	1 114	3	53 815	638	8 665	135

9—5 续表 5

(2005 年)

行政单位	四、其他畜产品产量(吨)				
	1. 奶类产量	#牛奶产量	2. 蜂蜜产量	3. 禽蛋产量	#鸡蛋
石家庄市	**740 108**	**732 740**	**1 287**	**1 033 251**	**1 016 095**
长安区	13 005	13 005	—	6 600	6 600
桥东区	600	600	—	1 827	1 827
桥西区	3 100	3 100	—	2 040	2 040
新华区	11 011	11 011	—	9 112	9 112
裕华区	10 487	10 487	—	10 176	10 176
矿区	1 200	900	10	1 900	1 900
井陉县	9 900	9 900	55	19 966	19 027
正定县	57 247	56 000	—	114 199	113 911
栾城县	94 737	94 511	—	81 838	80 846
行唐县	120 936	120 078	12	32 030	31 940
灵寿县	14 570	14 500	94	14 007	13 891
高邑县	3 924	3 924	—	26 799	26 799
深泽县	17 111	17 111	1	24 405	23 983
赞皇县	2 010	1 810	180	8 846	8 846
无极县	24 100	24 100	68	59 180	59 180
平山县	11 782	11 782	600	21 251	20 507
元氏县	38 000	38 000	148	57 000	56 932
赵县	30 050	30 050	23	52 500	50 410
辛集市	31 322	30 300	—	154 064	154 064
藁城市	80 912	78 984	3	169 390	161 685
晋州市	24 300	24 300	25	59 702	58 500
新乐市	55 000	53 700	36	72 800	72 100
鹿泉市	84 804	84 587	32	33 619	31 819

渔业生产情况

9—6

（2005年）

行政单位	水产品总产量（吨）	#内陆养殖	#鱼类	水产品养殖面积（公顷）	#池塘养殖	水库养殖
石家庄市	**29 232**	**21 767**	**20 823**	**11 567**	**1 017**	**10 550**
长安区	380	380	330	33	33	—
桥东区	10	10	10	1	1	—
桥西区	135	135	135	7	7	—
新华区	422	422	402	32	32	—
裕华区	181	181	176	10	10	—
矿区	261	261	261	39	22	17
井陉县	381	381	381	149	31	118
正定县	2 300	2 300	2 215	233	233	—
栾城县	210	210	210	14	14	—
行唐县	1 000	848	848	414	27	387
灵寿县	2 850	1 350	1 345	2 106	35	2 071
高邑县	31	31	31	2	2	—
深泽县	60	60	60	5	5	—
赞皇县	350	280	280	310	2	308
无极县	500	500	364	25	25	—
平山县	12 995	8 619	8 179	6 300	130	6 170
元氏县	540	450	450	100	3	97
赵县	200	200	190	19	19	—
辛集市	520	520	520	55	55	—
藁城市	100	100	100	9	9	—
晋州市	350	350	350	25	25	—
新乐市	50	50	46	5	5	—
鹿泉市	5 406	4 129	3 940	1 674	292	1 382

农 林 牧 渔 业 总 产 值

9—7　　(2005 年)　　计量单位:万元

行政单位	农林牧渔业总产值	一、农业产值	(一)谷物及其它作物产值				
			总计	1.谷物	2.薯类	3.油料	4.豆类
石家庄市	**4 569 477**	**2 040 325**	**827 487**	**638 530**	**41 651**	**81 599**	**34 274**
长安区	38 467	16 356	4 893	3 948	187	548	73
桥东区	10 191	3 119	375	375	—	—	—
桥西区	18 641	12 297	659	613	—	—	46
新华区	32 504	15 615	1 514	1 393	—	121	—
裕华区	39 484	13 690	5 434	5 261	1	1	155
矿区	10 814	5 130	2 557	2 369	66	81	41
井陉县	95 974	27 567	17 486	13 122	1 178	1 986	942
正定县	319 891	117 552	55 541	41 074	2 526	7 767	3 297
栾城县	320 011	152 087	39 878	36 753	168	1 024	1 509
行唐县	186 386	85 566	57 024	34 379	13 414	6 969	800
灵寿县	129 835	47 521	24 566	16 760	4 918	1 642	78
高邑县	115 473	70 747	21 257	15 715	48	2 157	979
深泽县	112 814	67 253	32 245	23 104	3 813	2 916	1 118
赞皇县	108 186	55 468	25 325	13 776	4 801	5 114	389
无极县	253 662	107 510	54 699	46 556	994	5 471	1 321
平山县	222 149	72 175	39 241	26 328	6 078	2 321	864
元氏县	204 239	91 396	47 853	32 409	9 551	3 174	989
赵县	284 806	180 124	74 315	62 852	1 310	4 513	3 499
辛集市	482 007	264 767	105 590	70 080	582	12 762	6 253
藁城市	610 803	304 917	75 553	66 203	1 588	4 728	2 205
晋州市	255 292	125 731	64 546	52 124	3 808	3 741	3 665
新乐市	322 104	139 447	52 897	37 946	951	12 695	784
鹿泉市	229 711	102 642	33 100	27 920	2 220	1 515	1 076

9—7 续表 1　　（2005 年）　　计量单位:万元

行政单位	一、农业产值(续)						
	(一)谷物及其它作物产值(续)		(二)蔬菜园艺作物			(三)水果	(四)中药材
	5.棉花	6.烟叶	1.蔬菜	2.花卉	3.其他园艺作物		
石家庄市	**27 831**	**1 100**	**939 751**	**368**	**18 398**	**232 629**	**21 692**
长安区	137	—	10 619	—	—	844	—
桥东区	—	—	2 098	—	47	599	—
桥西区	—	—	8 362	—	3 269	7	—
新华区	—	—	12 570	—	800	731	—
裕华区	16	—	7 572	—	628	56	—
矿区	—	—	1 458	9	166	925	15
井陉县	92	—	6 191	—	—	3 824	66
正定县	877	—	54 518	6	96	7 266	125
栾城县	420	—	94 563	—	10 314	4 937	2 395
行唐县	784	678	10 201	—	—	16 073	2 268
灵寿县	331	837	19 884	—	—	3 071	—
高邑县	579	—	45 862	60	712	2 856	—
深泽县	1 294	—	22 927	19	3	11 899	160
赞皇县	186	—	5 922	—	—	23 733	488
无极县	357	—	43 392	—	—	9 419	—
平山县	706	—	13 108	116	4 496	8 843	6 371
元氏县	1 730	—	31 032	—	140	7 956	4 415
赵县	2 141	—	60 868	—	31	44 910	—
辛集市	15 913	—	128 526	3	3	28 856	1 789
藁城市	825	—	211 691	122	141	17 410	—
晋州市	1 208	—	15 868	—	—	45 317	—
新乐市	521	—	68 574	—	—	17 976	—
鹿泉市	369	—	60 275	39	44	9 174	10

9—7 续表 2　　(2005 年)　　计量单位:万元

行政单位	二、林业产值			
	合计	(一)林木的培育和种植	(二)木材采运	(三)林产品
石家庄市	**55 610**	**17 907**	**1 291**	**36 412**
长安区	138	138	—	—
桥东区	5	5	—	—
桥西区	—	—	—	—
新华区	3	3	—	—
裕华区	19	19	—	—
矿区	234	105	2	127
井陉县	4 109	2 884	40	1 185
正定县	192	165	27	—
栾城县	1 050	775	275	—
行唐县	1 161	881	36	244
灵寿县	11 112	3 132	100	7 880
高邑县	521	461	20	40
深泽县	293	190	103	—
赞皇县	8 554	1 271	14	7 269
无极县	188	186	2	—
平山县	18 877	5 025	355	13 497
元氏县	1 762	1 150	11	601
赵县	124	114	10	—
辛集市	1 151	766	137	248
藁城市	300	279	21	—
晋州市	111	62	49	—
新乐市	519	508	11	—
鹿泉市	1 629	1 082	42	505

9—7 续表 3　　(2005 年)　　计量单位:万元

行政单位	三、牧业产值	(一)牲畜饲养	(1)牛	(2)羊	(3)其他牲畜	(4)奶产品	(5)毛绒产品
石家庄市	**2 311 519**	**667 491**	**431 723**	**69 108**	**14 607**	**147 754**	**4 299**
长安区	21 635	6 762	4 418	68	—	2 276	—
桥东区	7 060	803	469	228	—	105	1
桥西区	5 848	772	115	114	—	543	—
新华区	16 393	3 071	663	194	—	2 214	—
裕华区	25 633	6 426	4 556	35	—	1 835	—
矿区	5 158	1 462	988	252	—	188	34
井陉县	63 004	21 591	15 406	4 050	102	1 733	300
正定县	199 681	45 848	34 664	552	10	10 564	58
栾城县	166 075	41 257	23 110	1 471	—	16 564	112
行唐县	94 476	31 606	7 841	2 141	381	21 160	83
灵寿县	66 263	21 192	14 992	3 036	190	2 546	428
高邑县	43 970	3 601	1 684	1 201	—	687	29
深泽县	43 202	6 383	884	2 242	124	2 994	139
赞皇县	43 356	20 942	19 217	1 328	57	340	—
无极县	143 333	59 894	50 048	4 555	874	4 218	199
平山县	115 765	54 876	47 047	5 679	—	2 062	88
元氏县	110 556	24 860	10 768	6 840	330	6 650	272
赵县	101 007	26 056	16 704	2 870	297	6 043	142
辛集市	214 543	40 240	19 299	13 355	1 256	5 421	909
藁城市	303 314	98 961	78 633	5 224	668	14 042	394
晋州市	127 769	33 339	22 226	5 450	653	4 253	757
新乐市	178 205	51 555	33 684	4 773	3 381	9 512	205
鹿泉市	115 739	18 855	2 411	1 545	8	14 828	63

9—7 续表 4　　(2005 年)　　计量单位:万元

行政单位	三、牧业产值(续)					
	(二)猪的饲养	(三)家禽饲养	#肉禽	禽蛋	(四)其他畜牧业	#兔
石家庄市	**865 192**	**724 057**	**189 298**	**534 759**	**54 779**	**10 410**
长安区	10 156	4 717	1 358	3 359	—	—
桥东区	1 581	1 940	1 010	930	2 736	—
桥西区	2 544	1 505	417	1 088	1 027	43
新华区	6 808	6 514	1 876	4 638	—	—
裕华区	11 504	7 458	2 278	5 180	245	—
矿区	2 653	976	216	760	67	62
井陉县	24 868	15 821	5 469	10 352	413	329
正定县	82 622	71 106	17 637	53 469	105	105
栾城县	50 657	55 023	12 618	42 405	19 138	114
行唐县	38 744	23 954	7 650	16 304	172	166
灵寿县	29 156	15 443	8 311	7 132	472	424
高邑县	19 428	19 170	5 529	13 641	1 771	624
深泽县	20 962	15 561	3 119	12 442	296	122
赞皇县	13 559	7 893	3 390	4 503	962	868
无极县	44 856	37 910	10 095	27 815	673	638
平山县	45 049	13 892	3 062	10 830	1 948	1 639
元氏县	44 640	40 023	10 803	29 220	1 033	473
赵县	37 433	37 274	10 421	26 853	244	232
辛集市	61 845	111 199	32 780	78 419	1 259	544
藁城市	91 986	107 798	21 411	86 387	4 569	767
晋州市	53 177	40 443	9 835	30 608	810	790
新乐市	74 772	51 015	13 949	37 066	863	844
鹿泉市	66 676	29 630	12 491	17 139	578	72

9—7 续表 5 (2005 年) 计量单位:万元

行政单位	四、渔业产值	#鱼类	甲壳类	其他	五、农林牧渔服务业产值
石家庄市	**33 123**	**18 372**	**6 053**	**8 627**	**128 900**
长安区	338	238	—	100	—
桥东区	7	7	—	—	—
桥西区	96	96	—	—	400
新华区	493	293	—	200	—
裕华区	142	122	—	20	—
矿区	192	192	—	—	100
井陉县	799	799	—	—	495
正定县	1 466	1 329	—	137	1 000
栾城县	119	119	—	—	680
行唐县	708	644	64	—	4 475
灵寿县	3 307	1 863	1 429	15	1 632
高邑县	8	8	—	—	227
深泽县	40	40	—	—	2 026
赞皇县	228	210	18	—	580
无极县	331	241	—	90	2 300
平山县	13 656	6 120	4 478	2 986	1 676
元氏县	415	414	1	—	110
赵县	162	146	—	16	3 389
辛集市	394	394	—	—	1 152
藁城市	72	72	—	—	2 200
晋州市	240	240	—	—	1 441
新乐市	33	30	—	3	3 900
鹿泉市	5 198	3 631	55	1 512	4 503

农林牧渔业中间消耗

9—8 (2005年) 计量单位:万元

行政单位	农林牧渔业中间消耗总计	(一)农业中间消耗合计			(二)林业中间消耗合计		
		合计	1.物质消耗	2.生产服务支出	合计	1.物质消耗	2.生产服务支出
石家庄市	**2 091 869**	**738 412**	**582 607**	**155 805**	**11 807**	**8 220**	**3 587**
长安区	15 755	4 677	3 690	987	79	67	12
桥东区	5 144	1 022	806	216	2	1	1
桥西区	8 335	4 304	3 357	947	—	—	—
新华区	14 421	3 904	2 953	951	2	2	—
裕华区	19 413	5 378	4 243	1 135	10	8	2
矿区	4 921	1 989	1 495	494	40	31	9
井陉县	43 825	10 475	8 219	2 256	1 274	997	277
正定县	159 718	41 975	32 935	9 040	91	74	17
栾城县	146 585	53 915	48 752	5 163	432	353	79
行唐县	85 919	30 861	23 632	7 229	415	362	53
灵寿县	61 371	19 484	14 727	4 757	3 334	2 226	1 108
高邑县	53 786	27 202	20 913	6 289	281	228	53
深泽县	51 443	25 280	20 115	5 165	105	81	24
赞皇县	42 781	19 265	15 512	3 753	2 766	2 097	669
无极县	117 271	41 030	31 937	9 093	94	82	12
平山县	92 855	28 827	22 754	6 073	3 894	2 723	1 171
元氏县	95 660	31 785	25 078	6 707	657	506	151
赵县	123 616	64 845	51 160	13 685	65	49	16
辛集市	221 527	92 265	87 951	4 314	356	344	12
藁城市	287 784	115 564	87 829	27 735	159	133	26
晋州市	119 925	49 286	49 286	—	39	32	7
新乐市	151 643	53 084	46 432	6 652	240	184	56
鹿泉市	100 627	36 951	29 704	7 247	643	519	124

9—8 续表　　(2005 年)　　计量单位:万元

行政单位	三、牧业中间消耗			四、渔业中间消耗			五、农林牧渔服务业中间消耗合计
	合计	1. 物质消耗	2. 生产服务支出	合计	1. 物质消耗	2. 生产服务支出	
石家庄市	**1 268 218**	**1 207 344**	**60 874**	**14 873**	**12 255**	**2 618**	**58 559**
长安区	10 846	10 325	521	153	126	27	—
桥东区	4 118	3 920	198	2	1	1	—
桥西区	3 743	3 627	116	48	36	12	240
新华区	10 328	9 830	498	187	154	33	—
裕华区	13 956	13 286	670	69	57	12	—
矿区	2 768	2 631	137	77	64	13	47
井陉县	31 502	29 902	1 600	356	291	65	218
正定县	116 328	110 745	5 583	870	717	153	454
栾城县	91 783	87 384	4 399	56	46	10	399
行唐县	52 531	48 762	3 769	322	203	119	1 790
灵寿县	36 445	34 696	1 749	1 422	1 172	250	686
高邑县	26 203	24 842	1 361	3	3	0	97
深泽县	25 122	23 924	1 198	16	15	1	920
赞皇县	20 383	19 385	998	106	87	19	261
无极县	75 038	71 306	3 732	93	50	43	1 016
平山县	53 553	51 018	2 535	5 828	4 801	1 027	753
元氏县	62 989	59 966	3 023	179	148	31	50
赵县	56 564	53 849	2 715	111	91	20	2 031
辛集市	128 188	121 637	6 551	220	181	39	498
藁城市	170 766	160 521	10 245	41	34	7	1 254
晋州市	69 910	66 420	3 490	112	93	19	578
新乐市	96 747	93 918	2 829	12	8	4	1 560
鹿泉市	58 587	55 775	2 812	2 420	1 995	425	2 026

农林牧渔业增加值

9—9　　(2005年)　　计量单位:万元

行政单位	农林牧渔业增加值	1. 农业	2. 林业	3. 牧业	4. 渔业	5. 农林牧渔服务业
石家庄市	**2 477 608**	**1 301 913**	**43 803**	**1 043 301**	**18 250**	**70 341**
长安区	22 712	11 679	59	10 789	185	—
桥东区	5 047	2 097	3	2 942	5	—
桥西区	10 306	7 993	—	2 105	48	160
新华区	18 083	11 711	1	6 065	306	—
裕华区	20 071	8 312	9	11 677	73	—
矿区	5 893	3 141	194	2 390	115	53
井陉县	52 149	17 092	2 835	31 502	443	277
正定县	160 173	75 577	101	83 353	596	546
栾城县	173 426	98 172	618	74 292	63	281
行唐县	100 467	54 705	746	41 945	386	2 685
灵寿县	68 464	28 037	7 778	29 818	1 885	946
高邑县	61 687	43 545	240	17 767	5	130
深泽县	61 371	41 973	188	18 080	24	1 106
赞皇县	65 405	36 203	5 788	22 973	122	319
无极县	136 391	66 480	94	68 295	238	1 284
平山县	129 294	43 348	14 983	62 212	7 828	923
元氏县	108 579	59 611	1 105	47 567	236	60
赵县	161 190	115 279	59	44 443	51	1 358
辛集市	260 480	172 502	795	86 355	174	654
藁城市	323 019	189 353	141	132 548	31	946
晋州市	135 367	76 445	72	57 859	128	863
新乐市	170 461	86 363	279	81 458	21	2 340
鹿泉市	129 084	65 691	986	57 152	2 778	2 477

农林牧渔业商品产值

9—10

（2005年）

计量单位：万元

行政单位	农林牧渔业商品产值	一、农业商品产值			
		合计	(一)谷物及其他作物		
			小计	1.谷物	2.薯类
石家庄市	**3 275 996**	**1 316 516**	**380 018**	**269 785**	**25 619**
长安区	34 434	12 940	2 948	2 335	143
桥东区	9 636	2 569	303	303	—
桥西区	14 329	8 955	36	36	—
新华区	28 713	12 848	1 032	915	—
裕华区	34 929	12 042	4 030	3 889	1
矿区	7 908	2 760	673	654	—
井陉县	74 881	11 309	6 537	4 245	464
正定县	248 449	75 431	29 415	20 825	1 133
栾城县	279 382	118 539	20 293	19 381	—
行唐县	142 959	57 252	35 769	17 203	12 699
灵寿县	76 062	25 479	7 122	882	4 020
高邑县	93 163	60 782	13 113	8 556	37
深泽县	82 045	45 574	19 749	13 028	2 858
赞皇县	82 323	34 708	8 149	3 170	3 656
无极县	193 019	58 677	26 087	20 671	496
平山县	148 840	41 470	20 420	14 013	3 065
元氏县	129 635	56 733	24 458	13 890	6 622
赵县	214 464	124 434	47 459	39 800	735
辛集市	339 815	159 176	66 731	43 642	237
藁城市	515 414	244 144	52 769	46 062	955
晋州市	174 112	74 012	26 398	22 739	430
新乐市	235 629	91 030	24 027	10 081	805
鹿泉市	180 516	71 552	14 399	12 711	244

9—10 续表 1 (2005 年) 计量单位:万元

行政单位	一、农业商品产值(续)				
	(一)谷物及其他作物(续)				
	3.油料	4.豆类	5.棉花	6.烟叶	7.其他农作物
石家庄市	**47 897**	**17 985**	**15 682**	**1 067**	**1 981**
长安区	395	46	29	—	—
桥东区	—	—	—	—	—
桥西区	—	—	—	—	—
新华区	117	—	—	—	—
裕华区	1	139	—	—	—
矿区	4	15	—	—	—
井陉县	983	668	27	—	150
正定县	4 980	1 748	729	—	—
栾城县	302	500	106	—	4
行唐县	4 562	270	361	674	—
灵寿县	1 299	51	37	833	—
高邑县	1 913	910	191	—	1 506
深泽县	2 215	639	1 009	—	—
赞皇县	1 198	125	—	—	—
无极县	4 536	278	106	—	—
平山县	1 602	267	171	—	1 302
元氏县	1 888	401	1 657	—	—
赵县	2 827	2 619	1 478	—	—
辛集市	5 071	3 107	14 674	—	—
藁城市	3 291	1 743	718	—	—
晋州市	1 248	1 153	828	—	—
新乐市	12 383	397	361	—	—
鹿泉市	889	215	340	—	—

9—10续表2　　(2005年)　　计量单位:万元

行政单位	一、农业商品产值(续)					
	(二)蔬菜、园艺作物				(三)水果、香料	(四)中药材
	合计	1.蔬菜	2.花卉	3.其他园艺作物		
石家庄市	**720 437**	**702 640**	**368**	**17 429**	**196 061**	**20 000**
长安区	9 172	9 172	—	—	820	—
桥东区	1 736	1 689	—	47	530	—
桥西区	8 912	5 855	—	3 057	7	—
新华区	11 116	10 316	—	800	700	—
裕华区	7 956	7 328	—	628	56	—
矿区	1 178	1 172	—	6	895	14
井陉县	1 221	1 221	—	—	3 485	66
正定县	39 096	38 994	6	96	6 795	125
栾城县	92 023	81 812	—	10 211	4 073	2 150
行唐县	3 942	3 942	—	—	15 366	2 175
灵寿县	15 997	15 997	—	—	2 360	—
高邑县	45 198	45 128	60	10	2 471	—
深泽县	16 171	16 166	2	3	9 513	141
赞皇县	3 247	3 247	—	—	22 824	488
无极县	23 928	23 928	—	—	8 662	—
平山县	9 299	6 396	112	2 791	6 868	4 883
元氏县	22 136	22 009	—	127	5 999	4 140
赵县	34 580	34 549	—	31	42 395	—
辛集市	68 262	68 256	3	3	22 567	1 616
藁城市	175 935	175 702	115	118	15 440	—
晋州市	7 700	7 700	—	—	39 914	—
新乐市	53 180	53 180	—	—	13 823	—
鹿泉市	48 246	48 163	39	44	8 897	10

9—10 续表 3　　　　(2005 年)　　　　计量单位:万元

行政单位	二、林业商品产值				三、牧业商品产值		
	总计	(一)林木的培育和种植	(二)竹木采运	(三)林产品	总计	(一)牲畜的饲养	
						合计	1.牛
石家庄市	**33 214**	**2 707**	**1 291**	**30 507**	**1 897 260**	**540 392**	**344 731**
长安区	—	—	—	—	21 171	6 677	4 363
桥东区	—	—	—	—	7 060	803	469
桥西区	—	—	—	—	5 278	772	115
新华区	2	2	—	—	15 370	3 071	663
裕华区	—	—	—	—	22 751	6 426	4 556
矿区	121	—	1	120	4 850	1 339	910
井陉县	1 361	199	40	1 122	61 425	21 281	15 186
正定县	27	—	27	—	171 668	41 424	30 858
栾城县	726	451	275	—	159 998	40 803	22 972
行唐县	212	—	—	212	84 805	26 488	3 061
灵寿县	7 390	—	—	7 390	40 547	2 087	—
高邑县	285	244	6	35	32 089	1 179	—
深泽县	218	139	79	—	36 213	5 649	331
赞皇县	7 321	313	14	6 994	40 079	20 818	19 106
无极县	2	—	2	—	134 043	58 039	48 330
平山县	12 799	819	355	11 625	81 666	22 811	15 655
元氏县	836	380	10	446	71 735	12 163	5 522
赵县	20	12	8	—	89 850	24 725	16 071
辛集市	518	286	42	190	179 810	35 667	18 386
藁城市	19	—	19	—	271 190	89 052	70 770
晋州市	49	—	49	—	99 811	23 401	13 218
新乐市	295	289	6	—	144 275	41 022	26 354
鹿泉市	506	120	—	386	103 393	18 491	2 154

9—10续表4　　(2005年)　　计量单位:万元

行政单位	三、牧业商品产值(续)				
	(一)牲畜的饲养(续)				(二)猪的饲养
	2.羊	3.其他牲畜	4.奶类	5.毛绒类	
石家庄市	**54 430**	**6 545**	**130 791**	**3 895**	**676 788**
长安区	66	—	2 248	—	9 832
桥东区	228	—	105	1	1 581
桥西区	114	—	543	—	2 325
新华区	194	—	2 214	—	5 785
裕华区	35	—	1 835	—	8 628
矿区	216	—	179	34	2 577
井陉县	4 010	97	1 715	273	24 180
正定县	524	9	9 975	58	63 082
栾城县	1 419	—	16 300	112	48 639
行唐县	2 033	251	21 070	73	34 870
灵寿县	—	—	1 671	416	26 775
高邑县	586	—	564	29	16 703
深泽县	2 185	—	2 994	139	18 600
赞皇县	1 317	57	338	—	11 523
无极县	4 475	837	4 200	197	38 257
平山县	5 456	—	1 612	88	44 640
元氏县	371	270	5 775	225	24 180
赵县	2 305	297	5 910	142	31 147
辛集市	10 996	1 160	4 424	701	56 897
藁城市	4 702	600	12 638	342	82 788
晋州市	5 173	653	3 600	757	42 684
新乐市	3 685	2 512	8 272	199	59 820
鹿泉市	1 441	8	14 825	63	58 675

9—10续表5　　(2005年)　　计量单位:万元

行政单位	三、牧业商品产值(续)				四、渔业商品产值
	(三)家禽的饲养(续)			(四)其他畜牧业	
	合计	1.肉禽	2.蛋禽		
石家庄市	**635 587**	**146 330**	**489 257**	**44 493**	**29 006**
长安区	4 662	1 343	3 319	—	323
桥东区	1 940	1 010	930	2 736	7
桥西区	1 497	417	1 080	684	96
新华区	6 514	1 876	4 638	—	493
裕华区	7 452	2 272	5 180	245	136
矿区	878	198	680	56	177
井陉县	15 262	4 952	10 310	402	786
正定县	67 062	15 035	52 027	100	1 323
栾城县	52 039	10 816	41 223	18 517	119
行唐县	23 281	7 312	15 969	166	690
灵寿县	11 235	6 347	4 888	450	2 646
高邑县	12 444	3 104	9 340	1 763	7
深泽县	11 669	2 292	9 377	295	40
赞皇县	6 791	2 712	4 079	947	215
无极县	37 103	9 796	27 307	644	297
平山县	12 405	2 201	10 204	1 810	12 905
元氏县	34 908	7 956	26 952	484	331
赵县	33 779	8 619	25 160	199	160
辛集市	86 400	23 753	62 647	846	311
藁城市	96 804	19 056	77 748	2 546	61
晋州市	32 929	6 530	26 399	797	240
新乐市	42 704	9 578	33 126	729	29
鹿泉市	25 649	12 204	13 445	578	5 065

农村非农行业总产值

9—11 (2005年) 计量单位:万元

行政单位	农村非农行业总产值	一、农村工业	二、农村建筑业	三、农村运输业	四、农村批发零售贸易业、餐饮业		
					合计	1.批发零售贸易业	2.餐饮业
石家庄市	**24 037 708**	**17 833 287**	**1 219 547**	**1 523 390**	**3 461 484**	**2 727 170**	**734 314**
长安区	790 098	473 407	39 407	14 443	262 841	172 728	90 113
桥东区	524 002	287 546	43 578	14 330	178 548	119 797	58 751
桥西区	459 738	142 671	48 711	13 843	254 513	138 926	115 587
新华区	864 879	486 377	56 935	104 766	216 801	146 035	70 766
裕华区	758 922	458 694	88 443	46 743	165 042	123 081	41 961
矿区	320 194	247 613	6 921	25 198	40 462	34 394	6 068
高新区	147 416	88 584	43 217	5 689	9 926	5 970	3 956
井陉县	1 937 153	1 407 284	61 754	253 723	214 392	188 800	25 592
正定县	1 221 292	927 822	76 464	98 805	118 201	92 965	25 236
栾城县	990 371	753 142	71 518	33 433	132 278	108 156	24 122
行唐县	1 076 236	950 744	39 647	38 697	47 148	38 312	8 836
灵寿县	636 200	512 806	24 976	35 449	62 969	51 556	11 413
高邑县	470 469	333 865	28 443	24 100	84 061	63 262	20 799
深泽县	535 694	438 149	43 297	26 085	28 163	22 302	5 861
赞皇县	294 597	180 128	13 457	45 826	55 186	49 303	5 883
无极县	688 006	576 963	20 118	36 059	54 866	38 363	16 503
平山县	759 218	639 804	27 198	33 846	58 370	52 200	6 170
元氏县	617 232	340 488	59 460	131 469	85 815	58 050	27 765
赵县	791 468	598 412	47 217	40 721	105 118	95 193	9 925
辛集市	2 853 047	1 994 560	161 491	113 444	583 552	569 140	14 412
藁城市	2 563 832	2 120 650	82 325	151 214	209 643	167 025	42 618
晋州市	1 213 185	1 082 695	31 169	30 331	68 990	51 853	17 137
新乐市	960 718	812 517	40 816	37 207	70 178	38 948	31 230
鹿泉市	2 563 741	1 978 366	52 985	167 969	354 421	300 811	53 610

9—11 续表　　(2005 年)　　计量单位:万元

行政单位	附记:农民在城里办非农行业产值					
	合计	1.办工业	2.办建筑业	3.办运输业	4.办贸易业	5.办餐饮业
石家庄市	**247 105**	**85 434**	**66 086**	**23 884**	**47 324**	**24 377**
长安区	—	—	—	—	—	—
桥东区	—	—	—	—	—	—
桥西区	—	—	—	—	—	—
新华区	—	—	—	—	—	—
裕华区	—	—	—	—	—	—
矿区	12 970	159	2 269	5 254	3 198	2 090
高新区	—	—	—	—	—	—
井陉县	5 598	455	1 845	579	2 122	597
正定县	21 923	560	16 456	908	3 259	740
栾城县	—	—	—	—	—	—
行唐县	881	280	263	10	230	98
灵寿县	6 720	3 153	2 000	57	1 177	333
高邑县	50 230	39 741	3 180	1 000	4 175	2 134
深泽县	20 039	2 015	5 363	3 502	6 231	2 928
赞皇县	26 395	2 042	7 815	4 926	7 623	3 989
无极县	24 535	13 916	2 219	2 600	3 500	2 300
平山县	9 702	2 013	930	910	3 789	2 060
元氏县	17 294	4 510	3 854	2 120	3 870	2 940
赵县	5 740	879	590	747	2 377	1 147
辛集市	31 680	13 381	16 070	766	1 057	406
藁城市	7 488	1 450	1 280	100	2 861	1 797
晋州市	4 144	530	1 860	381	895	478
新乐市	1 766	350	92	24	960	340
鹿泉市	—	—	—	—	—	—

民营企业主要经济指标

9—12

(2005 年)

计量单位：个、人、万元

项目名称	企业个数	从业人员年末数	增加值	总产值
总计	**33 436**	**1 201 703**	**6 664 650**	**23 555 200**
一、按登记注册分组				
1.集体企业	2 655	200 939	872 522	3 176 845
2.股份合作企业	366	16 074	73 309	263 808
3.联营企业	399	7 230	69 184	235 766
4.有限责任公司	1 911	94 630	755 112	2 737 532
5.股份有限公司	1 834	50 812	611 241	2 536 174
6.私营企业	25 949	802 283	4 073 425	13 731 806
7.港、澳、台商投资企业	51	10 786	123 446	501 705
8.外商投资企业	271	18 949	86 411	371 564
二、按国民经济行业分组				
1.农、林、牧、渔业	374	7 339	34 819	116 590
2.采矿业	3 118	35 004	243 047	1 029 342
#规模以上	81	9 652	89 329	287 465
3.制造业	17 936	970 952	5 433 091	19 198 038
#规模以上	1 369	287 244	2 944 145	10 864 219
4.电力、燃气及水的生产和供应业	18	1 166	11 118	42 005
#电力、燃气规模以上	1	180	960	4 188
5.建筑业	1 622	57 927	238 824	806 193
#没有资质等级建筑业	362	9 149	45 144	130 898
6.交通运输仓储业	1 668	16 606	122 964	433 667
7.信息传输计算机和软件业	68	2 129	10 566	40 542
8.批发零售业	5 408	67 882	355 530	1 168 894
9.住宿及餐饮业	1 158	20 071	84 158	310 605
10.房地产业	105	3 384	15 825	70 731
11.租赁和商务服务业	438	3 086	33 050	86 189
12.居民服务和其他服务业	1 249	11 754	59 458	192 877
13.文化、体育和娱乐业	216	2 556	14 921	41 828
14.其他	58	1 847	7 279	17 699

9—12 续表　　(2005年)　　计量单位:个、人、万元

项　目　名　称	营业收入	利润总额	上缴税金
总　　计	**23 547 224**	**2 088 836**	**615 584**
一、按登记注册分组			
1.集体企业	3 888 988	428 862	100 972
2.股份合作企业	251 578	24 646	4 985
3.联营企业	225 741	27 893	3 559
4.有限责任公司	2 489 715	207 016	102 678
5.股份有限公司	2 508 447	130 936	117 735
6.私营企业	13 411 283	1 207 537	258 805
7.港、澳、台商投资企业	431 055	42 588	15 527
8.外商投资企业	340 417	19 358	11 323
二、按国民经济行业分组			
1.农、林、牧、渔业	120 584	10 830	1 192
2.采　矿　业	968 705	121 644	20 407
#规模以上	263 655	21 686	108 868
3.制　造　业	18 478 789	1 624 018	448 649
#规模以上	10 123 178	824 759	317 678
4.电力、燃气及水的生产和供应业	38 891	687	2 582
#电力、燃气规模以上	2 866	-716	437
5.建　筑　业	757 016	60 320	18 334
#没有资质等级建筑业	121 778	12 753	2 022
6.交通运输仓储业	442 265	38 053	6 460
7.信息传输计算机和软件业	40 193	2 607	1 578
8.批发零售业	1 795 778	158 438	72 385
9.住宿及餐饮业	395 609	31 932	9 601
10.房地产业	75 866	8 805	26 703
11.租赁和商务服务业	121 814	7 069	2 127
12.居民服务和其他服务业	219 101	16 203	3 922
13.文化、体育和娱乐业	51 533	6 077	481
14.其　　他	41 080	2 153	1 163

十、工业

全市工业企业主要产品产量

10—1

产品产量	计量单位	2005年	2004年	同比 ±%
原煤	吨	1 158 786	1 985 223	-41.63
洗煤	吨	2 027 961	1 664 322	21.85
铁矿石原矿量	吨	338 178	473 687	-28.61
大米	吨	66	76	-12.76
小麦粉	万吨	2 272 304	1 822 880	24.65
配混合饲料	吨	2 111 924	1 803 102	17.13
食用植物油	吨	111 341	99 658	11.72
鲜、冻畜肉	吨	159 644	108 577	47.03
糖果	吨	1 136	800	42.00
糕点	吨	679	662	2.57
饼干	吨	38 435	2 815	36.53
乳制品	吨	917 621	881 391	4.11
罐头	吨	1 641	1 383	18.66
酱油	吨	47 286	42 681	10.79
冷冻饮品	吨	1 626	1 976	-17.71
发酵酒精	吨	2 700	1 320	104.55
饮料酒	吨	307 981	280 871	9.65
白酒	吨	2 829	4 363	-35.16
啤酒	吨	296 071	268 271	10.36
软饮料	吨	395 266	226 279	74.68
果汁及果汁饮料	吨	3 478	3 682	-5.54
瓶（罐）装饮用水	吨	55 158	44 056	25.20
液体乳	吨	807 655	772 777	4.51
卷烟	箱	1 762 010	1 725 450	2.12
纱	吨	196 608	171 226	14.82
布	万米	104 458.7	88 188.2	18.45
棉布	万米	79 923.9	65 203.2	22.58

10—1 续表 1

产品产量	计量单位	2005年	2004年	同比 ±%
混纺交织布	万米	22 755.8	20 924	8.75
纯化纤布	万米	1 779	2 061	-13.68
印染布	万米	74 159.1	68 703.1	7.94
针棉织品折用纱线量	吨	1 010	530	90.57
服装	万件	7 136.2	6 791.1	5.08
梭织服装	万件	3 630.3	3 881.3	-6.47
西服及西服套装	万件	351.5	293.3	19.84
衬衫	万件	419.8	307.7	36.43
儿童服装	万件	16.4	16.3	0.61
针织服装	万件	3 505.9	2 909.8	20.49
羽绒服装	万件	216.3	25.8	738.37
轻革	平方米	88 037 967	76 606 744	14.92
皮鞋	万双	77.8	124.9	-37.71
革皮服装	件	6 281 795	5 604 611	12.08
人造板	立方米	4 386 107	3 867 550	13.41
胶合板	立方米	2 698 597	2 378 999	13.43
纤维板	立方米	945 976	776 736	21.79
刨花板	立方米	596 803	578 657	3.14
家具	件	923 531	863 281	6.98
木制家具	件	727 472	650 067	11.91
软体家具(包括床垫、沙发)	件	10 940	66 173	-83.47
纸浆	吨	196 662	143 108	37.42
机制纸	吨	503 967	362 935	38.86
新闻纸	吨	164 255	46 303	254.74
纸制品	吨	166 889	190 981	-12.61
纸箱	吨	65 508	58 551	11.88
本册	万本	565	302.8	86.59

10—1 续表 2

产　品　产　量	计量单位	2005年	2004年	同　比 ±%
原油加工量	吨	3 624 275	3 277 616	10.58
汽　　油	吨	743 414	732 270	1.52
煤　　油	吨	119 363	118 315	0.89
柴　　油	吨	1 601 719	1 461 142	9.62
润 滑 油	吨	5 416	4 807	12.66
燃 料 油	吨	69 527	38 071	82.62
液化石油气	吨	169 354	146 268	15.78
焦　　炭	吨	2 531 516	2 039 144	24.15
机械化焦炉生产的焦炭	吨	2 531 516	2 039 144	24.15
硫　　酸(折 100%)	吨	212 119	200 628	5.73
浓 硝 酸(折 100%)	吨	11 125	11 130	0.04
盐　　酸(含量 31%以上)	吨	149 447	133 418	12.01
氢氧化纳(烧碱)(折 100%)	吨	49 531	46 742	5.97
碳 酸 纳(纯碱)	吨	272 496	231 836	17.54
碳 化 钙(电石)折(300 升/千克)	吨	14 904	42 399	-64.85
合 成 氨	吨	1 050 295	876 184	19.87
农用氮、磷、钾化学肥料	吨	655 941	621 110	5.61
氮　　肥(折含 N100%)	吨	590 432	540 091	9.32
尿　　素	吨	304 325	251 256	21.12
磷　　肥(折含 P205100%)	吨	65 509	81 019	-19.14
化学农药	吨	13 175	21 564	-38.90
杀 虫 剂	吨	8 630	8 081	6.79
杀 菌 剂	吨	—	8 546	-100.00
除 草 剂	吨	2 634	2 947	-10.62
纯　　苯	吨	45 081	45 155	-0.16
精 甲 醇	吨	245 414	201 343	21.89
冰 醋 酸	吨	42 804	36 709	16.60

10—1 续表 3

产品产量	计量单位	2005年	2004年	同比 ±%
油漆	吨	32 458	27 158	19.52
建筑涂料	吨	5 169	4 485	15.25
油墨	吨	378	116	225.86
颜料	吨	66 925	56 080	19.34
染料	吨	220	1 060	-79.25
塑料树脂及共聚物	吨	56 022	46 361	20.84
聚丙烯树脂	吨	55 976	46 178	21.22
合成纤维单体	吨	68 815	69 766	-1.36
乙内酰胺	吨	68 751	69 176	-0.61
合成纤维聚合物	吨	43 541	51 877	-16.07
肥皂	吨	62 437	53 447	16.82
合成洗涤剂	吨	127 330	110 552	15.18
香精	吨	408	437	-6.64
化学原料药	吨	276 322	237 556	16.32
中成药	吨	5 738	5 149	11.45
轮胎外胎	条	38 100	39 200	-2.81
塑料制品	吨	264 294	223 827	18.08
塑料薄膜	吨	71 585	55 015	30.12
农用薄膜	吨	12 043	3 021	298.64
塑料板片材	吨	18 248	15 254	-11.82
塑料丝及纺织制品	吨	42 474	36 844	15.28
泡沫塑料	吨	6 636	6 233	6.47
塑料包装箱及容器	吨	1 591	5 111	-68.87
日用塑料制品	吨	110 309	92 064	19.82
水泥	万吨	29 818 438	31 486 065	-5.30
水泥排水管	吨	118	150	-21.09
水泥电杆	吨	23 417	34 101	-31.33

10—1 续表 4

产品产量	计量单位	2005年	2004年	同比 ±%
水泥预制构件	立方米	1 232 312	932 380	32.17
砖(折标准砖)	万块	665 495	542 294.7	22.72
大理石板材	平方米	1 022 774	1 015 793	0.69
花岗石板材	平方米	563 685	605 310	-6.88
日用玻璃制品	吨	106 171	85 470	24.22
釉面砖	万平方米	73 700 045	71 312 000	3.35
日有陶瓷	万件	3 667.4	2 926.1	25.33
耐火材料制品	吨	27 845	39 155	-28.88
石墨及碳素制品	吨	58 581	54 969	6.57
玻璃纤维纱	吨	93	208	-55.29
生铁	吨	4 522 613	3 855 465	17.30
钢	吨	5 289 716	4 225 978	25.17
成品钢材	吨	3 146 694	2 286 510	37.62
黄金	千克	348	434	-19.83
铝材	吨	11 609	17 361	-33.13
金属结构制品	吨	—	—	—
金属切削工具	万件	261.3	236.9	10.30
模具	套	11 787	8 258	42.73
手工工具	万把	130.5	485.4	-73.11
内燃机	万千瓦	316 451	382 672	-17.30
金属切削机床	台	128	109	17.43
输送机械	米	144	157	-8.28
泵	台	7 254	6 391	13.50
风机	台	9 072	9 715	-6.62
减速机	台	5 075	4 332	17.15
制冷空调设备	台(套)	18	43	-58.14
轴承	万套	965	1 044.4	-7.60

10—1 续表 5

产品产量	计量单位	2005年	2004年	同比 ±%
阀门	吨	51 357	42 868	19.80
液压元件	件	39 224	39 077	0.38
塑料加工设备	吨	261	569	－54.13
印刷机	吨	404	669	－39.61
水泥设备	吨	51	6 661	－99.23
粮食加工机械	台	2 239	1 696	32.02
农业运输机械	辆	141	421	－66.51
大气污染防治设备	吨	5 346	4 499	18.83
机车	千瓦	34	38	－10.53
公路客车	辆	142	237	－40.08
改装汽车	辆	8 867	8 842	0.28
摩托车	辆	20 245	21 138	－4.22
交流电动机	千瓦	4 200 100	4 220 900	－0.49
变压器	千伏	335 610	394 455	－14.92
电力电缆	公里	38 108	9 763	290.33
通讯电缆	公里	118 148	947 600	－87.53
绝缘制品	吨	3 754	5 296	－29.12
蓄电池	千伏	412 024	340 722	20.93
灯具	万只	42	41	0.97
数字程控交换机	线	29 900	173 405	－82.76
半导体分立器件	万只	2 992.6	2 368.8	26.33
钟	只	76 990	64 610	19.16
表	只	62 393	50 270	24.12
发电量	万千瓦时	2 416 181	2 457 992.9	－1.70
火电	万千瓦时	2 398 948.2	2 445 677.8	－1.91
水电	万千瓦时	17 232.8	12 315.1	39.93
煤气	万立方米	48 108	48 117	－0.02

全市工业企业主要经济指标

10—2　　(2005年)　　计量单位：千元

项目名称	工业企业单位数（个）	工业企业总产值	工业企业销售产值	工业中间投入合计	工业增加值
总计	**1 925**	**201 553 257**	**197 434 206**	**150 805 918**	**57 158 623**
一、按登记注册类型分组					
内资企业	1 787	186 355 410	182 470 385	140 026 296	52 032 151
国有企业	152	31 593 478	31 077 433	23 170 228	9 760 426
集体企业	231	19 432 848	18 958 125	13 750 007	6 152 398
股份合作企业	35	1 649 146	1 594 840	1 274 698	407 090
联营企业	6	611 873	618 920	445 793	210 634
有限责任公司	255	40 803 634	39 807 161	31 568 315	10 716 227
股份有限公司	121	30 892 417	30 640 810	26 076 631	5 496 530
私营企业	964	60 065 704	58 501 080	42 841 202	18 849 963
其他企业	23	1 301 310	1 272 016	899 422	438 883
港、澳、台商投资企业	50	5 087 838	5 044 390	3 628 849	1 596 508
外商投资企业	88	10 115 009	9 919 431	7 150 773	3 529 964
二、按经济组织类型分组					
独资企业	726	72 053 887	70 519 399	51 692 787	22 872 831
合作、合伙企业	188	8 854 763	8 700 372	6 428 508	2 670 932
股份有限公司	176	45 024 532	44 390 361	36 124 739	10 158 751
有限责任公司	835	75 620 075	73 824 074	56 559 884	21 456 109
三、在总计中：亏损企业	139	25 813 004	25 498 961	22 106 460	4 250 839
在总计中：国有控股企业	230	69 694 810	68 508 429	55 024 902	17 198 895
在总计中：农村工业	186	13 327 917	13 017 924	9 461 247	4 198 380
在总计中：轻工业	880	84 944 657	82 828 221	61 628 966	26 086 909
重工业	1 045	116 613 600	114 605 985	89 176 952	31 071 714
在总计中：大型企业	21	67 455 978	66 485 765	54 410 661	15 224 687
中型企业	196	49 990 197	48 834 752	36 494 972	15 578 300
小型企业	1 708	84 111 082	82 113 689	59 900 285	26 355 636

10—2续表1　　(2005年)　　计量单位:千元

项目名称	资产合计	#流动资产小计	#短期投资	应收账款净额	存货
总计	**148 093 225**	**59 765 512**	**250 979**	**12 874 490**	**20 474 298**
一、按登记注册类型分组					
内资企业	132 130 975	53 233 991	224 248	11 137 881	18 698 175
国有企业	42 890 791	14 737 300	6 670	3 760 997	3 871 371
集体企业	5 940 649	2 938 061	44 962	650 995	1 117 232
股份合作企业	892 561	472 224	28 401	113 871	219 440
联营企业	146 664	62 694	—	23 740	17 218
有限责任公司	49 334 023	20 265 417	81 312	3 967 330	7 160 466
股份有限公司	14 574 465	6 827 707	1 358	1 426 561	3 066 925
私营企业	18 141 314	7 826 254	57 765	1 171 755	3 193 823
其他企业	210 508	104 334	3 780	22 632	51 700
港、澳、台商投资企业	3 409 728	2 035 136	20 382	462 176	676 210
外商投资企业	12 552 522	4 496 385	6 349	1 274 433	1 099 913
二、按经济组织类型分组					
独资企业	56 576 096	21 279 184	79 908	4 944 584	6 207 415
合作、合伙企业	2 827 440	1 275 885	39 495	340 469	506 723
股份有限公司	21 457 363	9 150 915	3 398	1 769 689	4 009 174
有限责任公司	67 232 326	28 059 528	128 178	5 819 748	9 750 986
三、在总计中:亏损企业	38 465 544	15 901 070	7 627	4 809 073	5 204 089
在总计中:国有控股企业	91 184 004	34 091 575	44 745	7 706 047	11 409 528
在总计中:农村工业	4 853 092	2 099 272	24 903	439 327	911 847
在总计中:轻工业	56 954 125	24 796 954	138 258	5 384 913	7 930 191
重工业	91 139 100	34 968 558	112 721	7 489 577	12 544 107
在总计中:大型企业	68 060 216	25 449 965	43 092	4 878 775	8 778 633
中型企业	49 390 639	20 307 637	55 651	4 341 638	6 714 903
小型企业	30 642 370	14 007 910	152 236	3 654 077	4 980 762

10—2 续表 2　　　　　　(2005 年)　　　　　　计量单位:千元

项目名称	流动资产年平均余额	长期投资	固定资产小计	固定资产原价	#生产经营用
总计	**58 084 333**	**4 770 597**	**73 121 454**	**107 145 039**	**93 444 394**
一、按登记注册类型分组					
内资企业	51 927 785	4 482 279	65 070 717	94 844 883	82 689 178
国有企业	15 071 351	1 033 868	24 623 104	38 083 145	35 309 281
集体企业	2 847 934	218 155	2 348 867	3 333 336	2 830 791
股份合作企业	408 354	33 437	249 648	363 363	300 267
联营企业	51 163	100	75 663	98 833	78 762
有限责任公司	19 734 217	2 546 157	22 963 019	32 799 384	26 121 414
股份有限公司	6 308 489	379 794	6 180 296	9 883 874	9 347 307
私营企业	7 406 214	266 228	8 544 391	10 159 823	8 596 259
其他企业	100 063	4 540	85 729	123 125	105 097
港、澳、台商投资企业	1 954 041	230 742	902 530	1 318 306	1 017 738
外商投资企业	4 202 507	57 576	7 148 207	10 981 850	9 737 478
二、按经济组织类型分组					
独资企业	21 192 214	1 276 154	30 338 076	45 552 555	41 972 770
合作、合伙企业	1 208 474	75 433	1 176 924	1 498 339	1 221 707
股份有限公司	8 795 414	538 850	10 368 947	17 457 824	16 476 873
有限责任公司	26 888 231	2 880 160	31 237 507	42 636 321	33 773 044
三、在总计中:亏损企业	16 313 278	689 836	19 309 494	28 462 962	23 977 615
在总计中:国有控股企业	33 522 661	3 319 761	48 462 333	73 162 040	64 675 586
在总计中:农村工业	2 114 445	282 695	2 100 484	2 925 178	2 460 878
在总计中:轻工业	24 049 359	2 734 486	24 279 400	34 255 479	31 569 717
重工业	34 034 974	2 036 111	48 842 054	72 889 560	61 874 677
在总计中:大型企业	25 333 698	3 050 403	34 904 911	49 479 125	45 044 233
中型企业	19 164 689	1 228 595	25 036 193	41 041 821	36 075 526
小型企业	13 585 946	491 599	13 180 350	16 624 093	12 324 635

10—2续表3　　(2005年)　　计量单位:千元

项目名称	累计折旧	#本年折旧	固定资产净值	固定资产净值年平均余额	无形及递延资产小计
总　计	**38 472 365**	**5 743 322**	**68 672 674**	**64 147 722**	**4 999 041**
一、按登记注册类型分组					
内资企业	33 744 800	5 024 479	61 100 083	57 414 682	4 629 161
国有企业	15 408 455	1 984 380	22 674 690	22 385 897	843 945
集体企业	1 143 378	169 670	2 189 958	2 159 167	179 147
股份合作企业	154 695	17 906	208 668	183 217	98 850
联营企业	23 308	2 511	75 525	77 107	289
有限责任公司	10 382 082	1 376 401	22 417 302	19 355 386	2 209 057
股份有限公司	4 263 259	598 569	5 620 615	5 278 982	928 517
私营企业	2 328 782	866 390	7 831 041	7 883 888	369 256
其他企业	40 841	8 652	82 284	91 038	100
港、澳、台商投资企业	504 294	104 043	814 012	837 459	74 941
外商投资企业	4 223 271	614 800	6 758 579	5 895 581	294 939
二、按经济组织类型分组					
独资企业	17 486 293	2 546 191	28 066 262	27 805 661	1 245 205
合作、合伙企业	462 391	94 877	1 035 948	1 005 181	104 567
股份有限公司	7 906 070	1 080 228	9 551 754	9 168 379	1 076 281
有限责任公司	12 617 611	2 022 026	30 018 710	26 168 501	2 572 988
三、在总计中:亏损企业	10 631 079	1 224 046	17 831 883	16 577 800	987 330
在总计中:国有控股企业	26 850 401	3 301 372	46 311 639	41 883 445	2 976 467
在总计中:农村工业	974 528	135 934	1 950 650	1 999 431	206 600
在总计中:轻工业	11 391 896	2 041 449	22 863 583	21 074 738	2 039 357
重工业	27 080 469	3 701 873	45 809 091	43 072 984	2 959 684
在总计中:大型企业	17 080 279	2 549 106	32 398 846	29 976 898	2 677 118
中型企业	16 639 749	2 238 562	24 402 072	22 155 051	1 654 690
小型企业	4 752 337	955 654	11 871 756	12 015 773	667 233

10—2 续表 4　　(2005 年)　　计量单位:千元

项 目 名 称	负债合计	#流动负债	长期负债	所有者权益	#实收资本
总　计	**93 632 805**	**70 143 229**	**22 212 150**	**54 460 420**	**38 670 823**
一、按登记注册类型分组					
内资企业	85 262 629	64 030 410	20 017 089	46 868 346	32 855 875
国有企业	29 509 658	19 383 505	9 990 736	13 381 133	10 447 823
集体企业	2 970 800	2 323 743	528 338	2 969 849	1 821 400
股份合作企业	491 475	426 228	64 109	401 086	142 397
联营企业	70 595	62 702	7 126	76 069	61 106
有限责任公司	33 798 847	26 510 010	6 861 415	15 535 176	12 123 341
股份有限公司	9 117 779	7 781 333	1 211 320	5 456 686	3 422 877
私营企业	9 147 211	7 409 437	1 334 023	8 994 103	4 796 118
其他企业	156 264	132 952	20 022	54 244	40 813
港、澳、台商投资企业	1 968 834	1 739 439	220 205	1 440 894	686 913
外商投资企业	6 401 342	4 373 380	1 974 856	6 151 180	5 128 035
二、按经济组织类型分组					
独资企业	35 969 026	24 532 061	10 982 597	20 607 070	14 356 275
合作、合伙企业	1 428 487	1 144 338	209 001	1 398 953	851 872
股份有限公司	11 641 048	9 849 359	1 661 359	9 816 315	6 243 602
有限责任公司	44 594 244	34 616 971	9 359 193	22 638 082	17 219 074
三、在总计中:亏损企业	28 123 105	22 077 098	5 933 298	10 342 439	10 305 384
在总计中:国有控股企业	63 729 749	45 315 526	17 969 369	27 454 255	22 467 702
在总计中:农村工业	2 424 986	1 820 955	545 566	2 428 106	1 513 222
在总计中:轻工业	33 992 214	26 769 132	6 709 964	22 961 911	14 095 327
重工业	59 640 591	43 374 097	15 502 186	31 498 509	24 575 496
在总计中:大型企业	43 896 530	31 543 663	12 073 243	24 163 686	13 371 227
中型企业	30 576 649	23 628 730	6 599 353	18 813 990	15 720 912
小型企业	19 159 626	14 970 336	3 539 554	11 482 744	9 578 684

10—2 续表 5　　(2005 年)　　计量单位:千元

项 目 名 称	所有者权益(续) 实收资本中: 国家资本	集体资本	主营业务收入	主营业务成本	主营业务费用
总　计	**12 085 915**	**2 334 850**	**196 102 611**	**163 013 713**	**6 203 757**
一、按登记注册类型分组					
内资企业	11 609 548	2 217 359	181 315 018	151 515 182	5 609 341
国有企业	7 606 478	171 000	29 384 710	24 504 891	503 267
集体企业	—	1 626 233	18 774 105	14 645 353	942 298
股份合作企业	—	66 322	1 459 832	1 244 792	35 894
联营企业	7 000	4 410	617 675	470 256	21 955
有限责任公司	3 829 012	315 460	39 986 081	33 309 481	1 452 163
股份有限公司	167 058	29 934	31 360 391	28 514 384	957 164
私营企业	—	—	58 516 080	47 846 178	1 675 554
其他企业	—	4 000	1 216 144	979 847	21 046
港、澳、台商投资企业	68 178	94 126	4 944 458	4 067 119	125 295
外商投资企业	408 189	23 365	9 843 135	7 431 412	469 121
二、按经济组织类型分组					
独资企业	7 606 478	1 797 233	68 788 377	55 387 647	2 215 367
合作、合伙企业	7 000	76 157	8 452 489	6 738 449	255 425
股份有限公司	167 058	29 934	45 676 082	40 807 767	1 154 725
有限责任公司	4 305 379	431 526	73 185 663	60 079 850	2 578 240
三、在总计中:亏损企业	5 690 944	213 017	25 181 692	23 653 030	634 493
在总计中:国有控股企业	11 835 156	182 029	68 830 485	60 425 017	1 623 130
在总计中:农村工业	—	1 097 506	12 292 277	9 894 523	493 033
在总计中:轻工业	4 919 062	1 017 496	84 030 688	66 638 101	3 575 170
重工业	7 166 853	1 317 354	112 071 923	96 375 612	2 628 587
在总计中:大型企业	6 830 266	171 959	69 215 538	62 040 666	1 847 076
中型企业	3 710 133	966 608	48 306 625	38 294 813	1 494 127
小型企业	1 545 516	1 196 283	78 580 448	62 678 234	2 862 554

10—2 续表 6　　(2005 年)　　计量单位:千元

项目名称	主营业务收入(续) 主营业务税金及附加	其他业务利润	管理费用	#税金
总计	**2 442 542**	**658 342**	**6 779 270**	**399 259**
一、按登记注册类型分组				
内资企业	2 416 485	618 330	6 074 722	355 070
国有企业	874 101	134 496	1 863 369	79 551
集体企业	164 923	57 182	495 991	30 965
股份合作企业	5 973	12 897	47 572	7 649
联营企业	6 070	71	19 792	466
有限责任公司	284 925	222 607	2 245 016	90 063
股份有限公司	521 927	61 694	690 898	35 052
私营企业	547 027	121 643	702 218	109 503
其他企业	11 539	7 740	9 866	1 821
港、澳、台商投资企业	17 738	4 354	230 813	19 023
外商投资企业	8 319	35 658	473 735	25 166
二、按经济组织类型分组				
独资企业	1 244 828	259 054	2 685 013	149 943
合作、合伙企业	86 924	31 810	147 295	21 041
股份有限公司	562 213	89 241	849 033	54 833
有限责任公司	548 577	278 237	3 097 929	173 442
三、在总计中:亏损企业	535 683	141 022	1 621 942	54 588
在总计中:国有控股企业	1 476 807	347 288	3 751 700	137 784
在总计中:农村工业	115 009	31 920	343 399	36 034
在总计中:轻工业	1 396 998	266 027	3 052 173	167 170
重工业	1 045 544	392 315	3 727 097	232 089
在总计中:大型企业	1 368 522	328 994	2 518 142	62 218
中型企业	308 742	122 066	2 569 653	106 000
小型企业	765 278	207 282	1 691 475	231 041

10—2 续表 7　　(2005 年)　　计量单位:千元

项目名称	管理费用(续)			财务费用	
	财产保险费	劳动、待业保险费	养老保险和医疗保险费		#利息支出
总计	**99 855**	**575 804**	**1 019 855**	**2 504 217**	**2 119 430**
一、按登记注册类型分组					
内资企业	79 423	561 096	952 876	2 400 481	2 041 106
国有企业	17 864	213 754	346 951	797 983	677 335
集体企业	4 980	9 250	36 165	173 367	112 668
股份合作企业	1 887	4 586	11 320	13 979	13 073
联营企业	140	197	4 038	7 827	7 788
有限责任公司	26 275	153 819	359 385	799 547	765 339
股份有限公司	5 884	88 546	94 011	202 401	160 906
私营企业	22 216	90 259	99 611	395 301	297 167
其他企业	177	685	1 395	10 076	6 830
港、澳、台商投资企业	5 868	7 620	20 057	35 675	20 701
外商投资企业	14 564	7 088	46 922	68 061	57 623
二、按经济组织类型分组					
独资企业	31 799	262 845	429 415	1 088 378	883 825
合作、合伙企业	3 500	18 183	32 452	68 409	52 953
股份有限公司	10 835	98 355	124 071	284 371	214 539
有限责任公司	53 721	196 421	433 917	1 063 059	968 113
三、在总计中:亏损企业	12 492	110 778	268 402	632 301	536 506
在总计中:国有控股企业	30 700	393 449	653 402	1 523 297	1 363 316
在总计中:农村工业	6 612	15 307	26 007	129 515	98 108
在总计中:轻工业	34 268	281 387	374 760	962 722	762 464
重工业	65 587	294 417	645 095	1 541 495	1 356 966
在总计中:大型企业	18 509	288 436	411 037	1 057 964	951 444
中型企业	30 264	144 548	357 650	741 734	624 633
小型企业	51 082	142 820	251 168	704 519	543 353

10—2 续表 8　　(2005 年)　　计量单位:千元

项目名称	营业利润	投资收益	利润总额	应交所得税	利税总额	本年应付工资总额
总　计	**15 817 454**	**444 690**	**12 282 502**	**1 967 544**	**21 131 328**	**7 040 052**
一、按登记注册类型分组						
内资企业	13 917 137	432 638	10 526 911	1 757 473	18 646 433	6 536 086
国有企业	975 595	100 436	833 508	304 742	3 044 785	1 601 209
集体企业	2 409 355	37 796	1 650 115	175 745	2 284 595	643 218
股份合作企业	124 519	13 304	93 464	7 804	132 079	54 351
联营企业	91 846	—	80 031	12 196	130 655	14 780
有限责任公司	2 117 556	114 922	1 800 523	323 465	3 561 356	1 734 838
股份有限公司	535 311	37 889	454 838	225 264	1 657 509	809 564
私营企业	7 471 445	124 981	5 462 293	683 668	7 634 781	1 658 560
其他企业	191 510	3 310	152 139	24 589	200 673	19 566
港、澳、台商投资企业	472 172	7 950	423 697	43 818	578 954	141 031
外商投资企业	1 428 145	4 102	1 331 894	166 253	1 905 941	362 935
二、按经济组织类型分组						
独资企业	6 426 198	224 507	4 749 899	677 612	8 501 458	2 926 551
合作、合伙企业	1 187 797	31 546	834 029	103 677	1 165 630	261 541
股份有限公司	2 107 214	37 889	1 816 521	409 914	3 637 692	1 000 187
有限责任公司	6 096 245	150 748	4 882 053	776 341	7 826 548	2 851 773
三、在总计中:亏损企业	－1 754 735	39 894	－1 512 483	76 344	－437 505	1 090 660
在总计中:国有控股企业	377 822	199 850	574 504	469 514	4 580 298	3 129 736
在总计中:农村工业	1 348 718	7 047	1 138 852	164 078	1 585 571	544 157
在总计中:轻工业	8 671 551	229 146	6 325 852	881 274	10 494 068	3 347 501
重工业	7 145 903	215 544	5 956 650	1 086 270	10 637 260	3 692 551
在总计中:大型企业	712 162	212 796	1 042 586	504 988	4 589 478	2 238 389
中型企业	5 019 622	58 113	4 127 525	600 896	6 519 342	2 205 754
小型企业	10 085 670	173 781	7 112 391	861 660	10 022 508	2 595 909

10—2 续表 9　　　　(2005 年)　　　　计量单位:千元

项目名称	主营业务应付工资总额	本年应付福利费总额	本年应交增值税	本年进项税额	本年销项税额	全部从业人员年平均人数(人)
总计	**6 809 945**	**937 460**	**6 406 284**	**20 711 257**	**25 715 990**	**524 287**
一、按登记注册类型分组						
内资企业	6 315 102	875 858	5 703 037	19 401 388	23 861 838	484 710
国有企业	1 492 550	227 092	1 337 176	3 177 577	4 355 925	93 238
集体企业	627 516	62 194	469 557	1 592 882	2 031 933	57 103
股份合作企业	53 152	6 832	32 642	86 920	109 171	5 755
联营企业	14 086	1 011	44 554	53 914	98 468	1 128
有限责任公司	1 669 365	228 203	1 475 908	5 070 745	6 195 079	119 986
股份有限公司	797 622	114 824	680 744	3 972 105	4 483 277	68 248
私营企业	1 642 074	233 514	1 625 461	5 412 955	6 522 099	136 950
其他企业	18 737	2 188	36 995	34 290	65 886	2 302
港、澳、台商投资企业	137 495	22 872	137 519	393 845	429 300	12 383
外商投资企业	357 348	38 730	565 728	916 024	1 424 852	27 194
二、按经济组织类型分组						
独资企业	2 794 767	371 609	2 506 731	6 401 422	8 699 804	197 032
合作、合伙企业	256 383	36 810	244 677	461 258	685 768	23 049
股份有限公司	987 243	155 221	1 258 958	6 458 257	7 103 710	84 526
有限责任公司	2 771 552	373 820	2 395 918	7 390 320	9 226 708	219 680
三、在总计中:亏损企业	992 236	141 706	539 295	3 595 115	3 935 415	77 489
在总计中:国有控股企业	2 977 793	438 288	2 528 987	9 497 772	11 324 649	187 596
在总计中:农村工业	537 118	48 609	331 710	748 232	1 053 213	45 296
在总计中:轻工业	3 239 852	454 746	2 771 218	7 709 705	10 100 535	257 604
重工业	3 570 093	482 714	3 635 066	13 001 552	15 615 455	266 683
在总计中:大型企业	2 189 551	295 999	2 178 370	10 814 110	12 051 924	121 041
中型企业	2 070 846	294 383	2 083 075	4 596 192	6 365 475	171 246
小型企业	2 549 548	347 078	2 144 839	5 300 955	7 298 591	232 000

市区工业企业主要经济指标

10—3　　(2005 年)　　计量单位:千元

项目名称	工业企业单位数(个)	工业企业总产值	工业企业销售产值	工业中间投入合计	工业增加值
总计	**373**	**94 168 173**	**92 588 220**	**74 152 319**	**23 621 350**
一、按登记注册类型分组					
内资企业	316	86 907 848	85 344 173	69 027 555	21 041 372
国有企业	71	25 439 615	25 106 168	18 960 824	7 689 120
集体企业	68	6 622 511	6 371 454	4 952 516	1 892 629
股份合作企业	9	403 126	392 147	347 005	71 686
联营企业	3	365 013	357 467	271 774	120 707
有限责任公司	80	25 438 215	24 767 074	20 101 429	6 338 155
股份有限公司	29	24 965 606	24 848 063	21 785 279	3 704 869
私营企业	53	3 613 833	3 442 693	2 566 325	1 206 040
港、澳、台商投资企业	25	2 511 709	2 532 139	1 891 215	709 867
外商投资企业	32	4 748 616	4 711 908	3 233 549	1 870 111
二、按经济组织类型分组					
独资企业	154	33 571 440	33 009 437	25 050 038	10 038 453
合作、合伙企业	18	1 106 227	1 095 595	870 266	289 281
股份有限公司	34	28 054 784	27 906 141	23 681 207	5 200 243
有限责任公司	167	31 435 722	30 577 047	24 550 808	8 093 373
三、在总计中:亏损企业	77	23 495 731	23 317 973	20 146 051	3 829 153
在总计中:国有控股企业	116	59 558 354	58 665 433	47 664 332	14 105 104
在总计中:农村工业	39	3 984 123	3 869 937	2 919 937	1 199 494
在总计中:轻工业	139	33 886 821	33 021 596	25 541 371	9 778 157
重工业	234	60 281 352	59 566 624	48 610 948	13 843 193
在总计中:大型企业	18	56 726 034	56 053 216	46 609 600	11 982 669
中型企业	98	25 351 179	24 949 459	18 722 988	7 956 275
小型企业	257	12 090 960	11 585 545	8 819 731	3 682 406

10—3 续表 1　　(2005 年)　　计量单位:千元

项 目 名 称	资产合计	# 流动资产小计	# 短期投资	应收账款净额	存 货
总　计	**105 976 666**	**42 380 739**	**136 530**	**9 683 855**	**13 937 399**
一、按登记注册类型分组					
内资企业	97 356 643	38 970 652	114 061	8 669 583	13 006 321
国有企业	40 155 547	13 435 128	2 682	3 519 465	3 292 242
集体企业	3 002 672	1 742 493	41 480	405 900	709 602
股份合作企业	440 640	212 257	20 265	71 297	67 497
联营企业	76 326	52 266	—	23 366	13 360
有限责任公司	39 924 034	16 723 382	48 104	3 120 612	5 913 543
股份有限公司	11 649 622	5 643 881	—	1 209 799	2 597 848
私营企业	2 054 359	1 128 756	1 400	317 148	398 722
港、澳、台商投资企业	2 392 106	1 502 281	20 382	377 454	432 984
外商投资企业	6 227 917	1 907 806	2 087	636 818	498 094
二、按经济组织类型分组					
独资企业	44 478 156	15 926 427	51 282	4 137 161	4 199 651
合作、合伙企业	776 586	415 870	20 395	160 891	134 426
股份有限公司	14 804 080	6 241 536	—	1 489 524	2 785 198
有限责任公司	45 917 844	19 796 906	64 853	3 896 279	6 818 124
三、在总计中:亏损企业	33 843 849	14 623 155	7 623	4 332 372	4 736 237
在总计中:国有控股企业	82 046 091	31 139 331	40 753	6 785 365	10 263 504
在总计中:农村工业	2 205 747	1 094 798	13 630	222 740	494 966
在总计中:轻工业	39 585 657	17 388 836	57 685	4 127 206	5 410 474
重工业	66 391 009	24 991 903	78 845	5 556 649	8 526 925
在总计中:大型企业	63 073 865	23 321 798	43 092	4 770 698	7 665 459
中型企业	31 468 021	12 870 842	29 986	2 860 217	4 371 821
小型企业	11 434 780	6 188 099	63 452	2 052 940	1 900 119

10—3 续表 2　　(2005 年)　　计量单位：千元

项目名称	流动资产年平均余额	长期投资	固定资产小计	固定资产原价	#生产经营用
总计	**41 686 364**	**4 258 806**	**52 345 382**	**81 816 730**	**72 435 165**
一、按登记注册类型分组					
内资企业	33 214 429	3 980 818	48 230 640	73 751 183	65 175 279
国有企业	13 812 485	1 029 504	23 374 394	36 365 099	33 990 466
集体企业	1 715 431	69 394	977 910	1 467 389	1 160 103
股份合作企业	207 419	33 230	106 617	159 073	115 797
联营企业	44 308	100	16 233	37 367	24 887
有限责任公司	16 282 906	2 476 074	18 292 939	26 913 791	21 647 783
股份有限公司	5 152 685	351 972	4 724 643	7 908 920	7 616 165
私营企业	978 413	20 544	717 107	873 378	599 271
港、澳、台商投资企业	1 472 354	230 742	518 519	876 276	755 095
外商投资企业	1 999 581	47 246	3 596 223	7 189 271	6 504 791
二、按经济组织类型分组					
独资企业	16 166 712	1 101 008	24 788 506	38 386 106	35 651 819
合作、合伙企业	412 506	47 363	201 474	325 531	264 248
股份有限公司	6 034 135	354 972	7 147 695	13 533 983	13 116 229
有限责任公司	19 073 011	2 755 463	20 207 707	29 571 110	23 402 869
三、在总计中：亏损企业	15 203 783	664 294	16 114 576	24 945 630	20 976 360
在总计中：国有控股企业	30 779 417	3 283 079	42 703 500	66 168 511	58 802 910
在总计中：农村工业	1 101 154	127 021	838 176	1 225 871	963 020
在总计中：轻工业	17 325 829	2 547 107	15 960 883	24 198 699	22 890 899
重工业	24 360 535	1 711 699	36 384 499	57 618 031	49 544 266
在总计中：大型企业	23 370 572	2 896 034	32 347 350	46 307 955	42 108 372
中型企业	12 395 411	1 015 586	16 141 275	30 191 705	27 075 829
小型企业	5 920 381	347 186	3 856 757	5 317 070	3 250 964

10—3 续表 3　　(2005 年)　　计量单位:千元

项目名称	累计折旧	#本年折旧	固定资产净值	固定资产净值年平均余额	无形及递延资产小计
总计	**32 333 266**	**4 069 659**	**49 483 464**	**46 008 848**	**3 919 385**
一、按登记注册类型分组					
内资企业	28 092 528	3 565 891	45 658 655	42 086 219	3 643 897
国有企业	14 822 220	1 918 586	21 542 879	21 202 064	770 796
集体企业	565 428	95 209	901 961	931 995	90 489
股份合作企业	85 639	6 281	73 434	72 035	85 942
联营企业	21 224	2 053	16 143	17 347	289
有限责任公司	8 797 169	1 042 430	18 116 622	15 196 337	1 716 302
股份有限公司	3 583 336	442 036	4 325 584	3 989 649	833 569
私营企业	210 263	58 417	663 115	658 972	146 510
港、澳、台商投资企业	381 113	53 723	495 163	491 604	53 643
外商投资企业	3 859 625	450 045	3 329 646	3 431 025	221 845
二、按经济组织类型分组					
独资企业	15 522 410	2 050 802	22 863 696	22 515 168	921 858
合作、合伙企业	159 210	17 941	166 321	167 881	89 775
股份有限公司	6 846 185	800 521	6 687 798	6 415 503	963 735
有限责任公司	9 805 461	1 200 395	19 765 649	16 910 296	1 944 017
三、在总计中:亏损企业	10 142 282	1 099 004	14 803 348	14 508 482	901 862
在总计中:国有控股企业	25 307 267	3 009 354	40 861 244	37 470 386	2 699 529
在总计中:农村工业	420 470	64 266	805 401	821 930	117 692
在总计中:轻工业	9 099 832	1 379 974	15 098 867	14 343 605	1 645 474
重工业	23 233 434	2 689 685	34 384 597	31 665 243	2 273 911
在总计中:大型企业	16 293 818	2 231 645	30 014 137	27 800 618	2 532 492
中型企业	14 079 994	1 554 748	16 111 711	14 997 527	1 113 504
小型企业	1 959 454	283 266	3 357 616	3 210 703	273 389

10—3 续表 4　　(2005 年)　　计量单位:千元

项目名称	负债合计	#流动负债	长期负债	所有者权益	#实收资本
总计	**70 264 951**	**53 225 911**	**16 509 849**	**35 711 715**	**27 335 704**
一、按登记注册类型分组					
内资企业	66 163 415	49 637 931	15 999 264	31 193 228	23 604 289
国有企业	27 613 491	18 148 234	9 440 441	12 542 056	9 938 869
集体企业	1 632 327	1 425 950	124 398	1 370 345	870 726
股份合作企业	238 692	206 452	31 092	201 948	69 897
联营企业	52 439	50 502	1 170	23 887	11 396
有限责任公司	28 073 975	22 357 640	5 340 034	11 850 059	9 584 770
股份有限公司	7 326 044	6 380 634	938 253	4 323 578	2 702 628
私营企业	1 186 013	1 028 125	123 876	868 346	422 003
港、澳、台商投资企业	1 438 501	1 331 332	107 149	953 605	445 203
外商投资企业	2 663 035	2 256 598	403 436	3 564 882	3 286 212
二、按经济组织类型分组					
独资企业	29 962 100	20 235 286	9 596 739	14 516 056	11 029 195
合作、合伙企业	432 163	371 008	59 250	344 423	186 763
股份有限公司	7 968 575	6 982 367	979 050	6 835 505	5 040 226
有限责任公司	31 902 113	25 637 250	5 874 810	14 015 731	11 079 520
三、在总计中:亏损企业	24 769 638	20 411 936	4 269 225	9 074 211	8 947 516
在总计中:国有控股企业	57 075 404	41 433 391	15 328 018	24 970 687	20 127 869
在总计中:农村工业	1 069 050	971 868	88 093	1 136 697	651 579
在总计中:轻工业	24 809 032	20 392 100	4 311 828	14 776 625	8 734 022
重工业	45 455 919	32 833 811	12 198 021	20 935 090	18 601 682
在总计中:大型企业	41 334 492	29 435 891	11 618 977	21 739 373	12 960 650
中型企业	20 351 900	16 716 319	3 481 198	11 116 121	11 132 581
小型企业	8 578 559	7 073 701	1 409 674	2 856 221	3 242 473

10—3 续表 5　　(2005 年)　　计量单位：千元

项目名称	所有者权益(续) 实收资本中：国家资本	所有者权益(续) 实收资本中：集体资本	主营业务收入	主营业务成本	主营业务费用
总计	**11 123 729**	**1 436 978**	**94 154 578**	**80 283 555**	**3 125 841**
一、按登记注册类型分组					
内资企业	10 859 931	1 337 130	86 806 438	74 548 674	2 873 738
国有企业	7 112 989	171 000	24 965 610	21 053 977	402 867
集体企业	—	860 810	6 494 378	5 138 015	287 734
股份合作企业	—	60 265	402 773	344 879	15 045
联营企业	—	4 410	357 762	289 791	5 491
有限责任公司	3 636 973	222 003	25 993 305	21 839 726	1 030 397
股份有限公司	109 969	18 642	25 447 685	23 586 863	866 837
私营企业	—	—	3 079 626	2 237 671	263 327
港、澳、台商投资企业	68 178	93 064	2 548 347	2 107 344	64 799
外商投资企业	195 620	6 784	4 799 793	3 627 537	187 304
二、按经济组织类型分组					
独资企业	7 112 989	1 031 810	33 107 652	27 422 500	807 631
合作、合伙企业	—	66 100	1 052 400	876 819	28 978
股份有限公司	109 969	18 642	28 393 448	25 712 962	976 184
有限责任公司	3 900 771	320 426	31 601 078	26 271 274	1 313 048
三、在总计中：亏损企业	5 359 299	178 010	23 051 033	21 759 908	528 639
在总计中：国有控股企业	10 911 722	177 199	60 750 276	53 911 523	1 376 468
在总计中：农村工业	—	492 245	3 684 881	2 835 698	136 508
在总计中：轻工业	4 416 702	675 653	35 080 157	27 640 426	1 957 303
重工业	6 707 027	761 325	59 074 421	52 643 129	1 168 538
在总计中：大型企业	6 806 455	171 959	57 898 730	51 706 867	1 803 370
中型企业	3 179 818	533 084	25 220 558	20 036 190	771 916
小型企业	1 137 456	731 935	11 035 290	8 540 498	550 555

10—3 续表 6　　（2005 年）　　计量单位：千元

项目名称	主营业务收入(续) 主营业务税金及附加	其他业务利润	管理费用	#税金
总计	**1 586 919**	**415 742**	**3 125 841**	**141 135**
一、按登记注册类型分组				
内资企业	1 581 222	406 897	2 873 738	124 900
国有企业	858 659	129 993	402 867	41 737
集体企业	60 274	26 564	287 734	9 863
股份合作企业	1 455	3 068	15 045	586
联营企业	832	71	5 491	326
有限责任公司	140 361	190 572	1 030 397	43 999
股份有限公司	488 733	42 685	866 837	18 351
私营企业	30 667	13 878	263 327	9 904
港、澳、台商投资企业	4 221	3 689	64 799	6 994
外商投资企业	1 476	5 156	187 304	9 241
二、按经济组织类型分组				
独资企业	925 849	159 976	807 631	59 943
合作、合伙企业	2 739	5 495	28 978	1 248
股份有限公司	494 677	43 091	976 184	24 526
有限责任公司	163 654	207 180	1 313 048	55 418
三、在总计中：亏损企业	498 261	128 339	528 639	43 316
在总计中：国有控股企业	1 398 427	333 657	1 376 468	85 762
在总计中：农村工业	32 141	816	136 508	7 528
在总计中：轻工业	910 072	141 104	1 957 303	55 884
重工业	676 847	274 638	1 168 538	85 251
在总计中：大型企业	1 349 165	284 296	1 803 370	56 273
中型企业	151 315	76 599	771 916	55 135
小型企业	86 439	54 847	550 555	29 727

10—3 续表 7　　(2005 年)　　计量单位:千元

项目名称	管理费用(续)			财务费用	
	财产保险费	劳动、待业保险费	养老保险和医疗保险费		# 利息支出
总　计	**55 164**	**435 659**	**792 869**	**1 600 105**	**1 409 349**
一、按登记注册类型分组					
内资企业	37 851	431 145	750 464	1 562 125	1 375 432
国有企业	14 351	208 990	326 565	700 587	591 909
集体企业	3 121	6 465	30 259	73 530	40 280
股份合作企业	1 100	1 575	4 102	5 857	5 831
联营企业	130	197	3 659	2 591	2 591
有限责任公司	13 881	131 178	293 245	622 486	610 769
股份有限公司	4 405	79 973	80 982	129 577	103 329
私营企业	856	2 712	10 987	27 007	20 568
港、澳、台商投资企业	4 817	1 825	14 359	18 750	9 118
外商投资企业	12 496	2 689	28 046	19 230	24 799
二、按经济组织类型分组					
独资企业	18 183	216 144	360 913	787 366	644 082
合作、合伙企业	1 365	2 256	12 587	10 876	9 870
股份有限公司	8 861	81 160	98 620	132 581	106 112
有限责任公司	26 755	136 099	320 749	669 282	649 285
三、在总计中:亏损企业	11 455	108 574	254 556	594 238	511 353
在总计中:国有控股企业	24 287	383 840	602 548	1 321 676	1 188 282
在总计中:农村工业	2 315	2 004	10 180	43 416	36 667
在总计中:轻工业	14 394	200 647	260 711	620 052	513 340
重工业	40 770	235 012	532 158	980 053	896 009
在总计中:大型企业	17 581	287 059	399 405	973 172	891 834
中型企业	21 550	115 435	288 062	482 683	408 481
小型企业	16 033	33 165	105 402	144 250	109 034

10—3 续表 8　　　　(2005 年)　　　　计量单位:千元

项　目　名　称	营业利润	投资收益	利润总额	应交所得税	利税总额	本年应付工资总额
总　　　　计	**2 921 117**	**268 880**	**2 971 105**	**796 824**	**8 163 520**	**4 060 509**
一、按登记注册类型分组						
内资企业	2 007 290	262 021	2 108 442	682 693	6 850 743	3 820 100
国有企业	397 263	98 728	550 126	269 617	2 619 114	1 476 336
集体企业	628 696	24 467	441 150	39 990	724 258	329 133
股份合作企业	9 687	4 874	16 153	1 414	33 173	27 798
联营企业	46 325	—	46 240	1 041	74 540	13 223
有限责任公司	743 959	102 309	820 944	161 659	1 962 674	1 248 753
股份有限公司	- 188 042	31 642	- 65 772	179 366	947 503	594 619
私营企业	368 360	1	298 758	29 600	487 957	127 905
港、澳、台商投资企业	174 645	6 945	156 912	20 014	250 506	79 913
外商投资企业	739 182	- 86	705 751	94 117	1 062 271	160 496
二、按经济组织类型分组						
独资企业	1 223 791	123 229	1 186 673	311 613	3 629 573	1 869 367
合作、合伙企业	80 516	3 300	71 143	4 239	127 202	60 825
股份有限公司	424 101	31 642	516 327	270 886	1 837 670	641 728
有限责任公司	1 192 709	110 709	1 196 962	210 086	2 569 075	1 488 589
三、在总计中:亏损企业	- 1 630 916	36 793	- 1 345 672	61 462	- 367 938	947 620
在总计中:国有控股企业	- 250 041	197 782	237 777	384 010	3 846 786	2 812 883
在总计中:农村工业	412 038	3 310	323 717	39 934	491 166	227 362
在总计中:轻　工　业	1 805 311	153 669	1 658 810	357 567	4 001 589	1 723 550
重　工　业	1 115 806	115 211	1 312 295	439 257	4 161 931	2 336 959
在总计中:大型企业	- 69 330	212 734	374 822	415 130	3 590 222	2 074 266
中型企业	1 980 118	23 026	1 952 302	317 034	3 431 701	1 404 836
小型企业	1 010 329	33 120	643 981	64 660	1 141 597	581 407

10—3 续表 9　　(2005 年)　　计量单位:千元

项目名称	主营业务应付工资总额	本年应付福利费总额	本年应交增值税	本年进项税额	本年销项税额	全部从业人员年平均人数(人)
总计	**3 868 614**	**575 914**	**3 605 496**	**11 901 904**	**14 586 428**	**258 202**
一、按登记注册类型分组						
内资企业	3 633 042	542 615	3 161 079	11 219 030	13 583 350	241 698
国有企业	1 375 083	208 897	1 210 329	2 787 991	3 842 908	80 013
集体企业	316 509	41 583	222 834	606 195	808 150	29 441
股份合作企业	26 807	2 010	15 565	41 153	52 455	2 538
联营企业	12 529	792	27 468	36 503	63 971	954
有限责任公司	1 189 662	175 930	1 001 369	3 882 677	4 436 885	71 083
股份有限公司	585 882	87 093	524 542	3 552 340	3 913 997	46 307
私营企业	124 422	26 018	158 532	307 178	460 560	10 925
港、澳、台商投资企业	77 244	10 872	89 373	260 770	262 329	7 165
外商投资企业	158 328	22 427	355 044	422 104	740 749	9 339
二、按经济组织类型分组						
独资企业	1 752 998	255 431	1 517 051	3 575 089	4 902 861	114 245
合作、合伙企业	58 955	4 254	53 320	95 111	143 038	4 978
股份有限公司	632 391	108 993	826 666	3 739 137	4 401 796	49 408
有限责任公司	1 424 270	207 236	1 208 459	4 492 567	5 138 733	89 571
三、在总计中:亏损企业	850 966	126 260	479 473	3 379 603	3 657 880	65 467
在总计中:国有控股企业	2 672 093	399 307	2 210 582	8 762 948	10 278 802	159 155
在总计中:农村工业	223 518	21 959	135 308	275 087	387 016	17 332
在总计中:轻工业	1 641 098	260 217	1 432 707	4 000 885	5 136 879	123 943
重工业	2 227 516	315 697	2 172 789	7 901 019	9 449 549	134 259
在总计中:大型企业	2 025 428	283 673	1 866 235	8 411 651	9 779 068	108 315
中型企业	1 285 164	211 717	1 328 084	2 546 241	3 589 939	98 808
小型企业	558 022	80 524	411 177	944 012	1 217 421	51 079

全市工业企业分行业主要经济指标

10—4　　(2005 年)　　计量单位:千元

项目名称	工业企业单位数(个)	工业企业总产值	工业企业销售产值	工业中间投入合计	工业增加值
总计	**1 925**	**201 558 257**	**197 434 206**	**150 805 918**	**57 158 623**
采矿业	89	3 863 929	3 777 064	2 879 360	1 128 092
煤炭开采和洗选业	29	1 909 408	1 865 241	1 493 951	517 708
黑色金属矿采选业	31	1 320 263	1 289 231	934 971	410 236
有色金属矿采选业	1	46 530	45 500	34 597	13 960
非金属矿采选业	28	587 728	577 092	415 841	186 188
制造业	1 800	181 074 403	177 043 064	135 764 058	50 645 705
农副食品加工业	148	11 180 594	11 015 586	8 021 678	3 337 152
食品制造业	43	9 819 180	9 709 625	8 085 228	2 026 896
饮料制造业	27	1 732 275	1 722 476	1 163 862	640 757
烟草制品业	2	1 958 938	1 906 049	730 703	1 452 455
纺织业	168	11 319 944	10 991 288	8 380 101	3 344 055
纺织服装、鞋、帽制造业	62	3 185 522	3 128 714	2 303 665	944 345
皮革、毛皮、羽毛(绒)及其制品业	131	13 774 458	13 448 225	9 778 212	4 390 092
木材加工及木、竹、藤、棕、草制品业	32	3 640 893	3 536 848	2 522 397	1 185 443
家具制造业	17	1 691 930	1 649 337	1 225 636	505 662
造纸及纸制品业	55	3 446 015	3 280 439	2 554 560	1 000 988
印刷业和记录媒介的复制	23	1 456 143	1 437 184	873 983	670 417
文教体育用品制造业	1	31 800	27 751	22 260	9 540
石油加工、炼焦及核燃料加工业	13	14 697 992	14 648 782	13 198 879	1 678 493
化学原料及化学制品制造业	230	20 957 656	20 377 956	15 942 368	5 653 536
医药制造业	57	15 667 778	15 128 660	11 782 606	4 543 972
化学纤维制造业	5	1 466 715	1 427 256	990 471	506 761
橡胶制品业	15	1 120 181	1 091 011	854 866	302 396
塑料制品业	74	4 129 333	4 078 558	2 998 418	1 213 508
非金属矿物制品业	232	11 456 339	11 279 024	8 139 005	3 691 086
黑色金属冶炼及压延加工业	32	21 173 772	20 696 076	16 295 140	5 542 979
有色金属冶炼及压延加工业	17	1 066 798	1 044 816	787 130	296 002
金属制品业	87	5 045 211	5 011 133	3 611 611	1 559 564
通用设备制造业	131	6 759 029	6 464 508	4 916 385	2 052 650
专用设备制造业	53	3 591 378	3 560 810	2 637 167	1 035 039
交通运输设备制造业	47	4 207 753	4 131 645	3 117 391	1 206 925
电气机械及器材制造业	54	3 404 906	3 311 208	2 463 348	1 028 043
通信设备、计算机及其他电子设备	14	1 945 994	1 803 549	1 567 931	456 052
仪器仪表及文化、办公用机械制造	12	368 555	373 219	247 972	136 881
工艺品及其他制造业	16	599 161	591 018	427 466	177 073
电力、燃气及水的生产和供应业	36	16 619 925	16 614 078	12 162 500	5 384 826
电力、热力的生产和供应业	17	15 863 057	15 857 861	11 699 902	5 065 738
燃气生产和供应业	4	297 668	297 748	172 593	130 857
水的生产和供应业	15	459 200	458 469	290 005	188 231

10—4 续表 1　　　　　　(2005 年)　　　　　　计量单位:千元

项 目 名 称	资产合计	# 流动资产小计	# 短期投资	应收账款净额	存 货
总　　计	**148 093 225**	**59 765 512**	**250 979**	**12 874 490**	**20 474 298**
采 矿 业	2 143 042	845 177	8 154	245 489	261 420
煤炭开采和洗选业	1 689 866	686 109	1 249	200 241	204 591
黑色金属矿采选业	241 371	89 903	3 250	29 418	32 980
有色金属矿采选业	12 920	7 849	—	1 250	4 520
非金属矿采选业	198 885	61 316	3 655	14 580	19 329
制 造 业	117 482 794	53 342 108	239 298	11 538 840	19 348 702
农副食品加工业	2 887 773	1 140 331	22 948	203 481	373 557
食品制造业	3 082 711	1 250 813	—	156 720	366 122
饮料制造业	979 162	394 604	—	67 729	147 104
烟草制品业	1 687 218	1 260 100	—	68 340	576 534
纺 织 业	7 868 535	3 298 381	20 181	507 862	1 550 858
纺织服装、鞋、帽制造业	1 337 655	850 260	3 600	151 875	317 563
皮革、毛皮、羽毛(绒)及其制品业	2 795 783	1 610 983	18 792	160 828	375 571
木材加工及木、竹、藤、棕、草制品业	689 891	245 265	230	15 851	100 183
家具制造业	307 029	111 793	4 794	20 601	55 275
造纸及纸制品业	3 860 554	927 092	1 480	370 636	359 863
印刷业和记录媒介的复制	1 512 912	461 770	30	103 762	184 366
文教体育用品制造业	23 159	17 574	—	1 333	4 797
石油加工、炼焦及核燃料加工业	6 535 798	3 061 709	6	894 166	1 379 095
化学原料及化学制品制造业	13 376 862	5 767 806	50 661	1 102 058	2 079 839
医药制造业	25 069 001	11 041 543	27 263	3 014 621	2 673 311
化学纤维制造业	649 462	341 274	2 440	5 102	290 123
橡胶制品业	793 976	418 001	720	174 341	147 135
塑料制品业	1 474 407	849 472	7 139	246 757	254 915
非金属矿物制品业	6 518 827	2 328 275	12 095	595 422	826 496
黑色金属冶炼及压延加工业	11 769 004	4 810 827	39 920	152 403	2 567 441
有色金属冶炼及压延加工业	440 649	176 376	—	43 911	58 801
金属制品业	2 078 308	1 110 308	4 346	258 454	467 895
通用设备制造业	7 093 657	3 945 263	4 957	1 002 199	1 802 376
专用设备制造业	3 781 833	2 211 759	6 016	751 145	635 387
交通运输设备制造业	4 036 658	2 436 447	6 270	540 243	639 061
电气机械及器材制造业	1 597 998	1 029 500	3 840	424 359	339 116
通信设备、计算机及其他电子设备	4 810 620	1 929 714	—	422 924	653 507
仪器仪表及文化、办公用机械制造	278 669	219 736	1 400	61 887	83 739
工艺品及其他制造业	132 183	89 172	170	19 530	37 172
电力、燃气及水的生产和供应业	28 467 389	5 578 227	3 527	1 090 161	864 176
电力、热力的生产和供应业	24 418 782	4 505 849	20	892 034	808 071
燃气生产和供应业	2 009 147	705 446	—	59 292	11 360
水的生产和供应业	2 039 460	366 932	3 507	138 835	44 745

10—4 续表 2　　(2005 年)　　计量单位:千元

项目名称	流动资产年平均余额	长期投资	固定资产小计	固定资产原价	#生产经营用
总　　计	**58 084 333**	**4 770 597**	**73 121 454**	**107 145 039**	**93 444 394**
采　矿　业	939 202	11 711	1 261 939	977 795	700 396
煤炭开采和洗选业	792 834	8 262	979 111	672 510	415 399
黑色金属矿采选业	88 357	2 560	145 263	163 083	153 278
有色金属矿采选业	4 250	—	5 071	6 351	5 792
非金属矿采选业	53 761	889	132 494	135 851	125 927
制　造　业	51 356 330	4 062 850	50 709 999	73 498 855	63 752 722
农副食品加工业	1 142 227	107 726	1 362 669	1 722 207	1 370 555
食品制造业	1 202 126	252 384	1 453 857	1 926 620	1 760 978
饮料制造业	366 692	49 880	463 471	851 092	782 124
烟草制品业	1 071 059	2 457	422 475	666 663	560 363
纺　织　业	3 147 402	148 693	3 303 489	4 941 726	4 451 223
纺织服装、鞋、帽制造业	806 814	35 071	414 313	692 101	559 672
皮革、毛皮、羽毛(绒)及其制品业	1 474 015	28 012	920 116	1 289 459	1 035 437
木材加工及木、竹、藤、棕、草制品业	237 251	583	321 389	396 996	269 223
家具制造业	108 158	11 360	124 512	152 644	128 829
造纸及纸制品业	722 027	83 293	2 696 282	2 827 902	2 642 470
印刷业和记录媒介的复制	507 895	26 488	996 587	1 615 978	1 393 603
文教体育用品制造业	16 624	—	5 585	10 857	9 720
石油加工、炼焦及核燃料加工业	2 879 274	97 901	2 877 762	5 473 522	5 090 871
化学原料及化学制品制造业	5 572 661	163 251	6 359 720	10 406 391	9 338 128
医药制造业	11 238 674	1 924 936	9 425 676	13 840 465	13 509 026
化学纤维制造业	305 909	—	268 459	378 915	363 727
橡胶制品业	415 371	5 204	357 678	498 410	383 192
塑料制品业	801 251	14 002	544 891	785 676	558 360
非金属矿物制品业	2 242 053	44 766	3 667 584	4 776 993	3 794 271
黑色金属冶炼及压延加工业	4 461 305	274 303	5 788 335	7 290 011	6 283 189
有色金属冶炼及压延加工业	157 590	60	221 995	299 172	237 216
金属制品业	1 083 722	39 269	713 973	910 287	621 699
通用设备制造业	3 897 019	373 586	2 426 784	3 061 965	2 081 481
专用设备制造业	2 162 685	125 395	1 235 976	1 625 267	954 510
交通运输设备制造业	2 012 722	140 248	1 336 832	1 837 252	1 385 709
电气机械及器材制造业	1 047 966	42 449	435 908	593 526	440 938
通信设备、计算机及其他电子设备	2 031 176	71 283	2 477 278	4 446 245	3 585 070
仪器仪表及文化、办公用机械制造	156 891	—	44 223	122 733	112 432
工艺品及其他制造业	82 171	250	35 640	51 073	42 296
电力、燃气及水的生产和供应业	5 788 801	696 036	21 149 516	32 668 389	28 991 276
电力、热力的生产和供应业	4 950 661	640 646	18 761 350	29 579 508	26 738 004
燃气生产和供应业	498 423	47 509	791 085	999 343	395 926
水的生产和供应业	339 717	7 881	1 597 081	2 089 538	1 857 346

10—4 续表 3　　(2005 年)　　计量单位:千元

项目名称	累计折旧	#本年折旧	固定资产净值	固定资产净值年平均余额	无形及递延资产小计
总计	**38 472 365**	**5 743 322**	**68 672 674**	**64 147 722**	**4 999 041**
采矿业	210 676	88 586	767 119	795 404	6 836
煤炭开采和洗选业	178 341	77 420	494 169	513 307	6 836
黑色金属矿采选业	18 889	7 063	144 194	148 818	—
有色金属矿采选业	1 280	820	5 071	2 990	—
非金属矿采选业	12 166	3 283	123 685	130 289	—
制造业	25 602 237	3 862 499	47 896 618	43 821 077	4 666 883
农副食品加工业	448 204	89 753	1 274 003	1 230 662	28 812
食品制造业	743 045	131 283	1 183 575	1 155 753	70 877
饮料制造业	420 099	58 425	430 993	447 862	49 642
烟草制品业	268 809	43 593	397 854	372 514	2 186
纺织业	1 899 444	256 468	3 042 282	2 965 573	803 869
纺织服装、鞋、帽制造业	298 149	59 922	393 952	393 894	9 044
皮革、毛皮、羽毛(绒)及其制品业	455 741	163 382	833 718	830 113	17 974
木材加工及木、竹、藤、棕、草制品业	124 680	36 300	272 316	319 999	20 841
家具制造业	47 397	7 636	105 247	113 017	24 158
造纸及纸制品业	264 618	95 749	2 563 284	1 537 514	75 152
印刷业和记录媒介的复制	668 270	120 417	947 708	838 855	13 823
文教体育用品制造业	5 272	897	5 585	5 820	—
石油加工、炼焦及核燃料加工业	2 845 770	196 876	2 627 752	2 577 182	419 018
化学原料及化学制品制造业	3 445 894	627 253	6 960 497	5 532 293	604 124
医药制造业	4 624 144	784 811	9 216 321	8 636 154	733 061
化学纤维制造业	133 977	24 615	244 938	265 625	37 008
橡胶制品业	144 243	25 212	354 167	329 784	1 746
塑料制品业	276 314	56 005	509 362	560 262	5 945
非金属矿物制品业	1 372 092	230 119	3 404 901	3 489 923	161 773
黑色金属冶炼及压延加工业	2 020 012	363 394	5 269 999	4 395 636	820 817
有色金属冶炼及压延加工业	78 653	11 021	220 519	217 937	12 546
金属制品业	279 917	69 990	630 370	643 599	118 213
通用设备制造业	1 209 809	101 240	1 852 156	1 875 498	165 842
专用设备制造业	554 278	73 109	1 070 989	914 744	144 991
交通运输设备制造业	587 902	81 801	1 249 350	1 141 573	84 368
电气机械及器材制造业	196 767	36 854	396 759	402 465	59 908
通信设备、计算机及其他电子设备	2 086 229	103 697	2 360 016	2 541 229	181 126
仪器仪表及文化、办公用机械制造	81 776	6 425	40 957	42 802	19
工艺品及其他制造业	20 550	6 216	30 523	36 295	—
电力、燃气及水的生产和供应业	12 659 452	1 792 237	20 008 937	19 531 241	325 322
电力、热力的生产和供应业	11 735 517	1 664 192	17 843 991	17 417 495	254 743
燃气生产和供应业	344 517	25 139	654 826	569 412	19 983
水的生产和供应业	579 418	102 906	1 510 120	1 544 334	50 596

10—4 续表 4　　　　(2005 年)　　　　计量单位:千元

项目名称	负债合计	#流动负债	长期负债	所有者权益	#实收资本
总　　计	**93 632 805**	**70 143 229**	**22 212 150**	**54 460 420**	**38 670 823**
采　矿　业	1 574 807	1 042 831	515 773	568 235	467 080
煤炭开采和洗选业	1 310 054	845 278	459 039	379 812	325 644
黑色金属矿采选业	150 869	117 595	29 237	90 502	72 475
有色金属矿采选业	8 410	8 090	320	4 510	2 100
非金属矿采选业	105 474	71 868	27 177	93 411	66 861
制　造　业	75 029 765	60 711 278	13 061 836	42 453 029	29 961 604
农副食品加工业	1 568 112	1 285 355	202 128	1 319 661	987 477
食品制造业	1 501 674	1 344 196	148 776	1 581 037	875 037
饮料制造业	820 386	794 324	23 332	158 776	304 718
烟草制品业	868 245	868 245	—	818 973	220 352
纺　织　业	5 019 953	3 970 945	975 094	2 848 582	1 779 936
纺织服装、鞋、帽制造业	732 261	680 344	42 816	605 394	346 755
皮革、毛皮、羽毛(绒)及其制品业	1 505 962	1 314 474	108 302	1 289 821	939 267
木材加工及木、竹、藤、棕、草制品业	337 991	265 375	72 606	351 900	309 152
家具制造业	186 065	125 566	39 263	120 964	78 939
造纸及纸制品业	2 529 582	937 660	1 534 999	1 330 972	1 235 891
印刷业和记录媒介的复制	461 505	340 051	119 949	1 051 407	680 166
文教体育用品制造业	3 170	3 170	—	19 989	15 507
石油加工、炼焦及核燃料加工业	4 759 132	4 244 394	505 720	1 776 666	2 023 422
化学原料及化学制品制造业	10 048 889	8 815 179	1 024 559	3 327 973	3 999 195
医药制造业	15 815 428	12 765 399	3 014 547	9 253 573	4 953 659
化学纤维制造业	283 741	210 563	70 547	365 721	90 448
橡胶制品业	540 431	407 121	115 339	253 545	121 059
塑料制品业	921 214	765 388	124 352	553 193	389 642
非金属矿物制品业	4 189 681	2 787 782	1 342 087	2 329 146	1 787 929
黑色金属冶炼及压延加工业	7 333 666	5 923 305	1 101 511	4 435 338	1 987 580
有色金属冶炼及压延加工业	323 460	189 549	106 741	117 189	108 489
金属制品业	1 204 845	1 040 379	85 128	873 463	582 229
通用设备制造业	4 996 024	3 968 227	1 001 586	2 097 633	1 349 760
专用设备制造业	3 500 159	2 843 385	649 107	281 674	1 137 294
交通运输设备制造业	2 500 231	2 227 045	188 888	1 536 427	902 381
电气机械及器材制造业	1 001 960	847 870	136 586	596 038	432 578
通信设备、计算机及其他电子设备	1 774 318	1 492 773	278 844	3 036 302	2 215 665
仪器仪表及文化、办公用机械制造	225 286	176 506	48 779	53 383	58 174
工艺品及其他制造业	75 394	74 708	250	56 789	37 403
电力、燃气及水的生产和供应业	17 028 233	8 389 120	8 634 541	11 439 156	8 242 139
电力、热力的生产和供应业	14 789 674	6 860 673	7 928 998	9 629 108	6 653 564
燃气生产和供应业	1 205 642	797 326	405 317	803 505	486 865
水的生产和供应业	1 032 917	731 121	300 226	1 006 543	1 101 710

10—4 续表 5　　(2005 年)　　计量单位:千元

项目名称	所有者权益(续) 实收资本中:国家资本	所有者权益(续) 实收资本中:集体资本	主营业务收入	主营业务成本	主营业务费用
总计	**12 085 915**	**2 334 850**	**196 102 611**	**163 013 713**	**6 203 757**
采矿业	267 178	28 995	3 665 729	3 079 890	129 282
煤炭开采和洗选业	258 331	4 833	1 834 117	1 581 417	86 933
黑色金属矿采选业	340	14 531	1 256 919	1 037 262	25 623
有色金属矿采选业	—	2 100	46 510	33 590	187
非金属矿采选业	8 507	7 531	528 183	427 621	16 539
制造业	8 231 717	2 302 455	175 781 068	145 190 630	6 024 437
农副食品加工业	143 694	135 712	11 026 948	8 659 491	238 296
食品制造业	62 305	14 026	9 956 214	8 162 315	873 527
饮料制造业	82 266	—	1 665 093	1 201 822	66 622
烟草制品业	217 402	—	1 894 775	670 026	43 077
纺织业	207 881	185 686	11 306 903	9 573 053	240 217
纺织服装、鞋、帽制造业	89 674	112 269	3 069 263	2 392 327	120 126
皮革、毛皮、羽毛(绒)及其制品业	73 390	57 040	13 831 622	11 580 664	228 560
木材加工及木、竹、藤、棕、草制品业	850	8 636	3 475 893	2 792 667	133 614
家具制造业	—	17 330	1 643 234	1 108 530	142 452
造纸及纸制品业	185 319	168 952	3 142 233	2 518 525	138 972
印刷业和记录媒介的复制	564 202	37 480	1 381 165	976 987	39 577
文教体育用品制造业	—	—	27 750	24 515	526
石油加工、炼焦及核燃料加工业	84 000	171 210	14 435 109	14 376 712	85 819
化学原料及化学制品制造业	161 516	502 169	19 593 400	15 816 979	518 696
医药制造业	2 264 559	145 882	16 491 707	12 935 409	1 024 087
化学纤维制造业	81 178	1 300	918 319	744 576	16 515
橡胶制品业	6 060	3 286	1 066 117	876 710	29 738
塑料制品业	26 596	18 942	3 994 861	3 367 907	140 325
非金属矿物制品业	112 161	346 377	10 784 399	8 578 501	590 007
黑色金属冶炼及压延加工业	1 411 740	36 033	20 723 370	18 603 105	294 760
有色金属冶炼及压延加工业	29 660	3 996	981 465	774 734	45 780
金属制品业	—	99 750	4 661 622	3 728 763	166 077
通用设备制造业	610 106	160 856	6 374 403	4 995 749	273 727
专用设备制造业	726 788	15 059	3 295 501	2 586 283	103 138
交通运输设备制造业	142 714	33 279	4 092 096	3 309 890	91 342
电气机械及器材制造业	15 312	12 705	3 136 085	2 514 414	224 623
通信设备、计算机及其他电子设备	927 342	—	1 737 609	1 496 837	106 649
仪器仪表及文化、办公用机械制造	1 000	12 480	358 678	256 942	19 796
工艺品及其他制造业	4 002	2 000	552 061	440 334	8 313
电力、燃气及水的生产和供应业	3 587 020	3 400	16 655 814	14 743 193	50 038
电力、热力的生产和供应业	2 190 818	—	15 791 887	14 076 505	23 273
燃气生产和供应业	315 492	—	410 457	329 877	3 450
水的生产和供应业	1 080 710	3 400	453 470	336 811	23 315

10—4 续表 6　　(2005 年)　　计量单位：千元

项目名称	主营业务收入(续) 主营业务税金及附加	其他业务利润	管理费用	#税金
总计	**2 442 542**	**658 342**	**6 779 270**	**399 259**
采矿业	18 935	8 370	162 192	8 067
煤炭开采和洗选业	11 521	6 759	136 138	3 046
黑色金属矿采选业	4 101	—	17 446	4 000
有色金属矿采选业	857	—	204	23
非金属矿采选业	2 456	1 611	8 404	998
制造业	2 331 545	586 555	6 132 742	365 380
农副食品加工业	70 295	15 311	175 835	16 134
食品制造业	45 745	5 772	198 105	8 430
饮料制造业	98 556	3 011	58 472	5 348
烟草制品业	744 704	11 674	176 315	1 472
纺织业	92 873	31 883	367 518	19 634
纺织服装、鞋、帽制造业	28 867	1 728	115 795	5 292
皮革、毛皮、羽毛(绒)及其制品业	148 796	66 964	101 480	31 861
木材加工及木、竹、藤、棕、草制品业	34 462	2 639	28 757	8 351
家具制造业	23 188	2 371	70 128	1 265
造纸及纸制品业	35 292	11 661	143 900	3 913
印刷业和记录媒介的复制	9 815	12 294	164 547	2 948
文教体育用品制造业	—	—	2 226	10
石油加工、炼焦及核燃料加工业	458 698	35 919	247 699	9 308
化学原料及化学制品制造业	131 383	46 223	755 053	60 250
医药制造业	41 681	75 541	1 177 605	34 024
化学纤维制造业	3 689	1 248	27 765	471
橡胶制品业	4 769	1 680	31 916	1 141
塑料制品业	15 521	4 946	82 446	7 358
非金属矿物制品业	125 163	14 271	242 564	26 942
黑色金属冶炼及压延加工业	66 876	110 212	342 383	44 169
有色金属冶炼及压延加工业	3 374	177	32 620	351
金属制品业	40 145	22 323	102 239	9 257
通用设备制造业	44 285	24 489	476 680	28 708
专用设备制造业	13 926	16 771	238 460	10 438
交通运输设备制造业	13 528	14 139	378 231	10 092
电气机械及器材制造业	20 609	8 719	106 911	12 312
通信设备、计算机及其他电子设备	4 774	38 539	254 801	3 519
仪器仪表及文化、办公用机械制造	5 312	1 984	28 117	1 677
工艺品及其他制造业	2 727	4 066	3 904	688
电力、燃气及水的生产和供应业	92 062	63 417	484 336	25 812
电力、热力的生产和供应业	87 004	62 255	364 617	20 867
燃气生产和供应业	2 923	738	33 456	522
水的生产和供应业	2 135	424	86 263	4 423

10—4 续表 7　　(2005 年)　　计量单位:千元

项目名称	管理费用(续)			财务费用	#利息支出
	财产保险费	劳动、待业保险费	养老保险和医疗保险费		
总　计	**99 855**	**575 804**	**1 019 855**	**2 504 217**	**2 119 430**
采矿业	2 266	2 302	35 128	33 905	31 133
煤炭开采和洗选业	1 180	1 156	34 143	8 904	8 327
黑色金属矿采选业	545	535	426	19 347	18 607
有色金属矿采选业	11	11	13	45	45
非金属矿采选业	530	600	546	5 609	4 154
制造业	86 372	474 915	843 386	2 000 628	1 670 308
农副食品加工业	2 115	14 559	15 706	70 978	53 796
食品制造业	1 976	3 189	18 445	31 340	29 970
饮料制造业	2 237	657	7 863	20 918	19 549
烟草制品业	903	2 453	17 391	13 273	12 463
纺织业	2 193	94 930	57 907	143 713	134 793
纺织服装、鞋、帽制造业	1 344	10 476	6 219	12 906	9 268
皮革、毛皮、羽毛(绒)及其制品业	6 542	15 038	23 387	71 739	45 632
木材加工及木、竹、藤、棕、草制品业	197	7 287	5 806	16 278	13 733
家具制造业	69	6 732	7 035	35 920	3 032
造纸及纸制品业	1 287	2 667	8 689	41 645	20 767
印刷业和记录媒介的复制	1 433	18 688	11 836	1 197	1 010
文教体育用品制造业	30	23	326	321	321
石油加工、炼焦及核燃料加工业	4 678	4 934	48 775	108 131	75 972
化学原料及化学制品制造业	17 142	61 806	91 622	376 062	351 251
医药制造业	7 682	71 781	130 808	424 702	357 399
化学纤维制造业	507	4 130	7 374	11 868	11 915
橡胶制品业	124	282	8 925	15 529	14 347
塑料制品业	8 145	9 248	16 009	27 928	15 384
非金属矿物制品业	5 337	4 886	28 002	137 226	124 616
黑色金属冶炼及压延加工业	127	13 893	72 449	192 340	150 527
有色金属冶炼及压延加工业	423	341	1 384	6 664	6 653
金属制品业	2 897	10 884	11 934	31 151	24 614
通用设备制造业	4 588	16 347	88 714	107 522	87 472
专用设备制造业	4 741	29 703	58 908	30 742	33 792
交通运输设备制造业	5 210	39 460	29 815	16 198	20 887
电气机械及器材制造业	3 722	4 251	21 134	25 464	23 238
通信设备、计算机及其他电子设备	472	25 310	41 304	23 568	24 179
仪器仪表及文化、办公用机械制造	215	288	4 355	2 922	2 732
工艺品及其他制造业	28	647	1 239	2 293	996
电力、燃气及水的生产和供应业	11 217	98 587	141 341	469 684	417 989
电力、热力的生产和供应业	10 360	73 107	115 586	432 193	383 197
燃气生产和供应业	780	8 960	648	12 160	10 086
水的生产和供应业	77	16 520	25 107	25 331	24 706

10—4 续表 8　　　　（2005 年）　　　　计量单位：千元

项目名称	营业利润	投资收益	利润总额	应交所得税	利税总额	本年应付工资总额
总　计	**15 817 454**	**444 690**	**12 282 502**	**1 967 544**	**21 131 328**	**7 040 052**
采矿业	249 895	—	305 455	34 761	467 913	134 899
煤炭开采和洗选业	15 963	—	74 119	1 930	187 891	98 579
黑色金属矿采选业	153 140	—	153 174	22 077	182 219	22 002
有色金属矿采选业	11 627	—	11 627	2 900	14 511	173
非金属矿采选业	69 165	—	66 535	7 854	83 292	14 145
制造业	14 687 641	409 427	11 168 088	1 711 435	18 834 993	6 273 065
农副食品加工业	1 827 364	22 980	921 220	81 974	1 169 351	171 434
食品制造业	650 954	35 698	624 692	165 148	963 381	178 384
饮料制造业	221 714	17 511	194 249	32 807	365 149	46 434
烟草制品业	259 054	4 835	244 043	90 071	1 212 967	78 384
纺织业	921 412	2 558	645 170	60 435	1 142 255	682 757
纺织服装、鞋、帽制造业	400 970	8 327	214 996	25 319	306 551	196 634
皮革、毛皮、羽毛(绒)及其制品业	1 767 347	22 415	1 403 167	132 753	1 945 809	483 083
木材加工及木、竹、藤、棕、草制品业	472 754	10 460	289 665	3 742	391 074	65 047
家具制造业	255 387	—	135 060	2 319	197 616	35 245
造纸及纸制品业	275 560	－3 426	219 048	37 962	363 873	196 256
印刷业和记录媒介的复制	201 336	3 773	160 651	57 942	258 723	111 893
文教体育用品制造业	162	—	308	—	308	6 818
石油加工、炼焦及核燃料加工业	－806 031	544	－640 859	56 408	－2 781	176 522
化学原料及化学制品制造业	2 041 450	20 056	1 519 684	214 822	2 289 315	651 557
医药制造业	953 764	108 260	995 874	75 325	1 696 355	750 651
化学纤维制造业	115 154	1 550	86 303	9 812	120 509	29 241
橡胶制品业	109 135	—	100 589	27 295	142 439	37 575
塑料制品业	365 680	—	263 920	38 850	362 034	140 522
非金属矿物制品业	1 125 209	19 464	1 055 175	175 717	1 554 090	376 909
黑色金属冶炼及压延加工业	1 334 118	9 174	1 063 308	129 665	1 794 531	367 853
有色金属冶炼及压延加工业	118 470	—	48 488	9 773	68 196	22 099
金属制品业	615 570	25 620	499 472	53 991	665 581	175 244
通用设备制造业	500 929	8 601	481 984	73 800	736 275	497 814
专用设备制造业	339 723	8 862	208 617	25 943	303 371	236 698
交通运输设备制造业	297 046	30 814	253 515	48 098	383 606	237 615
电气机械及器材制造业	252 783	49 535	240 872	63 855	347 966	122 641
通信设备、计算机及其他电子设备	－110 481	－564	－157 385	5 709	－74 622	155 263
仪器仪表及文化、办公用机械制造	47 573	1 005	35 718	3 567	57 328	23 890
工艺品及其他制造业	98 556	1 185	45 375	8 333	53 480	16 916
电力、燃气及水的生产和供应业	879 918	35 263	808 959	221 348	1 828 422	632 088
电力、热力的生产和供应业	870 550	34 951	827 736	215 806	1 817 323	510 362
燃气生产和供应业	29 329	312	30 809	4 240	39 514	35 774
水的生产和供应业	－19 961	—	－49 586	1 302	－28 415	85 952

10—4 续表 9　　　　(2005 年)　　　　计量单位:千元

项目名称	主营业务应付工资总额	本年应付福利费总额	本年应交增值税	本年进项税额	本年销项税额	全部从业人员年平均人数(人)
总计	**6 809 945**	**937 460**	**6 406 284**	**20 711 257**	**25 715 990**	**524 287**
采矿业	121 334	18 875	143 523	211 208	345 984	11 341
煤炭开采和洗选业	85 655	15 977	102 251	107 763	206 399	6 559
黑色金属矿采选业	21 505	1 333	24 944	72 394	92 660	2 870
有色金属矿采选业	173	18	2 027	1 231	3 258	30
非金属矿采选业	14 001	1 547	14 301	29 820	43 667	1 882
制造业	6 120 338	834 162	5 335 360	18 810 517	22 772 124	489 241
农副食品加工业	169 128	24 249	177 836	809 752	973 505	16 401
食品制造业	177 075	25 202	292 944	1 065 645	1 358 596	14 376
饮料制造业	46 096	7 247	72 344	74 932	142 360	5 034
烟草制品业	75 195	11 009	224 220	255 824	480 234	2 320
纺织业	671 135	102 790	404 212	1 026 845	1 366 719	64 270
纺织服装、鞋、帽制造业	192 587	20 979	62 688	161 335	171 737	18 396
皮革、毛皮、羽毛(绒)及其制品业	482 987	56 282	393 846	1 017 196	1 392 930	33 217
木材加工及木、竹、藤、棕、草制品业	64 930	15 388	66 947	92 908	148 025	7 238
家具制造业	33 031	13 348	39 368	74 756	114 550	2 867
造纸及纸制品业	193 192	13 180	109 533	285 168	388 564	10 810
印刷业和记录媒介的复制	110 684	19 988	88 257	136 878	219 456	6 888
文教体育用品制造业	6 818	196	—	1 865	1 865	500
石油加工、炼焦及核燃料加工业	167 401	25 913	179 380	2 444 048	2 478 063	7 822
化学原料及化学制品制造业	620 674	76 410	638 248	1 955 578	2 287 554	54 991
医药制造业	737 248	112 179	658 800	2 224 642	2 709 432	49 074
化学纤维制造业	22 682	6 179	30 517	83 357	112 895	747
橡胶制品业	37 520	5 952	37 081	63 522	90 760	4 886
塑料制品业	139 959	16 385	82 593	232 252	297 117	12 858
非金属矿物制品业	370 302	38 785	373 752	651 116	1 067 235	41 808
黑色金属冶炼及压延加工业	366 873	48 841	664 347	4 156 866	4 338 534	22 469
有色金属冶炼及压延加工业	20 092	2 590	16 334	75 115	95 918	1 897
金属制品业	171 686	30 758	125 964	282 147	465 252	13 531
通用设备制造业	471 708	52 714	210 006	507 885	674 825	42 833
专用设备制造业	231 386	33 319	80 828	230 660	310 227	16 319
交通运输设备制造业	226 328	35 392	116 563	401 579	405 663	18 799
电气机械及器材制造业	120 900	16 067	86 485	261 335	342 715	8 106
通信设备、计算机及其他电子设备	150 937	17 699	77 989	182 530	257 812	7 301
仪器仪表及文化、办公用机械制造	23 240	3 656	16 298	31 484	48 710	1 757
工艺品及其他制造业	16 916	1 376	5 378	22 657	27 619	1 496
电力、燃气及水的生产和供应业	568 273	84 423	927 401	1 689 532	2 597 882	23 705
电力、热力的生产和供应业	501 710	67 038	902 583	1 665 052	2 555 839	16 711
燃气生产和供应业	30 102	5 780	5 782	23 422	22 790	1 989
水的生产和供应业	36 461	11 605	19 036	1 058	19 253	5 005

市区工业企业分行业主要经济指标

10—5　　(2005年)　　计量单位:千元

项目名称	工业企业单位数(个)	工业企业总产值	工业企业销售产值	工业中间投入合计	工业增加值
总　计	**373**	**94 168 173**	**92 588 220**	**74 152 319**	**23 621 350**
采矿业	18	1 674 905	1 640 587	1 325 780	441 143
煤炭开采和洗选业	18	1 674 905	1 640 587	1 325 780	441 143
制造业	340	76 859 417	75 316 077	61 416 790	18 055 466
农副食品加工业	10	1 011 742	977 782	811 176	226 641
食品制造业	5	7 626 140	7 568 647	6 455 229	1 392 030
饮料制造业	2	200 055	200 975	114 559	102 044
烟草制品业	2	1 958 938	1 906 049	730 703	1 452 455
纺织业	27	4 342 837	4 222 809	3 356 879	1 195 977
纺织服装、鞋、帽制造业	11	1 166 895	1 131 630	870 812	310 462
皮革、毛皮、羽毛(绒)及其制品业	2	147 839	146 760	106 389	43 818
木材加工及木、竹、藤、棕、草制品业	2	220 186	215 450	166 250	69 363
家具制造业	6	1 061 237	1 036 294	774 616	322 721
造纸及纸制品业	8	503 596	487 750	380 780	153 278
印刷业和记录媒介的复制	16	1 065 565	1 061 558	608 775	536 985
文教体育用品制造业	1	31 800	27 751	22 260	9 540
石油加工、炼焦及核燃料加工业	5	14 037 439	13 991 004	12 728 350	1 471 769
化学原料及化学制品制造业	48	8 523 761	8 278 656	6 922 581	1 867 649
医药制造业	21	13 042 906	12 597 682	10 032 460	3 519 914
橡胶制品业	2	127 958	127 151	103 347	33 527
塑料制品业	16	817 991	806 282	619 790	220 678
非金属矿物制品业	26	1 430 106	1 416 070	1 029 439	461 561
黑色金属冶炼及压延加工业	8	7 649 830	7 499 737	6 453 851	1 492 108
有色金属冶炼及压延加工业	2	129 405	128 040	106 414	26 254
金属制品业	17	1 459 046	1 478 100	1 095 765	409 784
通用设备制造业	36	3 204 688	3 046 294	2 343 733	975 968
专用设备制造业	20	1 416 866	1 435 286	1 108 035	352 022
交通运输设备制造业	17	2 651 679	2 633 868	2 003 264	720 559
电气机械及器材制造业	11	1 137 075	1 128 665	942 164	237 919
通信设备、计算机及其他电子设备	11	1 694 735	1 557 428	1 392 500	379 519
仪器仪表及文化、办公用机械制造	5	155 570	160 790	99 952	63 544
工艺品及其他制造业	3	43 532	47 569	36 717	7 377
电力、燃气及水的生产和供应业	15	15 633 851	15 631 556	11 409 749	5 124 741
电力、热力的生产和供应业	9	15 094 321	15 092 194	11 098 752	4 873 247
燃气生产和供应业	2	261 548	261 548	148 023	119 167
水的生产和供应业	4	277 982	277 814	162 974	132 327

10—5 续表 1　　(2005 年)　　计量单位：千元

项目名称	资产合计	# 流动资产小计	# 短期投资	应收账款净额	存货
总计	**105 976 666**	**42 380 739**	**136 530**	**9 683 855**	**13 937 399**
采矿业	1 640 516	669 890	—	194 316	200 161
煤炭开采和洗选业	1 640 516	669 890	—	194 316	200 161
制造业	77 766 937	36 486 274	136 510	8 470 980	12 952 025
农副食品加工业	538 628	233 687	—	41 737	56 659
食品制造业	2 408 681	1 003 042	—	104 067	296 217
饮料制造业	320 934	157 080	—	28 493	34 756
烟草制品业	1 687 218	1 260 100	—	68 340	576 534
纺织业	5 988 251	2 547 181	16 000	402 092	1 192 402
纺织服装、鞋、帽制造业	745 886	528 689	130	85 751	153 999
皮革、毛皮、羽毛(绒)及其制品业	235 411	176 698	10 812	9 409	74 878
木材加工及木、竹、藤、棕、草制品业	33 975	24 995	—	697	8 592
家具制造业	179 670	57 475	—	13 047	21 495
造纸及纸制品业	316 980	138 516	—	51 824	40 412
印刷业和记录媒介的复制	1 361 343	386 449	30	69 795	151 025
文教体育用品制造业	23 159	17 574	—	1 333	4 797
石油加工、炼焦及核燃料加工业	6 133 588	2 829 327	—	850 051	1 247 383
化学原料及化学制品制造业	7 267 582	3 114 426	47 745	567 698	1 054 465
医药制造业	22 778 562	9 705 169	1 069	2 929 156	2 501 563
橡胶制品业	180 084	107 265	—	68 196	18 729
塑料制品业	490 651	307 817	2 087	67 651	114 443
非金属矿物制品业	1 302 750	621 644	9 462	178 947	251 546
黑色金属冶炼及压延加工业	6 561 625	2 605 065	39 900	76 034	1 495 076
有色金属冶炼及压延加工业	81 688	23 027	—	1 364	9 048
金属制品业	953 396	575 973	—	175 945	229 461
通用设备制造业	5 714 130	3 218 888	202	758 881	1 443 216
专用设备制造业	3 141 349	1 903 329	2 703	700 332	475 709
交通运输设备制造业	3 206 635	2 026 495	4 970	369 588	510 993
电气机械及器材制造业	1 098 108	802 992	—	369 472	274 252
通信设备、计算机及其他电子设备	4 781 535	1 910 483	—	419 076	648 417
仪器仪表及文化、办公用机械制造	183 995	156 596	1 400	48 831	45 130
工艺品及其他制造业	51 123	46 292	—	13 173	20 828
电力、燃气及水的生产和供应业	26 569 213	5 224 575	20	1 018 559	785 213
电力、热力的生产和供应业	22 860 348	4 222 658	20	847 173	738 894
燃气生产和供应业	1 885 597	678 796	—	55 122	10 610
水的生产和供应业	1 823 268	323 121	—	116 264	35 709

10—5 续表 2　　(2005 年)　　计量单位:千元

项　目　名　称	流动资产年平均余额	长期投资	固定资产小计	固定资产原价	#生产经营用
总　　计	**41 686 364**	**4 258 806**	**52 345 382**	**81 816 730**	**72 435 165**
采矿业	772 543	5 931	950 981	639 750	394 282
煤炭开采和洗选业	772 543	5 931	950 981	639 750	394 282
制造业	35 474 195	3 595 268	31 431 888	49 743 017	43 818 326
农副食品加工业	264 886	83 080	210 017	298 408	293 355
食品制造业	950 896	252 384	1 080 706	1 497 637	1 422 561
饮料制造业	145 896	25 075	138 778	377 861	375 478
烟草制品业	1 071 059	2 457	422 475	666 663	560 363
纺织业	2 407 832	139 083	2 357 135	3 760 942	3 448 517
纺织服装、鞋、帽制造业	496 393	32 863	174 516	375 011	302 752
皮革、毛皮、羽毛(绒)及其制品业	182 590	—	57 783	129 663	87 739
木材加工及木、竹、藤、棕、草制品业	15 164	—	8 496	14 799	13 256
家具制造业	49 853	10	73 231	93 709	80 199
造纸及纸制品业	112 300	100	144 960	136 486	96 396
印刷业和记录媒介的复制	431 608	25 978	932 807	1 494 627	1 279 647
文教体育用品制造业	16 624	—	5 585	10 857	9 720
石油加工、炼焦及核燃料加工业	2 645 164	93 418	2 758 342	5 329 150	4 972 135
化学原料及化学制品制造业	2 983 689	159 269	3 511 831	6 662 707	6 283 378
医药制造业	10 131 759	1 922 846	8 733 547	13 019 197	12 747 335
橡胶制品业	110 833	4 616	68 203	165 223	137 653
塑料制品业	282 902	3 642	172 399	316 367	206 697
非金属矿物制品业	619 328	1 942	601 267	893 525	673 754
黑色金属冶炼及压延加工业	2 389 144	120 097	3 128 854	4 193 715	3 475 810
有色金属冶炼及压延加工业	22 879	50	48 605	66 346	66 246
金属制品业	547 779	20 167	280 200	395 880	229 165
通用设备制造业	3 080 320	342 184	1 848 701	2 314 527	1 497 520
专用设备制造业	1 859 111	119 377	999 239	1 300 845	664 395
交通运输设备制造业	1 654 599	132 898	974 224	1 397 797	1 056 487
电气机械及器材制造业	825 284	42 449	209 582	302 300	174 813
通信设备、计算机及其他电子设备	2 011 751	71 283	2 470 604	4 438 747	3 577 615
仪器仪表及文化、办公用机械制造	123 365	—	14 970	82 827	78 192
工艺品及其他制造业	41 187	—	4 831	7 201	7 148
电力、燃气及水的生产和供应业	5 439 626	657 607	19 962 513	31 433 963	28 222 557
电力、热力的生产和供应业	4 661 523	602 217	17 824 300	28 614 359	26 188 879
燃气生产和供应业	471 723	47 509	694 185	901 043	298 326
水的生产和供应业	306 380	7 881	1 444 028	1 918 561	1 735 352

10—5 续表 3　　(2005 年)　　计量单位:千元

项目名称	累计折旧	#本年折旧	固定资产净值	固定资产净值年平均余额	无形及递延资产小计
总计	**32 333 266**	**4 069 659**	**49 483 464**	**46 008 848**	**3 919 385**
采矿业	167 751	74 830	471 999	487 767	6 626
煤炭开采和洗选业	167 751	74 830	471 999	487 767	6 626
制造业	19 665 622	2 241 625	30 077 395	27 116 081	3 640 414
农副食品加工业	102 162	24 044	196 246	218 379	11 348
食品制造业	621 998	92 098	875 639	849 931	57 565
饮料制造业	256 743	24 402	121 118	132 716	—
烟草制品业	268 809	43 593	397 854	372 514	2 186
纺织业	1 615 042	194 104	2 145 900	2 069 479	771 478
纺织服装、鞋、帽制造业	217 054	26 386	157 957	161 262	6 643
皮革、毛皮、羽毛(绒)及其制品业	72 288	562	57 375	48 140	930
木材加工及木、竹、藤、棕、草制品业	6 313	985	8 486	8 002	306
家具制造业	28 643	4 767	65 066	65 664	24 121
造纸及纸制品业	45 872	7 224	90 614	92 387	26 006
印刷业和记录媒介的复制	603 219	108 720	891 408	765 404	7 684
文教体育用品制造业	5 272	897	5 585	5 820	—
石油加工、炼焦及核燃料加工业	2 811 318	187 090	2 517 832	2 461 279	410 182
化学原料及化学制品制造业	2 236 807	349 957	4 425 900	2 994 831	380 088
医药制造业	4 437 847	725 541	8 581 350	7 998 064	621 069
橡胶制品业	97 794	6 131	67 429	58 920	—
塑料制品业	152 057	25 842	164 310	196 316	1 194
非金属矿物制品业	375 007	50 714	518 518	555 445	2 016
黑色金属冶炼及压延加工业	1 368 274	59 742	2 825 441	2 066 788	694 091
有色金属冶炼及压延加工业	17 741	3 639	48 605	45 612	10 006
金属制品业	131 719	25 070	264 161	238 714	73 561
通用设备制造业	1 001 295	61 093	1 313 232	1 407 221	155 658
专用设备制造业	416 602	41 704	884 243	700 821	116 985
交通运输设备制造业	491 624	49 759	906 173	864 010	45 330
电气机械及器材制造业	127 342	19 044	174 958	182 409	40 826
通信设备、计算机及其他电子设备	2 085 405	103 463	2 353 342	2 534 749	181 126
仪器仪表及文化、办公用机械制造	68 165	4 373	14 662	14 769	15
工艺品及其他制造业	3 210	681	3 991	6 435	—
电力、燃气及水的生产和供应业	12 499 893	1 753 204	18 934 070	18 405 000	272 345
电力、热力的生产和供应业	11 600 430	1 630 794	17 013 929	16 540 754	207 628
燃气生产和供应业	343 117	24 439	557 926	472 512	19 983
水的生产和供应业	556 346	97 971	1 362 215	1 391 734	44 734

10—5 续表 4　　（2005 年）　　计量单位：千元

项目名称	负债合计	#流动负债	长期负债	所有者权益	#实收资本
总计	**70 264 951**	**53 225 911**	**16 509 849**	**35 711 715**	**27 335 704**
采矿业	1 291 924	833 578	456 939	348 592	302 304
煤炭开采和洗选业	1 291 924	833 578	456 939	348 592	302 304
制造业	52 900 767	44 482 629	7 893 376	24 866 170	19 328 863
农副食品加工业	393 474	356 662	36 812	145 154	196 224
食品制造业	1 240 376	1 140 689	95 297	1 168 305	686 413
饮料制造业	286 066	286 036	30	34 868	36 632
烟草制品业	868 245	868 245	—	818 973	220 352
纺织业	3 988 434	3 132 944	855 489	1 999 817	1 175 670
纺织服装、鞋、帽制造业	474 823	442 059	32 764	271 063	196 988
皮革、毛皮、羽毛(绒)及其制品业	149 240	124 238	25 002	86 171	80 918
木材加工及木、竹、藤、棕、草制品业	18 745	18 745	—	15 230	9 486
家具制造业	127 482	83 779	23 613	52 188	26 953
造纸及纸制品业	252 393	227 038	10 044	64 587	33 651
印刷业和记录媒介的复制	402 559	282 159	118 949	958 784	632 758
文教体育用品制造业	3 170	3 170	—	19 989	15 507
石油加工、炼焦及核燃料加工业	4 491 473	4 011 935	470 520	1 642 115	1 955 932
化学原料及化学制品制造业	6 200 458	5 760 676	392 965	1 067 124	2 706 242
医药制造业	14 941 545	12 102 412	2 815 281	7 837 017	4 237 340
橡胶制品业	160 620	45 521	115 099	19 464	10 630
塑料制品业	359 601	295 450	62 135	131 050	129 844
非金属矿物制品业	1 073 507	822 575	234 323	229 243	210 944
黑色金属冶炼及压延加工业	4 723 558	3 834 320	594 622	1 838 067	1 483 075
有色金属冶炼及压延加工业	66 888	64 681	1 207	14 800	15 136
金属制品业	550 522	535 909	14 592	402 874	225 525
通用设备制造业	4 202 108	3 269 361	920 060	1 512 022	1 018 279
专用设备制造业	3 065 491	2 510 286	553 868	75 858	944 651
交通运输设备制造业	2 196 222	2 018 539	104 839	1 010 413	536 168
电气机械及器材制造业	698 843	598 617	100 226	399 265	293 871
通信设备、计算机及其他电子设备	1 760 484	1 482 023	275 760	3 021 051	2 207 035
仪器仪表及文化、办公用机械制造	170 074	130 194	39 879	13 921	37 955
工艺品及其他制造业	34 366	34 366	—	16 757	4 684
电力、燃气及水的生产和供应业	16 072 260	7 909 704	8 159 534	10 496 953	7 704 537
电力、热力的生产和供应业	14 028 604	6 512 177	7 516 424	8 831 744	6 212 897
燃气生产和供应业	1 117 042	745 326	368 717	768 555	471 915
水的生产和供应业	926 614	652 201	274 393	896 654	1 019 725

10—5 续表 5　　(2005 年)　　计量单位:千元

项目名称	所有者权益(续) 实收资本中: 国家资本	集体资本	主营业务收入	主营业务成本	主营业务费用
总　计	**11 123 729**	**1 436 978**	**94 154 578**	**80 283 555**	**3 125 841**
采矿业	258 331	4 833	1 640 528	1 410 653	83 202
煤炭开采和洗选业	258 331	4 833	1 640 528	1 410 653	83 202
制造业	7 413 904	1 428 745	76 706 452	64 741 808	2 996 640
农副食品加工业	93 968	84 329	980 129	806 095	49 703
食品制造业	54 930	7 545	7 717 941	6 406 903	718 689
饮料制造业	4 856	—	195 582	132 330	6 706
烟草制品业	217 402	—	1 894 775	670 026	43 077
纺织业	191 720	149 477	4 686 184	4 080 841	84 251
纺织服装、鞋、帽制造业	89 674	97 855	1 130 668	904 677	27 017
皮革、毛皮、羽毛(绒)及其制品业	73 390	—	168 010	127 121	3 003
木材加工及木、竹、藤、棕、草制品业	850	8 636	215 457	176 924	4 296
家具制造业	—	17 330	1 044 878	665 922	117 312
造纸及纸制品业	151	11 254	493 899	399 668	6 857
印刷业和记录媒介的复制	557 922	34 480	1 024 350	678 035	14 574
文教体育用品制造业	—	—	27 750	24 515	526
石油加工、炼焦及核燃料加工业	84 000	171 000	13 886 918	13 960 359	73 390
化学原料及化学制品制造业	57 046	411 117	8 185 986	6 686 392	192 369
医药制造业	2 231 143	145 882	14 100 741	11 442 947	808 574
橡胶制品业	6 060	530	133 417	107 910	6 650
塑料制品业	5 500	17 942	779 080	662 790	46 492
非金属矿物制品业	43 469	27 761	1 331 480	1 070 879	55 687
黑色金属冶炼及压延加工业	1 328 062	29 122	7 353 994	6 633 681	265 291
有色金属冶炼及压延加工业	5 036	—	123 754	99 972	9 968
金属制品业	—	75 820	1 301 156	1 011 715	49 142
通用设备制造业	581 885	84 494	3 117 695	2 387 907	117 945
专用设备制造业	708 716	11 609	1 381 883	1 092 743	64 601
交通运输设备制造业	142 544	23 577	2 670 676	2 219 316	59 869
电气机械及器材制造业	6 554	11 505	1 024 771	828 255	53 208
通信设备、计算机及其他电子设备	927 342	—	1 546 395	1 329 550	106 137
仪器仪表及文化、办公用机械制造	1 000	7 480	148 120	102 113	10 462
工艺品及其他制造业	684	—	40 763	32 222	844
电力、燃气及水的生产和供应业	3 451 494	3 400	15 807 598	14 131 094	45 999
电力、热力的生产和供应业	2 126 277	—	15 141 958	13 606 757	22 280
燃气生产和供应业	315 492	—	374 257	297 157	2 180
水的生产和供应业	1 009 725	3 400	291 383	227 180	21 539

10—5 续表 6　　(2005 年)　　计量单位:千元

项目名称	主营业务收入(续) 主营业务税金及附加	其他业务利润	管理费用	#税金
总计	**1 586 919**	**415 742**	**3 125 841**	**141 135**
采矿业	9 867	6 759	83 202	2 133
煤炭开采和洗选业	9 867	6 759	83 202	2 133
制造业	1 492 087	347 250	2 996 640	115 948
农副食品加工业	1 846	1 812	49 703	1 172
食品制造业	21 959	– 1 398	718 689	4 416
饮料制造业	33 889	2 107	6 706	635
烟草制品业	744 704	11 674	43 077	1 472
纺织业	24 960	32 824	84 251	8 004
纺织服装、鞋、帽制造业	15 358	1 604	27 017	3 351
皮革、毛皮、羽毛(绒)及其制品业	237	240	3 003	279
木材加工及木、竹、藤、棕、草制品业	348	—	4 296	36
家具制造业	20 208	2 371	117 312	631
造纸及纸制品业	1 316	1 235	6 857	555
印刷业和记录媒介的复制	9 216	11 993	14 574	2 655
文教体育用品制造业	—	—	526	10
石油加工、炼焦及核燃料加工业	453 884	35 919	73 390	6 935
化学原料及化学制品制造业	39 650	8 875	192 369	10 438
医药制造业	28 353	71 166	808 574	26 469
橡胶制品业	1 034	852	6 650	284
塑料制品业	219	890	46 492	1 302
非金属矿物制品业	3 660	556	55 687	5 163
黑色金属冶炼及压延加工业	36 958	66 934	265 291	7 526
有色金属冶炼及压延加工业	51	9	9 968	42
金属制品业	14 044	12 021	49 142	2 237
通用设备制造业	18 032	17 804	117 945	16 764
专用设备制造业	4 345	7 971	64 601	3 980
交通运输设备制造业	6 358	13 196	59 869	5 502
电气机械及器材制造业	2 784	5 993	53 208	1 833
通信设备、计算机及其他电子设备	4 362	38 539	106 137	3 503
仪器仪表及文化、办公用机械制造	4 271	1 984	10 462	706
工艺品及其他制造业	41	79	844	48
电力、燃气及水的生产和供应业	84 965	61 733	45 999	23 054
电力、热力的生产和供应业	81 025	60 898	22 280	19 494
燃气生产和供应业	2 203	738	2 180	502
水的生产和供应业	1 737	97	21 539	3 058

10—5 续表 7　　(2005 年)　　计量单位:千元

项目名称	管理费用(续)			财务费用	
	财产保险费	劳动、待业保险费	养老保险和医疗保险费		# 利息支出
总　　计	**55 164**	**435 659**	**792 869**	**1 600 105**	**1 409 349**
采　矿　业	1 180	1 156	34 143	7 608	7 031
煤炭开采和洗选业	1 180	1 156	34 143	7 608	7 031
制　造　业	43 302	337 039	622 204	1 151 215	1 009 977
农副食品加工业	188	2 392	2 443	10 338	9 986
食品制造业	771	1 803	15 147	21 053	20 973
饮料制造业	374	304	4 732	1 025	1 025
烟草制品业	903	2 453	17 391	13 273	12 463
纺　织　业	1 158	68 805	32 199	70 942	69 148
纺织服装、鞋、帽制造业	333	9 889	4 214	6 718	4 830
皮革、毛皮、羽毛(绒)及其制品业	49	2 174	3 778	-228	-908
木材加工及木、竹、藤、棕、草制品业	—	39	782	773	804
家具制造业	—	2 175	2 850	33 730	1 771
造纸及纸制品业	151	218	3 392	6 159	4 828
印刷业和记录媒介的复制	1 218	18 264	10 637	32	-179
文教体育用品制造业	30	23	326	321	321
石油加工、炼焦及核燃料加工业	4 384	4 262	48 192	93 495	64 312
化学原料及化学制品制造业	6 536	37 556	49 093	233 619	228 029
医药制造业	7 058	69 540	123 237	418 118	354 964
橡胶制品业	53	217	4 304	4 263	4 263
塑料制品业	6 542	832	4 032	4 520	2 247
非金属矿物制品业	3 160	931	8 932	20 125	18 752
黑色金属冶炼及压延加工业	12	11 151	65 998	67 583	61 407
有色金属冶炼及压延加工业	349	223	17	1 186	1 183
金属制品业	2 491	1 493	5 940	13 824	10 607
通用设备制造业	2 122	12 792	81 960	76 398	73 614
专用设备制造业	2 064	21 929	48 198	18 693	22 940
交通运输设备制造业	954	39 102	26 221	-928	7 593
电气机械及器材制造业	1 914	2 873	12 501	10 607	10 046
通信设备、计算机及其他电子设备	449	25 299	41 293	22 834	23 445
仪器仪表及文化、办公用机械制造	39	273	3 744	1 497	1 493
工艺品及其他制造业	—	27	651	1 245	20
电力、燃气及水的生产和供应业	10 682	97 464	136 522	441 282	392 341
电力、热力的生产和供应业	9 864	72 361	113 048	406 788	359 711
燃气生产和供应业	780	8 959	647	11 940	10 086
水的生产和供应业	38	16 144	22 827	22 554	22 544

10—5 续表 8　　(2005 年)　　计量单位:千元

项目名称	营业利润	投资收益	利润总额	应交所得税	利税总额	本年应付工资总额
总　计	**2 921 117**	**268 880**	**2 971 105**	**796 824**	**8 163 520**	**4 060 509**
采矿业	1 123	—	59 279	1 890	161 164	93 864
煤炭开采和洗选业	1 123	—	59 279	1 890	161 164	93 864
制造业	2 193 460	233 617	2 158 795	576 227	6 263 721	3 366 462
农副食品加工业	40 002	—	32 581	12 992	60 502	24 723
食品制造业	386 969	33 091	424 194	120 135	667 272	119 768
饮料制造业	1 285	—	4 338	—	54 775	15 883
烟草制品业	259 054	4 835	244 043	90 071	1 212 967	78 384
纺织业	183 646	6	123 552	17 140	358 531	392 012
纺织服装、鞋、帽制造业	92 177	1 327	23 196	1 661	52 933	86 009
皮革、毛皮、羽毛(绒)及其制品业	18 413	—	12 877	—	15 482	14 017
木材加工及木、竹、藤、棕、草制品业	28 393	—	28 421	64	44 196	3 690
家具制造业	143 209	—	81 396	849	137 704	19 259
造纸及纸制品业	63 902	—	51 026	1 202	82 804	18 255
印刷业和记录媒介的复制	182 201	3 773	155 596	50 931	245 007	100 782
文教体育用品制造业	162	—	308	—	308	6 818
石油加工、炼焦及核燃料加工业	−887 486	544	−680 502	50 922	−63 938	165 862
化学原料及化学制品制造业	536 319	10 404	542 198	78 461	848 317	281 451
医药制造业	397 236	106 977	505 071	49 846	1 042 892	679 060
橡胶制品业	937	—	513	—	10 463	14 475
塑料制品业	21 565	—	26 516	8 644	49 212	37 504
非金属矿物制品业	116 610	411	119 011	9 418	183 565	69 737
黑色金属冶炼及压延加工业	194 390	9 174	181 749	19 122	514 836	205 328
有色金属冶炼及压延加工业	−6 923	—	−15 346	1 530	−12 032	7 907
金属制品业	151 047	20 245	144 891	17 889	205 438	81 840
通用设备制造业	135 667	3 313	183 220	25 874	316 265	348 000
专用设备制造业	2 908	7 052	18 786	10 774	66 322	164 486
交通运输设备制造业	84 395	30 809	83 251	409	161 753	209 723
电气机械及器材制造业	56 971	1 035	25 000	3 343	70 792	54 640
通信设备、计算机及其他电子设备	−132 092	−564	−170 822	4 200	−89 176	153 508
仪器仪表及文化、办公用机械制造	17 559	—	12 599	661	24 796	12 416
工艺品及其他制造业	4 944	1 185	1 132	89	1 735	925
电力、燃气及水的生产和供应业	726 534	35 263	753 031	218 707	1 738 635	600 183
电力、热力的生产和供应业	757 176	34 951	783 131	214 205	1 741 834	487 357
燃气生产和供应业	28 229	312	29 709	4 200	37 554	35 174
水的生产和供应业	−58 871	—	−59 809	302	−40 753	77 652

10—5 续表 9　　(2005 年)　　计量单位:千元

项目名称	主营业务应付工资总额	本年应付福利费总额	本年应交增值税	本年进项税额	本年销项税额	全部从业人员年平均人数(人)
总计	**3 868 614**	**575 914**	**3 605 496**	**11 901 904**	**14 586 428**	**258 202**
采矿业	80 940	15 803	92 018	102 999	191 402	5 958
煤炭开采和洗选业	80 940	15 803	92 018	102 999	191 402	5 958
制造业	3 250 966	480 652	2 612 839	10 155 700	11 874 089	231 358
农副食品加工业	24 035	3 221	26 075	92 658	106 421	2 124
食品制造业	119 475	16 902	221 119	751 720	969 185	9 551
饮料制造业	15 812	3 481	16 548	17 047	33 579	1 429
烟草制品业	75 195	11 009	224 220	255 824	480 234	2 320
纺织业	387 088	58 415	210 019	514 533	678 364	35 157
纺织服装、鞋、帽制造业	82 407	10 855	14 379	53 847	34 044	6 791
皮革、毛皮、羽毛(绒)及其制品业	14 017	1 964	2 368	11 239	7 169	1 245
木材加工及木、竹、藤、棕、草制品业	3 690	74	15 427	12 297	27 727	194
家具制造业	17 259	9 192	36 100	59 076	95 176	1 903
造纸及纸制品业	17 987	1 859	30 462	53 106	83 852	1 842
印刷业和记录媒介的复制	99 573	19 416	80 195	92 376	165 090	5 750
文教体育用品制造业	6 818	196	—	1 865	1 865	500
石油加工、炼焦及核燃料加工业	157 090	23 881	162 680	2 400 640	2 420 197	6 516
化学原料及化学制品制造业	254 481	35 796	266 469	1 006 802	1 051 481	21 301
医药制造业	666 837	104 080	509 468	1 934 583	2 271 511	42 709
橡胶制品业	14 475	1 702	8 916	13 959	22 700	1 397
塑料制品业	37 296	4 536	22 477	90 465	99 680	3 631
非金属矿物制品业	69 317	8 184	60 894	121 115	171 331	6 933
黑色金属冶炼及压延加工业	204 592	31 280	296 129	1 459 273	1 695 910	8 302
有色金属冶炼及压延加工业	5 991	843	3 263	31 605	34 702	508
金属制品业	80 009	11 533	46 503	112 276	157 139	6 621
通用设备制造业	324 137	39 627	115 013	288 267	368 432	26 844
专用设备制造业	159 527	23 586	43 191	126 169	167 137	10 983
交通运输设备制造业	198 926	31 154	72 144	311 641	263 038	15 474
电气机械及器材制造业	53 049	8 906	43 008	142 653	183 238	3 365
通信设备、计算机及其他电子设备	149 182	17 587	77 284	177 041	251 914	7 094
仪器仪表及文化、办公用机械制造	11 776	1 217	7 926	16 843	26 047	759
工艺品及其他制造业	925	156	562	6 780	6 926	115
电力、燃气及水的生产和供应业	536 708	79 459	900 639	1 643 205	2 520 937	20 886
电力、热力的生产和供应业	479 045	64 425	877 678	1 618 930	2 479 975	14 684
燃气生产和供应业	29 502	5 730	5 642	23 422	22 790	1 899
水的生产和供应业	28 161	9 304	17 319	853	18 172	4 303

分县(市)区工业企业主要经济指标

10—6　　(2005年)　　计量单位:千元

行政单位	企业单位数(个)	工业总产值	工业销售产值	工业中间投入合计	工业增加值	资产合计
全市总计	**1 925**	**201 558 257**	**197 434 206**	**150 805 918**	**57 158 623**	**148 093 225**
市区合计	373	94 168 173	92 588 220	74 152 319	23 621 350	105 976 666
#长安区	55	6 963 459	6 856 611	5 169 908	2 058 927	3 494 192
桥东区	15	1 520 122	1 539 172	1 070 643	504 426	1 157 235
桥西区	31	1 078 939	1 006 040	847 697	279 035	994 598
新华区	21	8 975 232	8 901 948	7 430 748	1 787 317	2 795 637
裕华区	38	3 755 703	3 556 370	2 776 665	1 080 605	1 540 480
矿区	41	2 532 913	2 469 926	1 842 950	828 868	1 845 282
高新区	35	3 017 028	2 872 645	2 114 672	1 042 253	4 400 832
井陉县	82	3 855 934	3 797 866	2 790 736	1 133 052	1 328 582
正定县	115	10 233 636	10 061 054	7 275 373	3 103 360	2 663 695
栾城县	101	3 871 659	3 703 358	2 764 102	1 295 410	3 126 642
行唐县	70	5 007 653	4 956 915	3 550 478	1 656 278	778 920
灵寿县	43	2 432 558	2 361 634	1 668 682	814 409	1 147 197
高邑县	49	2 845 250	2 780 516	2 071 203	899 102	744 028
深泽县	42	2 434 256	2 345 274	1 701 090	774 643	435 072
赞皇县	54	1 869 752	1 837 388	1 350 218	579 494	1 129 907
无极县	58	6 191 089	5 977 225	4 304 259	1 993 295	1 513 494
平山县	55	9 818 249	9 482 451	7 293 148	2 806 192	4 169 671
元氏县	44	4 526 762	4 381 294	3 201 562	1 387 811	1 683 255
赵县	80	6 904 397	6 810 533	4 882 655	2 141 342	3 810 742
辛集市	160	13 049 874	12 958 483	9 294 673	4 174 126	5 232 625
藁城市	167	12 099 063	11 830 147	8 463 534	3 818 452	3 711 796
晋州市	161	5 845 123	5 411 389	4 342 718	1 825 415	2 684 420
新乐市	79	6 678 813	6 619 192	4 620 543	2 194 466	2 218 846
鹿泉市	192	9 725 866	9 531 267	7 078 625	2 940 426	5 737 667

10—6 续表 1　　　　(2005 年)　　　　计量单位:千元

行政单位	流动资产小计	#短期投资	应收账款净额	存货	流动资产年平均余额
全市总计	**59 765 512**	**250 979**	**12 874 490**	**20 474 298**	**58 084 333**
市区合计	42 380 739	136 530	9 683 855	13 937 399	41 686 364
#长安区	1 608 704	8 640	351 472	622 704	1 440 573
桥东区	864 020	13 366	124 322	184 364	834 063
桥西区	615 268	14 520	182 703	250 715	592 184
新华区	1 361 705	2	225 420	421 903	1 332 867
裕华区	862 801	27 472	287 267	222 292	753 805
矿区	711 839	4 020	104 636	288 007	705 816
高新区	2 233 574	—	844 014	550 681	2 142 139
井陉县	548 373	2 060	214 133	164 303	607 070
正定县	953 640	16 369	120 387	388 821	900 232
栾城县	1 790 777	25 500	156 255	384 272	1 451 073
行唐县	278 115	3 550	62 869	135 141	273 408
灵寿县	439 548	11	80 991	198 370	429 484
高邑县	354 080	—	56 284	92 542	308 614
深泽县	194 729	311	47 844	103 765	268 893
赞皇县	497 851	—	131 204	198 639	502 589
无极县	512 136	21 800	80 279	188 135	543 414
平山县	1 977 248	550	98 089	890 475	1 838 744
元氏县	575 082	—	49 149	210 472	571 523
赵县	921 028	8 245	356 944	323 801	759 734
辛集市	2 699 303	3 504	391 680	1 070 505	2 419 636
藁城市	1 588 782	16 440	246 581	821 205	1 513 430
晋州市	1 260 470	4 450	282 001	605 194	1 301 857
新乐市	731 997	4 307	195 970	201 669	659 833
鹿泉市	2 061 614	7 352	619 975	559 590	2 048 435

10—6 续表 2　　　　(2005 年)　　　　计量单位:千元

行政单位	长期投资	固定资产小计	固定资产原价	# 生产经营用	累计折旧	# 本年折旧
全市总计	**4 770 597**	**73 121 454**	**107 145 039**	**93 444 394**	**38 472 365**	**5 743 322**
市区合计	4 258 806	52 345 382	81 816 730	72 435 165	32 333 266	4 069 659
#长安区	467 611	1 275 734	1 915 677	1 780 420	672 221	110 990
桥东区	11 675	233 148	394 244	339 893	177 408	30 809
桥西区	15 832	337 538	501 073	213 327	187 300	38 912
新华区	257 325	1 091 111	1 543 010	1 473 867	647 227	92 417
裕华区	14 947	476 402	634 625	518 494	200 674	37 993
矿区	56 794	915 289	1 039 287	391 449	229 856	63 357
高新区	58 432	1 404 421	1 685 171	772 869	509 832	101 831
井陉县	3 477	648 867	757 682	545 702	181 660	28 716
正定县	7 717	1 400 157	1 509 738	1 244 523	466 639	203 277
栾城县	11 925	1 170 437	1 340 446	1 004 439	317 846	85 071
行唐县	7 970	437 232	581 120	454 640	145 152	29 223
灵寿县	615	657 391	735 116	369 753	118 264	37 888
高邑县	—	382 068	450 872	346 246	69 089	33 548
深泽县	50	168 693	175 091	158 574	59 188	21 389
赞皇县	2 132	557 289	674 992	662 244	118 032	21 032
无极县	57 700	721 323	785 583	633 989	250 019	71 293
平山县	154 586	1 990 611	2 156 785	1 703 182	385 447	119 585
元氏县	17 749	687 616	818 090	810 379	131 201	46 326
赵县	15 716	2 757 962	2 870 327	2 639 287	170 292	83 766
辛集市	17 514	2 251 598	3 255 678	2 788 461	1 026 160	411 819
藁城市	28 375	1 631 014	2 073 546	1 626 152	621 230	102 998
晋州市	17 324	1 034 363	1 523 383	1 335 697	506 527	70 872
新乐市	23 174	1 187 935	1 623 485	1 234 564	458 691	101 476
鹿泉市	145 767	3 091 516	3 996 375	3 451 397	1 113 662	205 384

10—6 续表 3　　(2005 年)　　计量单位:千元

行政单位	固定资产净值	固定资产净值年平均余额	无形及递延资产小计	负债合计	流动负债合计	长期负债合计
全市总计	**68 672 674**	**64 147 722**	**4 999 041**	**93 632 805**	**70 143 229**	**22 212 150**
市区合计	49 483 464	46 008 848	3 919 385	70 264 951	53 225 911	16 509 849
#长安区	1 243 456	1 278 884	63 153	1 767 027	1 683 586	72 063
桥东区	216 836	207 236	33 865	648 471	540 565	53 369
桥西区	313 773	326 988	25 731	534 240	469 374	63 464
新华区	895 783	858 597	75 571	1 353 542	1 300 175	51 593
裕华区	433 951	443 411	88 492	862 408	762 756	62 870
矿区	809 431	764 893	76 786	1 297 048	1 078 646	205 082
高新区	1 175 339	1 105 060	178 224	2 510 085	1 992 028	418 084
井陉县	576 022	545 411	88 731	740 261	638 887	83 934
正定县	1 043 099	1 303 838	67 045	1 244 464	659 976	477 415
栾城县	1 022 600	1 076 198	83 194	1 546 493	1 209 471	320 232
行唐县	435 968	429 678	948	396 831	327 824	61 332
灵寿县	616 852	605 603	37 179	766 997	535 299	231 698
高邑县	381 783	345 024	6 586	339 655	242 936	71 494
深泽县	115 903	120 941	—	342 060	250 587	91 473
赞皇县	556 960	557 967	9 561	742 752	619 219	90 549
无极县	535 564	610 802	58	876 911	633 829	141 762
平山县	1 771 338	1 623 008	39 248	2 185 327	1 722 437	458 889
元氏县	686 889	682 473	1 871	611 940	497 946	101 967
赵县	2 700 035	1 571 064	23 444	2 313 338	746 741	1 458 377
辛集市	2 229 518	2 114 333	185 752	2 965 441	2 779 161	186 194
藁城市	1 452 316	1 419 770	137 901	1 956 990	1 556 693	293 288
晋州市	1 016 856	1 004 569	65 978	1 731 044	1 399 074	163 997
新乐市	1 164 794	1 124 280	145 185	1 243 452	934 089	309 063
鹿泉市	2 882 713	3 003 915	186 975	3 363 898	2 163 149	1 160 637

10—6 续表 4 (2005 年) 计量单位:千元

行政单位	所有者权益合计	#实收资本	#国家资本	集体资本	主营业务收入	主营业务成本
全市总计	**54 460 420**	**38 670 823**	**12 085 915**	**2 334 850**	**196 102 611**	**163 013 713**
市区合计	35 711 715	27 335 704	11 123 729	1 436 978	94 154 578	80 283 555
#长安区	1 727 165	952 862	—	578 457	6 732 622	5 414 298
桥东区	508 764	213 969	4 316	75 399	1 568 621	1 164 028
桥西区	460 358	404 129	189 671	190 022	1 002 446	877 830
新华区	1 442 095	796 431	—	114 572	9 019 610	7 383 303
裕华区	678 072	381 789	4 555	181 258	3 775 840	2 714 987
矿区	548 234	279 262	6 921	6 245	1 980 885	1 678 337
高新区	1 890 747	1 277 551	238 875	14 780	2 519 640	1 695 530
井陉县	588 321	259 214	40 366	47 936	3 293 406	2 834 538
正定县	1 419 231	890 019	8 200	11 119	10 014 540	8 304 727
栾城县	1 580 149	810 812	64 270	5 412	3 789 392	2 623 290
行唐县	382 089	307 805	18 665	23 545	4 743 515	3 954 789
灵寿县	380 200	259 236	56 707	2 100	2 037 235	1 639 216
高邑县	404 373	223 523	9 958	22 901	2 672 964	2 182 061
深泽县	93 012	41 361	1 038	—	1 652 107	1 468 020
赞皇县	387 155	243 774	14 110	8 341	1 811 663	1 449 431
无极县	636 583	528 180	43 748	49 957	5 924 431	5 046 105
平山县	1 984 344	526 269	58 000	21 011	10 295 359	9 355 934
元氏县	1 071 315	559 874	4 407	15 424	3 838 406	3 156 482
赵县	1 497 404	1 193 511	186 860	14 628	6 728 218	4 957 033
辛集市	2 267 184	945 742	57 938	34 955	13 079 532	11 041 972
藁城市	1 754 306	1 191 296	204 893	96 618	10 170 761	6 997 070
晋州市	953 376	806 085	32 010	56 931	5 827 250	4 902 632
新乐市	975 394	713 803	60 187	50 178	6 633 772	5 029 303
鹿泉市	2 373 769	1 834 615	100 829	436 816	9 435 482	7 787 555

10—6续表5　　(2005年)　　计量单位:千元

行政单位	主营业务收入(续)		其他业务利润	管理费用	
	主营业务费用	主营业务税金及附加			#税金
全市总计	**6 203 757**	**2 442 542**	**658 342**	**6 779 270**	**399 259**
市区合计	3 125 841	1 586 919	415 742	5 052 783	141 135
#长安区	308 392	15 940	729	417 109	14 731
桥东区	53 223	17 068	—	191 109	9 714
桥西区	27 194	5 561	23 936	66 384	1 904
新华区	712 512	26 450	-1 054	196 085	5 446
裕华区	181 607	44 982	1 159	152 659	1 720
矿区	60 683	12 996	1 230	55 971	3 664
高新区	214 560	23 080	25 644	200 698	5 650
井陉县	173 658	38 866	2 984	87 400	35 848
正定县	248 844	30 306	3 448	109 928	32 385
栾城县	251 120	13 372	2 852	168 965	9 105
行唐县	98 185	38 448	19 368	60 598	10 746
灵寿县	28 064	8 025	5 414	55 339	1 688
高邑县	76 353	82 598	-4 673	18 275	1 575
深泽县	52 026	27 644	—	24 435	19 685
赞皇县	43 312	611	—	39 458	932
无极县	6 602	56 866	56 936	42 846	38 330
平山县	54 385	18 485	23 226	84 246	12 056
元氏县	76 133	36 300	8 563	47 532	957
赵县	135 955	29 318	5 896	128 771	3 673
辛集市	299 079	100 714	36 209	198 052	14 564
藁城市	398 460	108 655	45 208	185 068	50 965
晋州市	182 670	84 697	23 837	88 136	7 556
新乐市	597 330	123 631	1 263	132 375	4 541
鹿泉市	355 740	57 087	12 069	255 063	13 518

10—6 续表 6　　(2005 年)　　计量单位:千元

行政单位	管理费用(续)			财务费用		营业利润
	财产保险费	劳动、待业保险费	养老保险和医疗保险费		#利息支出	
全市总计	**99 855**	**575 804**	**1 019 855**	**2 504 217**	**2 119 430**	**15 817 454**
市区合计	55 164	435 659	792 869	1 600 105	1 409 349	2 921 117
#长安区	13 063	3 492	24 243	47 413	39 183	530 199
桥东区	2 102	1 227	14 828	6 361	5 930	136 832
桥西区	169	4 827	15 677	8 200	7 287	41 213
新华区	851	2 056	21 490	20 973	16 324	679 233
裕华区	436	6 269	6 720	56 408	18 912	626 356
矿区	312	1 292	7 580	26 685	21 500	147 443
高新区	3 240	5 107	27 186	24 494	30 074	386 922
井陉县	1 358	6 100	18 058	24 941	22 646	136 987
正定县	2 793	79 609	61 856	72 466	70 833	1 251 717
栾城县	4 057	2 589	9 547	37 965	34 401	697 532
行唐县	10 242	2 247	15 661	43 176	34 484	567 687
灵寿县	1 561	2 439	7 593	25 069	23 346	286 936
高邑县	341	567	811	7 156	6 902	301 848
深泽县	4 156	17 413	15 771	16 250	13 667	63 732
赞皇县	106	484	188	40 568	40 359	238 283
无极县	192	15 369	26 639	44 675	14 329	784 273
平山县	1 928	392	5 340	74 126	49 748	731 409
元氏县	—	33	1 158	31 105	23 434	499 417
赵县	503	395	4 696	53 794	22 960	1 429 243
辛集市	8 636	2 195	20 411	87 720	84 967	1 388 204
藁城市	1 152	3 092	12 573	119 374	84 611	2 407 342
晋州市	1 470	2 671	8 131	44 320	41 345	548 632
新乐市	3 710	2 340	7 302	42 851	42 342	709 545
鹿泉市	2 486	2 210	11 251	138 556	99 707	853 550

10—6 续表 7　　(2005 年)　　计量单位:千元

行政单位	投资收益	利润总额	应交所得税	利税总额	本年应付工资总额	#主营业务应付工资总额
全市总计	**444 690**	**12 282 502**	**1 967 544**	**21 131 328**	**7 040 052**	**7 040 052**
市区合计	268 880	2 971 105	796 824	8 163 520	4 060 509	3 868 614
#长安区	198	587 331	94 467	868 647	348 558	348 558
桥东区	—	15 161	8 970	87 176	79 031	79 031
桥西区	3 465	42 754	4 728	96 108	73 037	73 037
新华区	60 247	723 411	151 455	992 694	140 934	140 934
裕华区	3 306	281 809	11 365	428 358	91 646	91 646
矿区	—	133 477	11 684	285 378	49 512	49 512
高新区	152	299 508	26 088	462 485	155 921	155 921
井陉县	3 074	133 149	7 176	239 819	118 289	118 289
正定县	10 460	677 145	38 208	852 498	260 720	260 720
栾城县	－2 230	570 061	39 924	771 276	140 320	140 320
行唐县	5 595	536 596	146 943	774 137	58 736	58 736
灵寿县	—	294 097	72 178	352 655	36 958	36 958
高邑县	—	300 440	100 192	508 083	74 049	74 049
深泽县	—	63 757	8 427	132 868	61 095	61 095
赞皇县	—	228 661	22 944	289 222	45 973	45 973
无极县	5 635	407 700	9 442	571 031	261 715	261 715
平山县	—	746 400	108 518	1 045 976	145 389	145 389
元氏县	—	399 950	18 927	498 861	57 756	57 756
赵县	4 110	505 529	36 634	654 447	99 086	99 086
辛集市	20 032	1 194 494	175 450	1 714 133	473 289	473 289
藁城市	39 503	1 083 420	19 151	1 374 998	216 805	216 805
晋州市	81 851	621 701	20 877	1 029 408	474 885	474 885
新乐市	928	704 081	183 406	963 908	128 906	128 906
鹿泉市	6 852	844 216	162 323	1 194 488	325 572	325 572

10—6 续表 8　　(2005 年)　　计量单位:千元

行政单位	本年应付福利费总额	本年应交增值税	本年进项税额	本年销项税额	全部从业人员年平均人数(万人)
全市总计	**937 460**	**6 406 284**	**20 711 257**	**25 715 990**	**524 287**
市区合计	575 914	3 605 496	11 901 904	14 586 428	258 202
#长安区	33 797	265 376	625 671	816 377	22 210
桥东区	8 908	54 947	175 450	228 230	6 913
桥西区	9 117	47 793	81 704	115 835	7 494
新华区	18 479	242 833	800 916	1 023 168	11 535
裕华区	17 058	101 567	345 419	436 727	8 962
矿区	9 279	138 905	143 274	267 865	7 578
高新区	29 986	139 897	211 377	321 188	9 502
井陉县	8 916	67 804	58 244	121 235	14 654
正定县	79 771	145 047	435 814	563 949	13 714
栾城县	10 199	187 843	494 532	657 831	14 261
行唐县	8 075	199 093	168 003	351 384	7 159
灵寿县	5 609	50 533	96 326	142 743	5 399
高邑县	10 367	125 045	394 483	513 323	9 126
深泽县	19 639	41 467	69 065	108 532	4 482
赞皇县	2 655	59 950	140 789	201 063	8 530
无极县	25 241	106 465	405 622	515 088	12 815
平山县	17 578	281 091	2 340 657	2 248 158	15 745
元氏县	2 691	62 611	214 740	253 473	8 153
赵县	9 961	119 600	646 429	753 519	11 565
辛集市	55 593	418 925	1 098 607	1 462 121	42 001
藁城市	31 866	182 923	568 670	808 785	23 882
晋州市	35 913	323 010	598 045	932 527	27 962
新乐市	17 766	136 196	317 691	466 496	15 123
鹿泉市	19 706	293 185	761 636	1 029 335	31 514

分县(市)区国有控股工业企业主要经济指标

10—7　　(2005 年)　　计量单位:千元

行政单位	企业单位数(个)	工业总产值	工业销售产值	工业中间投入合计	工业增加值	资产合计
全市总计	**230**	**69 694 810**	**68 508 429**	**55 024 902**	**17 198 895**	**91 184 004**
市区合计	116	59 558 854	58 665 433	47 664 332	14 105 104	82 046 091
矿区	5	569 660	560 212	419 646	176 004	518 835
高新区	7	409 679	339 282	262 450	158 977	548 818
井陉县	8	532 526	510 002	446 180	97 264	352 350
正定县	3	23 581	21 257	14 509	9 364	27 601
栾城县	10	304 001	301 778	232 131	85 061	483 728
行唐县	9	485 280	489 716	346 368	154 040	112 939
灵寿县	10	858 090	837 832	604 224	267 054	317 585
高邑县	2	41 914	41 627	28 286	15 046	13 820
深泽县	2	202 068	196 049	141 447	68 321	22 346
赞皇县	10	70 023	66 057	50 389	20 504	77 069
无极县	6	495 342	489 120	360 025	148 088	176 669
平山县	5	251 866	246 368	171 576	84 047	265 323
元氏县	5	197 989	187 545	138 292	60 619	32 041
赵县	9	968 935	914 793	801 661	181 453	2 727 933
辛集市	5	539 341	538 689	433 346	137 725	799 901
藁城市	12	3 616 028	3 550 675	2 499 334	1 188 736	1 285 799
晋州市	6	278 387	201 562	117 493	184 668	314 654
新乐市	3	616 095	607 965	454 193	208 017	662 289
鹿泉市	9	654 490	641 961	521 116	183 784	1 465 866

10—7 续表 1　　(2005 年)　　计量单位:千元

行政单位	流动资产小计	#短期投资	应收账款净额	存货	流动资产年平均余额
全市总计	**34 091 575**	**44 745**	**7 706 047**	**11 409 528**	**33 522 661**
市区合计	31 139 331	40 753	6 785 365	10 263 504	30 779 417
矿区	145 599	—	9 022	37 279	155 261
高新区	311 052	—	101 478	85 867	305 866
井陉县	152 975	—	87 898	40 070	207 000
正定县	13 953	4	2 662	9 023	14 642
栾城县	108 191	—	23 739	37 848	113 821
行唐县	50 217	—	10 448	15 803	49 781
灵寿县	129 372	5	43 684	33 390	122 098
高邑县	8 208	—	851	255	6 774
深泽县	1 930	—	319	619	1 929
赞皇县	29 268	—	3 843	9 736	29 693
无极县	87 828	—	11 700	28 654	87 910
平山县	124 262	480	25 516	27 333	124 018
元氏县	15 567	—	1 534	4 773	15 435
赵县	511 764	—	258 196	185 623	358 553
辛集市	378 981	—	134 622	139 950	328 393
藁城市	629 948	3 503	81 639	363 625	580 509
晋州市	156 639	—	45 032	85 372	152 990
新乐市	185 659	—	30 003	81 289	163 120
鹿泉市	367 482	—	158 996	82 661	386 578

10—7 续表 2　　　　　　　　　　（2005 年）　　　　　　　　　　计量单位：千元

行政单位	长期投资	固定资产小计	固定资产原价	# 生产经营用	累计折旧	# 本年折旧
全市总计	**3 319 761**	**48 462 333**	**73 162 040**	**64 675 586**	**26 850 401**	**3 301 372**
市区合计	3 283 079	42 703 500	66 168 511	58 802 910	25 307 267	3 009 354
矿区	1 900	362 305	385 506	28 493	39 690	21 550
高新区	2 043	223 586	291 568	210 731	103 046	31 126
井陉县	50	198 432	206 557	152 860	20 118	1 597
正定县	—	13 646	18 567	11 586	8 312	793
栾城县	10 000	343 011	346 433	159 417	67 724	14 488
行唐县	3 500	56 904	76 766	47 079	20 069	2 200
灵寿县	12	177 034	238 483	180 953	62 844	11 073
高邑县	—	5 612	7 336	6 420	1 724	665
深泽县	—	20 416	12 936	12 060	9 130	2 450
赞皇县	549	28 451	37 084	37 075	8 638	848
无极县	—	86 087	123 105	112 928	54 630	11 028
平山县	—	128 449	137 287	103 608	36 599	1 114
元氏县	—	12 519	15 251	14 976	2 732	1 259
赵县	—	2 168 266	2 213 694	2 099 429	70 130	61 544
辛集市	163	370 231	655 641	589 300	285 410	38 624
藁城市	—	554 909	826 250	747 956	304 394	39 421
晋州市	303	135 727	197 073	131 472	61 707	2 279
新乐市	21 305	418 548	671 941	641 133	258 821	45 456
鹿泉市	800	1 040 591	1 209 125	824 424	270 152	57 179

10—7 续表 3　　(2005 年)　　计量单位:千元

行政单位	固定资产净值	固定资产净值年平均余额	无形及递延资产小计	负债合计	流动负债合计	长期负债合计
全市总计	**46 311 639**	**41 883 445**	**2 976 467**	**63 729 749**	**45 315 526**	**17 969 369**
市区合计	40 861 244	37 470 386	2 699 529	57 075 404	41 433 391	15 328 018
矿区	345 816	298 310	6 453	383 077	248 617	133 953
高新区	188 522	190 070	7 682	221 284	218 584	—
井陉县	186 439	140 484	891	192 521	190 170	1 820
正定县	10 255	10 929	—	25 129	23 578	—
栾城县	278 709	315 954	22 317	334 104	166 931	167 173
行唐县	56 697	56 305	948	81 821	56 852	24 969
灵寿县	175 639	173 087	6 437	243 579	115 369	128 210
高邑县	5 612	5 276	—	7 889	5 907	1 982
深泽县	3 806	3 806	—	23 458	5 202	18 256
赞皇县	28 446	28 495	3 124	57 195	43 058	13 439
无极县	68 475	74 293	58	180 783	110 224	67 772
平山县	100 688	101 956	11 999	179 729	172 733	5 996
元氏县	12 519	12 594	958	27 362	15 971	10 536
赵县	2 143 564	1 104 447	13 470	1 929 852	496 347	1 407 176
辛集市	370 231	276 442	50 526	720 579	670 544	50 035
藁城市	521 856	541 874	50 639	780 344	440 303	243 344
晋州市	135 366	132 892	21 957	275 870	237 281	38 478
新乐市	413 120	426 964	36 777	558 500	537 524	20 676
鹿泉市	938 973	1 007 261	56 837	1 035 630	594 141	441 489

10—7 续表 4　　(2005 年)　　计量单位:千元

行政单位	所有者权益合计	#实收资本	#国家资本	集体资本	主营业务收入	主营业务成本
全市总计	**27 454 255**	**22 467 702**	**11 835 156**	**182 029**	**68 830 485**	**60 425 017**
市区合计	24 970 687	20 127 869	10 911 722	177 199	60 750 276	53 911 523
矿区	135 758	136 921	6 921	—	451 510	413 350
高新区	327 534	229 466	67 583	—	341 382	244 829
井陉县	159 829	35 276	32 638	—	439 051	374 671
正定县	2 472	8 200	8 200	—	16 578	13 907
栾城县	149 624	132 790	64 270	—	293 988	240 427
行唐县	31 118	30 325	18 665	—	437 904	375 165
灵寿县	74 006	93 918	56 707	—	685 750	592 493
高邑县	5 931	1 780	1 780	—	39 014	32 685
深泽县	-1 112	5 878	1 038	—	148 120	133 245
赞皇县	19 874	18 245	14 110	—	50 302	43 504
无极县	-4 114	71 567	40 430	—	324 216	304 734
平山县	85 594	58 000	58 000	—	187 348	162 191
元氏县	4 679	4 662	4 407	—	156 728	140 091
赵县	798 081	874 708	186 860	—	859 900	727 776
辛集市	79 322	144 351	57 938	—	546 819	428 896
藁城市	505 455	193 353	188 593	—	2 363 109	1 727 690
晋州市	38 784	38 240	32 010	4 830	226 924	178 935
新乐市	103 789	92 691	59 939	—	621 169	456 404
鹿泉市	430 236	535 849	97 849	—	683 289	580 680

10—7 续表 5

(2005 年)

计量单位:千元

行政单位	主营业务收入(续) 主营业务费用	主营业务收入(续) 主营业务税金及附加	其他业务利润	管理费用	#税金
全市总计	**1 623 130**	**1 476 807**	**347 288**	**3 751 700**	**137 784**
市区合计	1 376 468	1 398 427	333 657	3 325 880	85 762
矿区	11 130	3 113	—	18 903	695
高新区	28 221	791	4 003	30 109	449
井陉县	47 733	878	-11	19 221	7 399
正定县	558	11	266	5 072	354
栾城县	11 937	4 218	1 111	21 417	656
行唐县	18 366	4 796	491	8 722	278
灵寿县	3 043	1 352	164	20 531	264
高邑县	871	966	5	136	4
深泽县	1 050	1 132	—	1 898	1 268
赞皇县	1 750	6	—	1 477	127
无极县	73	2 175	—	4 624	3 559
平山县	2 719	763	—	6 034	502
元氏县	242	95	—	1 782	75
赵县	28 567	3 402	5 516	94 270	414
辛集市	33 691	2 468	2 390	62 540	1 158
藁城市	27 936	5 126	1 316	102 434	33 034
晋州市	13 642	3 265	—	7 114	336
新乐市	38 964	35 268	3	33 279	1 376
鹿泉市	15 520	12 459	2 380	35 269	1 218

10—7 续表 6　　(2005 年)　　计量单位:千元

行政单位	管理费用(续)			财务费用		营业利润
	财产保险费	劳动、待业保险费	养老保险和医疗保险费		# 利息支出	
全市总计	**30 700**	**393 449**	**653 402**	**1 523 297**	**1 363 316**	**377 822**
市区合计	24 287	383 840	602 548	1 321 676	1 188 282	-250 041
矿　区	86	256	3 989	3 913	3 789	1 101
高新区	127	1 375	6 761	1 428	1 966	40 007
井陉县	144	920	2 121	1 334	1 311	-4 797
正定县	—	1	1 056	123	120	-2 827
栾城县	93	611	1 431	4 192	4 185	12 908
行唐县	—	7	2 239	4 620	4 343	26 726
灵寿县	188	904	3 520	5 665	5 665	62 830
高邑县	—	42	12	28	28	4 333
深泽县	630	1 826	1 727	2 357	—	8 438
赞皇县	101	—	—	648	648	2 917
无极县	95	327	1 220	1 554	1 300	11 056
平山县	429	146	257	5 223	5 223	10 418
元氏县	—	3	240	32	21	14 486
赵　县	22	395	4 592	15 629	2 749	-4 228
辛集市	928	643	9 913	25 829	25 930	-4 215
藁城市	546	839	8 003	72 051	63 130	429 188
晋州市	104	269	3 153	4 362	4 362	19 606
新乐市	3 051	2 249	5 238	19 429	19 429	37 828
鹿泉市	82	427	6 132	38 545	36 590	3 196

10—7 续表 7　　(2005 年)　　计量单位:千元

行政单位	投资收益	利润总额	应交所得税	利税总额	本年应付工资总额	# 主营业务应付工资总额
全市总计	**199 850**	**574 504**	**469 514**	**4 580 298**	**3 129 736**	**2 977 793**
市区合计	197 782	237 777	384 010	3 846 786	2 812 883	2 672 093
矿区	—	1 057	86	30 160	10 994	10 179
高新区	-9	16 609	2 198	29 148	29 416	29 416
井陉县	—	-5 125	860	6 671	15 273	15 273
正定县	—	-1 970	—	-1 667	2 956	2 956
栾城县	—	8 829	5 983	26 238	14 053	13 480
行唐县	—	20 776	6 757	40 700	9 739	9 339
灵寿县	—	60 324	11 420	74 864	9 519	9 321
高邑县	—	3 215	1 072	5 599	540	490
深泽县	—	8 438	862	17 270	8 197	8 197
赞皇县	—	3 160	967	4 036	2 827	2 827
无极县	—	5 961	1 651	20 907	15 645	15 645
平山县	—	10 418	3 219	14 938	7 224	7 224
元氏县	—	1 696	101	2 713	1 629	1 629
赵县	290	-44 948	14 407	-27 367	55 655	54 955
辛集市	812	-3 052	3 750	31 146	45 345	45 345
藁城市	—	198 266	17 304	275 434	49 706	43 213
晋州市	—	17 555	1 305	44 594	16 749	14 349
新乐市	928	39 093	15 779	120 476	32 212	32 212
鹿泉市	38	14 091	67	76 960	29 584	29 245

10—7 续表 8　　　　(2005 年)　　　　计量单位:千元

行政单位	本年应付福利费总额	本年应交增值税	本年进项税额	本年销项税额	全部从业人员年平均人数(万人)
全市总计	**419 423**	**2 528 987**	**9 497 772**	**11 324 649**	**187 596**
市区合计	382 401	2 210 582	8 762 948	10 278 802	159 155
矿区	4 687	25 990	48 722	74 672	1 166
高新区	2 737	11 748	25 454	34 828	1 195
井陉县	884	10 918	3 045	13 922	1 279
正定县	1 957	292	3 020	3 337	314
栾城县	1 528	13 191	22 138	41 567	852
行唐县	1 307	15 128	18 841	33 054	1 408
灵寿县	1 634	13 188	24 406	35 389	1 370
高邑县	69	1 418	4 874	6 292	44
深泽县	3 055	7 700	3 834	11 534	884
赞皇县	198	870	3 146	4 016	531
无极县	1 447	12 771	46 423	59 180	819
平山县	723	3 757	23 856	27 632	936
元氏县	51	922	1 133	1 149	225
赵县	5 686	14 179	76 830	87 583	3 930
辛集市	1 056	31 730	77 717	105 154	3 585
藁城市	7 612	72 042	308 443	382 417	3 345
晋州市	1 456	23 774	12 809	33 329	2 873
新乐市	4 575	46 115	48 255	94 371	3 043
鹿泉市	3 784	50 410	56 054	105 921	3 003

分县(市)区集体工业企业主要经济指标

10—8　　(2005年)　　计量单位:千元

行政单位	企业单位数(个)	工业总产值	工业销售产值	工业中间投入合计	工业增加值	资产合计
全市总计	**231**	**19 432 848**	**18 958 125**	**13 750 007**	**6 152 398**	**5 940 649**
市区合计	68	6 622 311	6 371 454	4 952 516	1 892 629	3 002 672
#长安区	19	2 922 972	2 366 710	2 162 942	861 388	1 295 195
桥东区	6	597 761	588 615	421 357	185 249	228 493
桥西区	15	641 842	582 630	521 801	150 449	513 049
新华区	5	224 138	189 083	152 758	73 352	65 049
裕华区	12	2 038 511	1 964 627	1 562 118	546 865	644 924
矿区	4	77 483	76 522	58 800	23 863	69 795
井陉县	13	1 133 931	1 128 868	802 014	345 554	99 404
正定县	7	159 822	157 469	108 287	53 004	71 125
栾城县	4	257 427	212 279	187 749	75 047	67 219
行唐县	8	500 057	495 427	361 997	167 472	62 328
灵寿县	1	46 530	45 500	34 597	13 960	12 920
高邑县	4	245 953	238 467	178 707	80 157	38 159
深泽县	—	—	—	—	—	—
赞皇县	9	180 560	179 830	129 013	53 409	44 681
无极县	4	795 492	748 666	556 843	250 849	117 273
平山县	18	443 233	435 118	319 085	136 816	93 060
元氏县	5	605 753	560 752	428 419	183 803	92 995
赵县	16	3 201 349	3 219 354	2 109 860	1 146 177	490 107
辛集市	6	372 194	369 494	261 454	113 124	101 940
藁城市	11	517 534	509 626	362 613	160 134	174 426
晋州市	11	276 290	259 637	208 708	85 272	120 979
新乐市	15	2 106 969	2 097 237	1 437 049	696 894	107 391
鹿泉市	31	1 967 443	1 928 947	1 311 096	698 097	1 243 970

10—8 续表 1　　　　(2005 年)　　　　计量单位:千元

行政单位	流动资产小计	#短期投资	应收账款净额	存　货	流动资产年平均余额
全市总计	**2 938 061**	**44 962**	**650 995**	**1 117 232**	**2 847 934**
市区合计	1 742 493	41 480	405 900	709 602	1 715 431
#长安区	681 978	8 640	112 450	341 728	675 435
桥东区	139 737	11 279	23 528	27 649	144 045
桥西区	352 521	14 520	73 700	161 463	336 755
新华区	41 003	—	6 067	26 798	45 620
裕华区	386 720	7 041	154 326	89 357	375 126
矿区	30 597	—	6 815	12 529	27 651
井陉县	40 365	660	21 776	9 345	40 961
正定县	40 791	50	3 233	16 562	40 178
栾城县	32 623	—	4 530	16 796	31 090
行唐县	17 782	—	5 653	9 362	19 211
灵寿县	7 849	—	1 250	4 520	4 250
高邑县	20 272	—	3 825	4 874	12 723
深泽县	—	—	—	—	—
赞皇县	13 470	—	3 286	6 081	13 420
无极县	60 662	—	2 400	22 560	60 181
平山县	42 719	10	13 694	20 146	37 658
元氏县	12 345	—	2 571	4 300	12 345
赵县	207 337	1 320	44 928	58 852	165 530
辛集市	66 769	—	8 896	23 027	65 330
藁城市	66 809	280	11 077	36 403	67 809
晋州市	79 933	—	13 429	49 578	76 331
新乐市	45 629	—	9 033	6 254	40 431
鹿泉市	440 213	1 162	95 514	118 970	445 055

10—8 续表 2　　(2005 年)　　计量单位:千元

行政单位	长期投资	固定资产小计	固定资产原价	#生产经营用	累计折旧	#本年折旧
全市总计	**218 155**	**2 348 867**	**3 333 336**	**2 830 791**	**1 143 378**	**169 670**
市区合计	69 394	977 910	1 467 389	1 160 103	565 428	95 209
#长安区	44 422	467 574	707 865	631 376	256 380	39 355
桥东区	822	75 583	119 763	91 489	45 927	9 646
桥西区	7 672	150 268	227 462	123 566	91 314	14 135
新华区	—	19 656	33 559	19 808	14 338	1 515
裕华区	9 710	174 117	244 362	190 774	90 301	17 829
矿区	2 211	20 042	26 651	13 930	19 183	1 326
井陉县	—	58 532	63 891	52 722	22 083	3 176
正定县	1 493	22 429	33 437	14 858	11 583	3 249
栾城县	—	24 580	42 739	31 287	23 946	2 192
行唐县	—	42 953	51 514	41 568	9 164	1 129
灵寿县	—	5 071	6 351	5 792	1 280	820
高邑县	—	17 887	21 803	19 860	3 916	1 691
深泽县	—	—	—	—	—	—
赞皇县	—	22 161	24 377	24 127	2 216	280
无极县	—	27 661	34 944	30 527	14 383	2 650
平山县	300	50 040	58 460	51 465	8 792	1 225
元氏县	—	77 339	84 539	84 539	7 200	2 650
赵县	2 066	266 498	306 945	247 039	52 996	14 468
辛集市	135	34 928	41 718	35 876	7 263	3 256
藁城市	620	95 907	112 889	93 657	40 823	3 315
晋州市	—	32 678	62 130	60 138	29 452	1 986
新乐市	—	58 182	77 273	51 950	22 508	5 559
鹿泉市	144 147	534 111	842 937	825 283	320 345	26 815

10—8 续表 3　　（2005 年）　　计量单位:千元

行政单位	固定资产净值	固定资产净值年平均余额	无形及递延资产小计	负债合计	流动负债合计	长期负债合计
全市总计	**2 189 958**	**2 159 167**	**179 147**	**2 970 800**	**2 323 743**	**528 338**
市区合计	901 961	931 995	90 489	1 632 327	1 425 950	124 398
#长安区	451 485	455 620	45 018	621 232	578 208	41 806
桥东区	73 836	67 902	49	132 380	77 880	1 000
桥西区	136 148	158 848	2 403	287 189	253 337	33 318
新华区	19 221	19 773	2 978	55 864	50 340	5 000
裕华区	154 061	160 105	39 482	368 095	333 538	14 557
矿区	7 468	8 879	—	44 429	34 392	3 834
井陉县	41 808	42 828	—	42 508	16 560	18 120
正定县	21 854	22 230	2 028	51 747	41 817	9 930
栾城县	18 793	24 622	—	32 462	32 462	—
行唐县	42 350	43 122	—	37 644	29 689	4 727
灵寿县	5 071	2 990	—	8 410	8 090	320
高邑县	17 887	15 953	—	17 780	13 790	3 990
深泽县	—	—	—	—	—	—
赞皇县	22 161	22 231	—	30 386	23 258	4 010
无极县	20 561	43 898	—	49 712	43 762	—
平山县	49 668	49 482	—	67 520	46 294	18 225
元氏县	77 339	77 339	—	9 160	9 160	—
赵县	253 949	184 382	60	155 457	108 947	45 968
辛集市	34 455	34 799	—	66 466	58 913	7 553
藁城市	72 066	91 374	—	84 764	84 204	560
晋州市	32 678	32 742	—	78 254	63 539	3 655
新乐市	54 765	57 023	—	36 857	36 857	—
鹿泉市	522 592	482 157	86 570	569 346	280 451	286 882

10—8 续表 4　　　　(2005 年)　　　　计量单位:千元

行政单位	所有者权益合计	#实收资本	#集体资本	主营业务收入	#主营业务成本
全市总计	**2 969 849**	**1 821 400**	**1 626 233**	**18 774 105**	**14 645 353**
市区合计	1 370 345	870 726	860 810	6 494 378	5 138 015
#长安区	673 963	381 719	375 549	2 857 280	2 372 890
桥东区	96 113	62 977	62 916	607 474	439 541
桥西区	225 860	181 520	178 570	594 696	520 180
新华区	9 185	14 819	14 819	168 615	148 084
裕华区	276 829	179 545	179 495	2 113 835	1 529 860
矿区	25 366	6 330	5 645	54 387	41 138
井陉县	56 896	43 784	42 784	962 950	859 623
正定县	19 378	6 404	4 260	147 579	121 465
栾城县	34 757	18 311	4 350	252 824	211 733
行唐县	24 684	20 446	17 856	486 047	408 482
灵寿县	4 510	2 100	2 100	46 510	33 590
高邑县	20 379	18 001	18 001	221 541	175 704
深泽县	—	—	—	—	—
赞皇县	14 295	5 741	5 741	175 968	137 518
无极县	67 561	51 787	40 957	741 851	694 683
平山县	25 540	24 490	21 011	436 705	350 774
元氏县	83 835	15 424	15 424	497 918	405 232
赵县	334 650	119 251	10 628	3 196 735	2 315 732
辛集市	35 474	15 846	12 786	367 102	331 912
藁城市	89 662	82 715	74 455	499 966	314 309
晋州市	42 725	28 843	23 263	233 487	188 690
新乐市	70 534	50 178	50 178	2 104 733	1 422 068
鹿泉市	674 624	447 353	421 629	1 907 811	1 535 823

10—8 续表 5　　(2005 年)　　计量单位:千元

行政单位	主营业务收入(续)		其他业务利润	管理费用	
	主营业务费用	主营业务税金及附加			#税金
全市总计	**942 298**	**164 923**	**57 182**	**495 991**	**30 965**
市区合计	287 734	60 274	26 564	332 693	9 863
#长安区	118 563	11 240	154	148 224	3 530
桥东区	10 211	13 151	—	39 334	3 204
桥西区	18 446	4 262	22 258	34 498	1 257
新华区	914	167	—	2 686	117
裕华区	138 521	29 382	637	88 247	705
矿区	417	1 260	291	2 634	80
井陉县	44 629	13 722	—	7 729	6 713
正定县	2 042	844	393	3 104	626
栾城县	1 790	463	—	4 921	537
行唐县	8 127	2 597	—	2 882	515
灵寿县	187	857	—	204	23
高邑县	12 111	12 817	-15	1 358	70
深泽县	—	—	—	—	—
赞皇县	4 687	—	—	3 810	38
无极县	370	3 720	25 240	2 226	2 048
平山县	22 443	2 437	—	11 068	4 002
元氏县	14 719	9 139	5 000	1 560	77
赵县	41 187	3 169	—	12 909	1 492
辛集市	10 469	749	—	14 455	288
藁城市	32 713	5 409	—	4 899	677
晋州市	10 439	4 188	—	2 936	356
新乐市	398 866	33 524	—	28 938	777
鹿泉市	49 785	11 014	—	60 299	2 863

10—8 续表 6　　(2005 年)　　计量单位:千元

行政单位	管理费用(续)			财务费用		营业利润
	财产保险费	劳动、待业保险费	养老保险和医疗保险费		#利息支出	
全市总计	**4 980**	**9 250**	**36 165**	**173 367**	**112 668**	**2 409 355**
市区合计	3 121	6 465	30 259	73 530	40 280	628 696
#长安区	1 984	1 196	9 871	23 004	21 282	183 513
桥东区	662	505	5 106	7 079	6 967	98 158
桥西区	144	3 031	8 388	4 964	5 057	34 604
新华区	—	2	185	958	958	15 806
裕华区	179	1 572	3 582	36 073	4 477	292 389
矿区	30	—	14	323	323	8 906
井陉县	10	723	550	4 417	3 537	32 830
正定县	110	180	556	773	773	19 744
栾城县	120	—	—	3 330	3 330	30 587
行唐县	—	—	1 217	3 967	2 808	59 992
灵寿县	11	11	13	45	45	11 627
高邑县	—	60	32	1 267	1 154	18 269
深泽县	—	—	—	—	—	—
赞皇县	—	2	2	5 001	5 001	24 952
无极县	—	1 227	3 162	1 043	816	65 049
平山县	553	35	46	7 715	7 715	42 268
元氏县	—	5	5	1 142	733	71 126
赵县	16	—	64	23 995	16 225	799 743
辛集市	38	—	—	2 461	2 351	7 056
藁城市	27	120	177	5 316	2 053	137 320
晋州市	—	12	22	1 476	1 467	25 758
新乐市	79	—	60	5 773	5 611	215 564
鹿泉市	895	410	—	32 116	18 769	218 774

10—8 续表 7　　　　(2005 年)　　　　计量单位:千元

行政单位	投资收益	利润总额	应交所得税	利税总额	本年应付工资总额	#主营业务应付工资总额
全市总计	**37 796**	**1 650 115**	**175 745**	**2 284 595**	**643 218**	**627 516**
市区合计	24 467	441 150	39 990	724 258	329 133	316 509
#长安区	—	224 853	25 513	337 451	178 995	178 259
桥东区	—	3 326	850	25 322	26 071	23 840
桥西区	923	33 019	2 577	67 689	40 656	34 566
新华区	20 241	27 638	—	29 777	4 585	4 365
裕华区	3 271	147 884	10 292	247 738	47 090	43 886
矿区	—	8 906	387	15 346	5 288	5 288
井陉县	—	29 588	—	56 947	20 036	20 036
正定县	—	19 397	2 880	21 710	4 349	4 349
栾城县	—	18 587	1 226	24 419	7 147	7 147
行唐县	—	57 331	16 114	89 340	5 768	5 757
灵寿县	—	11 627	2 900	14 511	173	173
高邑县	—	18 269	6 076	43 997	9 940	9 760
深泽县	—	—	—	—	—	—
赞皇县	—	24 892	—	26 754	3 120	3 120
无极县	—	53 188	—	69 108	27 764	27 764
平山县	—	42 268	9 951	57 373	22 582	22 582
元氏县	—	77 830	1 732	93 438	6 507	6 507
赵县	1 550	322 065	1 880	379 922	12 374	10 177
辛集市	—	4 756	1 429	7 889	13 601	13 601
藁城市	1 100	66 593	238	77 215	7 903	7 903
晋州市	10 679	36 437	1 843	58 315	28 405	28 405
新乐市	—	210 916	67 926	271 414	27 256	27 256
鹿泉市	—	215 221	21 560	267 985	117 160	116 470

10—8 续表 8　　　　(2005 年)　　　　计量单位:千元

行政单位	本年应付福利费总额	本年应交增值税	本年进项税额	本年销项税额	全部从业人员年平均人数(万人)
全市总计	**62 194**	**469 557**	**1 592 882**	**2 031 933**	**57 103**
市区合计	41 583	222 834	606 195	808 150	29 441
#长安区	17 141	101 358	247 464	339 209	11 600
桥东区	2 621	8 845	63 417	72 272	3 560
桥西区	5 257	30 408	58 389	85 132	4 471
新华区	813	1 972	14 168	15 086	611
裕华区	11 642	70 472	214 038	279 820	4 361
矿区	289	5 180	2 268	7 448	799
井陉县	1 689	13 637	13 162	25 719	2 445
正定县	945	1 469	2 825	3 845	399
栾城县	446	5 369	27 325	32 186	718
行唐县	807	29 412	23 242	52 654	592
灵寿县	18	2 027	1 231	3 258	30
高邑县	1 392	12 911	24 744	37 661	1 370
深泽县	—	—	—	—	—
赞皇县	2	1 862	11 115	12 977	610
无极县	2 736	12 200	26 872	39 072	1 430
平山县	1 941	12 668	66 569	79 237	2 724
元氏县	144	6 469	38 390	44 639	1 030
赵县	1 841	54 688	430 326	479 358	2 101
辛集市	2 091	2 384	7 730	8 714	1 274
藁城市	1 419	5 213	21 160	26 313	1 196
晋州市	1 170	17 690	39 734	57 396	2 127
新乐市	1 846	26 974	97 437	124 411	3 354
鹿泉市	2 124	41 750	154 825	196 343	6 262

历年工业总产值、工业增加值指数

10—9　　（上年＝100）　　计量单位：%

年份	工业总产值	年份	工业总产值	工业增加值
1953年	131.85			
1954年	132.48	1980年	105.44	—
1955年	119.29	1981年	103.20	—
1956年	119.97	1982年	104.17	—
1957年	109.47	1983年	109.92	—
1958年	157.78	1984年	116.80	—
1959年	167.58	1985年	113.55	—
1960年	110.79	1986年	108.66	—
1961年	59.75	1987年	117.69	—
1962年	68.62	1988年	117.15	—
1963年	100.13	1989年	106.14	—
1964年	121.64	1990年	103.07	—
1965年	134.86	1991年	115.30	—
1966年	113.18	1992年	115.41	—
1967年	104.34	1993年	119.56	117.11
1968年	131.46	1994年	112.20	110.67
1969年	118.92	1995年	117.01	114.89
1970年	115.84	1996年	123.51	120.57
1971年	96.74	1997年	119.10	116.71
1972年	97.12	1998年	102.73	102.39
1973年	111.47	1999年	117.40	115.23
1974年	108.05	2000年	112.82	111.22
1975年	118.80	2001年	114.79	112.94
1976年	111.41	2002年	116.91	114.80
1977年	114.86	2003年	124.23	121.20
1978年	98.54	2004年	128.62	125.04
1979年	103.44	2005年	127.94	122.85

全市行业用电分类情况

10—10　　（2005年）　　计量单位：万千瓦时

指标名称	全市	#市区
全社会用电总计	**2 529 177**	**1 086 019**
A、全行业用电合计	2 241 883	974 467
第一产业	145 457	10 647
第二产业	1 881 560	970 769
第三产业	214 866	173 051
B、城乡居民生活用电合计	287 294	111 552
城镇居民	138 869	94 555
乡村居民	148 425	16 997
全行业用电分类	2 241 883	974 467
一、农、林、牧、渔、水利业	145 457	10 647
1.农业	7 267	351
2.林业	677	158
3.畜牧业	2 502	926
4.渔业	112	12
5.农、林、牧、渔服务业	134 899	9 200
#排灌	129 176	8 650
二、工业	1 868 553	782 249
1.轻工业	569 862	260 979
2.重工业	1 298 691	521 270
(一)采矿业	32 518	9 367
1.煤炭开采和洗选业	9 952	9 211
2.石油和天然气开采业	3 293	19
3.黑色金属矿采选业	6 068	96
4.有色金属矿采选业	204	4
5.非金属矿采选业	12 928	37
6.其他采矿业	73	—
(二)制造业	1 467 945	515 579
1.食品、饮料和烟草制造业(轻)	53 079	10 120
2.纺织业(轻)	144 057	57 535
3.服装鞋帽、皮革羽绒及其制品业	16 814	4 095
4.木材加工及制品和家具制品业	20 282	798
#轻工业	1 563	107

10—10 续表 1　　(2005 年)　　计量单位:万千瓦时

指　标　名　称	全　市	#市　区
5.造纸及纸制品业(轻)	44 811	4 833
6.印刷业和记录媒介的复制(轻)	3 187	2 236
7.文体用品制造业(轻)	85	—
8.石油加工、炼焦及核燃料加工业	37 693	36 484
9.化学原料及化学制品制造业	321 945	75 763
#轻　工　业	29 627	743
#氯　碱	23 327	17 978
电　石	3 569	1 242
黄　磷	2 207	2 207
#肥料制造	219 497	46 958
10.医药制造业(轻)	187 490	135 045
11.化学纤维制造业(轻)	25 834	11 260
12.橡胶和塑料制品业	30 947	5 281
#轻　工　业	11 641	437
13.非金属矿物制品业	219 406	13 128
#轻　工　业	8 737	1 374
#水泥制造	151 316	4 160
14.黑色金属冶炼及压延加工业	230 858	100 441
15.有色金属冶炼及压延加工业	9 759	1 104
16.金属制品业	34 244	7 035
#轻　工　业	3 109	525
17.通用及专用设备制造业	41 228	15 387
#轻　工　业	1 178	19
18.交通运输、电气、电子设备制造业	33 536	26 487
#轻　工　业	18 832	18 507
#交通运输设备制造业	5 982	3 596
19.工艺品及其他制造业(轻)	10 959	8 105
20.废弃资源和废旧材料回收加工业	1 731	442
(三)电力、燃汽及水的生产和供应业	368 090	257 303
1.电力、热力的生产和供应业	353 087	248 173
#电厂生产全部耗用电量	203 265	176 768
线路损失电量	142 067	64 459

10—10 续表 2　　(2005 年)　　计量单位:万千瓦时

指标名称	全市	#市区
2.燃气生产和供应业	2 886	2 179
3.水的生产和供应业	12 117	6 951
#轻二业	8 859	6 038
三、建筑业	13 007	8 520
四、交通运输、仓储和邮政业	58 187	43 717
1.交通运输业	44 343	41 388
#城市公共交通	402	278
电气化铁路	35 185	35 164
2.仓储业	12 587	1 428
3.邮政业	1 257	901
五、信息传输、计算机服务和软件业	10 061	7 604
1.电信和其他信息传输服务业	9 795	7 409
2.计算机服务和软件业	266	195
六、商业、住宿和餐饮业	45 983	40 381
1.批发和零售业	28 232	25 024
2.住宿和餐饮业	17 751	15 357
七、金融、房地产、商务及居民服务业	29 067	24 934
1.金融业	5 967	4 997
2.房地产业	14 644	12 024
3.租赁和商务服务业、居民服务和其它服务	8 456	7 913
八、公共事业及管理组织	71 568	56 415
1.科学研究、技术服务和地质勘查业	5 277	5 021
#地质勘查业	86	50
2.水利、环境和公共设施管理业	7 642	4 783
#水利管理业	1 672	859
#公共照明	3 172	2 167
3.教育、文化、体育和娱乐业	29 600	24 045
#教育	21 916	17 705
4.卫生、社会保障和社会福利业	10 094	7 752
5.公共管理和社会组织、国际组织	18 955	14 814

分县（市）用电量

10—11

计量单位：万千瓦时

行政单位	2005年	2004年	2005年比2004年（±%）
全市总计	**2 529 177**	**2 278 809**	**10.99**
市区合计	1 086 019	1 007 742	7.77
井陉县	58 986	65 788	-10.34
正定县	111 809	108 163	3.37
栾城县	72 321	61 717	14.82
行唐县	26 192	23 385	12.00
灵寿县	62 917	48 114	30.77
高邑县	38 372	33 995	12.88
深泽县	31 485	27 283	15.40
赞皇县	31 502	25 593	23.16
无极县	46 040	37 817	21.74
平山县	123 536	96 383	28.17
元氏县	76 279	62 111	22.81
赵县	71 409	51 392	38.95
辛集市	125 727	99 957	25.78
藁城市	152 432	132 756	14.82
晋州市	133 466	110 509	20.77
新乐市	58 331	51 463	13.35
鹿泉市	222 336	234 641	-5.24

十一、贸易 外经

全市限额以上住宿和餐饮业企业经营状况

11—1 (2005年) 计量单位:万元

指标名称	法人企业(个)	产业活动单位(个)	年末从业人员	营业额	客房收入	餐费收入	商品销售收入	其他收入
总计	**81**	**81**	**24 836**	**109 066**	**30 198**	**66 990**	**2 052**	**9 827**
一、住宿业	48	48	20 377	80 843	28 942	40 646	1 675	9 581
1.按登记注册类型分组								
内资企业	45	45	19 822	77 411	28 030	39 000	1 673	8 710
国有企业	24	24	7 064	41 206	15 939	20 961	868	3 438
集体企业	4	4	949	5 603	1 655	1 192	—	2 756
联营企业	1	1	163	729	394	330	5	—
有限责任公司	9	9	9 647	16 629	6 038	8 425	200	1 967
股份有限公司	2	2	773	6 631	2 096	4 443	64	28
私营企业	5	5	1 226	6 614	1 908	3 649	536	521
港、澳、台商投资企业	1	1	254	844	380	298	—	166
外商投资企业	2	2	301	2 588	532	1 349	2	705
2.按国民经济行业分组								
旅游饭店	40	40	19 294	76 373	27 382	38 083	1 650	9 258
一般旅馆	8	8	1 083	4 470	1 560	2 563	24	323
二、餐饮业	33	33	4 459	28 223	1 256	26 344	377	246
1.按登记注册类型分组								
内资企业	28	28	4 126	24 834	1 256	22 955	377	246
国有企业	12	12	1 958	10 430	1 207	8 963	96	165
集体企业	1	1	86	421	49	372	—	—
有限责任公司	1	1	25	226	—	226	—	—
股份有限公司	1	1	33	727	—	727	—	—
私营企业	12	12	1 984	12 280	—	11 918	281	81
其他企业	1	1	40	750	—	750	—	—
港、澳、台商投资企业	1	1	90	932	—	932	—	—
外商投资企业	4	4	243	2 457	—	2 457	—	—
2.按国民经济行业分组								
正餐服务业	29	29	4 216	25 766	1 256	23 887	377	246
快餐服务业	4	4	243	2 457	—	2 457	—	—

市区限额以上住宿和餐饮业企业经营状况

11—2　　(2005年)　　计量单位:万元

指标名称	法人企业(个)	产业活动单位(个)	年末从业人员	营业额	客房收入	餐费收入	商品销售收入	其他收入
总计	**68**	**68**	**22 675**	**99 524**	**26 783**	**61 823**	**1 968**	**8 951**
一、住宿业	35	35	18 216	71 301	25 526	35 479	1 591	8 705
1.按登记注册类型分组								
内资企业	33	33	17 915	68 713	24 994	34 130	1 589	8 000
国有企业	18	18	6 193	37 441	14 478	18 807	830	3 325
集体企业	4	4	949	5 603	1 655	1 192	—	2 756
联营企业	1	1	163	729	394	330	5	—
有限责任公司	7	7	9 357	15 183	5 452	7 743	200	1 789
股份有限公司	2	2	773	6 631	2 096	4 443	64	28
私营企业	1	1	480	3 126	919	1 615	490	101
外商投资企业	2	2	301	2 588	532	1 349	2	705
2.按国民经济行业分组								
旅游饭店	32	32	17 880	69 648	24 868	34 486	1 591	8 703
一般旅馆	3	3	336	1 654	659	993	—	3
二、餐饮业	33	33	4 459	28 223	1 256	26 344	377	246
1.按登记注册类型分组								
内资企业	28	28	4 126	24 834	1 256	22 955	377	246
国有企业	12	12	1 958	10 430	1 207	8 963	96	165
集体企业	1	1	86	421	49	372	—	—
有限责任公司	1	1	25	226	—	226	—	—
股份有限公司	1	1	33	727	—	727	—	—
私营企业	12	12	1 984	12 280	—	11 918	281	81
其他企业	1	1	40	750	—	750	—	—
港、澳、台商投资企业	1	1	90	932	—	932	—	—
外商投资企业	4	4	243	2 457	—	2 457	—	—
2.按国民经济行业分组								
正餐服务业	29	29	4 216	25 766	1 256	23 887	377	246
快餐服务业	4	4	243	2 457	—	2 457	—	—

商品交易市场基本情况

11—3　　(2005 年)　　计量单位:个、万元

项　　目	期末商品市场个数	成交额	投资额
石家庄市	**684**	**11 531 180**	**115 987**
一、消费品市场	627	10 617 728	115 637
1.综合市场	410	4 772 734	54 162
2.农副产品市场	128	1 560 652	7 470
3.工业消费品市场	63	4 051 067	50 005
4.其他市场	26	233 275	4 000
二、生产资料市场	57	913 451	350
1.综合市场	6	271 917	—
2.工业生产资料市场	43	612 647	350
3.农业生产资料市场	4	11 875	—
4.其他市场	4	17 012	—
市区	174	8 184 606	76 755
一、消费品市场	160	7 847 445	76 405
1.综合市场	56	3 122 636	26 250
2.农副产品市场	45	624 344	150
3.工业消费品市场	52	3 913 421	50 005
4.其他市场	7	187 044	—
二、生产资料市场	14	337 161	350
1.综合市场	3	25 770	—
2.工业生产资料市场	9	301 951	350
3.农业生产资料市场	1	1 110	—
4.其他市场	1	8 330	—

全市限额以上批发贸易业商品购销存总额

11—4 （2005 年） 计量单位：万元

项目	法人企业（个）	购进总额	销售总额			年末库存总额
				批发	零售	
总计	**122**	**3 162 673**	**3 573 400**	**3 297 476**	**275 924**	**273 318**
1.按登记注册类型分组						
内资企业	121	3 160 299	3 557 476	3 281 551	275 924	272 883
国有企业	37	1 461 186	1 719 738	1 711 671	8 066	103 182
集体企业	20	74 049	72 174	71 464	711	20 537
股份合作企业	1	2 840	2 900	2 900	—	420
联营企业	1	8 040	8 043	8 043	—	16
有限责任公司	29	764 314	836 443	829 399	7 044	91 201
股份有限公司	5	577 511	628 308	381 191	247 117	44 602
私营企业	28	272 360	289 869	276 883	12 986	12 924
外商投资企业	1	2 374	15 925	15 925	—	435
2.按国民经济行业分组						
农畜产品批发业	8	58 577	57 793	57 753	40	13 391
食品、饮料及烟草制品批发业	16	503 396	613 161	610 033	3 129	42 634
#米、面制品及食用油批发业	5	54 293	57 504	56 437	1 067	7 391
烟草制品批发业	2	343 554	428 565	428 565	—	17 139
纺织、服装及日用品批发业	11	406 163	476 401	472 636	3 765	17 354
#服装批发业	4	226 075	268 785	266 783	2 002	11 077
文化、体育用品及器材批发业	2	95 036	97 617	97 387	230	4 624
医药及医疗器材批发业	16	384 026	438 862	430 734	8 128	66 321
矿产品、建材及化工产品批发业	40	1 455 252	1 584 659	1 327 599	257 059	115 864
#煤炭及制品批发业	11	330 746	343 886	341 497	2 389	6 261
石油及制品批发业	2	411 562	454 838	211 632	243 206	14 386
金属及金属矿批发业	11	516 742	524 650	520 835	3 815	25 005
建材批发业	1	—	—	—	—	37
化肥批发业	10	164 863	165 360	160 173	5 186	38 496
机械设备、五金交电及电子产品批发业	28	251 762	296 301	292 942	3 358	12 561
#汽车、摩托车及零配件批发业	4	6 689	7 049	7 044	5	1 849
家用电器批发业	4	12 492	27 771	27 442	329	2 191
计算机、软件及辅助设备批发业	3	18 299	17 635	16 383	1 253	1 080
其他批发业	1	8 463	8 607	8 391	215	569

全市限额以上零售贸易业商品购销存总额

11—5

（2005 年）

计量单位：万元

项　　目	法人企业（个）	购进总额	销售总额			年末库存总额
				批　发	零　售	
总　　计	**87**	**1 051 640**	**1 187 065**	**55 366**	**1 131 699**	**93 790**
1.按登记注册类型分组						
国有企业	16	292 090	286 018	1 534	284 484	18 465
集体企业	15	40 460	42 658	2 451	40 208	6 930
股份合作企业	1	1 917	2 300	—	2 300	230
有限责任公司	31	426 729	475 741	3 032	472 709	39 222
股份有限公司	7	121 841	193 242	2 635	190 607	11 185
私营企业	17	168 603	187 106	45 714	141 392	17 758
2.按国民经济行业分组						
综合零售业	40	547 128	644 592	2 815	641 777	40 497
#百货零售业	20	413 219	482 310	1 231	481 079	23 276
超级市场零售业	12	114 290	138 972	10	138 962	15 868
食品、饮料及烟草制品专门零售业	5	296	352	30	322	79
纺织、服装及日用品专门零售业	5	15 194	15 295	—	15 295	622
#服装零售业	2	11 129	11 452	—	11 452	521
文化、体育用品及器材专门零售业	4	13 843	13 306	86	13 220	2 448
#图书零售业	3	11 914	11 663	86	11 576	1 025
医药及医疗器材专门零售业	9	29 661	32 055	1 325	30 731	2 588
#药品零售业	8	25 141	27 439	1 325	26 115	2 268
汽车、摩托车、燃料及零配件专门零售业	13	282 708	327 996	47 574	280 422	34 987
#汽车零售业	12	243 333	288 141	27 886	260 255	29 873
机动车燃料零售业	1	39 374	39 855	19 687	20 167	5 114
家用电器及电子产品专门零售业	7	158 877	149 260	2 960	146 301	9 778
#家用电器零售业	5	101 147	92 861	2 960	89 901	8 159
计算机、软件及辅助设备零售业	1	7 120	7 131	—	7 131	120
通讯设备零售业	1	50 610	49 269	—	49 269	1 499
五金、家具及室内装修材料专门零售业	4	3 934	4 210	577	3 633	2 791

市区限额以上批发贸易业商品购销存总额

11—6　　　　(2005 年)　　　　计量单位:万元

项　　目	法人企业(个)	购进总额	销售总额			年末库存总　额
				批　发	零　售	
总　　计	**98**	**2 975 039**	**3 383 800**	**3 119 131**	**264 669**	**258 570**
1.按登记注册类型分组						
内 资 企 业	97	2 972 665	3 367 875	3 103 207	264 669	258 135
国 有 企 业	32	1 444 526	1 704 221	1 697 309	6 913	99 215
集 体 企 业	12	48 789	50 576	49 866	711	16 560
联 营 企 业	1	8 040	8 043	8 043	—	16
有限责任公司	24	687 076	754 193	748 699	5 493	87 088
股份有限公司	4	570 280	621 307	374 189	247 117	44 373
私 营 企 业	24	213 956	229 536	225 101	4 435	10 882
外商投资企业	1	2 374	15 925	15 925	—	435
2.按国民经济行业分组						
农畜产品批发业	4	41 757	42 741	42 701	40	7 151
食品、饮料及烟草制品批发业	15	500 367	610 603	608 417	2 185	42 083
#米、面制品及食用油批发业	4	51 265	54 945	54 822	123	6 840
烟草制品批发业	2	343 554	428 565	428 565	—	17 139
纺织、服装及日用品批发业	11	406 163	476 401	472 636	3 765	17 354
#服装批发业	4	226 075	268 785	266 783	2 002	11 077
文化、体育用品及器材批发业	2	95 036	97 617	97 387	230	4 624
医药及医疗器材批发业	14	380 158	432 419	426 051	6 367	66 229
矿产品、建材及化工产品批发业	24	1 293 818	1 421 079	1 172 571	248 508	108 517
#煤炭及制品批发业	5	258 582	272 020	269 631	2 389	4 394
石油及制品批发业	1	380 846	421 773	178 567	243 206	11 816
金属及金属矿批发业	10	481 819	488 624	488 174	450	23 584
建材批发业	1	—	—	—	—	37
化肥批发业	2	141 232	142 737	142 737	—	37 006
机械设备、五金交电及电子产品批发业	27	249 278	294 335	290 977	3 358	12 043
#汽车、摩托车及零配件批发业	4	6 689	7 049	7 044	5	1 849
家用电器批发业	4	12 492	27 771	27 442	329	2 191
计算机、软件及辅助设备批发业	3	18 299	17 635	16 383	1 253	1 080
其他批发业	1	8 463	8 607	8 391	215	569

市区限额以上零售贸易业商品购销存总额

11—7

（2005 年）

计量单位：万元

项目	法人企业（个）	购进总额	销售总额	批发	零售	年末库存总额
总计	**63**	**965 178**	**1 098 170**	**34 295**	**1 063 875**	**82 307**
1.按登记注册类型分组						
国有企业	10	286 624	280 089	1 123	278 966	17 442
集体企业	7	16 603	17 150	2 234	14 916	3 971
有限责任公司	27	417 512	467 133	3 032	464 101	37 781
股份有限公司	7	121 841	193 242	2 635	190 607	11 185
私营企业	12	122 598	140 557	25 271	115 286	11 927
2.按国民经济行业分组						
综合零售业	23	507 554	603 487	1 842	601 645	34 702
#百货零售业	7	378 481	445 700	1 196	444 504	18 496
超级市场零售业	10	111 911	137 022	—	137 022	15 262
食品、饮料及烟草制品专门零售业	5	296	352	30	322	79
纺织、服装及日用品专门零售业	5	15 194	15 295	—	15 295	622
#服装零售业	2	11 129	11 452	—	11 452	521
文化、体育用品及器材专门零售业	3	12 899	12 443	—	12 443	2 263
#图书零售业	2	10 969	10 800	—	10 800	840
医药及医疗器材专门零售业	7	27 481	29 462	1 000	28 462	2 267
#药品零售业	6	22 961	24 846	1 000	23 846	1 947
汽车、摩托车、燃料及零配件专门零售业	12	243 333	288 141	27 886	260 255	29 873
#汽车零售业	12	243 333	288 141	27 886	260 255	29 873
家用电器及电子产品专门零售业	6	157 667	148 045	2 960	145 086	9 777
#家用电器零售业	4	99 937	91 646	2 960	88 686	8 158
计算机、软件及辅助设备零售业	1	7 120	7 131	—	7 131	120
通讯设备零售业	1	50 610	49 269	—	49 269	1 499
五金、家具及室内装修材料专门零售业	2	755	946	577	369	2 723

分县(市)区限额以上批发零售贸易业商品购销存总额

11—8 (2005年) 计量单位:万元

项目	法人企业(个)	购进总额	销售总额			年末库存总额
				批发	零售	
全市总计	**209**	**4 214 313**	**4 760 465**	**3 352 842**	**1 407 624**	**367 108**
市区合计	161	3 940 217	4 481 970	3 153 426	1 328 544	340 877
#长安区	32	344 410	419 498	357 944	61 555	48 367
桥东区	33	273 800	307 152	238 028	69 125	26 110
桥西区	29	597 904	654 822	621 467	33 355	41 530
新华区	31	357 736	428 351	309 022	119 329	59 568
开发区	1	95 115	105 051	105 051	—	—
裕华区	11	156 069	192 708	50 010	142 698	17 289
井陉县	9	106 818	107 446	84 564	22 882	7 320
正定县	4	15 706	15 926	7 145	8 781	3 455
栾城县	2	3 584	3 291	1 801	1 490	1 459
行唐县	2	3 735	3 526	2 361	1 165	229
灵寿县	2	5 566	5 731	1 810	3 921	1 639
高邑县	—	—	—	—	—	—
深泽县	1	432	556	556	—	29
赞皇县	1	639	616	325	292	140
无极县	2	10 422	9 042	2 443	6 599	872
平山县	3	8 748	8 432	7 269	1 163	715
元氏县	1	337	267	—	267	19
赵县	—	—	—	—	—	—
辛集市	9	89 691	92 854	77 836	15 017	8 211
藁城市	1	2 484	1 966	1 966	—	518
晋州市	1	2 417	1 926	1 926	—	491
新乐市	2	3 423	3 629	3 419	210	91
鹿泉市	8	20 095	23 288	5 996	17 292	1 044

全市限额以上批发贸易企业财务状况

11—9

(2005 年)

计量单位:万元

项目	企业数(个)	流动资产合计	存货	固定资产原价	累计折旧	本年折旧
总计	**120**	**1 010 264**	**215 827**	**292 063**	**68 864**	**9 116**
1.按登记注册类型分组						
国有企业	37	489 214	78 116	120 865	33 191	4 762
集体企业	20	91 482	12 683	23 818	8 514	478
股份合作企业	1	534	420	26	—	—
联营企业	1	3 013	16	82	12	4
有限责任公司	29	316 113	81 375	37 387	11 296	2 777
股份有限公司	5	51 780	30 701	102 375	13 874	564
私营企业	27	58 128	12 515	7 509	1 978	530
2.按国民经济行业分组						
农畜产品批发业	8	75 316	13 019	10 928	3 768	442
食品、饮料及烟草制品批发业	16	185 435	37 022	41 495	13 870	2 603
#米、面制品及食用油批发业	5	21 216	7 371	5 019	1 741	180
烟草制品批发业	2	85 310	14 649	20 693	4 845	1 863
纺织、服装及日用品批发业	11	108 836	15 476	31 458	10 709	1 143
#服装批发业	4	69 272	9 197	20 399	7 629	758
文化、体育用品及器材批发业	2	30 568	4 172	16 915	3 695	655
医药及医疗器材批发业	16	216 784	62 020	15 732	2 579	498
矿产品、建材及化工产品批发业	40	288 892	64 033	150 511	27 658	2 931
#煤炭及制品批发业	11	71 987	11 278	20 880	5 688	1 268
石油及制品批发业	2	9 661	7 146	85 535	10 698	456
金属及金属矿批发业	11	97 691	22 561	6 274	1 269	338
建材批发业	1	1 460	43	913	404	30
化肥批发业	10	52 384	20 551	14 117	3 223	497
机械设备、五金交电及电子产品批发业	26	100 522	19 471	22 439	5 719	840
#汽车、摩托车及零配件批发业	4	4 118	2 185	895	497	16
家用电器批发业	3	15 424	5 879	7 399	938	82
计算机、软件及辅助设备批发业	3	2 476	1 080	133	79	73
其他批发业	1	3 910	615	2 586	866	4

11—9 续表1　　(2005年)　　计量单位:万元

项　　目	资产总计	负债合计	所有者权益合计	
				实收资本
总　　计	**1 472 221**	**1 202 443**	**269 778**	**208 969**
1.按登记注册类型分组				
国有企业	694 628	515 973	178 654	97 297
集体企业	154 326	140 130	14 196	13 090
股份合作企业	592	671	-79	50
联营企业	3 084	2 976	109	100
有限责任公司	379 384	328 548	50 836	74 760
股份有限公司	167 432	155 181	12 251	6 544
私营企业	72 776	58 964	13 812	17 128
2.按国民经济行业分组				
农畜产品批发业	122 462	116 548	5 914	6 504
食品、饮料及烟草制品批发业	273 857	166 408	107 449	25 617
#米、面制品及食用油批发业	29 230	23 610	5 620	3 364
烟草制品批发业	114 967	30 414	84 553	7 301
纺织、服装及日用品批发业	148 799	108 797	40 002	41 796
#服装批发业	96 100	58 859	37 240	30 670
文化、体育用品及器材批发业	64 862	36 110	28 752	6 942
医药及医疗器材批发业	239 789	246 666	-6 876	46 065
矿产品、建材及化工产品批发业	489 767	413 741	76 026	63 460
#煤炭及制品批发业	114 093	72 779	41 315	28 371
石油及制品批发业	99 148	95 675	3 473	2 293
金属及金属矿批发业	114 515	93 444	21 070	16 755
建材批发业	3 213	2 507	707	576
化肥批发业	71 658	61 374	10 285	3 706
机械设备、五金交电及电子产品批发业	126 255	108 842	17 414	17 502
#汽车、摩托车及零配件批发业	6 927	3 900	3 027	2 514
家用电器批发业	23 561	23 779	-218	1 882
计算机、软件及辅助设备批发业	2 539	1 741	799	780
其他批发业	6 431	5 333	1 098	1 083

11—9 续表 2　　(2005 年)　　计量单位:万元

项目	营业收入合计	主营业务收入	主营业务成本	主营业务税金及附加	主营业务利润
总计	**3 341 839**	**3 314 058**	**2 950 324**	**3 555**	**212 206**
1.按登记注册类型分组					
国有企业	1 580 194	1 576 045	1 349 129	1 350	87 609
集体企业	74 845	70 218	65 981	131	2 799
股份合作企业	2 953	2 953	2 973	7	－27
联营企业	8 700	8 700	7 987	1	712
有限责任公司	857 748	838 932	764 581	1 088	70 097
股份有限公司	543 688	543 645	504 132	787	35 228
私营企业	273 711	273 566	255 542	190	15 788
2.按国民经济行业分组					
农畜产品批发业	53 809	53 259	50 015	7	2 323
食品、饮料及烟草制品批发业	553 171	552 265	464 529	1 150	75 338
#米、面制品及食用油批发业	53 308	53 105	49 489	3	305
烟草制品批发业	372 689	372 447	309 957	830	55 167
纺织、服装及日用品批发业	468 446	467 062	438 819	218	17 065
#服装批发业	273 632	273 043	254 703	86	11 798
文化、体育用品及器材批发业	126 815	126 780	80 824	70	8 442
医药及医疗器材批发业	388 048	388 046	360 163	631	22 414
矿产品、建材及化工产品批发业	1 450 728	1 445 175	1 288 602	1 222	74 509
#煤炭及制品批发业	314 939	313 073	269 837	527	41 192
石油及制品批发业	387 394	387 359	364 965	368	22 026
金属及金属矿批发业	494 810	494 784	417 065	190	3 459
建材批发业	292	—	—	—	—
化肥批发业	159 722	156 390	150 664	—	3 539
机械设备、五金交电及电子产品批发业	293 505	274 698	260 650	258	12 063
#汽车、摩托车及零配件批发业	6 736	6 028	5 721	5	233
家用电器批发业	12 473	12 411	11 679	5	423
计算机、软件及辅助设备批发业	17 636	17 636	17 252	4	348
其他批发业	7 319	6 774	6 723	—	51

11—9 续表 3　　　　(2005 年)　　　　计量单位:万元

项　　目	其他业务利润	营业费用	管理费用	税金	财务费用	利息支出
总　计	**11 790**	**119 140**	**88 766**	**1 616**	**14 816**	**13 884**
1.按登记注册类型分组						
国有企业	4 113	33 273	49 786	878	4 049	3 625
集体企业	2 205	2 370	4 181	154	438	432
股份合作企业	—	—	45	1	—	—
联营企业	20	619	74	1	63	63
有限责任公司	5 363	47 939	17 541	273	7 755	7 293
股份有限公司	-472	20 812	13 306	230	1 358	1 325
私营企业	562	14 127	3 832	80	1 153	1 146
2.按国民经济行业分组						
农畜产品批发业	596	2 357	1 818	80	805	801
食品、饮料及烟草制品批发业	1 447	20 743	20 717	294	176	379
#米、面制品及食用油批发业	158	3 469	834	27	683	635
烟草制品批发业	338	6 497	14 181	177	-553	-330
纺织、服装及日用品批发业	1 070	11 861	12 723	288	2 053	1 580
#服装批发业	315	10 257	7 753	189	626	546
文化、体育用品及器材批发业	42	2 421	6 162	101	86	85
医药及医疗器材批发业	307	18 184	9 900	102	5 229	5 178
矿产品、建材及化工产品批发业	4 280	55 802	28 679	611	4 049	3 991
#煤炭及制品批发业	3 676	33 083	7 755	146	1 537	1 516
石油及制品批发业	-733	10 917	6 883	170	55	55
金属及金属矿批发业	684	4 585	3 670	58	509	503
建材批发业	292	—	292	19	—	—
化肥批发业	260	2 515	2 532	42	1 118	1 119
机械设备、五金交电及电子产品批发业	3 530	7 364	8 231	121	2 319	1 768
#汽车、摩托车及零配件批发业	7	113	287	10	36	36
家用电器批发业	105	663	374	2	589	589
计算机、软件及辅助设备批发业	—	275	123	2	-1	-2
其他批发业	518	408	536	20	101	101

11—9 续表 4 （2005 年） 计量单位:万元

项目	营业利润	利润总额	应交所得税	劳动、失业保险费	住房公积金和住房补贴
总计	**42 775**	**45 466**	**22 124**	**5 200**	**10 406**
1.按登记注册类型分组					
国有企业	37 447	38 075	16 279	3 069	9 607
集体企业	1 658	－629	105	373	81
股份合作企业	－72	－72	—	—	—
联营企业	－24	－24	—	21	10
有限责任公司	5 452	9 177	4 765	918	421
股份有限公司	－713	－211	694	724	286
私营企业	－963	－850	281	96	—
2.按国民经济行业分组					
农畜产品批发业	455	－459	72	104	13
食品、饮料及烟草制品批发业	47 165	43 632	16 439	583	503
#米、面制品及食用油批发业	－31	－564	123	121	64
烟草制品批发业	41 574	41 507	14 536	287	416
纺织、服装及日用品批发业	－1 304	－843	228	1 021	395
#服装批发业	92	－97	160	413	333
文化、体育用品及器材批发业	－147	2 089	735	199	135
医药及医疗器材批发业	－8 449	－5 933	67	1 071	457
矿产品、建材及化工产品批发业	6 396	7 375	4 145	1 394	8 717
#煤炭及制品批发业	4 010	6 178	2 670	704	127
石油及制品批发业	3 437	709	308	145	86
金属及金属矿批发业	－145	283	532	177	62
建材批发业	1	—	—	41	8 216
化肥批发业	409	1 435	341	28	48
机械设备、五金交电及电子产品批发业	－863	－404	436	639	177
#汽车、摩托车及零配件批发业	－61	－64	1	26	1
家用电器批发业	－326	－328	2	99	3
计算机、软件及辅助设备批发业	－18	－9	3	4	—
其他批发业	－477	10	3	187	9

11—9 续表 5 (2005 年) 计量单位:万元

项 目	本年应付工资总额(贷方累计发生额)	本年应付福利费总额(贷方累计发生额)	本年应交增值税	全部从业人员年平均人数(人)
总 计	**41 257**	**6 288**	**36 536**	**18 593**
1.按登记注册类型分组				
国有企业	25 173	3 852	17 526	6 891
集体企业	2 681	540	900	2 369
股份合作企业	13	1	84	48
联营企业	58	8	—	30
有限责任公司	8 258	1 219	8 789	3 949
股份有限公司	3 388	463	6 846	3 714
私营企业	1 688	205	2 391	1 592
2.按国民经济行业分组				
农畜产品批发业	1 137	308	535	614
食品、饮料及烟草制品批发业	13 244	1 785	13 808	3 270
#米、面制品及食用油批发业	825	65	31	343
烟草制品批发业	9 551	1 300	10 304	1 775
纺织、服装及日用品批发业	5 813	1 162	1 104	1 867
#服装批发业	3 483	479	749	971
文化、体育用品及器材批发业	3 173	453	880	450
医药及医疗器材批发业	4 638	666	5 431	3 930
矿产品、建材及化工产品批发业	8 366	1 215	13 487	6 012
#煤炭及制品批发业	2 335	385	8 908	1 369
石油及制品批发业	797	111	3 560	2 230
金属及金属矿批发业	1 498	184	823	834
建材批发业	152	27	—	96
化肥批发业	1 081	162	16	804
机械设备、五金交电及电子产品批发业	4 541	651	1 288	1 825
#汽车、摩托车及零配件批发业	157	18	42	238
家用电器批发业	319	45	47	376
计算机、软件及辅助设备批发业	110	15	39	98
其他批发业	345	48	3	625

全市限额以上零售贸易企业财务状况

11—10 （2005年） 计量单位：万元

项目	企业数（个）	流动资产合计	存货	固定资产原价	累计折旧	本年折旧
总计	**85**	**402 902**	**91 083**	**261 116**	**61 720**	**11 459**
1.按登记注册类型分组						
国有企业	16	93 058	22 092	65 643	15 423	1 742
集体企业	15	10 415	2 956	12 040	2 180	117
股份合作企业	1	18	6	905	216	3
有限责任公司	29	159 073	38 254	122 367	27 887	5 462
股份有限公司	7	45 275	10 162	42 400	9 984	1 718
私营企业	17	95 063	17 613	17 760	6 030	2 418
2.按国民经济行业分组						
综合零售业	40	186 194	41 476	203 556	49 596	8 527
#百货零售业	20	115 961	22 514	150 980	35 298	4 439
超级市场零售业	12	63 625	15 745	36 729	9 887	3 687
食品、饮料及烟草制品专门零售业	5	1 426	105	7 478	1 875	177
纺织、服装及日用品专门零售业	3	4 532	498	441	112	33
#服装零售业	2	4 410	445	227	111	33
文化、体育用品及器材专门零售业	4	6 957	3 007	12 510	2 136	514
#图书零售业	3	5 143	1 584	11 346	1 859	463
医药及医疗器材专门零售业	9	6 854	2 405	2 874	776	240
#药品零售业	8	6 638	2 300	2 742	753	235
汽车、摩托车、燃料及零配件专门零售业	13	133 302	31 720	24 977	5 603	1 780
#汽车零售业	12	107 388	26 607	21 847	4 932	1 517
机动车燃料零售业	1	25 914	5 114	3 130	671	262
家用电器及电子产品专门零售业	7	43 869	9 527	5 416	310	110
#家用电器零售业	5	32 584	7 913	4 187	123	68
计算机、软件及辅助设备零售业	1	195	115	121	12	1
通讯设备零售业	1	11 090	1 499	1 108	176	41
五金、家具及室内装修材料专门零售业	4	19 769	2 345	3 864	1 312	78

11—10 续表 1 (2005 年) 计量单位:万元

项目	资产总计	负债合计	所有者权益合计	实收资本
总计	**686 755**	**561 812**	**124 943**	**101 045**
1.按登记注册类型分组				
国有企业	165 417	139 722	25 695	18 116
集体企业	27 507	22 732	4 775	5 055
股份合作企业	707	130	577	391
有限责任公司	293 685	227 468	66 216	50 740
股份有限公司	86 410	68 979	17 431	12 135
私营企业	113 029	102 780	10 250	14 608
2.按国民经济行业分组				
综合零售业	385 879	304 175	81 703	57 263
#百货零售业	254 428	191 502	62 926	39 108
超级市场零售业	99 986	84 569	15 416	15 816
食品、饮料及烟草制品专门零售业	7 069	5 307	1 762	1 634
纺织、服装及日用品专门零售业	5 228	4 613	615	737
#服装零售业	4 769	4 420	350	703
文化、体育用品及器材专门零售业	20 808	14 599	6 209	3 418
#图书零售业	17 504	13 369	4 136	1 350
医药及医疗器材专门零售业	17 011	14 584	2 426	3 993
#药品零售业	15 274	13 060	2 213	3 793
汽车、摩托车、燃料及零配件专门零售业	165 289	143 267	22 022	26 652
#汽车零售业	136 844	115 528	21 316	26 152
机动车燃料零售业	28 445	27 738	706	500
家用电器及电子产品专门零售业	52 693	46 740	5 953	5 363
#家用电器零售业	37 853	36 120	1 733	3 693
计算机、软件及辅助设备零售业	2 351	1 977	374	350
通讯设备零售业	12 489	8 643	3 846	1 320
五金、家具及室内装修材料专门零售业	32 780	28 527	4 254	1 984

11—10续表2　　(2005年)　　计量单位:万元

项　　目	营业收入合　计	主营业务收　入	主营业务成　本	主营业务税金及附加	主营业务利　润
总　　计	**1 270 520**	**1 243 575**	**830 132**	**1 469**	**40 825**
1.按登记注册类型分组					
国有企业	188 240	187 160	170 195	584	6 797
集体企业	21 584	21 092	18 919	43	1 461
股份合作企业	559	559	527	1	31
有限责任公司	411 497	392 024	370 173	431	12 993
股份有限公司	126 959	125 606	115 906	236	8 919
私营企业	521 682	517 134	154 412	175	10 625
2.按国民经济行业分组					
综合零售业	422 172	407 492	364 998	886	28 613
#百货零售业	271 463	267 322	239 281	698	16 751
超级市场零售业	129 429	119 270	106 840	150	11 708
食品、饮料及烟草制品专门零售业	427	297	239	1	-57
纺织、服装及日用品专门零售业	10 205	10 103	8 425	69	1 126
#服装零售业	9 885	9 783	8 149	64	1 121
文化、体育用品及器材专门零售业	12 305	11 691	8 584	51	1 612
#图书零售业	10 901	10 286	7 399	51	1 393
医药及医疗器材专门零售业	28 298	28 191	23 883	131	1 963
#药品零售业	24 726	24 620	20 872	126	1 802
汽车、摩托车、燃料及零配件专门零售业	650 300	649 097	284 245	236	11 176
#汽车零售业	260 277	259 074	246 680	222	9 732
机动车燃料零售业	390 023	390 023	37 566	13	1 444
家用电器及电子产品专门零售业	142 917	133 064	136 522	91	-4 004
#家用电器零售业	88 511	78 658	85 338	31	-6 711
计算机、软件及辅助设备零售业	5 137	5 137	4 320	2	360
通讯设备零售业	49 269	49 269	46 864	58	2 347
五金、家具及室内装修材料专门零售业	3 897	3 640	3 235	5	396

11—10 续表 3　　(2005 年)　　计量单位:万元

项　目	其他业务利润	营业费用	管理费用	税金	财务费用	利息支出
总　计	**53 513**	**48 855**	**50 151**	**1 956**	**7 501**	**6 330**
1.按登记注册类型分组						
国有企业	17 046	9 370	19 150	490	2 502	2 193
集体企业	286	1 248	972	170	201	156
股份合作企业	—	8	63	5	—	—
有限责任公司	26 108	18 484	20 475	791	2 977	2 788
股份有限公司	4 414	5 918	6 111	427	1 519	1 414
私营企业	5 659	13 828	3 380	74	301	-220
2.按国民经济行业分组						
综合零售业	38 303	30 729	37 087	1 317	3 976	3 521
# 百货零售业	25 798	11 346	28 965	1 128	4 098	3 684
超级市场零售业	10 486	17 868	7 162	144	-173	-211
食品、饮料及烟草制品专门零售业	345	195	747	11	145	145
纺织、服装及日用品专门零售业	149	1 032	935	3	65	13
# 服装零售业	93	944	895	3	61	9
文化、体育用品及器材专门零售业	583	962	1 842	108	123	122
# 图书零售业	583	901	1 712	108	98	97
医药及医疗器材专门零售业	102	2 606	869	57	179	169
# 药品零售业	102	2 576	840	38	140	129
汽车、摩托车、燃料及零配件专门零售业	1 437	6 581	5 587	422	2 814	2 145
# 汽车零售业	1 252	5 399	5 587	422	2 453	2 145
机动车燃料零售业	186	1 182	—	—	360	—
家用电器及电子产品专门零售业	12 353	6 458	2 702	32	63	80
# 家用电器零售业	12 353	4 305	2 291	19	-79	-60
计算机、软件及辅助设备零售业	—	160	133	7	70	70
通讯设备零售业	—	1 993	278	7	72	70
五金、家具及室内装修材料专门零售业	242	293	383	5	136	136

11—10 续表 4　　　　(2005 年)　　　　计量单位:万元

项　　　目	营业利润	利润总额	应交所得税	劳动、失业保险费	住房公积金和住房补贴
总　　计	**1 253**	**2 518**	**2 594**	**2 828**	**1 442**
1.按登记注册类型分组					
国有企业	1 525	1 745	955	690	1 109
集体企业	28	44	13	184	30
股份合作企业	-40	—	4	2	—
有限责任公司	88	767	1 381	1 310	217
股份有限公司	-68	-74	168	546	68
私营企业	-279	35	73	96	18
2.按国民经济行业分组					
综合零售业	4 756	4 630	2 499	1 942	1 204
#百货零售业	7 128	6 602	2 352	1 214	1 160
超级市场零售业	-2 079	-1 773	143	193	7
食品、饮料及烟草制品专门零售业	-684	-496	6	267	64
纺织、服装及日用品专门零售业	-265	-238	7	31	14
#服装零售业	-238	-238	—	31	13
文化、体育用品及器材专门零售业	89	83	18	248	73
#图书零售业	87	81	17	248	73
医药及医疗器材专门零售业	-44	58	10	65	30
#药品零售业	-106	25	6	64	28
汽车、摩托车、燃料及零配件专门零售业	-1 592	-573	40	49	26
#汽车零售业	-1 679	-660	27	49	26
机动车燃料零售业	87	87	13	—	—
家用电器及电子产品专门零售业	-838	-790	15	140	28
#家用电器零售业	-875	-822	12	129	27
计算机、软件及辅助设备零售业	33	29	2	4	1
通讯设备零售业	4	4	—	6	—
五金、家具及室内装修材料专门零售业	-169	-157	—	86	4

11—10 续表 5　　(2005 年)　　计量单位:万元

项　　目	本年应付工资总额（贷方累计发生额）	本年应付福利费总额（贷方累计发生额）	本年应交增值税	全部从业人员年平均人数（人）
总　　计	**16 835**	**3 031**	**17 165**	**19 393**
1.按登记注册类型分组				
国有企业	3 019	566	2 728	4 043
集体企业	865	73	171	1 371
股份合作企业	16	2	12	116
有限责任公司	7 414	1 380	3 528	7 700
股份有限公司	2 178	329	9 268	2 785
私营企业	3 344	681	1 458	3 378
2.按国民经济行业分组				
综合零售业	10 723	2 256	5 750	13 357
#百货零售业	4 434	1 005	4 196	7 116
超级市场零售业	4 643	952	1 397	4 278
食品、饮料及烟草制品专门零售业	379	51	7	499
纺织、服装及日用品专门零售业	275	36	286	255
#服装零售业	235	33	285	203
文化、体育用品及器材专门零售业	1 070	127	5	759
#图书零售业	1 023	122	2	699
医药及医疗器材专门零售业	1 144	159	500	1 254
#药品零售业	1 068	153	497	1 184
汽车、摩托车、燃料及零配件专门零售业	1 415	182	1 948	1 415
#汽车零售业	1 291	165	1 764	1 085
机动车燃料零售业	124	17	184	330
家用电器及电子产品专门零售业	1 660	193	8 656	1 305
#家用电器零售业	1 284	144	272	949
计算机、软件及辅助设备零售业	50	3	8	55
通讯设备零售业	327	46	8 376	301
五金、家具及室内装修材料专门零售业	170	28	14	549

市区限额以上批发贸易企业财务状况

11—11

（2005 年）

计量单位：万元

项　　目	企业数（个）	流动资产合计	存货	固定资产原价	累计折旧	本年折旧
总　　计	**96**	**964 143**	**201 028**	**275 558**	**65 486**	**8 381**
1.按登记注册类型分组						
国有企业	32	482 795	74 074	118 035	32 447	4 707
集体企业	12	78 092	8 858	19 475	7 606	407
联营企业	1	3 013	16	82	12	4
有限责任公司	24	302 896	77 636	32 922	10 561	2 364
股份有限公司	4	51 267	30 472	102 173	13 839	528
私营企业	23	46 080	9 973	2 871	1 022	371
2.按国民经济行业分组						
农畜产品批发业	4	63 505	6 874	7 215	2 988	197
食品、饮料及烟草制品批发业	15	184 144	36 456	40 582	13 661	2 603
#米、面制品及食用油批发业	4	19 925	6 805	4 106	1 533	180
烟草制品批发业	2	85 310	14 649	20 693	4 845	1 863
纺织、服装及日用品批发业	11	108 836	15 476	31 458	10 709	1 143
#服装批发业	4	69 272	9 197	20 399	7 629	758
文化、体育用品及器材批发业	2	30 568	4 172	16 915	3 695	655
医药及医疗器材批发业	14	216 161	61 875	15 302	2 528	484
矿产品、建材及化工产品批发业	24	258 347	56 606	140 121	25 746	2 511
#煤炭及制品批发业	5	61 105	9 411	19 252	5 102	1 103
石油及制品批发业	1	6 050	4 950	83 696	10 455	342
金属及金属矿批发业	10	87 865	20 545	2 886	826	230
建材批发业	1	1 460	43	913	404	30
化肥批发业	2	46 159	19 205	10 583	2 583	465
机械设备、五金交电及电子产品批发业	25	98 673	18 953	21 380	5 294	785
#汽车、摩托车及零配件批发业	4	4 118	2 185	895	497	16
家用电器批发业	3	15 424	5 879	7 399	938	82
计算机、软件及辅助设备批发业	3	2 476	1 080	133	79	73
其他批发业	1	3 910	615	2 586	866	4

11—11 续表 1　　(2005 年)　　计量单位:万元

项　目	资产总计	负债合计	所有者权益合计	其中:实收资本
总　计	**1 407 903**	**1 155 278**	**252 625**	**197 462**
1.按登记注册类型分组				
国有企业	685 643	508 859	176 784	96 832
集体企业	136 465	125 804	10 661	9 582
联营企业	3 084	2 976	109	100
有限责任公司	359 891	316 195	43 696	68 959
股份有限公司	166 722	155 020	11 702	6 044
私营企业	56 099	46 425	9 674	15 945
2.按国民经济行业分组				
农畜产品批发业	107 272	105 012	2 259	4 364
食品、饮料及烟草制品批发业	271 417	164 825	106 592	25 579
#米、面制品及食用油批发业	26 790	22 027	4 763	3 326
烟草制品批发业	114 967	30 414	84 553	7 301
纺织、服装及日用品批发业	148 799	108 797	40 002	41 796
#服装批发业	96 100	58 859	37 240	30 670
文化、体育用品及器材批发业	64 862	36 110	28 752	6 942
医药及医疗器材批发业	238 766	245 834	-7 068	45 787
矿产品、建材及化工产品批发业	446 663	382 709	63 954	54 408
#煤炭及制品批发业	99 850	61 258	38 592	25 401
石油及制品批发业	93 458	93 128	330	—
金属及金属矿批发业	101 263	83 668	17 595	15 895
建材批发业	3 213	2 507	707	576
化肥批发业	61 738	54 186	7 552	777
机械设备、五金交电及电子产品批发业	123 695	106 658	17 037	17 502
#汽车、摩托车及零配件批发业	6 927	3 900	3 027	2 514
家用电器批发业	23 561	23 779	-218	1 882
计算机、软件及辅助设备批发业	2 539	1 741	799	780
其他批发业	6 431	5 333	1 098	1 083

11—11 续表 2　　(2005 年)　　计量单位:万元

项　　目	营业收入合　计	主营业务收　入	主营业务成　本	主营业务税金及附加	主营业务利　润
总　计	**3 161 022**	**3 133 625**	**2 794 583**	**3 261**	**188 385**
1.按登记注册类型分组					
国有企业	1 565 334	1 561 184	1 334 559	1 347	87 588
集体企业	54 079	49 452	46 079	93	2 126
联营企业	8 700	8 700	7 987	1	712
有限责任公司	788 027	769 584	706 017	991	59 569
股份有限公司	536 884	536 847	498 985	740	33 622
私营企业	208 000	207 858	200 955	90	4 768
2.按国民经济行业分组					
农畜产品批发业	38 324	38 148	35 616	3	1 842
食品、饮料及烟草制品批发业	550 618	549 713	461 981	1 150	75 414
#米、面制品及食用油批发业	50 756	50 552	46 941	3	381
烟草制品批发业	372 639	372 447	309 957	830	55 167
纺织、服装及日用品批发业	468 446	467 062	438 819	218	17 065
#服装批发业	273 632	273 043	254 703	86	11 798
文化、体育用品及器材批发业	126 815	126 780	80 824	70	8 442
医药及医疗器材批发业	384 854	384 852	357 089	628	22 390
矿产品、建材及化工产品批发业	1 292 822	1 287 278	1 154 434	973	51 206
#煤炭及制品批发业	240 039	238 179	213 805	380	22 479
石油及制品批发业	359 202	359 167	338 836	341	19 990
金属及金属矿批发业	454 404	454 378	378 803	115	1 390
建材批发业	292	—	—	—	—
化肥批发业	145 315	141 986	136 920	—	3 055
机械设备、五金交电及电子产品批发业	291 824	273 018	259 097	220	11 974
#汽车、摩托车及零配件批发业	6 736	6 028	5 721	5	233
家用电器批发业	12 473	12 411	11 679	5	423
计算机、软件及辅助设备批发业	17 636	17 636	17 252	4	348
其他批发业	7 319	6 774	6 723	—	51

11—11 续表 3　　(2005 年)　　计量单位:万元

项　　目	其他业务利润	营业费用	税金	管理费用	财务费用	利息支出
总　　计	**8 764**	**96 941**	**85 765**	**1 532**	**13 453**	**12 524**
1.按登记注册类型分组						
国有企业	3 723	32 636	49 555	866	3 807	3 382
集体企业	1 579	2 029	3 281	140	340	334
联营企业	20	619	74	1	63	63
有限责任公司	3 743	37 395	17 073	255	7 192	6 734
股份有限公司	-468	19 475	13 101	224	1 348	1 315
私营企业	167	4 788	2 681	46	703	697
2.按国民经济行业分组						
农畜产品批发业	214	1 773	1 453	71	597	594
食品、饮料及烟草制品批发业	1 447	20 662	20 708	290	48	252
#米、面制品及食用油批发业	158	3 388	824	23	555	507
烟草制品批发业	338	6 497	14 181	177	-553	-330
纺织、服装及日用品批发业	1 070	11 861	12 723	288	2 053	1 580
#服装批发业	315	10 257	7 753	189	626	546
文化、体育用品及器材批发业	42	2 421	6 162	101	86	85
医药及医疗器材批发业	279	18 091	9 780	102	5 208	5 160
矿产品、建材及化工产品批发业	2 243	34 361	26 755	546	3 041	2 983
#煤炭及制品批发业	2 074	13 367	7 094	132	962	941
石油及制品批发业	-735	10 046	6 810	159	34	34
金属及金属矿批发业	293	3 978	2 774	32	183	177
建材批发业	292	—	292	19	—	—
化肥批发业	218	2 267	2 236	28	1 033	1 034
机械设备、五金交电及电子产品批发业	2 951	7 364	7 649	115	2 320	1 770
#汽车、摩托车及零配件批发业	7	113	287	10	36	36
家用电器批发业	105	663	374	2	589	589
计算机、软件及辅助设备批发业	—	275	123	2	-1	-2
其他批发业	518	408	536	20	101	101

11—11 续表 4　　(2005 年)　　计量单位:万元

项目	营业利润	利润总额	应交所得税	劳动、失业保险费	住房公积金和住房补贴
总计	**41 929**	**44 432**	**21 434**	**5 042**	**10 320**
1.按登记注册类型分组					
国有企业	37 860	38 262	16 226	3 022	9 587
集体企业	1 518	－748	18	329	41
联营企业	－24	－24	—	21	10
有限责任公司	4 790	8 520	4 423	886	396
股份有限公司	－768	－260	694	724	286
私营企业	－1 446	－1 318	73	60	—
2.按国民经济行业分组					
农畜产品批发业	567	－441	40	78	13
食品、饮料及烟草制品批发业	47 356	43 668	16 439	581	497
#米、面制品及食用油批发业	160	－528	123	119	58
烟草制品批发业	41 574	41 507	14 536	287	416
纺织、服装及日用品批发业	－1 304	－843	228	1 021	395
#服装批发业	92	－97	160	413	333
文化、体育用品及器材批发业	－147	2 089	735	199	135
医药及医疗器材批发业	－8 361	－5 847	65	1 049	457
矿产品、建材及化工产品批发业	5 247	6 298	3 572	1 287	8 678
#煤炭及制品批发业	4 646	6 823	2 617	661	113
石油及制品批发业	2 364	－363	—	134	61
金属及金属矿批发业	－776	－348	325	142	62
建材批发业	1	—	—	41	8 216
化肥批发业	328	1 418	337	10	48
机械设备、五金交电及电子产品批发业	－951	－503	353	639	137
#汽车、摩托车及零配件批发业	－61	－64	1	26	1
家用电器批发业	－326	－328	2	99	3
计算机、软件及辅助设备批发业	－18	－9	3	4	—
其他批发业	－477	10	3	187	9

11—11 续表 5　　(2005 年)　　计量单位:万元

项　　目	本年应付工资总额(贷方累计发生额)	本年应付福利费总额(贷方累计发生额)	本年应交增值税	全部从业人员年平均人数(人)
总　　计	**39 608**	**6 074**	**33 344**	**16 700**
1.按登记注册类型分组				
国有企业	24 816	3 802	17 484	6 518
集体企业	2 082	461	601	1 656
联营企业	58	8	—	30
有限责任公司	7 854	1 168	7 770	3 471
股份有限公司	3 349	457	6 610	3 667
私营企业	1 449	178	879	1 358
2.按国民经济行业分组				
农畜产品批发业	997	293	517	290
食品、饮料及烟草制品批发业	13 198	1 778	13 808	3 200
#米、面制品及食用油批发业	778	58	31	273
烟草制品批发业	9 551	1 300	10 304	1 775
纺织、服装及日用品批发业	5 813	1 162	1 104	1 867
#服装批发业	3 483	479	749	971
文化、体育用品及器材批发业	3 173	453	880	450
医药及医疗器材批发业	4 553	654	5 391	3 699
矿产品、建材及化工产品批发业	7 397	1 092	10 643	4 989
#煤炭及制品批发业	1 870	329	7 003	854
石油及制品批发业	609	85	3 314	2 184
金属及金属矿批发业	1 351	169	145	698
建材批发业	152	27	—	96
化肥批发业	913	136	—	478
机械设备、五金交电及电子产品批发业	4 132	593	999	1 580
#汽车、摩托车及零配件批发业	157	18	42	238
家用电器批发业	319	45	47	376
计算机、软件及辅助设备批发业	110	15	39	98
其他批发业	345	48	3	625

市区限额以上零售贸易企业财务状况

11—12

(2005 年)

计量单位:万元

项　　目	企业数(个)	流动资产合计	存货	固定资产原价	累计折旧	本年折旧
总　计	**61**	**366 924**	**82 504**	**243 413**	**57 679**	**10 900**
1.按登记注册类型分组						
国有企业	10	91 188	21 310	63 730	15 176	1 727
集体企业	7	4 800	1 736	5 796	455	26
有限责任公司	25	157 935	37 403	119 085	27 095	5 378
股份有限公司	7	45 275	10 162	42 400	9 984	1 718
私营企业	12	67 727	11 893	12 402	4 970	2 052
2.按国民经济行业分组						
综合零售业	23	177 641	38 603	190 737	46 569	8 253
#百货零售业	7	109 265	20 526	140 114	32 706	4 260
超级市场零售业	10	62 497	15 140	35 082	9 590	3 604
食品、饮料及烟草制品专门零售业	5	1 426	105	7 478	1 875	177
纺织、服装及日用品专门零售业	3	4 532	498	441	112	33
#服装零售业	2	4 410	445	227	111	33
文化、体育用品及器材专门零售业	3	6 684	2 875	12 365	2 068	508
#图书零售业	2	4 870	1 452	11 201	1 790	457
医药及医疗器材专门零售业	7	6 201	1 969	1 886	733	240
#药品零售业	6	5 986	1 864	1 754	710	234
汽车、摩托车、燃料及零配件专门零售业	12	107 388	26 607	21 847	4 932	1 517
#汽车零售业	12	107 388	26 607	21 847	4 932	1 517
家用电器及电子产品专门零售业	6	43 848	9 526	5 324	310	110
#家用电器零售业	4	32 563	7 912	4 095	123	68
计算机、软件及辅助设备零售业	1	195	115	121	12	1
通讯设备零售业	1	11 090	1 499	1 108	176	41
五金、家具及室内装修材料专门零售业	2	19 204	2 321	3 335	1 081	62

11—12 续表 1　　　　(2005 年)　　　　计量单位:万元

项　　目	资产总计	负债合计	所有者权益合计	实收资本
总　　计	**634 779**	**516 512**	**118 267**	**93 202**
1.按登记注册类型分组				
国有企业	161 620	136 573	25 047	17 827
集体企业	16 848	15 473	1 375	1 506
有限责任公司	289 712	223 935	65 777	50 450
股份有限公司	86 410	68 979	17 431	12 135
私营企业	80 189	71 551	8 638	11 284
2.按国民经济行业分组				
综合零售业	365 716	289 167	76 549	50 330
#百货零售业	238 141	179 829	58 313	34 800
超级市场零售业	97 258	82 040	15 219	13 700
食品、饮料及烟草制品专门零售业	7 069	5 307	1 762	1 634
纺织、服装及日用品专门零售业	5 228	4 613	615	737
#服装零售业	4 769	4 420	350	703
文化、体育用品及器材专门零售业	20 351	14 300	6 050	3 408
#图书零售业	17 047	13 070	3 977	1 340
医药及医疗器材专门零售业	15 400	13 401	1 999	3 846
#药品零售业	13 663	11 876	1 786	3 646
汽车、摩托车、燃料及零配件专门零售业	136 844	115 528	21 316	26 152
#汽车零售业	136 844	115 528	21 316	26 152
家用电器及电子产品专门零售业	52 517	46 683	5 835	5 246
#家用电器零售业	37 678	36 063	1 615	3 576
计算机、软件及辅助设备零售业	2 351	1 977	374	350
通讯设备零售业	12 489	8 643	3 846	1 320
五金、家具及室内装修材料专门零售业	31 655	27 514	4 142	1 849

11—12 续表 2

（2005 年）

计量单位:万元

项目	营业收入合计	主营业务收入	主营业务成本	主营业务税金及附加	主营业务利润
总计	**856 244**	**829 677**	**771 059**	**1 384**	**38 114**
1.按登记注册类型分组					
国有企业	183 362	182 291	165 894	568	6 321
集体企业	12 729	12 587	11 085	13	1 066
有限责任公司	405 498	386 025	365 017	426	12 863
股份有限公司	126 959	125 606	115 906	236	8 919
私营企业	127 697	123 167	113 157	141	8 946
2.按国民经济行业分组					
综合零售业	403 609	389 297	348 683	820	27 753
#百货零售业	257 155	253 364	226 963	658	16 103
超级市场零售业	127 565	117 422	105 146	131	11 573
食品、饮料及烟草制品专门零售业	427	297	239	1	－57
纺织、服装及日用品专门零售业	10 205	10 103	8 425	69	1 126
#服装零售业	9 885	9 783	8 149	64	1 121
文化、体育用品及器材专门零售业	11 642	11 038	8 112	50	1 433
#图书零售业	10 238	9 634	6 928	49	1 213
医药及医疗器材专门零售业	26 275	26 169	22 087	128	1 815
#药品零售业	22 704	22 598	19 076	123	1 654
汽车、摩托车、燃料及零配件专门零售业	260 277	259 074	246 680	222	9 732
#汽车零售业	260 277	259 074	246 680	222	9 732
家用电器及电子产品专门零售业	142 722	132 869	136 344	90	－4 020
#家用电器零售业	88 316	78 464	85 159	30	－6 727
计算机、软件及辅助设备零售业	5 137	5 137	4 320	2	360
通讯设备零售业	49 269	49 269	46 864	58	2 347
五金、家具及室内装修材料专门零售业	1 086	829	490	4	333

11—12 续表 3　　(2005 年)　　计量单位:万元

项　　目	其他业务利润	营业费用	管理费用	税金	财务费用	利息支出
总　　计	**53 159**	**46 113**	**48 713**	**1 872**	**6 868**	**6 066**
1.按登记注册类型分组						
国有企业	17 037	9 156	18 767	468	2 462	2 159
集体企业	135	506	522	139	148	105
有限责任公司	26 108	18 251	20 105	772	2 810	2 620
股份有限公司	4 414	5 918	6 111	427	1 519	1 414
私营企业	5 465	12 283	3 209	66	-71	-233
2.按国民经济行业分组						
综合零售业	38 143	29 343	36 053	1 253	3 732	3 286
#百货零售业	25 647	10 377	28 076	1 067	3 868	3 461
超级市场零售业	10 485	17 530	7 065	142	-185	-223
食品、饮料及烟草制品专门零售业	345	195	747	11	145	145
纺织、服装及日用品专门零售业	149	1 032	935	3	65	13
#服装零售业	93	944	895	3	61	9
文化、体育用品及器材专门零售业	573	943	1 695	107	124	122
#图书零售业	573	882	1 564	106	98	97
医药及医疗器材专门零售业	102	2 462	723	46	148	138
#药品零售业	102	2 432	694	27	108	98
汽车、摩托车、燃料及零配件专门零售业	1 252	5 399	5 587	422	2 453	2 145
#汽车零售业	1 252	5 399	5 587	422	2 453	2 145
家用电器及电子产品专门零售业	12 353	6 448	2 688	29	70	87
#家用电器零售业	12 353	4 295	2 277	16	-72	-53
计算机、软件及辅助设备零售业	—	160	133	7	70	70
通讯设备零售业	—	1 993	278	7	72	70
五金、家具及室内装修材料专门零售业	242	291	286	—	131	131

11—12 续表 4 (2005 年) 计量单位:万元

项 目	营业利润	利润总额	应交所得税	劳动、失业保险费	住房公积金和住房补贴
总 计	**1 604**	**2 703**	**2 539**	**2 733**	**1 442**
1.按登记注册类型分组					
国有企业	1 609	1 723	953	661	1 109
集体企业	82	98	12	137	30
有限责任公司	46	706	1 354	1 296	217
股份有限公司	-68	-74	168	546	68
私营企业	-65	250	53	92	18
2.按国民经济行业分组					
综合零售业	5 071	4 902	2 460	1 865	1 204
#百货零售业	7 089	6 519	2 319	1 138	1 160
超级市场零售业	-1 767	-1 462	141	193	7
食品、饮料及烟草制品专门零售业	-684	-496	6	267	64
纺织、服装及日用品专门零售业	-265	-238	7	31	14
#服装零售业	-238	-238	—	31	13
文化、体育用品及器材专门零售业	65	59	16	236	73
#图书零售业	63	57	16	236	73
医药及医疗器材专门零售业	64	59	10	63	30
#药品零售业	1	25	6	62	28
汽车、摩托车、燃料及零配件专门零售业	-1 679	-660	27	49	26
#汽车零售业	-1 679	-660	27	49	26
家用电器及电子产品专门零售业	-838	-790	13	137	28
#家用电器零售业	-875	-822	11	127	27
计算机、软件及辅助设备零售业	33	29	2	4	1
通讯设备零售业	4	4	—	6	—
五金、家具及室内装修材料专门零售业	-130	-134	—	85	4

11—12 续表 5 (2005 年) 计量单位:万元

项目	本年应付工资总额（贷方累计发生额）	本年应付福利费总额（贷方累计发生额）	本年应交增值税	全部从业人员年平均人数（人）
总计	**15 484**	**2 760**	**16 658**	**16 430**
1.按登记注册类型分组				
国有企业	2 681	540	2 692	3 466
集体企业	400	53	66	420
有限责任公司	7 177	1 345	3 395	6 992
股份有限公司	2 178	329	9 268	2 785
私营企业	3 048	493	1 237	2 767
2.按国民经济行业分组				
综合零售业	9 782	2 026	5 464	11 320
#百货零售业	3 702	950	3 942	5 473
超级市场零售业	4 494	785	1 374	4 068
食品、饮料及烟草制品专门零售业	379	51	7	499
纺织、服装及日用品专门零售业	275	36	286	255
#服装零售业	235	33	285	203
文化、体育用品及器材专门零售业	986	119	3	705
#图书零售业	940	113	1	645
医药及医疗器材专门零售业	993	154	478	904
#药品零售业	917	148	475	834
汽车、摩托车、燃料及零配件专门零售业	1 291	165	1 764	1 085
#汽车零售业	1 291	165	1 764	1 085
家用电器及电子产品专门零售业	1 652	192	8 652	1 293
#家用电器零售业	1 276	143	269	937
计算机、软件及辅助设备零售业	50	3	8	55
通讯设备零售业	327	46	8 376	301
五金、家具及室内装修材料专门零售业	125	17	4	369

分县(市)区限额以上批发零售贸易企业财务状况

11—13　　(2005 年)　　计量单位:万元

行政单位	资产总计	负债合计	主营业务收入	主营业务利润	其他业务利润
全市总计	**2 158 976**	**1 764 255**	**4 557 633**	**253 031**	**65 303**
市区合计	2 042 682	1 671 790	3 963 302	226 499	61 922
#长安区	266 293	250 529	352 971	22 719	6 880
桥东区	231 595	207 599	304 124	16 353	3 512
桥西区	213 283	127 875	553 864	49 305	1 387
新华区	395 159	306 667	437 765	33 098	5 639
开发区	28 319	6 562	101 852	14 461	170
裕华区	139 041	127 208	177 243	8 020	-38
井陉县	44 618	41 161	460 564	18 689	1 791
正定县	11 963	7 756	13 247	255	152
栾城县	2 561	2 475	3 001	18	—
行唐县	1 957	1 824	2 518	55	—
灵寿县	3 956	2 607	5 200	226	374
高邑县	—	—	—	—	—
深泽县	1 045	157	556	33	—
赞皇县	425	433	616	94	—
无极县	1 713	1 527	2 472	82	27
平山县	2 003	1 257	7 943	1 839	6
元氏县	853	828	267	69	—
赵县	—	—	—	—	—
辛集市	33 273	23 421	83 785	4 770	401
藁城市	2 561	2 184	1 680	89	579
晋州市	2 032	1 980	1 926	96	11
新乐市	930	1 147	2 980	14	28
鹿泉市	6 406	3 710	7 578	203	12

11—13 续表　　(2005 年)　　计量单位:万元

行政单位	管理费用	财务费用	利润总额	本年应付工资总额(贷方累计发生额)	本年应交增值税
全市总计	**138 916**	**22 317**	**47 984**	**58 092**	**53 701**
市区合计	134 478	20 321	47 135	55 092	50 002
#长安区	13 200	6 486	-9 853	6 425	4 906
桥东区	8 816	998	1 302	5 118	2 575
桥西区	22 606	149	17 891	11 558	13 165
新华区	23 740	3 307	5 455	9 122	2 458
开发区	1 136	115	6 536	431	1 784
裕华区	4 339	1 252	-753	1 946	9 471
井陉县	563	938	-612	658	1 860
正定县	466	52	-318	492	94
栾城县	83	64	-118	38	2
行唐县	26	1	3	84	—
灵寿县	244	164	181	216	122
高邑县	—	—	—	—	—
深泽县	4	—	—	13	8
赞皇县	22	—	-1	63	12
无极县	45	16	3	28	5
平山县	380	12	20	171	242
元氏县	15	7	3	19	5
赵县	—	—	—	—	—
辛集市	1 507	584	1 713	572	972
藁城市	582	-2	99	409	290
晋州市	37	8	36	10	—
新乐市	93	21	-72	66	27
鹿泉市	373	130	-89	159	62

社会消费品零售总额

11—14　　(2005 年)　　计量单位:万元

行政单位	社会消费品零售总额	按销售单位所在地分组		
		市	县	县以下
全市总计	**6 061 650**	**3 377 009**	**964 635**	**1 720 006**
市区合计	2 524 498	2 524 498	—	—
#长安区	361 052	361 052	—	—
桥东区	229 888	229 888	—	—
桥西区	163 102	163 102	—	—
新华区	529 322	529 322	—	—
矿区	28 915	28 915	—	—
裕华区	267 753	267 753	—	—
井陉县	97 861	—	46 973	50 888
正定县	258 128	—	167 513	90 615
栾城县	171 578	—	89 220	82 358
行唐县	135 973	—	85 663	50 311
灵寿县	90 027	—	51 315	38 712
高邑县	77 328	—	44 850	32 478
深泽县	96 565	—	46 350	50 214
赞皇县	91 349	—	71 252	20 098
无极县	264 820	—	121 816	143 004
平山县	118 174	—	57 905	60 269
元氏县	118 870	—	67 756	51 114
赵县	251 625	—	114 022	137 603
辛集市	606 146	310 517	—	295 629
藁城市	396 788	165 447	—	231 341
晋州市	252 523	123 736	—	128 787
新乐市	232 701	111 696	—	121 005
鹿泉市	276 697	141 115	—	135 582

11—14 续表　　(2005 年)　　计量单位:万元

行政单位	按行业分组		
	批发零售贸易业	餐饮业	其它
全市总计	**5 426 516**	**533 491**	**101 643**
市区合计	2 323 394	193 744	7 360
#长安区	330 885	29 880	286
桥东区	206 869	23 019	—
桥西区	135 953	27 148	—
新华区	483 726	45 596	—
矿区	25 508	1 952	1 455
裕华区	214 378	51 746	1 629
井陉县	73 396	16 636	7 829
正定县	238 907	13 730	5 492
栾城县	142 514	25 468	3 596
行唐县	116 240	11 438	8 296
灵寿县	77 705	10 426	1 896
高邑县	69 948	4 100	3 280
深泽县	91 698	2 936	1 931
赞皇县	75 944	9 628	5 777
无极县	236 726	22 476	5 618
平山县	93 483	20 793	3 899
元氏县	104 058	10 639	4 173
赵县	203 132	43 185	5 308
辛集市	543 716	44 246	18 184
藁城市	340 957	47 517	8 313
晋州市	226 103	21 136	5 284
新乐市	215 439	14 796	2 466
鹿泉市	253 157	20 597	2 942

分县(市)区实际利用外资情况

11—15

(2005 年)

计量单位:万美元

行政单位	实际利用外资	比上年增长(%)	实际利用外资中:直接利用外资	比上年增长(%)
全市总计	**43 931**	**24.8**	**38 363**	**16.1**
市区	24 203	239.1	18 635	84.1
#长安区	2 821	16.7	2 821	16.7
桥东区	875	43.4	875	43.4
桥西区	1 403	26.9	1 403	26.9
新华区	265	-38.8	265	-38.8
裕华区	1 696	25.7	1 696	25.7
矿区	200	31.6	200	31.6
高新区	5 019	126.9	5 019	126.9
井陉县	231	10.5	231	10.5
正定县	301	-74.7	301	-74.7
栾城县	8 840	63.6	8 840	63.6
行唐县	200	-33.3	200	-33.3
灵寿县	257	—	257	—
高邑县	106	960.0	106	960.0
深泽县	38	1 166.7	38	1 166.7
赞皇县	84	-58.8	84	-58.8
无极县	32	-79.7	32	-79.7
平山县	100	1 150.0	100	1 150.0
元氏县	256	-11.7	256	-11.7
赵县	6 489	-43.0	6 489	-43.0
辛集市	1 027	-9.8	1 027	-9.8
藁城市	1 579	-17.2	1 579	-17.2
晋州市	98	-53.8	98	-53.8
新乐市	40	-86.9	40	-86.9
鹿泉市	50	-76.1	50	-76.1

外国和港澳台地区在石投资情况

11—16　　(2005年)　　计量单位:万美元

指标名称	新批合同			新注册三资企业	
	项目个数（个）	项目投资总额	合同外资额	注册户数（户）	项目投资总额
合　计	**84**	**59 742**	**19 744**	**78**	**28 654**
#国有企业与客商兴办的合资、合作企业	1	422	422	1	370
#投资总额500万美元以上项目	18	53 520	17 145	14	22 974
#开发区合计	18	12 998	2 972	23	5 744
1.国家级开发区	17	12 756	2 912	21	5 296
2.省级开发区	1	242	60	2	448
一、按投资方式分组					
(一)港、澳、台投资经济	27	26 526	10 462	26	20 964
1.港澳台合资经营企业	11	17 206	4 872	12	13 104
2.港澳台合作经营企业	6	3 635	1 609	6	3 635
3.港澳台独资经营企业	10	5 685	3 981	8	4 225
(二)外商投资经济	57	33 216	9 282	52	7 690
1.中外合资经营企业	33	20 384	3 502	28	2 759
2.中外合作经营企业	5	2 772	845	3	402
3.外资企业	19	10 060	4 935	21	4 529
二、按产业分组					
第一产业	4	334	210	4	399
第二产业	61	36 864	11 550	57	16 837
第三产业	19	22 544	7 984	17	11 418
三、按国民经济行业分组					
农、林、牧、渔业	4	334	210	4	399
制造业	59	34 651	10 740	53	14 292
#农副食品加工业	2	376	371	2	376
食品制造业	1	100	70	—	—
饮料制造业	1	242	60	1	242
纺织业	3	973	284	6	1 137
纺织服装、鞋、帽制造业	2	-89	-203	1	40
皮革、皮毛、羽毛(绒)及其制品业	3	524	327	3	230
造纸及纸制品业	3	1 151	545	2	1 030
文教体育用品制造业	—	-446	-158	—	—
化学原料及化学制品制造业	6	2 696	575	4	548
医药制造业	14	9 073	3 268	15	3 456
橡胶制品业	—	60	33	—	—
塑料制品业	2	95	-185	2	121

11—16 续表 1　　(2005 年)　　计量单位:万美元

指标名称	新批合同			新注册三资企业	
	项目个数(个)	项目投资总额	合同外资额	注册户数(户)	项目投资总额
非金属矿物制品业	6	2 673	1 066	5	2 691
有色金属冶炼及压延加工业	—	42	7	—	—
金属制品业	1	2 899	1 004	1	1 500
通用设备制造业	6	1 165	287	4	706
专用设备制造业	3	460	243	2	325
交通运输设备制造业	2	4 641	1 704	1	242
电气机械及器材制造业	1	6 373	765	1	85
通信设备、计算机及其他电子设备制造业	1	1 552	622	1	1 500
仪器仪表及文化、办公用机械制造业	2	63	45	2	63
工艺品及其他制造业	—	28	10	—	—
电力、煤气及水的生产和供应业	2	2 213	810	3	2 285
交通运输、仓储和邮政业	1	8 967	1 432	—	—
住宿和餐饮业	2	1 264	467	1	6
房地产业	5	9 118	3 705	3	9 008
租赁和商务服务业	7	2 371	2 062	9	2 378
科学研究、技术服务和地质勘查业	2	7	18	3	9
居民服务和其他服务业	2	817	300	1	17
四、按投资国别、地区分组					
1.亚洲	46	27 525	10 982	47	22 789
#香港	24	26 753	10 718	23	20 732
台湾	3	-227	-256	3	232
日本	3	-293	-105	4	423
新加坡	11	629	531	11	587
韩国	3	506	114	4	724
东南亚联盟	11	695	448	11	587
3.欧洲	3	124	80	2	52
#欧盟	2	82	64	2	52
4.拉丁美洲	11	25 084	6 095	5	1 455
5.北美洲	21	6 112	2 220	19	1 309
#加拿大	6	1 831	757	6	617
美国	15	4 281	1 463	13	692
6.大洋洲	3	897	367	5	3 049
五、高新技术产业	16	9 310	3 373	17	3 613
六、并购	1	2 184	524	2	424

11—16 续表 2　　(2005 年)　　计量单位:万美元

指标名称	新注册三资企业(续)		期末实有三资企业(个)		
	注册资本	外方注册资本		# 开工在建	投产企业
合计	**27 427**	**18 863**	**581**	**19**	**341**
# 国有企业与客商兴办的合资、合作企业	422	422	128	6	99
# 投资总额 500 万美元以上项目	22 486	16 214	137	3	98
# 开发区合计	5 759	3 245	104	2	56
1.国家级开发区	5 369	3 085	86	1	43
2.省级开发区	390	160	18	1	13
一、按投资方式分组					
(一)港、澳、台投资经济	16 974	11 853	259	10	160
1.港澳台合资经营企业	11 982	7 164	190	7	124
2.港澳台合作经营企业	1 912	1 609	22	—	11
3.港澳台独资经营企业	3 080	3 080	47	3	25
(二)外商投资经济	10 453	7 010	322	9	181
1.中外合资经营企业	4 451	1 341	208	5	126
2.中外合作经营企业	740	407	35	2	26
3.外资企业	5 262	5 262	79	2	29
二、按产业分组					
第一产业	429	359	9	—	1
第二产业	18 972	11 787	451	13	276
第三产业	8 026	6 717	121	6	64
三、按国民经济行业分组					
农、林、牧、渔业	429	359	9	—	1
制造业	17 702	10 772	425	13	257
# 农副食品加工业	376	371	13	—	10
食品制造业	—	—	6	1	5
饮料制造业	242	60	6	—	5
纺织业	1 089	392	33	1	17
纺织服装、鞋、帽制造业	－197	－197	31	—	20

11—16 续表 3　　(2005 年)　　计量单位:万美元

指标名称	新注册三资企业(续)		期末实有三资企业(个)		
	注册资本	外方注册资本		# 开工在建	投产企业
皮革、皮毛、羽毛(绒)及其制品业	462	327	37	—	26
木材加工及木、竹、藤、棕、草制品业	—	—	3	—	2
家具制造业	—	—	3	1	2
造纸及纸制品业	530	507	6	—	3
印刷业和记录媒介的复制	—	—	4	—	3
文教体育用品制造业	-218	-158	2	—	1
石油加工、炼焦及核燃料加工	—	—	1	—	1
化学原料及化学制品制造业	1 376	511	49	—	33
医药制造业	4 180	3 541	51	2	29
橡胶制品业	60	33	8	1	5
塑料制品业	50	-185	37	2	25
非金属矿物制品业	1 343	1 047	24	1	10
黑色金属冶炼及压延加工业	—	—	3	—	3
有色金属冶炼及压延加工业	30	7	4	—	1
金属制品业	1 564	1 004	22	—	13
通用设备制造业	459	173	18	—	9
专用设备制造业	339	217	13	—	8
交通运输设备制造业	3 111	1 680	11	1	5
电气机械及器材制造业	2 171	765	6	—	5
通信设备、计算机及其他电子设备制造业	652	622	18	2	8
仪器仪表及文化、办公用机械制造业	63	45	9	1	5
工艺品及其他制造业	20	10	6	—	3
电力、煤气及水的生产和供应业	1 050	850	7	—	2
建筑业	220	165	19	—	17
交通运输、仓储和邮政业	414	211	15	—	14
信息传输、计算机服务和软件业	—	—	3	—	3
批发和零售业	—	—	8	—	1

11—16 续表 4 （2005 年） 计量单位：万美元

指标名称	新注册三资企业(续) 注册资本	新注册三资企业(续) 外方注册资本	期末实有三资企业（个）	# 开工在建	投产企业
住宿和餐饮业	6	6	9	3	2
房地产业	5 500	4 400	46	2	32
租赁和商务服务业	2 069	2 068	22	1	5
科学研究、技术服务和地质勘查业	25	20	10	—	2
居民服务和其他服务业	12	12	3	—	2
教育	—	—	1	—	1
卫生、社会保障和社会福利业	—	—	1	—	1
文化、体育和娱乐业	—	—	2	—	—
四、按投资国别、地区分组					
1.亚洲	18 284	12 737	358	12	210
#香港	17 099	12 085	209	8	124
台湾	-125	-232	48	2	34
日本	150	60	27	—	16
新加坡	590	531	31	—	15
韩国	417	271	26	1	12
东南亚联盟	654	490	42	1	19
2.非洲	—	—	2	—	2
3.欧洲	89	71	47	3	33
#欧盟	82	64	36	3	24
4.拉丁美洲	6 137	3 831	42	—	31
5.北美洲	1 730	1 049	116	4	57
#加拿大	492	297	24	—	11
美国	1 238	752	92	4	46
6.大洋洲	1 187	1 175	16	—	8
五、高新技术产业	4 335	3 646	73	4	40
六、并购	305	257	2	—	—

11—16 续表 5　　(2005 年)　　计量单位:万美元

指标名称	客商直接投资	# 现金	实物	利润再投资	中方投资
合计	**26 353**	**14 091**	**271**	**534**	**2 199**
# 国有企业与客商兴办的合资、合作企业	6 254	6 254	—	—	27
# 投资总额 500 万美元以上项目	23 819	12 403	190	300	1 125
# 开发区合计	1 775	655	20	—	813
1. 国家级开发区	1 700	580	20	—	585
2. 省级开发区	75	75	—	—	228
一、按投资方式分组					
(一)港、澳、台投资经济	9 192	8 964	9	394	1 637
1. 港澳台合资经营企业	8 200	8 181	—	285	1 562
2. 港澳台合作经营企业	225	25	—	—	75
3. 港澳台独资经营企业	767	758	9	109	—
(二)外商投资经济	17 161	5 127	262	140	562
1. 中外合资经营企业	8 766	914	216	—	562
2. 中外合作经营企业	627	27	—	—	—
3. 外资企业	7 768	4 186	46	140	—
二、按产业分组					
第一产业	281	255	26	134	5
第二产业	21 447	12 419	245	307	1 671
第三产业	4 625	1 417	—	93	523
三、按国民经济行业分组					
农、林、牧、渔业	281	255	26	134	5
制造业	21 290	12 352	245	307	1 639
# 饮料制造业	62	62	—	—	180
纺织业	258	258	—	—	128
纺织服装、鞋、帽制造业	101	101	—	—	—
皮革、皮毛、羽毛(绒)及其制品业	383	383	—	—	159
造纸及纸制品业	6 400	—	—	—	—
文教体育用品制造业	7	7	—	—	—
化学原料及化学制品制造业	275	269	—	198	249
医药制造业	4 848	3 680	—	—	67
塑料制品业	369	304	46	—	152
非金属矿物制品业	52	52	—	—	28
黑色金属冶炼及压延加工业	6 166	6 166	—	—	—

11—16 续表 6　　(2005 年)　　计量单位:万美元

指标名称	客商直接投资	#现金	实物	利润再投资	中方投资
有色金属冶炼及压延加工业	103	103	—	—	63
金属制品业	765	566	199	—	563
通用设备制造业	76	76	—	—	46
专用设备制造业	235	235	—	109	—
电气机械及器材制造业	1 100	—	—	—	—
通信设备、计算机及其他电子设备制造业	59	59	—	—	—
仪器仪表及文化、办公用机械制造业	9	9	—	—	—
工艺品及其他制造业	22	22	—	—	4
电力、煤气及水的生产和供应业	40	40	—	—	32
建筑业	117	27	—	—	—
交通运输、仓储和邮政业	600	—	—	—	—
批发和零售业	58	58	—	32	94
住宿和餐饮业	12	12	—	6	19
房地产业	3 358	990	—	—	345
租赁和商务服务业	542	302	—	—	—
四、按投资国别、地区分组					
1.亚洲	15 822	9 168	35	400	1 859
#香港	9 078	8 878	—	394	1 460
台湾	114	86	9	—	177
日本	37	11	26	—	19
新加坡	6 430	30	—	—	25
韩国	65	65	—	6	58
东南亚联盟	6 477	77	—	—	124
3.欧洲	737	37	—	—	—
#欧盟	737	37	—	—	—
4.拉丁美洲	5 787	2 079	210	—	—
5.北美洲	1 090	1 058	26	134	340
#加拿大	231	231	—	—	218
美国	859	827	26	134	122
6.大洋洲	2 917	1 749	—	—	—
五、高新技术产业	4 923	3 755	—	—	52
六、并购	13	13	—	—	48

11—16 续表 7 (2005 年) 计量单位:万美元

指 标 名 称	中方投资(续) # 现 金	中方投资(续) 实 物	企业境外借 款	# 外方股东借 款	外商其它投 资
合 计	**1 735**	**295**	**11 966**	**11 966**	**12 010**
# 国有企业与客商兴办的合资、合作企业	27	—	—	—	—
# 投资总额 500 万美元以上项目	810	150	11 226	11 226	12 010
# 开发区合计	498	150	1 100	1 100	3 260
1. 国家级开发区	270	150	1 100	1 100	3 260
2. 省级开发区	228	—	—	—	—
一、按投资方式分组					
(一)港、澳、台投资经济	1 267	205	200	200	—
1. 港澳台合资经营企业	1 192	205	—	—	—
2. 港澳台合作经营企业	75	—	200	200	—
(二)外商投资经济	468	90	11 766	11 766	12 010
1. 中外合资经营企业	468	90	7 630	7 630	—
2. 中外合作经营企业	—	—	600	600	—
3. 外资企业	—	—	3 536	3 536	12 010
二、按产业分组					
第 一 产 业	—	5	—	—	—
第 二 产 业	1 212	290	8 758	8 758	10 210
第 三 产 业	523	—	3 208	3 208	1 800
三、按国民经济行业分组					
农、林、牧、渔业	—	5	—	—	—
制 造 业	1 180	290	8 668	8 668	10 210
# 饮料制造业	180	—	—	—	—
纺 织 业	122	6	—	—	—
皮革、皮毛、羽毛(绒)及其制品业	84	75	—	—	—
造纸及纸制品业	—	—	6 400	6 400	—
化学原料及化学制品制造业	249	—	—	—	—
医药制造业	67	—	1 168	1 168	6 950
塑料制品业	102	50	—	—	—
非金属矿物制品业	28	—	—	—	—
有色金属冶炼及压延加工业	63	—	—	—	—

11—16 续表 8　　(2005 年)　　计量单位:万美元

指 标 名 称	中方投资(续)		企业境外借款		外商其它投资
	# 现金	实物		# 外方股东借款	
金属制品业	248	150	—	—	3 260
通用设备制造业	33	9	—	—	—
电气机械及器材制造业	—	—	1 100	1 100	—
工艺品及其他制造业	4	—	—	—	—
电力、煤气及水的生产和供应业	32	—	—	—	—
建 筑 业	—	—	90	90	—
交通运输、仓储和邮政业	—	—	600	600	—
信息传输、计算机服务和软件业	—	—	—	—	1 800
批发和零售业	94	—	—	—	—
住宿和餐饮业	19	—	—	—	—
房 地 产 业	345	—	2 368	2 368	—
租赁和商务服务业	—	—	240	240	—
四、按投资国别、地区分组					
1.亚 洲	1 476	214	6 600	6 600	—
#香 港	1 145	150	200	200	—
台 湾	122	55	—	—	—
日 本	19	—	—	—	—
新 加 坡	25	—	6 400	6 400	—
韩 国	45	9	—	—	—
东南亚联盟	124	—	6 400	6 400	—
3.欧 洲	—	—	700	700	—
#欧 盟	—	—	700	700	—
4.拉 丁 美 洲	—	—	3 498	3 498	12 010
5.北 美 洲	259	81	—	—	—
#加 拿 大	218	—	—	—	—
美 国	41	81	—	—	—
6.大 洋 洲	—	—	1 168	1 168	—
五、高新技术产业	52	—	1 168	1 168	6 950
六、并 购	48	—	—	—	—

外国和港澳台地区在石投资企业主要经济指标

11—17

(2005 年)

行业名称	期末投产企业个数(个)	# 亏损企业	总产值(现价)(千元)	增加值(千元)	期末从业人员(人)
合计	**341**	**142**	**23 251 516**	**6 001 686**	**76 596**
# 国有企业与客商兴办的合资、合作企业	83	41	8 018 117	2 439 123	19 943
# 以原有企业为依托的合资、合作企业	112	40	7 315 881	1 638 593	25 214
一、按投资方式分组					
(一)港、澳、台投资经济	159	70	11 799 931	2 712 761	38 519
1.港澳台合资经营企业	124	54	6 491 659	1 424 540	24 813
2.港澳台合作经营企业	11	3	2 246 783	500 867	6 119
3.港澳台独资经营企业	24	13	3 061 489	787 354	7 587
(二)外商投资经济	182	72	11 451 585	3 288 925	38 077
1 外合资经营企业	136	58	9 163 896	2 476 761	27 419
2.中外合作经营企业	11	3	308 425	98 024	2 581
3.外 资 企 业	35	11	1 979 264	714 140	8 077
二、按产业分组					
第 一 产 业	4	4	—	—	205
第 二 产 业	279	101	22 894 575	5 923 409	71 306
第 三 产 业	58	37	356 941	78 277	5 085
三、按国民经济行业分组					
农、林、牧、渔业	4	4	—	—	205
制 造 业	267	98	20 545 677	4 754 472	69 143
# 农副食品加工业	10	4	225 356	50 245	1 046
食品制造业	5	2	129 273	41 575	634
饮料制造业	6	6	53 262	16 174	551
纺 织 业	20	6	842 875	115 159	4 489
纺织服装、鞋、帽制造业	22	7	239 613	44 180	4 410
皮革、皮毛、羽毛(绒)及其制品业	24	2	1 453 075	296 121	4 388
木材加工及木、竹、藤、棕、草制品业	2	—	327 901	58 654	1 004
家具制造业	2	1	4 320	1 330	96
造纸及纸制品业	3	2	351 277	－5 521	481
印刷业和记录媒介的复制	4	1	28 895	8 331	208
文教体育用品制造业	1	—	31 800	8 700	500
石油加工、炼焦及核燃料加工	1	1	19 163	－282	97

11—17 续表 1　　　　(2005 年)

行业名称	期末投产企业个数(个)	# 亏损企业	总产值(现价)(千元)	增加值(千元)	期末从业人员(人)
化学原料及化学制品制造业	33	13	2 592 824	710 302	5 207
医药制造业	31	11	8 222 363	2 139 366	21 428
橡胶制品业	6	1	685 109	110 650	5 443
塑料制品业	26	6	1 959 019	507 888	9 161
非金属矿物制品业	9	6	1 256 296	270 218	1 908
黑色金属冶炼及压延加工业	2	1	43 350	10 770	404
金属制品业	15	6	630 849	98 248	1 353
通用设备制造业	10	5	242 058	60 668	1 675
专用设备制造业	7	1	97 383	18 962	538
交通运输设备制造业	4	2	641 626	71 487	1 076
电气机械及器材制造业	5	2	248 720	59 226	696
通信设备、计算机及其他电子设备制造业	9	6	76 793	20 041	599
仪器仪表及文化、办公用机械制造业	5	3	32 741	7 041	656
工艺品及其他制造业	5	3	109 736	34 939	1 095
电力、煤气及水的生产和供应业	3	1	2 348 898	1 168 937	922
建　筑　业	9	2	—	—	1 241
交通运输、仓储和邮政业	5	1	—	—	1 573
信息传输、计算机服务和软件业	3	—	—	—	372
批发和零售业	4	1	356 941	78 277	940
住宿和餐饮业	4	4	—	—	417
房地产业	29	21	—	—	1 254
租赁和商务服务业	6	5	—	—	201
科学研究、技术服务和地质勘查业	2	2	—	—	23
居民服务和其他服务业	2	1	—	—	78
教　　育	1	—	—	—	45
卫生、社会保障和社会福利业	2	2	—	—	182
四、高新技术产业	43	15	7 946 039	2 162 585	22 234

11—17 续表 2　　　　　　　　　　　　　　（2005 年）

行　业　名　称	期末从业人员（续） # 外方及港澳台人员	期末从业人员劳动报酬（千元）	# 外方及港澳台人员	所有者权益（千元）	# 实收资本
合　　计	**220**	**931 108**	**32 962**	**15 897 074**	**2 134 865**
# 国有企业与客商兴办的合资、合作企业	90	329 664	2 940	8 191 305	1 228 843
# 以原有企业为依托的合资、合作企业	73	226 610	2 315	4 421 779	530 210
一、按投资方式分组					
(一)港、澳、台投资经济	86	462 522	2 913	5 622 645	463 750
1.港澳台合资经营企业	48	245 432	817	2 898 707	262 952
2.港澳台合作经营企业	26	91 111	1 675	766 798	84 870
3.港澳台独资经营企业	12	125 979	421	1 957 140	115 928
(二)外商投资经济	134	468 586	30 049	10 274 429	1 671 115
1.中外合资经营企业	111	321 223	26 320	6 809 515	1 277 078
2.中外合作经营企业	6	53 651	309	2 113 644	205 569
3.外 资 企 业	17	93 712	3 420	1 351 270	188 468
二、按产业分组					
第 一 产 业	—	2 198	—	70 727	8 775
第 二 产 业	167	837 479	30 768	13 291 690	1 786 691
第 三 产 业	53	91 431	2 194	2 534 657	339 399
三、按国民经济行业分组					
农、林、牧、渔业	—	2 198	—	70 727	8 775
制　造　业	155	796 244	30 294	10 469 587	1 060 905
# 农副食品加工业	30	7 674	670	60 864	15 917
食品制造业	—	5 958	—	65 843	5 162
饮料制造业	—	1 632	—	37 139	27 889
纺　织　业	4	35 888	180	159 877	48 512
纺织服装、鞋、帽制造业	26	20 862	113	47 832	5 860
皮革、皮毛、羽毛(绒)及其制品业	16	29 293	242	145 152	8 260
木材加工及木、竹、藤、棕、草制品业	—	9 058	—	129 778	23 100
家具制造业	—	680	—	2 516	265
造纸及纸制品业	22	41 780	24 906	747 874	103 923
印刷业和记录媒介的复制	3	2 555	66	12 412	2 136
文教体育用品制造业	2	6 818	288	19 988	4 750
石油加工、炼焦及核燃料加工	—	—	—	9 135	9 936

11—17 续表 3　　(2005 年)

行业名称	期末从业人员(续) # 外方及港澳台人员	期末从业人员劳动报酬(千元)	# 外方及港澳台人员	所有者权益(千元)	# 实收资本
化学原料及化学制品制造业	17	48 889	296	1 073 898	65 483
医药制造业	3	386 342	80	4 715 759	394 068
橡胶制品业	—	39 100	—	162 971	6 181
塑料制品业	4	70 466	157	455 064	54 433
非金属矿物制品业	4	20 391	132	1 552 282	182 134
黑色金属冶炼及压延加工业	—	816	—	7 834	1 520
金属制品业	15	10 884	2 954	81 434	13 466
通用设备制造业	—	20 506	—	83 697	10 072
专用设备制造业	4	4 388	76	61 003	5 265
交通运输设备制造业	1	4 306	134	302 007	12 128
电气机械及器材制造业	—	11 158	—	371 642	43 908
通信设备、计算机及其他电子设备制造业	—	5 515	—	105 845	13 259
仪器仪表及文化、办公用机械制造业	1	4 754	—	6 943	1 547
工艺品及其他制造业	3	6 531	—	50 798	1 731
电力、煤气及水的生产和供应业	—	29 372	—	2 352 760	610 452
建筑业	12	11 863	474	469 343	115 334
交通运输、仓储和邮政业	16	35 078	1 290	1 611 173	87 185
信息传输、计算机服务和软件业	2	16 228	228	54 856	43 319
批发和零售业	1	9 997	13	21 410	1 845
住宿和餐饮业	1	3 005	6	7 927	4 966
房地产业	28	21 624	477	798 551	178 452
租赁和商务服务业	1	2 479	36	7 261	13 124
科学研究、技术服务和地质勘查业	1	170	30	750	205
居民服务和其他服务业	—	384	—	14 016	2 395
教育	1	435	18	8 445	2 000
卫生、社会保障和社会福利业	2	2 031	96	10 268	5 908
四、高新技术产业	6	377 217	80	4 879 894	385 595

11—17 续表 4 (2005 年)

行业名称	所有者权益(续) 实收资本(续) 中方	外方	资产总额(千元)	# 流动资产	固定资产原值
合计	1 145 646	989 219	38 489 158	17 410 569	29 004 025
# 国有企业与客商兴办的合资、合作企业	833 797	395 046	17 212 215	5 754 842	19 034 541
# 以原有企业为依托的合资、合作企业	254 194	276 016	9 724 180	4 824 031	6 469 186
一、按投资方式分组					
(一)港、澳、台投资经济	164 136	299 614	16 162 277	9 539 312	7 820 337
1.港澳台合资经营企业	117 970	144 982	9 117 699	5 966 284	4 149 186
2.港澳台合作经营企业	46 135	38 735	2 594 867	1 211 541	1 778 798
3.港澳台独资经营企业	31	115 897	4 449 711	2 361 487	1 892 353
(二)外商投资经济	981 510	689 605	22 326 881	7 871 257	21 183 688
1.中外合资经营企业	880 511	396 567	14 755 025	5 230 864	14 382 179
2.中外合作经营企业	98 237	107 332	4 890 672	947 527	5 698 217
3.外资企业	2 762	185 706	2 681 184	1 692 866	1 103 292
二、按产业分组					
第一产业	4 934	3 841	95 759	51 682	44 720
第二产业	997 206	789 485	29 666 354	13 064 176	23 171 676
第三产业	143 506	195 893	8 727 045	4 294 711	5 787 629
三、按国民经济行业分组					
农、林、牧、渔业	4 934	3 841	95 759	51 682	44 720
制造业	463 605	597 300	26 021 379	12 501 312	17 100 763
# 农副食品加工业	8 084	7 833	170 313	109 190	80 296
食品制造业	3 563	1 599	195 563	96 483	78 395
饮料制造业	19 421	8 468	100 455	35 354	85 325
纺织业	21 033	27 479	753 501	419 099	525 943
纺织服装、鞋、帽制造业	3 447	2 413	213 657	170 020	38 621
皮革、皮毛、羽毛(绒)及其制品业	5 028	3 232	488 665	399 529	109 814
木材加工及木、竹、藤、棕、草制品业	17 000	6 100	368 358	130 044	304 219
家具制造业	189	76	9 306	7 640	3 084
造纸及纸制品业	21 405	82 518	2 539 827	448 798	2 116 627
印刷业和记录媒介的复制	1 420	716	30 163	21 102	11 250
文教体育用品制造业	1 188	3 562	23 158	17 399	10 857
石油加工、炼焦及核燃料加工	4 869	5 067	12 539	5 016	9 626

11—17 续表 5　　　　(2005 年)

行 业 名 称	所有者权益(续) 实收资本(续) 中 方	外 方	资产总额(千元)	# 流动资产	固定资产原 值
化学原料及化学制品制造业	36 914	28 569	2 278 639	1 099 215	1 093 035
医药制造业	142 243	251 825	11 663 722	5 727 297	7 752 655
橡胶制品业	2 374	3 807	364 048	264 803	127 941
塑料制品业	32 914	21 519	1 432 645	853 124	728 161
非金属矿物制品业	90 264	91 870	2 396 724	747 056	2 884 660
黑色金属冶炼及压延加工业	1 028	492	34 677	16 582	17 107
金属制品业	6 145	7 321	344 416	227 622	120 197
通用设备制造业	4 072	6 000	163 190	116 420	83 674
专用设备制造业	1 049	4 216	139 202	109 345	24 106
交通运输设备制造业	6 037	6 091	674 326	557 022	164 267
电气机械及器材制造业	26 042	17 866	1 251 211	708 247	568 705
通信设备、计算机及其他电子设备制造业	6 258	7 001	267 601	136 942	146 097
仪器仪表及文化、办公用机械制造业	924	623	23 406	16 886	4 423
工艺品及其他制造业	694	1 037	82 067	61 077	11 678
电力、煤气及水的生产和供应业	484 475	125 977	2 954 464	383 523	5 608 613
建 筑 业	49 126	66 208	690 511	179 341	462 300
交通运输、仓储和邮政业	38 585	48 600	3 987 949	701 480	4 903 288
信息传输、计算机服务和软件业	32 297	11 022	116 710	107 209	12 417
批发和零售业	944	901	80 312	75 319	13 171
住宿和餐饮业	3 566	1 400	35 887	5 327	32 596
房 地 产 业	60 240	118 212	4 132 976	3 284 595	504 483
租赁和商务服务业	5 676	7 448	315 052	103 442	270 013
科学研究、技术服务和地质勘查业	144	61	2 225	1 857	449
居民服务和其他服务业	174	2 221	14 282	5 492	9 227
教 育	—	2 000	15 716	2 138	16 616
卫生、社会保障和社会福利业	1 880	4 028	25 936	7 852	25 369
四、高新技术产业	134 610	250 985	11 633 024	5 592 038	7 660 699

11—17 续表 6　　　　　　　　　　（2005 年）

行业名称	资产总额(续)	负债总额（千元）			主营业务收入（千元）
	无形资产		流动负债	长期负债	
合　　计	**993 171**	**22 592 084**	**15 981 929**	**6 606 850**	**24 974 696**
#国有企业与客商兴办的合资、合作企业	385 515	9 020 910	6 245 075	2 775 835	8 868 184
#以原有企业为依托的合资、合作企业	250 654	5 302 401	4 496 189	804 568	7 082 709
一、按投资方式分组					
(一)港、澳、台投资经济	548 443	10 539 632	8 726 522	1 812 375	11 576 354
1.港澳台合资经营企业	210 155	6 218 992	5 328 095	890 162	6 594 453
2.港澳台合作经营企业	164 195	1 828 069	1 498 964	329 105	2 122 213
3.港澳台独资经营企业	174 093	2 492 571	1 899 463	593 108	2 859 688
(二)外商投资经济	444 728	12 052 452	7 255 407	4 794 475	13 398 342
1.中外合资经营企业	325 076	7 945 510	5 607 329	2 335 611	9 134 881
2.中外合作经营企业	65 189	2 777 028	752 114	2 024 914	1 752 747
3.外资企业	54 463	1 329 914	895 964	433 950	2 510 714
二、按产业分组					
第一产业	21 063	25 032	24 959	73	25 362
第二产业	930 680	16 374 664	12 690 871	3 681 117	22 714 111
第三产业	41 428	6 192 388	3 266 099	2 925 660	2 235 223
三、按国民经济行业分组					
农、林、牧、渔业	21 063	25 032	24 959	73	25 362
制　造　业	627 426	15 551 792	12 063 387	3 485 729	20 048 749
#农副食品加工业	1 800	109 449	108 939	510	230 018
食品制造业	5 241	129 720	127 946	1 774	114 569
饮料制造业	8 996	63 316	63 316	—	59 456
纺　织　业	27 157	593 624	519 922	73 702	948 358
纺织服装、鞋、帽制造业	1 141	165 825	165 825	—	447 589
皮革、皮毛、羽毛(绒)及其制品业	930	343 513	312 895	28 048	1 451 105
木材加工及木、竹、藤、棕、草制品业	—	238 580	188 580	50 000	272 807
家具制造业	5	6 790	6 790	—	2 984
造纸及纸制品业	7 632	1 791 953	399 012	1 392 941	298 961
印刷业和记录媒介的复制	27	17 751	17 751	—	27 914
文教体育用品制造业	—	3 170	3 170	—	27 750
石油加工、炼焦及核燃料加工	217	3 404	3 404	—	19 163

11—17 续表 7

（2005 年）

行业名称	资产总额(续) 无形资产	负债总额（千元）	流动负债	长期负债	主营业务收入（千元）
化学原料及化学制品制造业	76 993	1 204 741	1 140 189	64 552	2 446 552
医药制造业	313 462	6 947 963	5 637 937	1 310 026	7 718 090
橡胶制品业	49	201 077	201 077	—	720 413
塑料制品业	40 254	977 581	873 993	103 482	2 105 651
非金属矿物制品业	46 876	844 442	738 748	105 694	922 347
黑色金属冶炼及压延加工业	3 607	26 843	18 640	8 203	41 667
金属制品业	35 697	262 982	241 579	21 403	684 027
通用设备制造业	360	79 493	79 211	282	275 205
专用设备制造业	12 977	78 199	74 419	3 780	90 835
交通运输设备制造业	4 878	372 319	371 336	983	691 309
电气机械及器材制造业	23 343	879 569	563 539	316 030	246 179
通信设备、计算机及其他电子设备制造业	15 402	161 756	158 832	2 924	82 706
仪器仪表及文化、办公用机械制造业	382	16 463	15 068	1 395	38 658
工艺品及其他制造业	—	31 269	31 269	—	84 436
电力、煤气及水的生产和供应业	112 803	601 704	504 412	97 292	2 341 861
建　筑　业	190 451	221 168	123 072	98 096	323 501
交通运输、仓储和邮政业	1 996	2 376 776	433 400	1 943 376	1 358 956
信息传输、计算机服务和软件业	1 547	61 854	61 854	—	126 806
批发和零售业	17	58 902	58 902	—	177 475
住宿和餐饮业	56	27 960	26 160	1 800	14 661
房 地 产 业	30 527	3 334 425	2 590 329	743 467	519 608
租赁和商务服务业	16	307 791	77 341	230 450	20 863
科学研究、技术服务和地质勘查业	104	1 475	1 475	—	2 905
居民服务和其他服务业	—	266	266	—	1 387
教　　育	5 124	7 271	704	6 567	4 015
卫生、社会保障和社会福利业	2 041	15 668	15 668	—	8 547
四、高新技术产业	327 484	6 753 130	5 450 210	1 302 920	7 566 358

11—17 续表 8

（2005 年）

行业名称	主营业务收入(续) #出口销售收入（千美元）	主营业务成本（千元）	主营业务税金（千元）	三项费用（千元）	#销售费用
合计	**815 378**	**19 807 015**	**341 055**	**2 725 363**	**864 341**
#国有企业与客商兴办的合资、合作企业	176 084	6 712 557	304 128	973 091	193 984
#以原有企业为依托的合资、合作企业	200 937	6 143 612	9 026	812 263	195 677
一、按投资方式分组					
（一）港、澳、台投资经济	392 875	9 630 504	16 837	1 285 509	402 838
1.港澳台合资经营企业	219 181	5 555 643	10 709	677 743	161 448
2.港澳台合作经营企业	72 491	1 816 889	4 061	240 250	60 871
3.港澳台独资经营企业	101 203	2 257 972	2 067	367 516	180 519
（二）外商投资经济	422 503	10 176 511	324 218	1 439 854	461 503
1.中外合资经营企业	329 051	7 549 430	256 612	995 912	297 706
2.中外合作经营企业	14 450	794 423	55 726	132 451	10 516
3.外资企业	79 002	1 832 658	11 880	311 491	153 281
二、按产业分组					
第一产业	—	22 025	—	7 037	2 287
第二产业	815 044	18 655 735	258 259	2 418 748	775 685
第三产业	334	1 129 255	82 796	299 578	86 369
三、按国民经济行业分组					
农、林、牧、渔业	—	22 025	—	7 037	2 287
制造业	815 044	16 695 186	2 784	2 304 429	770 658
#农副食品加工业	14 132	203 779	—	14 645	5 249
食品制造业	200	90 539	—	76 302	640
饮料制造业	—	54 121	92	13 371	4 263
纺织业	53 467	904 876	19	50 616	13 375
纺织服装、鞋、帽制造业	31 137	405 700	51	37 038	17 168
皮革、皮毛、羽毛(绒)及其制品业	52 139	1 385 353	386	29 544	6 277
木材加工及木、竹、藤、棕、草制品业	—	222 790	1	29 897	12 180
家具制造业	—	2 457	—	725	290
造纸及纸制品业	—	285 878	111	124 276	26 730
印刷业和记录媒介的复制	—	24 464	—	2 572	—
文教体育用品制造业	3 425	24 515	—	3 072	524
石油加工、炼焦及核燃料加工	—	19 083	—	325	—

11—17 续表 9

(2005 年)

行业名称	主营业务收入(续) # 出口销售收入 (千美元)	主营业务成本 (千元)	主营业务税金 (千元)	三项费用 (千元)	# 销售费用
化学原料及化学制品制造业	42 139	2 004 358	21	133 124	37 201
医药制造业	250 856	6 019 820	91	1 116 137	405 498
橡胶制品业	86 706	633 088	—	35 858	13 966
塑料制品业	203 140	1 638 860	2	142 500	76 944
非金属矿物制品业	8 517	883 998	17	172 275	66 336
黑色金属冶炼及压延加工业	1 570	39 592	—	4 045	1 825
金属制品业	29 022	636 178	1	55 893	28 910
通用设备制造业	21 787	243 492	—	22 248	6 200
专用设备制造业	895	67 633	2	12 948	4 033
交通运输设备制造业	—	525 953	—	148 560	30 264
电气机械及器材制造业	2 984	202 905	1 919	51 872	6 370
通信设备、计算机及其他电子设备制造业	4 384	73 789	—	13 444	3 639
仪器仪表及文化、办公用机械制造业	—	32 816	70	3 614	437
工艺品及其他制造业	8 544	69 149	1	9 528	2 339
电力、煤气及水的生产和供应业	—	1 780 855	242 871	69 185	42
建筑业	—	179 694	12 604	45 134	4 985
交通运输、仓储和邮政业	—	482 742	52 113	76 063	8 008
信息传输、计算机服务和软件业	334	89 172	336	33 670	21 702
批发和零售业	—	158 380	18	13 894	3 163
住宿和餐饮业	—	4 464	780	12 080	6 298
房地产业	—	378 803	28 424	132 329	32 561
租赁和商务服务业	—	7 652	691	22 666	12 263
科学研究、技术服务和地质勘查业	—	2 706	—	379	202
居民服务和其他服务业	—	—	71	2 116	—
教育	—	—	121	3 353	1 809
卫生、社会保障和社会福利业	—	5 336	242	3 028	363
四、高新技术产业	249 716	5 864 473	23	1 077 641	400 009

11—17 续表 10 （2005 年）

行业名称	三项费用(续) 管理费用	财务费用	#利息支出	营业利润（千元）	利润总额（千元）
合计	**1 544 648**	**316 374**	**249 694**	**2 304 614**	**2 295 614**
#国有企业与客商兴办的合资、合作企业	631 133	147 974	129 385	1 238 293	1 215 512
#以原有企业为依托的合资、合作企业	530 753	85 833	74 806	221 377	206 144
一、按投资方式分组					
(一)港、澳、台投资经济	739 433	143 238	113 972	703 573	691 289
1.港澳台合资经营企业	431 654	84 641	64 199	390 638	386 265
2.港澳台合作经营企业	137 601	41 778	35 064	73 430	73 075
3.港澳台独资经营企业	170 178	16 819	14 709	239 505	231 949
(二)外商投资经济	805 215	173 136	135 722	1 601 041	1 604 325
1.中外合资经营企业	564 662	133 544	104 826	465 979	464 176
2.中外合作经营企业	107 750	14 185	12 969	782 870	784 909
3.外资企业	132 803	25 407	17 927	352 192	355 240
二、按产业分组					
第一产业	4 424	326	340	－5 715	－4 768
第二产业	1 354 497	288 566	230 173	1 515 346	1 518 316
第三产业	185 727	27 482	19 181	794 983	782 066
三、按国民经济行业分组					
农、林、牧、渔业	4 424	326	340	－5 715	－4 768
制造业	1 255 901	277 870	222 172	987 927	991 003
#农副食品加工业	6 772	2 624	2 168	11 807	12 484
食品制造业	72 592	3 070	3 043	9 817	10 673
饮料制造业	7 363	1 745	1 718	－837	－7 849
纺织业	25 463	11 778	9 610	－8 594	－6 232
纺织服装、鞋、帽制造业	17 427	2 443	622	6 071	7 023
皮革、皮毛、羽毛(绒)及其制品业	17 654	5 613	1 848	35 391	40 078
木材加工及木、竹、藤、棕、草制品业	4 248	13 469	13 473	—	31 502
家具制造业	375	60	60	69	－191
造纸及纸制品业	86 349	11 197	8	－104 978	－104 994
印刷业和记录媒介的复制	2 424	148	148	888	1 947
文教体育用品制造业	2 226	322	－213	161	307
石油加工、炼焦及核燃料加工	179	146	—	－245	－245

11—17 续表 11　　　　　　　　　　　　（2005 年）

行业名称	三项费用(续) 管理费用	财务费用	# 利息支出	营业利润（千元）	利润总额（千元）
化学原料及化学制品制造业	78 347	17 576	11 609	324 183	338 119
医药制造业	572 615	138 024	119 334	618 539	603 989
橡胶制品业	14 978	6 914	5 318	32 344	52 333
塑料制品业	46 847	18 709	13 044	154 592	133 437
非金属矿物制品业	82 037	23 902	23 847	- 134 096	- 142 400
黑色金属冶炼及压延加工业	2 180	40	—	- 1 414	- 1 401
金属制品业	22 410	4 573	3 245	- 6 058	- 8 355
通用设备制造业	14 794	1 254	307	10 160	6 343
专用设备制造业	8 680	235	231	10 120	10 374
交通运输设备制造业	123 562	- 5 266	—	40 072	21 349
电气机械及器材制造业	33 439	12 063	9 757	- 8 494	- 8 553
通信设备、计算机及其他电子设备制造业	6 478	3 327	2 930	- 4 226	- 8 246
仪器仪表及文化、办公用机械制造业	3 074	103	65	2 272	2 257
工艺品及其他制造业	3 388	3 801	—	383	7 254
电力、煤气及水的生产和供应业	60 787	8 356	5 880	492 095	491 962
建筑业	37 809	2 340	2 121	35 324	35 351
交通运输、仓储和邮政业	62 069	5 986	5 890	753 783	754 032
信息传输、计算机服务和软件业	12 330	- 362	- 3	5 278	7 190
批发和零售业	8 436	2 295	2 259	46 876	38 835
住宿和餐饮业	5 875	- 93	—	- 2 651	- 2 314
房地产业	80 072	19 696	11 075	2 309	- 4 988
租赁和商务服务业	10 444	- 41	- 39	- 10 161	- 10 161
科学研究、技术服务和地质勘查业	177	—	—	- 179	- 179
居民服务和其他服务业	2 117	- 1	- 1	- 766	- 698
教育	1 544	—	—	553	614
卫生、社会保障和社会福利业	2 663	2	—	- 59	- 265
四、高新技术产业	549 311	128 321	107 185	651 947	644 529

11—17 续表 12　　(2005 年)

行业名称	应交税金(千元)	#增值税消费税营业税	所得税	净利润(千元)
合计	**1 322 840**	**884 609**	**366 532**	**1 929 082**
#国有企业与客商兴办的合资、合作企业	727 942	446 755	247 113	968 399
#以原有企业为依托的合资、合作企业	238 949	166 426	55 777	150 367
一、按投资方式分组				
(一)港、澳、台投资经济	404 465	303 510	74 652	616 637
1.港澳台合资经营企业	292 587	213 123	56 924	329 341
2.港澳台合作经营企业	39 199	22 178	14 608	58 467
3.港澳台独资经营企业	72 679	68 209	3 120	228 829
(二)外商投资经济	918 375	581 099	291 880	1 312 445
1.中外合资经营企业	562 378	393 923	129 676	334 500
2.中外合作经营企业	197 422	59 511	137 906	647 003
3.外资企业	158 575	127 665	24 298	330 942
二、按产业分组				
第一产业	139	108	—	－4 768
第二产业	1 072 745	797 791	220 325	1 297 991
第三产业	249 956	86 710	146 207	635 859
三、按国民经济行业分组				
农、林、牧、渔业	139	108	—	－4 768
制造业	715 084	544 035	132 039	858 964
#农副食品加工业	792	736	－14	12 498
食品制造业	5 055	4 434	505	10 168
饮料制造业	2 281	2 100	89	－7 938
纺织业	20 708	16 406	1 712	－7 944
纺织服装、鞋、帽制造业	2 794	757	662	6 361
皮革、皮毛、羽毛(绒)及其制品业	11 218	6 477	3 773	36 305
木材加工及木、竹、藤、棕、草制品业	24 468	23 868	252	31 250
家具制造业	110	110	—	－191
造纸及纸制品业	16 385	4 505	11 880	－116 874
印刷业和记录媒介的复制	2 416	1 672	587	1 360
文教体育用品制造业	—	—	—	307
石油加工、炼焦及核燃料加工	380	380	—	－245

11—17 续表 13 (2005 年)

行业名称	应交税金（千元）	# 增值税消费税营业税	所得税	净利润（千元）
化学原料及化学制品制造业	93 831	62 749	29 980	308 139
医药制造业	327 026	278 133	29 649	574 340
橡胶制品业	35 109	23 994	11 025	41 308
塑料制品业	67 279	33 016	32 733	100 704
非金属矿物制品业	40 961	37 716	1 920	- 144 320
黑色金属冶炼及压延加工业	—	—	—	- 1 401
金属制品业	17 318	3 561	4 054	- 12 409
通用设备制造业	2 331	838	1 477	4 866
专用设备制造业	3 008	2 077	743	9 631
交通运输设备制造业	28 422	28 513	- 100	21 449
电气机械及器材制造业	7 902	7 699	203	- 8 756
通信设备、计算机及其他电子设备制造业	870	726	67	- 8 313
仪器仪表及文化、办公用机械制造业	1 577	1 558	9	2 248
工艺品及其他制造业	2 843	2 010	833	6 421
电力、煤气及水的生产和供应业	347 225	247 906	83 762	408 200
建　筑　业	10 436	5 850	4 524	30 827
交通运输、仓储和邮政业	184 451	50 336	134 115	619 917
信息传输、计算机服务和软件业	7 491	6 145	858	6 332
批发和零售业	16 678	3 294	—	38 835
住宿和餐饮业	126	126	—	- 2 314
房 地 产 业	40 494	26 124	11 233	- 16 221
租赁和商务服务业	204	204	—	- 10 161
科学研究、技术服务和地质勘查业	78	78	—	- 179
居民服务和其他服务业	71	71	—	- 698
教　　育	121	120	1	613
卫生、社会保障和社会福利业	242	212	—	- 265
四、高新技术产业	321 646	272 933	33 053	611 476

石家庄市经济技术开发区主要经济指标

11—18

指 标 名 称	计量单位	2005年	2004年
一、全部实有企业数	个	1 570	1 543
全部投产(开业)企业数	个	1 206	1 192
#工 业 企 业	个	5 210 029	255
全部投产企业期末人数	人	62 873	52 434
二、期末实有三资企业数	个	104	98
#投产(开业)	个	56	61
外方注册资本	万美元	3 245	4 692
本期外商实际投资	万美元	5 035	3 000
三、工业企业销售收入	万元	1 039 603	712 693
#三资企业销售收入	万元	565 055	270 062
盈亏相抵的利润总额	万元	103 357	39 600
#三资企业利润总额	万元	22 680	15 411
工业企业交纳各项税金总额	万元	41 355	26 560
#三资企业交纳税金总额	万元	16 628	19 455
四、外贸出口总值	万美元	34 530	25 219
#三资企业出口总值	万美元	10 955	7 873
五、固定资产投资总额	万元	470 746	412 597
#土地出让金收入	万元	8 840	1 607

石家庄市涉外旅游情况

11—19

指 标 名 称	2005年	2004年	2005年比2004年增长(%)
一、海外旅游者人数合计(人次)	74 419	61 842	20.3
1.外 国 人	68 175	56 587	20.5
2.香 港 同 胞	4 353	3 793	14.8
3.澳 门 同 胞	114	169	-32.5
4.台 湾 同 胞	1 777	1 293	37.4
二、海外旅游者人天数合计(人天)	157 296	115 000	36.8
1.外 国 人	144 986	106 587	36.0
2.香 港 同 胞	8 629	5 832	48.0
3.澳 门 同 胞	213	318	-33.0
4.台 湾 同 胞	3 468	2 263	53.2
三、创汇金额(万美元)	2 150	1 791	20.0

按贸易方式分进出口总值

(2005 年)

11—20　　　　　　　　　　　　　　　　　　　　　　　　计量单位：千美元

贸易方式	进出口	比上年增长(%)	其中：出口	比上年增长(%)	进口	比上年增长(%)
总计	**4 424 995**	**20.8**	**3 721 265**	**29.0**	**703 730**	**-9.7**
一般贸易	3 871 057	25.3	3 353 515	28.4	517 542	8.5
加工贸易	514 084	26.2	367 153	34.9	146 931	8.7
来料加工装配贸易	29 665	12.9	18 089	20.3	11 576	3.1
进料加工贸易	484 419	27.1	349 064	35.8	135 355	9.2
加工贸易进口的设备	132	-28.9	—	—	132	-28.9
对外承包工程货物	590	-26.5	590	-26.5	—	—
外商投资企业投资进口的设备物品	36 840	-77.7	—	—	36 840	-77.7
保税仓库进出境货物	1 667	218.7	—	—	1 667	218.7
其他	625	-11.2	7	17 181	618	-12.2

按企业性质分进出口总值

(2005 年)

11—21　　　　　　　　　　　　　　　　　　　　　　　　计量单位：千美元

企业性质	进出口	比上年增长(%)	其中：出口	比上年增长(%)	进口	比上年增长(%)
总计	**4 424 995**	**20.8**	**3 721 265**	**29.0**	**703 730**	**-9.7**
国有企业	1 506 317	-6.8	1 163 999	-7.2	342 318	-5.5
外商投资企业	1 077 665	6.6	862 730	25	214 936	-32.9
中外合作企业	127 024	2	101 333	-4.4	25 691	39.1
中外合资企业	770 880	5.8	600 745	30.2	170 135	-36.4
外商独资企业	179 762	14.4	160 652	31	19 110	-44.6
集体企业	271 906	28.3	251 787	33.3	20 119	-12.3
私营企业	1 568 485	90.3	1 442 226	92.1	126 259	72.2
个体工商户	622	—	525	—	97	—
其他企业	—	-97.7	—	—	—	-97.7

按国别分进出口总值

11—22　　　　(2005 年)　　　　计量单位:千美元

国别地区	进出口	比上年增长(%)	其中:出口	比上年增长(%)	进口	比上年增长(%)
总　　计	**4 424 995**	**20.8**	**3 721 265**	**29.0**	**703 730**	**-9.7**
亚　　洲	1 302 809	8	1 016 390	11.2	286 419	-2.2
阿富汗	183	123.8	183	123.8	—	—
巴　林	923	-46.3	912	-46.7	11	7.1
孟加拉国	19 280	36.9	19 280	36.9	—	—
文　莱	423	85.6	423	85.6	—	—
缅　甸	4 231	149.4	3 194	96.6	1 037	1 343.9
柬埔寨	1 702	-58.6	1 702	-58.6	—	—
塞浦路斯	1 256	-27.5	1 256	-27.3	—	-100
朝　鲜	327	-38.4	283	-46.7	44	—
香　港	105 618	1.6	102 921	1.6	2 697	-0.5
印　度	146 254	22.8	74 484	8.1	71 770	42.9
印度尼西亚	52 396	21.4	51 744	25.2	653	-64.4
伊　朗	22 309	41.6	18 898	23.1	3 411	730.9
伊拉克	1 397	23 810.1	1 397	23 810.1	—	—
以色列	24 095	24.8	23 050	30.8	1 045	-38.3
日　本	245 946	-3	198 769	8.8	47 177	-33.4
约　旦	5 672	-36.2	5 671	-36.2	1	-71.7
科威特	5 491	41.5	5 348	37.8	142	—
黎巴嫩	3 288	4.9	3 288	4.9	—	-100
澳　门	2 082	0.8	2 073	0.4	9	—
马来西亚	61 795	-5	47 772	-0.1	14 022	-18.4
马尔代夫	108	0.3	108	0.3	—	—
蒙　古	379	-17.3	362	119.3	17	-94.1
尼泊尔	267	-64.6	267	-64.7	—	—
阿　曼	745	-27.3	745	-27.3	—	—
巴基斯坦	34 403	6.9	33 479	4.5	924	495.9

11—22 续表 1　　　　　(2005 年)　　　　　计量单位:千美元

国别地区	进出口	比上年增长(%)	其中: 出口	比上年增长(%)	进口	比上年增长(%)
巴勒斯坦	81	45.4	81	45.4	—	—
菲律宾	16 432	-7.3	16 432	-5.1	—	-100
卡塔尔	1 642	22	890	18.6	752	26.4
沙特阿拉伯	44 487	35.2	41 558	33.7	2 930	60.8
新加坡	31 172	-5.4	21 865	27.2	9 307	-40.9
韩国	242 944	4	170 017	13.3	72 926	-12.8
斯里兰卡	14 234	17.8	14 209	17.8	26	9.9
叙利亚	7 038	3.1	7 038	3.1	—	—
泰国	39 276	-10.5	29 558	-18.7	9 718	29.1
土耳其	15 507	61.9	11 380	25.1	4 126	761.5
阿联酋	33 614	3.7	33 543	3.5	72	556.9
也门	11 477	26.4	11 477	26.4	—	-100
越南	21 962	27.4	21 709	27.5	253	20
中国	1 575	51.3	—	—	1 575	51.3
台湾省	59 752	18.7	21 309	6.9	38 443	26.5
哈萨克斯坦	19 732	128.6	16 401	420.7	3 331	-39.2
吉尔吉斯	73	420.2	73	420.2	—	—
乌兹别克斯坦	1 241	577.1	1 241	577.1	—	—
非洲	141 053	19.8	134 148	15.9	6 906	245.6
阿尔及利亚	7 763	63.3	7 763	63.3	—	—
安哥拉	5 429	183	5 429	183	—	—
贝宁	1 950	17.5	1 950	31	—	-100
布隆迪	719	102.2	719	102.2	—	—
喀麦隆	1 226	103.8	1 226	103.8	—	—
加那利群岛	170	-33.7	170	-33.7	—	—
佛得角	—	-100	—	-100	—	—
乍得	123	—	123	—	—	—

11—22 续表 2　　　　（2005 年）　　　　计量单位：千美元

国别地区	进出口	比上年增长（%）	其中：出口	比上年增长（%）	进口	比上年增长（%）
科摩罗	168	1 441.8	168	1 441.8	—	—
刚果	3 141	122.6	3 141	122.6	—	—
吉布提	929	35.7	929	35.7	—	—
埃及	19 656	22.1	19 520	21.4	136	350.8
赤道几内亚	146	150	146	150	—	—
埃塞俄比亚	6 481	127.9	6 481	127.9	—	—
加蓬	29	118.6	29	118.6	—	—
冈比亚	151	-47.3	151	-47.3	—	—
加纳	8 134	18.4	8 134	18.4	—	—
几内亚	515	79.7	515	79.7	—	—
几内亚(比绍)	34	—	34	—	—	—
科特迪瓦	1 006	-73.4	505	-80.4	501	-58.7
肯尼亚	8 440	41.1	8 410	40.5	31	—
利比里亚	1 075	165.3	1 075	165.3	—	—
利比亚	1 996	104.1	1 996	104.1	—	—
马达加斯加	2 844	99.1	2 809	96.6	35	—
马拉维	344	-25.9	319	-31.3	25	—
马里	481	37.6	127	-63.7	354	—
毛里塔尼亚	913	232.6	913	232.6	—	—
毛里求斯	2 468	2.1	2 445	6	23	-79.1
摩洛哥	12 478	-0.9	12 409	-1.3	70	267.8
莫桑比克	183	-69.5	154	-74.3	29	—
纳米比亚	84	990.9	84	990.9	—	—
尼日尔	259	625	259	625	—	—
尼日利亚	9 804	-12.5	9 117	-18.6	687	14 714.4
留尼汪	114	-42.9	114	-42.9	—	—
卢旺达	230	24.2	230	24.2	—	—
圣多美和普林西比	14	—	14	—	—	—

11—22 续表 3 (2005 年) 计量单位:千美元

国别地区	进出口	比上年增长(%)	其中: 出口	比上年增长(%)	进口	比上年增长(%)
塞内加尔	984	101.5	984	101.5	—	—
塞拉利昂	342	-23	342	-23	—	—
索马里	8	299.7	8	299.7	—	—
南非(阿扎尼亚)	16 448	-13.6	15 349	-19.2	1 098	2 154.1
苏丹	5 744	18	5 744	22.7	—	-100
坦桑尼亚	4 574	37.7	4 111	23.7	463	—
多哥	2 772	136.2	896	-23.6	1 875	—
突尼斯	2 557	47.7	1 949	28.1	609	189
乌干达	1 666	24.5	1 666	24.5	—	—
布基纳法索	747	464.7	—	-100	747	—
民主刚果	2 586	-5.4	2 586	-5.4	—	—
赞比亚	377	103.1	154	-17.1	223	—
津巴布韦	332	13.2	332	13.2	—	—
莱索托	2 016	-23.9	2 016	-23.9	—	—
斯威士兰	1	-96.9	1	-96.9	—	—
厄立特里亚	388	100.6	388	100.6	—	—
非洲其他	14	—	14	—	—	—
欧洲	2 032 822	24.2	1 820 663	42.7	212 160	-41.3
比利时	74 072	15.4	52 136	44.3	21 936	-21.8
丹麦	26 542	6.3	14 719	20.2	11 823	-7.2
英国	102 913	7.4	93 507	10	9 405	-12.9
德国	205 060	-8.6	150 042	20.3	55 018	-44.8
法国	68 703	21.4	61 648	23.9	7 054	3
爱尔兰	10 101	-8.6	9 907	6.4	194	-88.9
意大利	133 132	-8.2	108 390	1.7	24 742	-35.6
卢森堡	1 349	391.7	1 333	592.6	16	-80.6
荷兰	89 312	31.2	81 557	32.6	7 755	18.3
希腊	13 251	6.1	13 192	6.2	60	-17.7
葡萄牙	6 495	-3.3	5 794	-6	700	26.9

11—22 续表 4 （2005 年） 计量单位：千美元

国别地区	进出口	比上年增长（%）	其中：			
			出口	比上年增长（%）	进口	比上年增长（%）
西班牙	107 101	44.9	77 207	19.1	29 893	229.3
阿尔巴尼亚	409	83.9	297	174.8	112	-2.1
奥地利	3 660	-67	2 104	7.4	1 557	-83
保加利亚	1 945	67.9	1 771	53.5	174	3 453.9
芬兰	29 726	-68.7	14 578	73.5	15 148	-82.5
匈牙利	7 784	48.5	7 499	72	285	-67.8
冰岛	255	48.3	255	48.3	—	—
马耳他	62	-69.5	62	-69.5	—	—
摩纳哥	2	-96.5	2	-96.5	—	—
挪威	6 063	-46.9	5 887	24.3	176	-97.4
波兰	14 992	3.7	13 557	-6.1	1 435	4 613
罗马尼亚	6 667	8.8	5 289	11.5	1 378	-0.2
瑞典	23 015	18.4	13 734	45.8	9 281	-7.4
瑞士	9 196	-62.1	5 353	60.3	3 843	-81.6
爱沙尼亚	792	72	792	99.3	—	-100
拉脱维亚	1 255	216.6	1 207	216.4	48	222
立陶宛	3 113	7.3	3 094	6.7	20	4 872.3
格鲁吉亚	325	585	324	584.8	—	—
亚美尼亚	50	42.2	50	42.2	—	—
阿塞拜疆	21	—	21	—	—	—
白俄罗斯	763	867.8	763	867.8	—	—
摩尔多瓦	197	-30.4	196	-29.4	1	-81.9
俄罗斯联邦	1 059 001	64.5	1 049 740	65.7	9 261	-10
乌克兰	16 548	106.8	16 218	107.2	330	89.4
南斯拉夫联盟	393	-12.5	393	-12.5	—	—
斯洛文尼亚	1 818	4.7	1 732	0.2	86	1 217.4
克罗地亚	1 569	68	1 569	70	—	-100
捷克共和国	4 313	0.2	4 196	-0.6	117	36.9
斯洛伐克	757	-35	484	-34.1	272	-36.4

11—22 续表 5　　（2005 年）　　计量单位：千美元

国别地区	进出口	比上年增长（%）	其中：出口	比上年增长（%）	进口	比上年增长（%）
马其顿	39	—	39	—	—	—
波黑	61	-41.1	22	-45.7	39	-38.2
拉丁美洲	128 557	40.4	112 786	30	15 772	225.2
安提瓜和巴布达	37	-1.3	37	-1.3	—	—
阿根廷	7 105	43	7 023	45.3	82	-39.5
阿鲁巴岛	21	—	21	—	—	—
巴哈马	62	—	62	—	—	—
巴巴多斯	360	468.7	360	468.7	—	—
伯利兹	37	-40.8	37	-40.8	—	—
玻利维亚	60	58.6	60	58.6	—	—
巴西	38 212	84	23 573	43.5	14 639	237.4
智利	17 208	31.3	16 479	25.8	729	—
哥伦比亚	3 689	16.3	3 689	22.4	—	-100
多米尼加	1 253	53.6	1 253	53.6	—	—
哥斯达黎加	2 204	12.5	2 204	12.5	—	—
古巴	1 070	368.2	1 070	368.2	—	—
多米尼加	3 388	5.2	3 388	5.2	—	—
厄瓜多尔	2 083	34.6	2 083	34.6	—	—
格林纳达	64	177.1	64	177.1	—	—
危地马拉	3 476	-14.9	3 476	-14.9	—	—
圭亚那	285	2.2	285	2.2	—	—
海地	855	102.6	855	102.6	—	—
洪都拉斯	825	-46.3	825	-46.3	—	—
牙买加	421	-33.2	421	-33.2	—	—
墨西哥	15 202	35.3	15 001	35.2	202	47.3
尼加拉瓜	996	-0.7	996	-0.7	—	—
巴拿马	8 443	52	8 443	52	—	—
巴拉圭	722	-49	722	-49	—	—
秘鲁	4 476	72.5	4 476	76.9	—	-100

11—22 续表 6　　(2005 年)　　计量单位:千美元

国别地区	进出口	比上年增长(%)	其中:出口	比上年增长(%)	进口	比上年增长(%)
波多黎各	4 642	78.2	4 642	78.2	—	—
圣卢西亚	16	69.1	16	69.1	—	—
圣马丁岛	2	-50.6	2	-50.6	—	—
萨尔瓦多	1 863	-3.3	1 863	-3.3	—	—
苏里南	301	-7.3	301	-7.3	—	—
特立尼达和多巴哥	2 015	-43.2	2 015	-43.2	—	—
乌拉圭	1 323	-35.7	1 204	-41	120	586.3
委内瑞拉	5 799	148.3	5 799	148.3	—	—
北美洲	684 003	33.3	574 732	32.6	109 272	37.4
加拿大	75 237	22	60 702	34.8	14 535	-12.5
美国	608 755	34.9	514 018	32.3	94 737	50.6
格陵兰	11	—	11	—	—	—
大洋洲	135 751	38.9	62 548	5.6	73 202	90
澳大利亚	121 653	40.8	50 575	3.4	71 078	89.6
斐济	1 296	25.5	1 296	25.5	—	—
新喀里多尼亚	407	153.5	407	153.5	—	—
瓦努阿图	39	-6.1	39	-6.1	—	—
新西兰	10 713	12.5	8 588	1.1	2 125	106.8
巴布亚新几内亚	1 343	171.8	1 343	171.8	—	—
社会群岛	55	46.7	55	46.7	—	—
所罗门群岛	50	156.4	50	156.4	—	—
基里巴斯	1	—	1	—	—	—
图瓦卢	14	979.9	14	979.9	—	—
密克罗尼西亚	102	—	102	—	—	—
马绍尔群岛	14	—	14	—	—	—
帕劳	4	—	4	—	—	—
东南亚国家联盟	229 388	1.5	194 398	6.2	34 990	-18.6
欧洲联盟	930 573	-1.2	733 727	18.4	196 846	-38.8
亚太经济合作组织	2 792 878	30.3	2 403 441	34.8	389 437	8.2

按商品构成分进出口总值

11—23　　(2005 年)　　计量单位:千美元

	出　　口	比上年增长(%)	进　　口	比上年增长(%)
总　　　计	**3 721 265**	**29.0**	**703 730**	**-9.7**
(一)初 级 产 品	276 203	10.8	266 567	78.4
第 0 类　食品及活动物	167 539	13.7	16 390	15.7
00 章　活动物	1 170	-59.4	12 096	-0.4
01 章　肉及肉制品	40 520	24.2	2 429	137.5
02 章　乳品及蛋品	55	-32.8	32	—
03 章　鱼,甲壳及软体类动物及制品	3 196	0.1	539	-10
04 章　谷物及其制品	7 584	115.6	—	-18.2
05 章　蔬菜及水果	96 035	12	319	147
06 章　糖,糖制品及蜂蜜	4 569	-6.1	9	-41
07 章　咖啡,茶,可可,调味料及制品	10 063	4	3	-3.3
08 章　饲料(不包括未碾磨谷物)	499	-57.9	729	350.6
09 章　杂项食品	3 847	9.1	233	159.9
第 1 类　饮料及烟类	379	9.7	60	8 921.7
第 2 类　非食用原料(燃料除外)	85 970	8.4	236 601	92.5
21 章　生皮及生毛皮	241	338.2	26 763	35.2
22 章　油籽及含油果实	14 914	22.8	10	-98.8
23 章　生橡胶(包括合成及再生橡胶)	10	-43.1	21 374	51.7
24 章　软木及木材	1 051	79.6	431	138.4
25 章　纸浆及废纸	4	—	24 341	406.9
26 章　纺织纤维(羊毛条除外)及废料	31 483	7.9	24 128	41.3
27 章　天然肥料及矿物(除煤,石油,宝石)	14 960	6.2	19 568	253.6
28 章　金属矿砂及金属废料	277	262.5	119 616	99.7
29 章　其他动,植物原料	23 030	-0.4	369	-46.1

11—23 续表 1 (2005 年) 计量单位:千美元

	出口	比上年增长(%)	进口	比上年增长(%)
第 3 类 矿物燃料,润滑油及有关原料	21 218	-2.4	12 823	18.4
32 章 煤,焦炭及煤砖	1 860	-67.1	7 220	49.7
33 章 石油,石油产品及有关原料	19 358	20.4	5 602	-6.7
第 4 类 动植物油,脂及蜡	1 097	81.9	694	-55.2
41 章 动物油,脂	355	365.3	466	224.4
42 章 植物油,脂	129	160.6	—	-100
43 章 已加工的动植物油,脂及动植物腊	613	28.5	228	-35.9
(二)工业制品	3 445 063	30.7	437 162	-30.6
第 5 类 化学成品及有关产品	624 655	16.9	157 185	10.6
51 章 有机化学品	132 947	46	66 171	8.8
52 章 无机化学品	57 857	3.8	1 542	-45.7
53 章 染料,鞣料及着色料	17 984	64.1	2 852	10.5
54 章 医药品	346 254	13.4	10 233	30.2
55 章 精油,香料及盥洗,光洁制品	746	16.3	1 659	152.1
56 章 制成肥料	774	-81.9	—	—
57 章 初级形状的塑料	1 406	-10.1	59 434	10.7
58 章 非初级形状的塑料	4 372	42.4	414	20.5
59 章 其他化学原料及产品	62 306	0.7	14 880	11.6
第 6 类 按原料分类的制成品	876 678	10.2	69 581	-20.1
61 章 皮革,皮革制品及已鞣毛皮	46 795	15.8	3 931	-11.3
62 章 橡胶制品	1 321	74.2	511	-34.1
63 章 软木及木制品(家具除外)	7 943	44.7	585	-13.7
64 章 纸及纸板;纸浆,纸及纸板制品	1 330	6.7	2 934	-39.8
65 章 纺纱,织物,制成品及有关产品	253 910	-1	14 549	34.2

11—23 续表 2　　　　(2005 年)　　　　计量单位:千美元

	出　　口	比上年增长 (%)	进　　口	比上年增长 (%)
66 章　非金属矿物制品	70 043	17.3	4 795	-29.5
67 章　钢　　铁	209 652	9.8	31 412	-30.1
68 章　有 色 金 属	7 808	27	1 004	-23.9
69 章　金 属 制 品	277 875	18.6	9 860	-20.6
第 7 类　机械及运输设备	210 615	19.3	183 531	-50.3
71 章　动力机械及设备	32 724	28.1	7 888	67.6
72 章　特种工业专用机械	19 235	177.8	76 790	-62.9
73 章　金 工 机 械	12 123	73.1	12 663	-35.9
74 章　通用工业机械设备及零件	91 698	11.9	55 737	-22.7
75 章　办公用机械及自动数据处理设备	586	-23.5	6 025	-55.1
76 章　电信及声音的录制及重放装置设备	9 369	-35.7	1 818	-62
77 章　电力机械,器具及其电气零件	21 897	-9.8	22 497	-43.4
78 章　陆路车辆(包括气垫式)	22 752	48.4	111	-98.5
79 章　其他运输设备	230	53.8	3	-98
第 8 类　杂 项 制 品	1 733 111	53.5	26 862	-14.7
81 章　活动房屋;卫生,供热,照明装置	9 094	31.6	3	11.8
82 章　家具及零件;褥垫及类似填充制品	12 172	18.1	409	1 824
83 章　旅行用品,手提包及类似品	11 309	47.3	78	10.3
84 章　服装及衣着附件	1 615 421	55	4 910	13.6
85 章　鞋　　靴	7 573	45.1	99	-70.1
87 章　专业,科学及控制用仪器和装置	9 018	117.1	17 617	-20.6
88 章　摄影器材,光学物品及钟表	1 796	-7.5	1 556	-0.4
89 章　杂 项 制 品	66 727	32.5	2 190	-26.6
第 9 类　未分类的商品	4	—	3	-30.8

出口主要商品统计情况

11—24

（2005 年）

计量单位：千美元

商品名称	计量单位	数量	比上年增长（%）	金额	比上年增长（%）
农产品		—	—	210 883	12.6
鲜、冻牛肉	吨	115	88.5	322	77.5
鲜、冻猪肉	吨	51	-98	75	-98.2
鲜、冻羊肉	吨	699	31.1	1 450	54.8
鲜、冻兔肉	吨	24	-89	43	-78.4
水海产品	吨	1 140	-0.7	2 167	-22.5
活鱼	吨	—	-100	—	-100
冻鱼、冻鱼片	吨	692	-2.8	896	-18.5
冻虾仁	吨	11	-59	66	-61.9
谷物及谷物粉	吨	43 141	102.3	7 269	119.4
玉米	吨	33 237	166.4	4 578	213.7
蔬菜	吨	25 579	15.3	16 170	26.9
鲜或冷藏蔬菜	吨	5 908	-16.7	1 508	-33
冷冻蔬菜	吨	8 434	73.4	5 831	104
暂时保藏菜	吨	7 181	10.1	4 258	15.9
干的食用菌类	吨	52	1.2	145	30.9
蔬菜制品（含罐头）	吨	21 692	4	13 074	1.2
干豆	吨	55 417	31.2	24 792	31
鲜、干水果及坚果	吨	67 892	14.5	20 388	15.2
鲜苹果	吨	996	-27.3	321	-47.4
梨	吨	64 638	20.1	16 292	35.9
核桃仁	吨	356	-29.3	1 556	4.2
栗子	吨	1 295	-1.9	1 580	-10.1
白果	吨	—	-100	—	-100
松子仁	吨	—	-100	—	-100
食用油籽	吨	19 437	16.9	14 369	24.5
大豆	吨	1 694	-35.6	2 333	16.8
花生、花生仁	吨	14 234	30.2	9 144	20.7
食用植物油（包括棕榈油）	吨	1	—	3	—
烘焙花生	吨	3 178	-29.8	2 472	-34.7
栗仁	吨	912	-18.6	3 656	-13
天然蜂蜜	吨	246	132.7	179	115.7
辣椒干	吨	3 859	-7	5 689	-20.8
猪肉罐头	吨	8	-76	16	-75.5
蘑菇罐头	吨	162	33.9	285	48.4

11—24 续表 1 (2005 年) 计量单位:千美元

商品名称	计量单位	数量	比上年增长(%)	金额	比上年增长(%)
植物榨油后的剩余物	吨	54	-47.8	6	-47.6
猪鬃	公斤	8 300	-86.5	164	-49.5
肠衣	吨	1 143	-25.6	17 053	8.2
填充用羽毛;羽绒	公斤	44 318	-37.8	1 522	-34.3
药材	吨	4 359	117	3 637	-2.4
未硝整张毛皮	公斤	1 570	145.3	85	442.6
水貂皮	公斤	170	—	57	—
肥料	吨	5 992	-85.3	778	-82.2
尿素	吨	—	-100	—	-100
锯材	立方米	1 102	-8.1	488	45.6
胶合板及类似外汇层板	立方米	21 395	46.8	5 700	51.4
印刷品		—	—	370	173.1
生丝	公斤	—	-100	—	-100
山羊绒	公斤	251 007	-26.1	17 716	2.9
兔毛	公斤	13 317	59.9	181	100.9
黏土及其他耐火矿物	吨	25 693	18.9	3 334	35.5
天然石墨	吨	9 400	141.6	1 281	123.9
天然碳酸镁;氧化镁	吨	2	-50	2	-46.2
纯碱	吨	12 791	5.2	2 291	47.8
碳酸钡	吨	30 751	-62.2	6 314	-56.3
碳酸锶	吨	3 375	-58.2	1 575	-50.1
氧化铝	公斤	35 100	7 481	277	7 066.8
焦炭及半焦炭	吨	10 500	-50	1 838	-67.5
成品油	吨	—	-100	—	-100
其他燃料油	吨	—	-100	—	-100
石蜡	吨	220	—	146	—
氧化锌及过氧化锌	吨	165	60.6	294	256.4
糠醛	吨	6 915	47.3	5 855	47.7
合成有机染料	吨	1 644	-6.8	5 425	3.7
锌钡白(立德粉)	吨	606	-42.3	210	-37.1
医药品	吨	50 239	19.1	346 268	13.4
抗菌素(制剂除外)	公斤	8 803 787	6.3	145 013	27.2
抗菌素制剂	公斤	3 420 708	38.4	16 940	30.7
维生素 B12	公斤	999 395	20.1	37 327	11.4
维生素 C	公斤	31 733 790	20.1	113 730	-4.5

11—24 续表 2　　(2005 年)　　计量单位:千美元

商品名称	计量单位	数量	比上年增长(%)	金额	比上年增长(%)
咖啡因	公斤	1 900 961	5.4	10 935	21.2
中式成药	公斤	38 398	49.5	752	139.2
医用敷料	公斤	371 228	46.5	1 577	25.9
口腔及牙齿清洁剂	公斤	1 056	—	1	—
洗衣粉	公斤	322 120	-53.1	117	-54
烟花、爆竹	公斤	1 861 793	21.2	2 397	-1.5
初级形状的聚氯已烯	公斤	170 500	28 603.7	132	15 633.2
新的充气橡胶轮胎	条	73 045	81.7	36	-53.8
家用或装饰用木制品	公斤	150 360	52.8	284	25.6
纸及纸板(未切成形的)	公斤	548 205	8.9	314	-4.9
纺织纱线、织物及制品		—	—	253 910	-1
棉纱线	吨	24	-96.6	70	-96.7
含合成短纤 > = 85%的纱线(除缝纫线)	吨	88	1 258 157.1	220	270 998.8
合成短纤与棉混纺纱线(除缝纫线)	吨	21	-63.2	43	-65.1
含人造短纤 > = 85%的纱线(除缝纫线)	吨	4	—	13	—
丝织物:	米	199 157	67.8	411	51.3
坯绸	米	166 312	89.2	319	58.2
其他丝绸	米	32 845	6.7	92	31.6
毛纺机织物	米	105 933	390.8	2 337	1 830.4
棉机织物	万米	5 080	-29.4	57 832	-22.9
棉坯布	万米	1 139	-28.9	7 447	-27.2
棉与化纤混纺坯布	万米	280	26.3	1 367	36.5
其他棉机织物	万米	3 661	-31.9	49 018	-23.1
亚麻及苎麻机织物	万米	18	-71.4	275	-68.6
合成短纤与棉混纺机织物	万米	9 783	-8.3	56 899	-2.8
聚脂与棉混纺坯布	万米	1 550	-3.9	7 520	-4.9
其他合成短与棉混纺机织物	万米	8 232	-9.1	49 379	-2.4
人造纤维短纤机织物	米	384 651	65.6	965	99
地毯	平方米	1 362 326	18.3	11 597	51.1
棉浴巾	条	8 093 223	91.3	8 532	76.7
针织或钩编的台布、盘垫	个	296 737	33.8	206	-16.7
麻袋	条	—	-100	—	-100
塑料编织袋(不包括周转袋)	条	13 655 582	157.4	3 942	75.8
水泥	吨	37 036	9.4	2 259	15.5
花岗岩石材及制品	吨	1 299	26.8	516	69.6

11—24 续表 3　　　　(2005 年)　　　　计量单位:千美元

商　品　名　称	计量单位	数　量	比上年增长(%)	金　额	比上年增长(%)
平板玻璃	万平米	23	61.2	707	119.3
玻璃制品		—	—	14 257	7.3
家用陶瓷器	吨	21 411	-5.6	15 179	5.4
陶瓷卫生设备	万件	37	16.7	2 123	4
瓷　砖	万平米	81	124.7	2 698	152.8
装饰用陶瓷制品	吨	42	59	61	166.3
珍珠、宝石及半宝石		—	—	4	—
生铁及镜铁	吨	250	—	90	—
硅　铁	吨	1 952	58.8	1 174	38.1
钢坯及粗锻件	吨	41 584	48.7	15 071	42.6
钢　材	吨	299 724	1.3	192 155	10.7
钢铁棒材	吨	129 897	-4.9	60 466	2.7
角钢及型钢	吨	23 322	25.6	17 399	35.9
钢铁板材	吨	4 983	373.5	2 417	280.6
钢铁线材	吨	37 010	-26.2	21 248	-27.8
钢铁管配件	吨	71 811	0.9	71 148	15
未锻造的铜及铜材	吨	321	48.3	1 496	70.9
未锻造的铜及铜合金	吨	40	—	151	—
铜　材	吨	281	29.8	1 345	53.6
未锻造的铝及铝材	吨	848	131.5	2 597	167.4
未锻造的铝及铝合金	吨	—	-100	—	-100
铝　材	吨	848	193	2 597	212.9
未锻造的锰	吨	100	-28.6	178	-25
钢铁或铜制标准紧固件	吨	4 660	11.5	4 101	32.8
钢丝布、网、篱、格栅	吨	53 282	-0.1	51 292	4
不锈钢厨具、餐具等家用器具	吨	50	154.9	281	177.7
成套餐具	吨	5	-45.6	22	-43.7
手用或机用工具	吨	13 594	10	33 946	28.3
锁	吨	399	51	826	29.3
电　扇	台	33 218	113.8	633	105
纺织机械及零件		—	—	568	728
普通缝纫机	台	—	-100	—	-100
金属加工机床	台	34 277	71.2	1 111	32.5
车　床	台	28	55.6	129	285.8
电子计算器(包括袖珍计算记录重现机)	台	6 410	—	1	—

11—24 续表 4　　(2005 年)　　计量单位:千美元

商品名称	计量单位	数量	比上年增长(%)	金额	比上年增长(%)
自动数据处理设备及其部件	台	9 636	16 513.8	8	-39.3
数字式自动数据处理设备	台	3	-92.9	2	-84.5
微型电脑	台	2	-95.1	1	-88.1
输入输出部件	台	9 433	104 711.1	6	450.9
键盘、鼠标器	台	9 429	—	4	—
自动数据处理设备的零件	吨	1	—	20	—
阀门零件	吨	4 902	2.1	15 772	10.7
轴承	万个	358	25.1	1 545	18
链轮等齿轮传动装置	万个	806	-6.9	30 457	1.4
电动机及发电机	台	1 059 712	127.6	27 565	38.4
变压器	台	—	-100	—	-100
静止式变流器	台	11 226	-32	63	-10.8
原电池	万只	—	-100	—	-100
蓄电池	万只	1	-52.4	235	-40.2
手电筒	只	100 938	199.7	33	107.6
扬声器	只	176 655	-78.8	669	-66.1
录、放像机	台	20	100	6	849.8
录音机及收录(放)音组合机(含整套散件)	台	150	—	7	—
收音机	台	34 980	—	6	—
电视机(包括整套散件)	台	398	-91.5	18	-76.6
彩色电视机(含整套散件)	台	—	-100	—	-100
黑白电视机(含整套散件)	台	398	-91.5	18	-76
录放音、像机及唱机的零附件		—	—	2	-96.5
电视、收音机及无线电讯设备零件	吨	2 941	-34.8	6 970	-39.3
液晶显示器	只	4 307 016	-51.3	2 679	-54.9
电容器	公斤	26 467	-27.3	282	-28.5
通断及保护电路装置		—	—	728	46.5
二极管及类似半导体器件	万只	74	25.4	32	27.2
集成电路及微电子组件	万只	—	-100	49	-76.4
电线和电缆	吨	261	5.6	763	21.5
汽车和汽车底盘	个	43	95.5	153	-47.2
汽车零件		—	—	9 380	1.8
摩托车	架	811	360.8	318	3 047.9
自行车	架	12 604	100.6	362	195.6
摩托车及自行车的零件		—	—	8 004	71

11—24 续表 5　　(2005 年)　　计量单位:千美元

商品名称	计量单位	数量	比上年增长(%)	金额	比上年增长(%)
船舶	艘	1	-66.7	1	-94.5
照相机	架	4 240	—	17	—
复印机	台	—	-100	—	-100
医疗仪器及器械		—	—	2 813	40.8
手表	只	16 150	-53.9	2	-93.1
电动手表	只	16 150	-53.9	2	-93.1
日用钟	只	57 740	4 274.2	12	754
家具及其零件		—	—	4 545	-5.5
床垫、寝具及类似品		—	—	7 627	38.8
灯具、照明装置及类似品		—	—	6 603	34.9
旅行用品及箱包		—	—	11 294	47.2
体育用品及设备		—	—	5 890	-9.7
服装及衣着附件		—	—	1 597 243	55
织物制服装		—	—	309 963	26.7
非针织或钩编织物制服装		—	—	220 475	30.2
针织或钩编的服装		—	—	89 489	19
皮革服装	万件	451	-5.1	434 643	0.4
裘皮服装	公斤	3 328 915	461.9	544 665	279.1
皮革手套	万双	431	-28	10 243	49.6
织物制手套	万双	425	215.1	1 129	103
织物制袜子		—	—	135	-60.1
手帕	条	203 280	-66.4	32	-41.8
帽类	万顶	5 429	13.8	17 884	17.6
PVC 手套	吨	108 442	20.1	228 813	43.8
鞋类		—	—	7 573	45.1
鞋	万双	1 107	3.3	7 443	45.9
外底鞋面为橡胶或塑料制的鞋	万双	63	219.5	524	482.6
皮面鞋	万双	33	118.7	2 865	300.8
橡胶或塑料底纺织材料为面的鞋	万双	62	8.4	592	57.4
鞋靴零件;护腿及类似品	公斤	25 569	-78.8	131	11.3
皮革、毛皮及其制品		—	—	1 063 509	66.6
皮革	吨	1 501	31.5	32 548	7.5
塑料制品	吨	15 578	28.8	28 208	38.3

11—24 续表 6　　　　(2005 年)　　　　计量单位:千美元

商品名称	计量单位	数量	比上年增长(%)	金额	比上年增长(%)
玩具		—	—	3 146	-2.4
游戏机	台	—	-100	—	-100
圣诞用品	吨	84	-34.3	263	-59.9
足球、篮球、排球	个	380	—	1	—
铅笔	吨	1	-92.6	3	-93.2
艺术珍藏品及古董		—	—	1	-93.1
伞	万把	124	28.1	1 065	20
竹编结品	吨	28	0.2	63	19.4
藤编结品	吨	4	3 154.2	7	17 259.5
草编结品	吨	438	139.9	1 318	183.9
柳编结品	吨	617	-24.8	1 293	-15.1
鬃刷	万把	319	63	559	66.1
人造花	吨	90	125.7	390	60.1
热水瓶	个	50 134	-42.1	216	-7.6
机电产品		—	—	581 372	19
金属制品		—	—	351 098	18
机电仪产品及设备		—	—	230 274	20.5
机械及设备		—	—	125 150	26.7
电器及电子产品		—	—	61 250	-0.2
运输工具		—	—	23 445	49.1
仪器仪表		—	—	11 164	75.4
其他		—	—	9 266	5.4
高技术产品		—	—	62 510	38.6
生物技术		—	—	464	-66.6
生命科学技术		—	—	49 852	63.9
光电技术		—	—	48	-61.7
计算机与通信技术		—	—	7 656	-35.5
电子技术		—	—	652	24.4
计算机集成制造技术		—	—	3 742	448.5
材料技术		—	—	48	83.7
航空航天技术		—	—	48	13.6

十二、教育 科技 文化

普通高等学校基本情况

12—1　　(2005年)　　计量单位:人

行 政 单 位	毕业生数	招生人数	在校学生数	教职工数	
					#专任教师
全 市 合 计	**62 744**	**85 976**	**262 715**	**25 499**	**14 521**
河北体育学院	992	765	3 655	391	276
河北科技大学	5 617	4 760	19 992	2 500	1 194
河北医科大学	4 005	3 491	17 106	2 485	1 556
河北师范大学	6 658	4 754	22 238	3 259	1 551
河北经贸大学	5 561	3 113	15 685	2 163	1 115
河北青年管理干部学院	700	930	1 659	—	—
河北师范大学汇华学院	1 341	2 221	7 411	515	388
河北经贸大学经济管理学院	1 124	1 879	6 551	383	290
河北医科大学临床学院	—	1 930	7 185	289	168
河北科技大学理工学院	385	2 272	7 870	299	182
河北管理干部学院	1 026	994	2 995	—	—
河北省广播电视大学	3 684	7 100	13 665	—	—
河北地质职工大学	34	312	911	—	—
河北公安警察职业学院	398	962	2 418	211	123
河北女子职业技术学院	—	370	403	120	76
河北通信职业技术学院	—	—	96	143	46
河北政法职业学院	4 465	4 280	8 128	627	349
河北省艺术职业学院	120	157	521	258	167
河北工业职业技术学院	3 085	3 382	8 935	646	445
河北交通职业技术学院	690	2 007	5 266	420	270
河北化工医药职业技术学院	779	1 806	5 362	309	209

12—1 续表　　(2005 年)　　计量单位:人

行　政　单　位	毕业生数	招生人数	在校学生数	教职工数	# 专任教师
军械工程学院信息与管理学院	475	424	2 268	226	135
石家庄铁道学院	3 921	3 360	12 122	1 436	758
石家庄学院	3 626	5 221	12 796	1 086	691
石家庄经济学院	4 668	3 907	16 836	1 376	775
石家庄医学高等专科学校	—	3 765	5 981	764	384
石家庄职工大学	165	420	765	—	—
石家庄铁道学院四方学院	954	1 497	5 780	311	251
石家庄经济学院华信学院	282	1 686	4 852	322	218
石家庄信息工程职业学院	979	2 763	7 926	1 103	499
石家庄邮电职业技术学院	—	1 468	3 516	409	219
石家庄职业技术学院	2 813	3 096	9 550	620	446
石家庄铁路职业技术学院	2 580	1 617	5 739	422	300
石家庄计算机职业学院	198	918	1 895	193	116
石家庄外国语职业学院	351	498	1 198	162	78
石家庄影视艺术职业学院	259	1 097	1 615	233	133
石家庄法商职业学院	642	1 863	4 163	336	235
石家庄外经贸职业学院	150	781	1 350	141	62
石家庄东方美术职业学院	4	678	1 093	190	115
石家庄联合技术职业学院	13	785	1 080	114	69
石家庄外语翻译职业学院	—	1 650	2 787	530	365
石家庄科技信息职业学院	—	447	576	406	189
石家庄工商职业学院	—	550	775	101	78

中等专业学校基本情况

12—2

（2005 年）

计量单位：人

行政单位	毕业生数	招生人数	在校学生数	教职工数	#专任教师
全市总计	**13 354**	**21 902**	**53 651**	**4 110**	**2 306**
石家庄市艺术学校	284	301	905	134	110
石家庄太行艺术中等职业学校	—	60	60	16	8
石家庄天同中等专业学校	171	100	451	11	8
石家庄协和医学中等专业学校	310	335	1 252	152	98
石家庄农业学校	200	403	1 073	146	82
石家庄圣奇科技中等专业学校	—	50	50	10	2
石家庄市城乡建设学校	282	284	784	84	50
河北启迪中等专业学校	23	27	43	20	6
河北商务科技学校	244	51	626	164	67
石家庄外语翻译中等专业学校	—	234	589	139	81
石家庄博信科技中等专业学校	—	38	85	26	10
石家庄东方电脑、家政中等专业学校	730	350	1 446	145	102
石家庄燕京中等专业学校	—	13	13	48	6
石家庄商务外贸中等专业学校	140	180	330	24	14
石家庄和平医学中等专业学校	317	257	648	102	31
河北同仁医学中等专业学校	135	441	700	59	36
石家庄现代经贸中专学校	—	177	295	25	10
石家庄博艺美术中等专业学校	—	48	186	9	4
石家庄市双兴中等专业学校	—	228	228	17	9
石家庄开拓计算机中等专业学校	107	338	518	42	30
石家庄市轻工中等专业学校	368	479	916	64	18
石家庄工商科技中等专业学校	—	175	336	40	26
河北经济管理学校	274	1 038	3 263	144	75
河北商贸学校	1 200	1 328	3 788	189	89

12—2 续表　　(2005 年)　　计量单位:人

行政单位	毕业生数	招生人数	在校学生数	教职工数	#专任教师
河北银行学校	603	499	1 274	152	89
石家庄工程技术学校	1 796	1 878	4 669	328	168
石家庄冀联医学中等专业学校	306	724	2 896	152	137
石家庄市体育运动学校	150	85	265	41	19
石家庄铁路运输学校	906	2 739	5 677	407	216
石家庄卫生学校	2 070	1 929	5 796	186	101
石家庄科普计算机中等专业学校	495	108	867	62	36
石家庄新华中等专业学校	354	1 024	1 661	165	48
石家庄市广通印刷中等专业学校	—	260	260	15	13
石家庄博伦医学中等专业学校	186	700	1 064	62	36
石家庄振华中等专业学校	—	345	345	19	7
石家庄北方残疾人中等专业学校	—	175	175	45	27
石家庄军兴信息工程中等专业学校	—	266	854	43	33
河北城乡建设学校	608	1 609	3 726	189	130
石家庄市张丽美术中等专业学校	64	42	194	35	24
石家庄中英商贸外语中专学校	279	546	951	43	36
石家庄建华医学中等专业学校	208	—	97	36	12
石家庄市华兴科技工程学校	60	157	525	20	14
河北旅游管理中等专业学校	197	118	229	22	16
石家庄华北工程技术专业学校	—	185	285	89	50
石家庄大安福利中等专业学校	—	51	51	18	6
石家庄育英武术中等专业学校	—	80	87	16	12
石家庄育英经济管理中等专业学校	25	347	691	36	28
正定县技工学校	—	775	1 483	42	27
灵寿县农业技术中专学校	251	300	910	58	40
石家庄华韵艺术中等专业学校	11	25	34	19	9

技工学校基本情况

12—3

（2005 年）

计量单位：人

行政单位	毕业生数	招生人数	在校学生数	教职工数	#专任教师
全市合计	**5 491**	**8 557**	**19 844**	**2 096**	**1 019**
河北省职业技能培训指导中心技工学校	350	292	401	30	4
河北省劳动厅技工学校	132	173	304	101	44
石家庄铁路高级技工学校	33	89	228	198	58
石家庄市高级技工学校	624	1 141	2 487	170	67
辛集市劳动技工学校	58	41	200	37	32
行唐县劳动技工学校	—	88	122	20	11
西柏坡劳动技工学校	110	384	640	20	14
正定县劳动技工学校	294	909	1 524	42	17
藁城市劳动技工学校	115	—	635	32	18
鹿泉市劳动技工学校	68	111	262	55	38
元氏县劳动技工学校	—	47	130	27	17
赞皇县劳动技工学校	50	92	196	11	7
高邑县劳动技工学校	—	—	—	5	1
赵县劳动技工学校	—	—	—	16	14
栾城县劳动技工学校	84	74	117	25	17
井陉矿区劳动技工学校	207	408	550	46	41
无极县劳动技工学校	—	—	—	17	12
河北省地勘局技工学校	58	166	729	116	64
河北省接待服务技工学校	71	26	169	14	8
河北省交通职业技术学校	227	345	1 010	113	47
河北省机电技工学校	19	549	1 200	90	35
河北省邮政技工学校	—	—	—	86	30

12—3 续表　　　　　　　　(2005 年)　　　　　　　　计量单位:人

行政单位	毕业生数	招生人数	在校学生数	教职工数	# 专任教师
河北旅游饭店管理中等专业学校技工班	105	117	235	15	7
石家庄市机械技工学校	584	649	1 883	105	52
石家庄市轻工技工学校	368	395	889	65	39
石家庄市交通技工学校	120	87	400	78	25
石家庄市粮食技工学校	41	30	110	18	3
石家庄市建材技工学校	—	3	21	8	4
石家庄市供销技工学校	120	105	280	30	10
石家庄市电子技工学校	65	189	514	65	50
石家庄市第一职业中专技工班	271	90	207	26	26
石家庄市饮食集团公司技工学校	63	74	291	21	12
石家庄市国大集团技工学校	148	66	163	10	7
石家庄市新燕春集团技工班	326	155	534	16	3
华北制药集团有限责任公司技工学校	157	528	1 184	57	36
石家庄钢铁有限责任公司技工学校	30	—	169	21	17
石家庄飞机工业有限责任公司技工学校	37	—	68	9	2
石家庄工业工程技工学校	80	113	240	11	7
石家庄金钢内燃机零部件集团有限公司技工学校	49	42	133	12	7
石家庄泵业集团有限责任公司技工学校	54	30	110	10	6
石家庄市阀门二厂技工学校	58	38	143	8	6
石家庄铁路运输技工学校	30	65	110	90	29
中国人民解放军通用装备职业技术学校	203	328	725	70	36
石家庄市长安机电技工学校	—	192	170	51	20
石家庄市铁路职业技工学校	82	326	361	29	19

普通中学基本情况

12—4

（2005 年）

计量单位：人

行政单位	学校数（所）	毕业生数	普通初中	普通高中	招生人数	普通初中	普通高中
全市总计	**660**	**269 639**	**198 048**	**71 591**	**248 039**	**162 136**	**85 903**
市区合计	110	50 134	30 643	19 491	54 673	27 620	27 053
#长安区	25	8 550	5 659	2 891	8 444	4 465	3 979
桥东区	18	4 637	3 462	1 175	4 455	2 851	1 604
桥西区	13	7 723	4 916	2 807	8 642	4 527	4 115
新华区	21	9 153	6 948	2 205	10 459	7 250	3 209
裕华区	16	11 583	8 172	3 411	10 102	7 169	2 933
矿区	4	1 779	1 260	519	1 748	1 065	683
井陉县	25	9 159	7 125	2 034	7 280	5 403	1 877
正定县	31	15 557	11 658	3 899	11 477	6 453	5 024
栾城县	19	11 130	9 003	2 127	8 448	6 664	1 784
行唐县	47	12 882	9 438	3 444	12 012	7 854	4 158
灵寿县	38	9 930	7 618	2 312	9 252	7 122	2 130
高邑县	14	6 715	4 519	2 196	4 829	2 981	1 848
深泽县	18	6 971	5 595	1 376	5 927	4 352	1 575
赞皇县	19	7 746	6 585	1 161	5 804	4 512	1 292
无极县	28	12 783	10 043	2 740	10 279	7 369	2 910
平山县	42	12 657	10 086	2 571	11 422	7 835	3 587
元氏县	37	10 965	9 140	1 825	9 936	7 921	2 015
赵县	43	19 543	15 255	4 288	17 752	13 362	4 390
辛集市	53	21 016	14 391	6 625	20 552	12 695	7 857
藁城市	50	22 297	17 406	4 891	23 993	16 492	7 501
晋州市	32	14 297	11 084	3 213	12 787	9 302	3 485
新乐市	29	13 137	9 468	3 669	12 681	8 788	3 893
鹿泉市	25	12 720	8 991	3 729	8 935	5 411	3 524

12—4 续表　　（2005 年）　　计量单位：人

行政单位	在校学生数			教职工数	
		普通初中	普通高中		#专任教师
全市总计	**761 155**	**515 943**	**245 212**	**50 857**	**3 926**
市区合计	152 244	80 426	71 818	11 225	1 291
#长安区	24 143	13 432	10 711	1 830	206
桥东区	12 606	8 410	4 196	1 230	216
桥西区	24 209	13 351	10 858	1 638	77
新华区	27 821	20 065	7 756	1 907	102
裕华区	30 457	20 949	9 508	2 429	81
矿区	5 459	3 526	1 933	424	80
井陉县	23 379	17 787	5 592	1 636	145
正定县	36 192	22 945	13 247	2 917	177
栾城县	27 621	21 675	5 946	2 084	249
行唐县	38 220	25 810	12 410	2 239	49
灵寿县	30 103	22 354	7 749	1 908	67
高邑县	15 565	9 941	5 624	1 190	53
深泽县	18 344	13 934	4 410	1 081	55
赞皇县	19 498	15 647	3 851	1 196	69
无极县	35 284	26 894	8 390	2 278	186
平山县	35 458	25 272	10 186	2 471	150
元氏县	30 450	23 873	6 577	2 212	180
赵县	56 150	42 625	13 525	3 206	251
辛集市	60 119	37 991	22 128	3 877	81
藁城市	71 497	51 127	20 370	4 093	288
晋州市	39 996	29 070	10 926	2 373	311
新乐市	40 357	29 138	11 219	2 394	131
鹿泉市	30 678	19 434	11 244	2 477	193

职业中学基本情况

12—5 (2005 年) 计量单位:人

行政单位	学校数(所)	毕业生数	招生人数	在校学生数	教职工数	#专任教师
全市总计	**63**	**23 427**	**29 961**	**81 142**	**5 042**	**3 926**
市区合计	24	8 013	9 789	28 260	1 846	1 291
#长安区	6	902	1 115	3 397	268	206
桥东区	6	1 301	1 769	5 099	305	216
桥西区	2	437	452	1 425	95	77
新华区	1	677	784	2 460	144	102
裕华区	1	592	837	2 464	148	81
矿区	3	806	770	1 862	104	80
井陉县	1	705	852	2 487	167	145
正定县	5	785	772	2 923	208	177
栾城县	2	610	1 619	3 536	287	249
行唐县	1	900	1 076	3 061	86	49
灵寿县	1	120	792	1 488	67	67
高邑县	1	280	296	640	74	53
深泽县	1	312	575	1 498	75	55
赞皇县	1	396	437	1 329	94	69
无极县	2	597	1 319	3 357	233	186
平山县	3	515	1 368	2 841	169	150
元氏县	2	1 104	434	2 254	201	180
赵县	1	1 494	1 161	3 768	268	251
辛集市	1	375	1 610	2 402	100	81
藁城市	4	1 690	2 082	5 611	376	288
晋州市	11	3 003	2 830	7 947	368	311
新乐市	1	1 117	1 134	3 349	177	131
鹿泉市	1	1 411	1 815	4 391	246	193

小学基本情况

12—6 (2005年) 计量单位:人

行政单位	学校数(所)	毕业生数	招生人数	在校学生数	教职工数	#专任教师
全市总计	**2 688**	**162 577**	**97 603**	**716 448**	**43 870**	**41 664**
市区合计	230	25 547	24 105	157 624	8 597	7 940
#长安区	35	4 639	4 326	29 234	1 551	1 453
桥东区	32	3 670	3 166	20 992	1 234	1 142
桥西区	37	4 583	4 922	30 623	1 415	1 307
新华区	51	5 857	5 844	37 287	1 944	1 780
裕华区	22	5 695	5 046	33 725	1 835	1 700
矿区	53	1 103	801	5 763	618	558
井陉县	73	5 576	3 604	27 083	1 709	1 598
正定县	116	6 340	4 745	31 848	2 223	2 172
栾城县	113	7 027	3 047	30 180	1 971	1 872
行唐县	178	7 854	4 608	32 053	1 956	1 911
灵寿县	223	6 826	3 369	25 603	1 798	1 678
高邑县	79	3 080	1 384	11 508	1 126	1 094
深泽县	65	4 352	2 176	17 580	1 311	1 288
赞皇县	92	4 455	2 579	17 844	1 343	1 319
无极县	156	7 985	4 630	33 863	2 460	2 311
平山县	365	8 282	4 682	35 124	2 239	2 192
元氏县	150	9 582	6 279	39 219	2 189	2 072
赵县	157	13 318	6 746	54 554	2 688	2 600
辛集市	188	10 826	5 670	43 350	2 709	2 595
藁城市	181	16 492	6 278	56 921	3 185	3 028
晋州市	130	10 961	5 000	38 214	2 281	2 201
新乐市	95	8 730	5 121	38 572	2 201	2 089
鹿泉市	97	5 344	3 580	25 308	1 884	1 704

全市专业技术人员情况

12—7

（2005 年）

计量单位：人

行业名称	中专以上学历人员	无学历有职称人员	行业名称	中专以上学历人员	无学历有职称人员
总　　计	**454 269**	**17 953**	（五）建 筑 业	1 633	361
Ⅰ、国有经济单位合计	383 442	12 148	（六）交通运输、仓储和邮政业	751	86
一、按隶属关系分组			（七）信息传输、计算机服务和软件业	10	14
1.中　央	55 963	1 808	（八）批发和零售业	4 152	560
2.地　方	327 479	10 340	（九）住宿和餐饮业	722	17
二、按企业、事业、机关分组			（十）金 融 业	3 812	353
（一）企　业	120 111	6 263	（十一）房 地 产 业	58	5
1.中　央	45 151	1 497	（十二）租赁和商务服务业	830	44
2.地　方	74 960	4 766	（十三）科学研究、技术服务和地质	22	2
（二）事　业	184 937	4 619	（十四）水利、环境和公共设施管理业	162	—
1.中　央	5 934	260	（十五）居民服务和其他服务业	279	30
2.地　方	179 003	4 359	（十六）教　育	325	5
（三）机　关	78 394	1 266	（十七）卫生、社会保障和社会福利业	1 518	139
1.中　央	4 878	51	（十八）文化、体育和娱乐业	287	146
2.地　方	73 516	1 215	（十九）公共管理和社会组织	416	32
三、按国民经济行业分组			Ⅲ、其他各种单位合计	46 604	2 495
（一）农、林、牧、渔业	2 934	96	（一）内　资	35 388	2 311
（二）采 矿 业	1 668	9	1 股 份 合 作	5 164	186
（三）制 造 业	44 110	2 063	2.联　营	33	4
（四）电力、燃气及水的生产和供应业	7 904	223	3.有限责任公司	15 469	1 291
（五）建 筑 业	10 669	948	4.股份有限公司	14 394	830
（六）交通运输、仓储和邮政业	10 887	450	5.其　他	328	—
（七）信息传输、计算机服务和软件业	4 379	38	（二）港澳台投资经济	7 043	132
（八）批发和零售业	21 844	1 856	（三）外 商 投 资	4 173	52
（九）住宿和餐饮业	5 150	84	二、按企业、事业分组		
（十）金 融 业	14 199	416	1.企　业	46 589	2 492
（十一）房 地 产 业	1 723	70	2.事　业	15	3
（十二）租赁和商务服务业	2 448	30	三、按国民经济行业分组		
（十三）科学研究、技术服务和地质勘查业	14 258	557	（一）农、林、牧、渔业	3	3
（十四）水利、环境和公共设施管理业	5 755	509	（二）采 矿 业	56	—
（十五）居民服务和其他服务业	849	120	（三）制 造 业	27 849	1 504
（十六）教　育	112 927	753	（四）电力、燃气及水的生产和供应	2 581	76
（十七）卫生、社会保障和社会福利业	25 522	1 839	（五）建 筑 业	3 076	746
（十八）文化、体育和娱乐业	9 182	570	（六）交通运输、仓储和邮政业	763	7
（十九）公共管理和社会组织	87 034	1 517	（七）信息传输、计算机服务和软件	1 059	5
Ⅱ、城镇及集体经济单位合计	24 223	3 310	（八）批发和零售业	4 899	76
一、按企业、事业、机关分组			（九）住宿和餐饮业	610	—
1.企　业	21 356	2 889	（十）金 融 业	4 618	58
2.事　业	2 495	389	（十一）房 地 产 业	254	15
3.机　关	372	32	（十二）租赁和商务服务业	603	—
二、按国民经济行业分组			（十三）科学研究、技术服务和地质	92	5
（一）农、林、牧、渔业	92	102	（十五）居民服务和其他服务业	113	—
（三）制 造 业	9 094	1 414	（十六）教　育	20	—
（四）电力、燃气及水的生产和供应业	60	—	（十八）文化、体育和娱乐业	8	—

分县(市)区人才资源调查情况

12—8

(2005年)

计量单位:人

行政单位	人才总数	国有单位	非国有单位	城镇集体单位	非公职(农民技术员)	劳动年龄人口数	人才密度指数
石家庄市	**669 597**	**403 463**	**260 872**	**3 287**	**1 975**	**6 489 178**	**10.32**
市区合计	356 441	228 498	126 295	1 387	261	1 665 147	21.41
#长安区	40 296	5 326	34 936	34	—	299 939	13.45
桥东区	7 212	3 977	2 987	248	—	240 315	3.00
桥西区	17 848	4 558	13 108	167	15	328 012	5.44
新华区	18 638	6 168	12 317	110	43	351 668	5.30
裕华区	32 481	5 646	26 794	25	16	338 475	9.60
矿区	5 184	2 350	2 589	58	187	63 612	8.15
高新区	24 373	2 044	22 329	—	—	40 641	59.97
井陉县	17 721	8 710	8 867	80	64	218 818	8.10
正定县	43 351	13 464	29 138	574	175	297 499	14.57
栾城县	14 288	8 553	5 327	223	185	209 060	6.83
行唐县	11 768	10 355	1 333	—	80	270 176	4.36
灵寿县	9 434	8 384	963	—	87	216 798	4.35
高邑县	15 293	5 492	9 678	—	123	127 181	12.02
深泽县	7 139	5 923	993	188	35	169 970	4.20
赞皇县	6 973	6 807	149	17	—	151 721	4.60
无极县	16 442	9 731	6 651	25	35	335 109	4.90
平山县	17 712	11 652	5 757	188	115	301 606	5.87
元氏县	11 499	10 232	1 213	19	35	234 485	4.90
赵县	18 771	11 832	6 713	226	—	376 644	4.98
辛集市	33 596	14 802	18 727	7	60	428 692	7.84
藁城市	20 752	16 704	3 883	9	156	510 688	4.06
晋州市	21 939	11 445	10 290	30	174	367 950	5.96
新乐市	31 816	10 854	20 811	21	130	299 277	10.63
鹿泉市	14 662	10 025	4 084	293	260	308 357	4.75

分县(市)区科技经费支出情况

12—9　　　　(2005年)　　　　计量单位:万元

行政单位	科学事业费	科技三项费	科技三项费占财政支出比重(%)
全市总计	**4 519**	**17 149**	**1.59**
市区合计	3 755	11 682	2.10
#长安区	16	651	2.09
桥东区	12	314	1.12
桥西区	34	301	0.94
新华区	9	996	2.68
裕华区	31	525	1.55
矿区	28	134	0.85
高新区	—	1 606	4.18
井陉县	6	355	1.15
正定县	216	437	1.21
栾城县	23	316	1.15
行唐县	4	181	0.73
灵寿县	29	183	0.74
高邑县	32	330	2.21
深泽县	40	162	0.95
赞皇县	48	98	0.53
无极县	13	272	1.03
平山县	39	555	1.28
元氏县	47	224	0.93
赵县	53	140	0.46
辛集市	38	288	0.60
藁城市	21	675	1.25
晋州市	73	412	1.30
新乐市	23	422	1.43
鹿泉市	59	417	0.94

全市工业企业科技活动人员情况

12—10 (2005 年) 计量单位：人

指标名称	有科技活动的企业（个）	科技活动人员	# 科学家和工程师	# R&D 人员	# 机构人员	R&D 人员折合全时当量（人年）
总计	**152**	**15 253**	**10 156**	**8 047**	**6 012**	**6 941**
总计中：国有控股企业	70	10 250	6 797	5 980	3 529	5 259
一、按企业规模分组						
大中型	90	13 816	9 141	7 561	5 228	6 525
大型企业	18	7 480	4 784	4 737	2 294	4 246
中型企业	72	6 336	4 357	2 824	2 934	2 280
小型企业	62	1 437	1 015	486	784	416
二、按登记注册类型分组						
内资企业	136	14 018	9 592	7 799	5 448	6 774
国有企业	33	3 942	3 062	1 918	1 305	1 490
集体企业	7	182	161	71	80	44
股份合作企业	3	223	218	185	134	185
有限责任公司	49	5 167	3 902	2 668	1 844	2 364
国有独资公司	12	3 332	2 656	1 762	1 033	1 626
其他有限责任公司	37	1 835	1 246	906	811	739
股份有限公司	23	3 544	1 535	2 511	1 397	2 299
私营企业	19	954	709	446	685	392
私营独资企业	1	40	3	5	5	4
私营有限责任公司	13	471	285	147	331	135
私营股份有限公司	5	443	421	294	349	253
其他企业	2	6	5	—	3	—
港、澳、台商投资企业	7	678	242	109	329	59
合资经营企业（港或澳、台资）	6	669	233	109	320	59
合作经营企业（港或澳、台资）	1	9	9	—	9	—
外商投资企业	9	557	322	139	235	108
中外合资经营企业	5	97	97	49	57	41
外资企业	3	412	217	82	178	66
外商投资股份有限公司	1	48	8	8	—	2

12—10续表　　　　(2005年)　　　　计量单位:人

行业名称	有科技活动的企业（个）	科技活动人员（人）	#科学家和工程师	#R&D人员	#机构人员	R&D人员折合全时当量（人年）
三、按工业行业大类分组						
采矿业	1	50	15	—	—	—
煤炭开采和洗选业	1	50	15	—	—	—
制造业	145	14 826	9 793	7 978	5 960	6 905
农副食品加工业	3	56	13	8	3	2
食品制造业	3	563	484	348	130	227
饮料制造业	2	64	62	64	48	27
烟草制品业	1	22	22	22	—	22
纺织业	11	2 235	386	2 009	769	1 941
纺织服装、鞋、帽制造业	2	41	27	9	18	—
皮革、毛皮、羽毛(绒)及其制品业	1	26	5	15	15	—
木材加工及木、竹、藤、棕、草制品业	1	18	15	—	18	—
造纸及纸制品业	1	9	9	—	9	—
印刷业和记录媒介的复制	2	60	50	41	24	37
石油加工、炼焦及核燃料加工业	2	176	160	93	57	76
化学原料及化学制品制造业	24	1 158	901	599	678	574
医药制造业	14	4 045	3 115	2 047	1 698	1 739
橡胶制品业	1	53	42	—	35	—
塑料制品业	2	6	3	—	2	—
非金属矿物制品业	6	82	31	8	46	7
黑色金属冶炼及压延加工业	5	1 000	782	343	35	259
金属制品业	3	473	399	8	239	8
通用设备制造业	19	1 268	993	438	596	286
专用设备制造业	15	901	736	356	573	291
交通运输设备制造业	9	1 745	921	1 089	592	1 019
电气机械及器材制造业	7	266	234	186	153	159
通信设备、计算机及其他电子设备制造业	7	452	324	282	202	217
仪器仪表及文化、办公用机械制造业	4	107	79	13	20	13
电力、燃气及水的生产和供应业	6	377	348	69	52	37
电力、热力的生产和供应业	4	244	227	63	—	33
水的生产和供应业	2	133	121	6	52	4

全市工业企业科技活动经费筹集情况

12—11 （2005 年） 计量单位：万元

指标名称	科技活动经费筹集总额	# 企业资金	金融机构贷款	来自政府部门资金
总计	**124 699**	**115 832**	**3 542**	**4 956**
总计中：国有控股企业	84 050	79 636	1 923	2 263
一、按企业规模分组				
大中型	116 811	109 700	2 993	3 931
大型企业	79 742	77 286	—	2 445
中型企业	37 069	32 414	2 993	1 486
小型企业	7 888	6 132	549	1 026
二、按登记注册类型分组				
内资企业	116 103	108 031	3 042	4 691
国有企业	38 006	36 460	140	1 230
集体企业	1 056	908	140	8
股份合作企业	1 004	675	230	99
有限责任公司	42 099	38 697	1 937	1 302
国有独资公司	29 580	27 592	1 753	224
其他有限责任公司	12 520	11 105	184	1 079
股份有限公司	24 305	22 463	500	1 342
私营企业	9 608	8 803	95	710
私营独资企业	20	20	—	—
私营有限责任公司	4 082	3 502	85	495
私营股份有限公司	5 506	5 281	10	215
其他企业	26	26	—	—
港、澳、台商投资企业	2 145	2 135	—	10
合资经营企业（港或澳、台资）	2 097	2 087	—	10
合作经营企业（港或澳、台资）	48	48	—	—
外商投资企业	6 452	5 666	500	256
中外合资经营企业	1 076	1 003	—	43
外资企业	5 301	4 606	500	195
外商投资股份有限公司	75	57	—	18

12—11 续表　　（2005 年）　　计量单位：万元

行业名称	科技活动经费筹集总额	# 企业资金	金融机构贷款	来自政府部门资金
三、按工业行业大类分组				
采矿业	515	515	—	—
煤炭开采和洗选业	515	515	—	—
制造业	122 967	114 121	3 542	4 934
农副食品加工业	102	84	—	18
食品制造业	9 951	8 845	30	1 076
饮料制造业	81	81	—	—
烟草制品业	128	128	—	—
纺织业	10 368	10 214	—	154
纺织服装、鞋、帽制造业	31	31	—	—
皮革、毛皮、羽毛(绒)及其制品业	94	94	—	—
木材加工及木、竹、藤、棕、草制品业	1 500	1 500	—	—
造纸及纸制品业	286	273	—	13
印刷业和记录媒介的复制	2 200	2 199	—	—
石油加工、炼焦及核燃料加工业	6 776	6 776	—	—
化学原料及化学制品制造业	11 026	10 491	390	135
医药制造业	42 415	40 497	140	1 758
橡胶制品业	84	84	—	—
塑料制品业	23	23	—	—
非金属矿物制品业	302	245	—	55
黑色金属冶炼及压延加工业	8 836	8 836	—	—
金属制品业	3 665	2 620	535	510
通用设备制造业	4 442	3 906	272	134
专用设备制造业	4 288	3 935	—	353
交通运输设备制造业	9 407	7 397	2 010	—
电气机械及器材制造业	2 171	1 984	15	172
通信设备、计算机及其他电子设备制造业	3 934	3 415	—	343
仪器仪表及文化、办公用机械制造业	858	463	150	215
电力、燃气及水的生产和供应业	1 218	1 196	—	22
电力、热力的生产和供应业	872	862	—	10
水的生产和供应业	346	334	—	12

全市工业企业科技活动经费支出情况

12—12　　(2005 年)　　计量单位:万元

指标名称	科技活动经费内部支出			其中:	
	合计	1.经常费支出	2.科研基建支出	R&D 经费	新产品开发经费
总计	**127 229**	**111 348**	**15 881**	**63 713**	**71 299**
总计中:国有控股企业	82 109	73 442	8 667	43 538	40 908
一、按企业规模分组					
大中型	120 853	105 250	15 603	61 542	66 634
大型企业	79 958	71 146	8 812	44 667	39 934
中型企业	40 895	34 104	6 791	16 875	26 701
小型企业	6 376	6 098	277	2 171	4 665
一、按登记注册类型分组					
内资企业	111 800	101 841	9 959	61 437	63 299
国有企业	39 825	34 210	5 615	20 486	14 332
集体企业	871	816	55	491	698
股份合作企业	941	915	26	645	608
有限责任公司	37 006	35 698	1 307	20 077	24 492
国有独资公司	24 845	23 950	895	12 128	14 335
其他有限责任公司	12 161	11 749	412	7 949	10 157
股份有限公司	26 341	23 506	2 834	16 255	17 670
私营企业	6 791	6 669	122	3 484	5 472
私营独资企业	20	20	—	10	10
私营有限责任公司	3 897	3 775	122	824	3 755
私营股份有限公司	2 874	2 874	—	2 650	1 707
其他企业	26	26	—	—	26
港、澳、台商投资企业	2 106	2 106	—	230	2 096
合资经营企业(港或澳、台资)	2 058	2 058	—	230	2 048
合作经营企业(港或澳、台资)	48	48	—	—	48
外商投资企业	13 323	7 402	5 921	2 046	5 905
中外合资经营企业	2 098	2 098	—	506	676
外资企业	11 150	5 229	5 921	1 537	5 229
外商投资股份有限公司	75	75	—	3	—

12—12 续表　　(2005年)　　计量单位:万元

指标名称	科技活动经费内部支出			其中:	
	合计	1.经常费支出	2.科研基建支出	R&D经费	新产品开发经费
三、按工业行业大类分组					
采矿业	515	515	—	—	460
煤炭开采和洗选业	515	515	—	—	460
制造业	125 989	110 111	15 879	63 603	70 839
农副食品加工业	102	102	—	3	27
食品制造业	10 385	9 629	757	6 742	5 672
饮料制造业	81	81	—	81	68
烟草制品业	128	128	—	128	82
纺织业	12 477	10 386	2 091	8 068	9 275
纺织服装、鞋、帽制造业	114	114	—	12	7
皮革、毛皮、羽毛(绒)及其制品业	94	94	—	94	44
木材加工及木、竹、藤、棕、草制品业	1 500	1 500	—	—	1 500
造纸及纸制品业	286	286	—	—	286
印刷业和记录媒介的复制	1 774	1 774	—	988	—
石油加工、炼焦及核燃料加工业	6 575	6 575	—	443	419
化学原料及化学制品制造业	10 554	10 048	506	3 475	7 925
医药制造业	44 772	33 727	11 045	26 278	20 889
橡胶制品业	84	84	—	—	16
塑料制品业	23	23	—	—	23
非金属矿物制品业	350	350	—	103	234
黑色金属冶炼及压延加工业	7 810	7 805	5	3 472	2 400
金属制品业	3 305	3 287	18	35	3 287
通用设备制造业	4 356	4 330	26	1 460	2 548
专用设备制造业	4 267	3 996	271	2 581	3 291
交通运输设备制造业	10 328	9 357	971	5 821	8 159
电气机械及器材制造业	2 121	1 935	186	1 391	1 925
通信设备、计算机及其他电子设备制造业	3 694	3 692	2	2 319	1 953
仪器仪表及文化、办公用机械制造业	810	810	—	110	810
电力、燃气及水的生产和供应业	724	722	2	110	—
电力、热力的生产和供应业	394	394	—	99	—
水的生产和供应业	330	328	2	12	—

全市工业企业科技机构和项目情况

12—13

（2005 年）

指　标　名　称	企业办科技机构数（个）	科技项目数（项）	新产品项目数（项）	项目经费（万元）
总　计	**128**	**1 369**	**875**	**89 907**
总计中：国有控股企业	57	908	548	53 087
一、按企业规模分组				
大　中　型	81	1 189	739	84 501
大型企业	19	639	409	55 707
中型企业	62	550	330	28 794
小型企业	47	180	136	5 406
二、按登记注册类型分组				
内资企业	118	1 320	841	80 490
国有企业	25	362	152	24 655
集体企业	9	28	10	780
股份合作企业	5	12	10	838
有限责任公司	38	582	416	24 739
国有独资公司	11	363	263	14 061
其他有限责任公司	27	219	153	10 678
股份有限公司	26	231	190	22 809
私营企业	14	103	61	6 642
私营独资企业	1	1	1	10
私营有限责任公司	8	28	28	3 758
私营股份有限公司	5	74	32	2 874
其他企业	1	2	2	26
港、澳、台商投资企业	6	14	11	2 086
合资经营企业（港或澳、台资）	5	13	10	2 038
合作经营企业（港或澳、台资）	1	1	1	48
外商投资企业	4	35	23	7 332
中外合资经营企业	2	15	4	2 098
外资企业	2	19	19	5 229
外商投资股份有限公司	—	1	—	5

12—13 续表　　　　　　　　　　　　(2005 年)

指　标　名　称	企业办科技机构数（个）	科技项目数（项）	新产品项目数（项）	项目经费（万元）
三、按工业行业大类分组				
采　矿　业	—	14	6	515
煤炭开采和洗选业	—	14	6	515
制　造　业	127	1 324	869	88 886
农副食品加工业	1	3	2	32
食品制造业	4	90	59	9 559
饮料制造业	1	6	4	72
烟草制品业	—	6	1	19
纺　织　业	4	70	61	10 221
纺织服装、鞋、帽制造业	4	11	5	22
皮革、毛皮、羽毛(绒)及其制品业	1	—	—	—
木材加工及木、竹、藤、棕、草制品业	1	1	1	1 500
造纸及纸制品业	1	1	1	286
印刷业和记录媒介的复制	1	43	—	1 295
石油加工、炼焦及核燃料加工业	2	20	7	6 320
化学原料及化学制品制造业	24	97	56	9 776
医药制造业	15	484	327	24 268
橡胶制品业	1	4	1	84
塑料制品业	1	2	2	23
非金属矿物制品业	5	8	8	238
黑色金属冶炼及压延加工业	1	32	16	3 682
金属制品业	3	10	10	3 287
通用设备制造业	19	174	113	3 009
专用设备制造业	15	77	56	3 178
交通运输设备制造业	8	66	38	6 966
电气机械及器材制造业	8	50	45	1 838
通信设备、计算机及其他电子设备制造业	5	48	38	2 402
仪器仪表及文化、办公用机械制造业	2	21	18	810
电力、燃气及水的生产和供应业	1	31	—	506
电力、热力的生产和供应业	—	23	—	283
水的生产和供应业	1	8	—	223

全市工业企业新产品和专利情况

12—14

(2005 年)

指　标　名　称	新产品产值(万元)	专利申请数(件)	发明专利(件)
总　　计	**916 161**	**218**	**106**
总计中:国有控股企业	548 298	110	73
一、按企业规模分组			
大　中　型	881 502	194	99
大 型 企 业	593 792	101	83
中 型 企 业	287 709	93	16
小 型 企 业	34 659	24	7
二、按登记注册类型分组			
内 资 企 业	774 309	198	100
国 有 企 业	179 534	33	22
集 体 企 业	3 525	—	—
股份合作企业	1 610	—	—
有限责任公司	322 419	86	61
国有独资公司	224 937	52	38
其他有限责任公司	97 482	34	23
股份有限公司	242 425	37	9
私 营 企 业	24 619	42	8
私营独资企业	1 000	—	—
私营有限责任公司	15 812	38	4
私营股份有限公司	7 807	4	4
其 他 企 业	177	—	—
港、澳、台商投资企业	43 825	14	—
合资经营企业(港或澳、台资)	43 182	14	—
合作经营企业(港或澳、台资)	643	—	—
外商投资企业	98 027	6	6
中外合资经营企业	39 221	—	—
外 资 企 业	58 806	6	6

12—14 续表　　　　　　　　　　(2005 年)

指标名称	新产品产值（万元）	专利申请数（件）	发明专利（件）
三、按工业行业大类分组			
采矿业	89	—	—
煤炭开采和洗选业	89	—	—
制造业	916 072	218	106
农副食品加工业	617	—	—
食品制造业	118 699	16	10
饮料制造业	5 310	—	—
烟草制品业	1 763	—	—
纺织业	80 073	—	—
纺织服装、鞋、帽制造业	1 825	—	—
皮革、毛皮、羽毛(绒)及其制品业	3 743	—	—
木材加工及木、竹、藤、棕、草制品业	18 410	—	—
造纸及纸制品业	34 825	—	—
印刷业和记录媒介的复制	—	4	—
石油加工、炼焦及核燃料加工业	53 261	3	2
化学原料及化学制品制造业	61 834	6	6
医药制造业	190 943	79	71
橡胶制品业	350	—	—
塑料制品业	498	—	—
非金属矿物制品业	333	—	—
黑色金属冶炼及压延加工业	169 508	8	4
金属制品业	4 878	32	2
通用设备制造业	30 025	22	—
专用设备制造业	19 277	17	2
交通运输设备制造业	77 110	17	3
电气机械及器材制造业	6 350	10	6
通信设备、计算机及其他电子设备制造业	34 827	—	—
仪器仪表及文化、办公用机械制造业	1 612	4	—

全市工业企业技术改造和技术获取情况

12—15 (2005年) 单位:万元

指标名称	技术改造经费支出	技术引进经费支出	消化吸收经费支出	购买国内技术经费支出
总计	**130 535**	**7 294**	**11 495**	**3 065**
总计中:国有控股企业	104 270	5 894	11 054	1 743
一、按企业规模分组				
大中型	129 926	7 294	11 495	3 063
大型企业	89 050	5 865	11 122	1 937
中型企业	40 876	1 429	373	1 126
小型企业	609	—	—	2
二、按登记注册类型分组				
内资企业	127 751	7 294	11 495	2 545
国有企业	42 582	1 882	631	603
集体企业	2 062	—	—	2
股份合作企业	130	20	10	5
有限责任公司	30 388	1 042	10 429	556
国有独资公司	5 706	1 042	10 423	439
其他有限责任公司	24 683	—	6	117
股份有限公司	48 104	4 350	345	1 119
私营企业	4 484	—	80	260
私营独资企业	287	—	—	—
私营有限责任公司	51	—	—	—
私营股份有限公司	4 145	—	80	260
港、澳、台商投资企业	48	—	—	—
合资经营企业(港或澳、台资)	48	—	—	—
外商投资企业	2 737	—	—	520
外资企业	60	—	—	520
外商投资股份有限公司	2 677	—	—	—

12—15 续表　　(2005 年)　　单位:万元

指标名称	技术改造经费支出	技术引进经费支出	消化吸收经费支出	购买国内技术经费支出
三、按工业行业大类分组				
采　矿　业	2 814	—	—	—
制　造　业	109 521	7 294	11 495	3 065
食品制造业	2 000	1 400	355	464
纺　织　业	5 778	2 970	86	659
纺织服装、鞋、帽制造业	2	—	—	2
皮革、毛皮、羽毛(绒)及其制品业	152	868	97	—
造纸及纸制品业	30	—	—	—
印刷业和记录媒介的复制	2 877	—	—	9
石油加工、炼焦及核燃料加工业	46 598	75	25	—
化学原料及化学制品制造业	27 043	20	639	149
医药制造业	12 535	1 440	682	1 526
橡胶制品业	500	—	—	—
非金属矿物制品业	16	—	—	—
黑色金属冶炼及压延加工业	1 668	—	9 600	—
金属制品业	150	—	—	—
通用设备制造业	4 218	521	12	57
专用设备制造业	3 391	—	—	72
交通运输设备制造业	1 557	—	—	127
电气机械及器材制造业	194	—	—	—
通信设备、计算机及其他电子设备制造业	812	—	—	—
电力、燃气及水的生产和供应业	18 200	—	—	—
电力、热力的生产和供应业	18 135	—	—	—
水的生产和供应业	65	—	—	—

分县(市)区工业企业科技活动人员情况

12—16

(2005年)

计量单位:人

指标名称	有科技活动的企业(个)	科技活动人员(人)	#科学家和工程师	#R&D人员	#机构人员	R&D人员折合全时当量(人年)
全市合计	**152**	**15 253**	**10 156**	**8 047**	**6 012**	**6 941**
市区合计	105	13 591	9 206	7 644	5 194	6 629
#长安区	1	25	25	25	15	17
桥东区	3	618	218	118	280	68
桥西区	2	19	17	19	—	17
新华区	5	564	447	329	208	244
矿区	1	20	15	1	15	1
裕华区	5	138	120	46	44	36
高新区	16	1 007	859	392	760	367
井陉县	1	60	4	6	—	6
正定县	12	156	95	—	139	—
栾城县	6	247	112	95	186	72
行唐县	1	2	2	—	—	—
灵寿县	2	20	20	12	—	9
高邑县	3	22	16	—	21	—
深泽县	2	141	85	106	126	106
赞皇县	1	28	7	8	15	7
无极县	1	7	6	6	5	6
平山县	1	92	92	92	—	51
元氏县	3	67	46	—	22	—
赵县	3	96	15	5	21	4
辛集市	3	115	60	—	115	—
藁城市	2	291	291	11	71	6
晋州市	2	23	23	12	12	8
新乐市	3	95	74	50	85	37
鹿泉市	1	200	2	—	—	—

分县(市)区工业企业科技活动经费筹集情况

12—17

(2005 年)

计量单位:万元

指标名称	科技活动经费筹集总额	#企业资金	#金融机构贷款	#来自政府部门资金
全市合计	**124 699**	**115 832**	**3 542**	**4 956**
市区合计	108 330	100 829	2 682	4 462
#长安区	83	83	—	—
桥东区	530	521	—	9
桥西区	122	57	—	35
新华区	10 159	9 086	10	1 063
矿区	35	35	—	—
裕华区	755	675	40	40
高新区	9 740	8 318	150	1 272
井陉县	125	80	40	5
正定县	1 909	1 888	—	22
栾城县	1 229	1 057	30	141
行唐县	15	5	—	—
灵寿县	—	—	—	—
高邑县	965	662	140	163
深泽县	615	607	—	8
赞皇县	110	97	—	13
无极县	330	320	10	—
平山县	980	980	—	—
元氏县	788	648	140	—
赵县	314	301	—	13
辛集市	4 406	4 406	—	—
藁城市	1 419	819	500	100
晋州市	65	35	—	30
新乐市	2 799	2 799	—	—
鹿泉市	300	300	—	—

分县(市)区工业企业科技活动经费支出情况

12—18

(2005 年)

计量单位:万元

指标名称	科技活动经费内部支出			其中:	
	合计	1.经常费支出	2.科研基建支出	R&D 经费	新产品开发经费
全市合计	**127 229**	**111 348**	**15 881**	**63 713**	**71 299**
市区合计	106 092	95 777	10 314	57 542	58 695
#长安区	83	83	—	83	—
桥东区	465	460	5	460	210
桥西区	124	122	2	122	110
新华区	11 006	10 309	697	7 066	6 658
矿区	22	22	—	2	—
裕华区	516	466	50	404	449
高新区	7 113	6 967	146	2 562	6 288
井陉县	235	125	110	136	125
正定县	1 873	1 873	—	—	1 793
栾城县	6 481	1 194	5 286	1 575	1 084
行唐县	5	5	—	—	5
灵寿县	1 146	1 146	—	120	120
高邑县	380	380	—	—	112
深泽县	615	615	—	465	615
赞皇县	194	194	—	103	97
无极县	166	154	12	148	147
平山县	980	980	—	980	—
元氏县	788	788	—	—	780
赵县	313	313	—	10	303
辛集市	3 709	3 569	140	—	3 569
藁城市	1 157	1 139	18	19	1 139
晋州市	65	65	—	15	50
新乐市	2 730	2 730	—	2 600	2 645
鹿泉市	300	300	—	—	20

分县(市)区工业企业科技机构和项目情况

12—19

(2005年)

指标名称	企业办科技机构数（个）	科技项目数（项）	新产品项目数（项）	项目经费（万元）
全市合计	**128**	**1 369**	**875**	**89 907**
市区合计	93	1 276	807	74 950
#长安区	1	12	—	83
桥东区	2	2	1	460
桥西区	—	2	1	122
新华区	6	110	79	10 221
矿区	1	1	—	20
裕华区	4	6	6	449
高新区	11	154	92	6 964
井陉县	—	1	1	125
正定县	10	14	12	1 873
栾城县	4	20	18	1 124
行唐县	—	1	1	5
灵寿县	—	2	1	1 146
高邑县	3	3	2	310
深泽县	2	5	5	615
赞皇县	1	1	1	97
无极县	1	1	1	147
平山县	—	4	—	980
元氏县	2	13	2	780
赵县	3	3	3	303
辛集市	3	7	7	3 569
藁城市	2	4	4	1 139
晋州市	1	3	1	65
新乐市	3	11	9	2 679
鹿泉市	—	—	—	—

分县(市)区工业企业新产品和专利情况

12—20

(2005 年)

指标名称	新产品产值(万元)	专利申请数(件)	发明专利(件)
全市合计	**916 161**	**218**	**106**
市区合计	797 361	209	101
#长安区	—	—	—
桥东区	25 770	23	—
桥西区	117	—	—
新华区	137 711	17	10
矿区	—	—	—
裕华区	—	—	—
高新区	34 391	49	11
井陉县	860	—	—
正定县	24 762	—	—
栾城县	1 720	3	3
行唐县	200	—	—
灵寿县	—	—	—
高邑县	—	—	—
深泽县	3 412	5	1
赞皇县	95	—	—
无极县	800	1	1
平山县	2 177	—	—
元氏县	18 627	—	—
赵县	36 141	—	—
辛集市	5 914	—	—
藁城市	13	—	—
晋州市	—	—	—
新乐市	24 079	—	—
鹿泉市	—	—	—

分县(市)区工业企业技术改造和技术获取情况

12—21　　　　　　　　　　　　　　(2005 年)　　　　　　　　　　　　　　单位:万元

指标名称	技术改造经费支出	技术引进经费支出	消化吸收经费支出	购买国内技术经费支出
全市合计	**130 535**	**7 294**	**11 495**	**3 065**
市区合计	125 605	7 294	10 866	2 946
#长安区	1 925	—	—	—
桥东区	108	—	—	—
桥西区	—	—	—	—
新华区	1 981	1 380	351	460
矿区	—	—	—	—
裕华区	100	—	—	—
高新区	2 845	—	80	260
井陉县	29	—	—	—
正定县	47	—	—	—
栾城县	—	—	—	—
行唐县	—	—	—	—
灵寿县	—	—	—	—
高邑县	—	—	—	—
深泽县	—	—	—	—
赞皇县	—	—	—	—
无极县	20	—	—	—
平山县	1 300	—	—	—
元氏县	1 004	—	—	50
赵县	98	—	—	—
辛集市	1 676	—	550	—
藁城市	150	—	—	—
晋州市	308	—	—	—
新乐市	298	—	79	69
鹿泉市	—	—	—	—

全市高新技术产业主要经济指标

12—22 (2005年) 计量单位:万元

指标名称	单位数(个)	总产值	高新技术产品产值	增加值	产品销售收入
总计	**595**	**3 533 645**	**1 183 942**	**999 568**	**3 511 210**
一、按单位来源分组					
规模以上工业企业	191	2 853 474	755 353	799 426	2 857 296
大中型	37	2 121 700	638 694	562 872	2 220 762
大型企业	5	1 210 944	358 731	278 428	1 295 205
中型企业	32	910 756	279 962	284 444	925 557
小型企业	154	731 775	116 660	236 554	636 534
规模以下工业企业	285	126 624	54 726	34 825	119 256
软件开发单位	24	51 715	32 541	8 737	50 799
省科委认定的高新技术企业	95	501 832	341 322	156 580	483 859
二、按登记注册类型分组					
内资企业	577	3 335 068	1 137 864	929 487	3 326 070
国有企业	32	911 967	385 502	251 210	857 292
集体企业	58	337 458	39 490	98 457	324 366
股份合作企业	14	42 469	2 519	11 699	40 679
联营企业	4	6 148	577	2 063	5 508
国有与集体联营企业	2	5 404	—	1 859	4 766
其他联营企业	2	744	577	204	742
有限责任公司	92	522 169	253 423	168 577	507 315
国有独资公司	4	158 892	116 049	50 130	161 349
其他有限责任公司	88	363 276	137 374	118 447	345 966
股份有限公司	29	87 128	45 132	22 415	85 646
私营企业	337	1 339 388	400 699	349 276	1 419 413
私营独资企业	123	265 167	63 422	94 833	262 732
私营合伙企业	34	77 027	38 803	24 583	69 255
私营有限责任公司	158	454 000	142 324	105 931	417 579
私营股份有限公司	22	543 194	156 150	123 929	669 847
其他企业	11	88 342	10 523	25 790	85 851
港、澳、台商投资企业	8	103 133	25 955	49 970	94 935
合资经营企业(港或澳、台资)	8	103 133	25 955	49 970	94 935
外商投资企业	10	85 959	10 637	17 466	80 900
中外合资经营企业	6	27 142	2 314	6 532	25 088
中外合作经营企业	1	6 291	—	2 236	5 225
外资企业	3	52 526	8 323	8 698	50 587

注:本表按登记注册类型分组指标不包括规模以上工业高新技术产业目录外企业数据。

12—22 续表　　　　　　　　　　（2005 年）　　　　　　　　　　计量单位:万元

指 标 名 称	高新技术产品销售收入	利润总额	从业人员年平均人数（人）	从事科技活动人员（人）	科技活动经费内部支出（万元）
总　　计	**1 108 844**	**228 155**	**115 424**	**15 193**	**180 553**
一、按单位来源分组					
规模以上工业企业	708 928	172 680	85 389	6 430	60 793
大　中　型	602 622	113 351	67 982	5 829	57 803
大 型 企 业	347 997	-1 224	40 841	3 677	38 714
中 型 企 业	254 625	119 575	27 141	2 152	19 089
小 型 企 业	106 306	54 330	17 407	601	2 990
规模以下工业企业	51 613	9 875	11 134	772	1 948
软件开发单位	32 250	4 173	1 484	489	915
省科委认定的高新技术企业	316 053	41 427	17 417	7 502	116 897
二、按登记注册类型分组					
内 资 企 业	1 069 479	190 463	109 728	14 906	173 393
国 有 企 业	363 933	-9 109	35 736	7 639	135 442
集 体 企 业	36 569	29 777	8 491	353	1 713
股份合作企业	2 490	2 512	778	83	282
联 营 企 业	575	-415	344	3	1
国有与集体联营企业	—	-418	270	—	—
其他联营企业	575	3	74	3	1
有限责任公司	238 759	53 059	10 564	2 011	7 882
国有独资公司	112 946	12 210	800	14	698
其他有限责任公司	125 813	40 849	9 764	1 997	7 184
股份有限公司	44 364	8 141	4 831	1 088	3 344
私 营 企 业	372 578	100 560	45 854	3 516	24 131
私营独资企业	55 599	31 739	9 614	408	4 755
私营合伙企业	32 344	12 302	3 190	510	3 358
私营有限责任公司	139 154	31 258	18 505	1 728	9 690
私营股份有限公司	145 481	25 261	14 545	870	6 328
其 他 企 业	10 212	5 938	3 130	213	598
港、澳、台商投资企业	21 836	35 095	2 353	198	6 568
合资经营企业(港或澳、台资)	21 836	35 095	2 353	198	6 568
外商投资企业	8 224	2 643	3 343	89	592
中外合资经营企业	2 296	1 214	591	20	20
中外合作经营企业	—	441	60	—	—
外 资 企 业	5 928	988	2 692	69	572

注:本表按登记注册类型分组指标不包括规模以上工业高新技术产业目录外企业数据。

分县(市)区高新技术产业主要经济指标

12—23　　(2005年)　　计量单位:万元

指标名称	单位数(个)	总产值	高新技术产品产值	增加值	产品销售收入
全市合计	**595**	**3 524 160**	**1 174 457**	**996 923**	**3 501 904**
市区合计	297	2 760 454	1 033 598	731 439	2 804 404
#长安区	26	172 974	7 105	52 023	168 393
桥东区	15	69 085	1 327	22 445	73 307
桥西区	22	30 659	30 575	4 520	27 832
新华区	13	96 201	22 809	29 397	94 670
矿区	1	14 216	—	4 260	9 000
裕华区	24	104 712	—	21 890	113 973
高新区	47	286 029	207 014	100 223	238 436
井陉县	2	26 090	—	8 293	19 121
正定县	24	23 543	3 305	7 311	24 277
栾城县	27	132 400	24 716	62 199	124 694
行唐县	14	72 151	—	23 861	68 654
灵寿县	8	35 946	1 020	11 042	27 008
高邑县	10	15 559	3 000	5 865	13 897
深泽县	9	16 705	2 800	5 439	12 429
赞皇县	3	14 087	256	4 305	12 546
无极县	15	25 868	—	8 190	17 841
平山县	4	6 240	128	2 061	6 240
元氏县	8	32 011	—	9 797	22 364
赵县	9	31 713	286	11 151	29 225
辛集市	16	19 989	7 482	5 687	20 585
藁城市	44	123 019	37 295	37 398	116 799
晋州市	47	75 533	1 850	27 399	77 116
新乐市	15	68 994	57 635	22 800	63 540
鹿泉市	43	43 858	1 086	12 688	41 165

注:本表除单位个数外其他指标不包括规模以上工业高新技术产业目录外企业数据。

12—23 续表 (2005 年) 计量单位:万元

指标名称	高新技术产品销售收入	利润总额	从业人员年平均人数(人)	从事科技活动人员(人)	科技活动经费内部支出(万元)
全市合计	**1 099 539**	**228 201**	**115 424**	**15 193**	**180 553**
市区合计	972 957	130 965	92 012	14 436	169 637
#长安区	7 120	17 389	4 543	8	1
桥东区	1 130	-429	1 806	652	299
桥西区	29 593	1 632	3 142	100	235
新华区	22 467	25 649	1 017	141	688
矿区	—	1 020	390	20	22
裕华区	—	7 681	3 088	117	451
高新区	179 920	28 663	9 596	1 091	7 368
井陉县	—	728	252	—	—
正定县	3 264	2 310	1 081	43	34
栾城县	22 995	39 375	3 076	179	6 366
行唐县	—	7 775	1 231	—	—
灵寿县	832	3 155	415	12	12
高邑县	—	1 379	309	13	265
深泽县	2 690	340	327	28	154
赞皇县	249	1 109	387	—	—
无极县	—	860	1 170	—	—
平山县	128	520	845	8	20
元氏县	—	1 357	358	—	—
赵县	462	2 487	1 017	67	26
辛集市	7 450	903	1 589	20	100
藁城市	33 597	15 360	3 223	297	1 179
晋州市	1 778	5 564	4 683	11	50
新乐市	52 220	10 664	1 089	50	2 600
鹿泉市	918	3 352	2 360	29	110

注:本表除单位个数外其他指标不包括规模以上工业高新技术产业目录外企业数据。

文化、广播、电视事业基本情况

12—24

（2005 年）

指　标　名　称	计量单位	全　市
一、艺术表演团体	个	19
艺术表演团体人数	人	850
本年新排上演剧目	台	29
演 出 场 次	场	4 295
# 农村演出场次	场	3 963
演出观众人次	人次	55 460 400
# 农村观众人次	人次	4 858 500
二、艺术表演场馆	个	19
艺术表演场馆人数	人	297
座　席　数	个	16 454
演(映)出场次合计	场	5 241
# 艺术演出场次	场	128
电影放映场次	场	5 113
观众人次合计	千人次	585
# 艺术演出观众人次	千人次	102
电影放映观众人次	千人次	483
三、公共图书馆	个	21
公共图书馆人数	人	202
藏　书　量	册、件、套	2 243 869
# 图　　书	册、件、套	1 899 442
# 古　　籍	册、件、套	176 206
# 善　　本	册、件、套	1 580
报　　刊	册、件、套	267 744
视听文献、缩微制品	册、件、套	57 221
当年购买的报刊种类	种	2 064
书架单层总长度	米	75 106
累计发放有效借书证数	个	61 039
总流通人次	人次	1 797 000
# 书刊文献外借人次	人次	1 247 000
书刊文献外借册次	册	1 313 400
为读者举办各种活动	次	373
# 参 加 人 数	人次	66 836
本年新购藏量	册、件、套	128 545
# 新 购 图 书	册	53 655
公用房屋建筑面积	平方米	46 308
# 书　　库	平方米	10 863
阅　览　室	平方米	8 778
# 书刊阅览室	平方米	7 267
电子阅览室	平方米	1 511
阅览室座席数	个	2 924
# 少儿阅览室座席数	个	1 136

12—24 续表 1 (2005 年)

指标名称	计量单位	全市
四、群众艺术馆、文化馆(文化中心)	个	24
群众艺术馆、文化馆(文化中心)人数	人	354
举办展览个数	个	211
组织文艺活动次数	次	901
藏书	册	8 070
举办训练班班次	次	162
下基层服务次数	次数	910
组织各类理论研讨活动次数	次	42
组织各类讲座次数	次数	70
五、文化站	个	276
从业人员	人	395
举办展览个数	个	977
组织文艺活动次数	次	1 844
藏书量	册	479 695
举办训练班班次	次	603
下基层服务次数	次	394
六、广播节目套数	套	5
全年广播剧播播出量	部	50
全年公共广播节目播出时间	时:分	24819:35
(一)按节目类型分		
1.新闻咨询	时:分	3995:30
2.专题服务	时:分	6786:03
3.综艺	时:分	16:30
4.广播剧	时:分	648:10
5.广告	时:分	4593:50
6.其他	时:分	355:32
(二)按节目来源分		
1.转中央台	时:分	1095:50
2.转省级台	时:分	371:00
3.自制节目	时:分	19967:10
#首播	时:分	19704:40
4.购买交换节目	时:分	3385:35
全年制作广播节目时间	小时	19 705
全年制作新闻资讯类广播节目时间	小时	2 941
全年制作专题服务类广播节目时间	小时	6 435
全年制作综节类广播节目时间	小时	5 480
全年制作广告类广播节目时间	小时	4 563
全年制作其他类广播节目时间	小时	286
全年购买、交换广播节目时间	小时	3 385

12—24 续表 2　　(2005 年)

指　标　名　称	计量单位	全　市
七、电视播出节目套数	套	22
全年公共电视节目播出时间	时:分	76262:19
(一)按节目类型分		
1.新闻资讯	时:分	8455:28
2.专题服务	时:分	6925:32
3.综艺益智	时:分	5119:55
4.影视剧	时:分	44650:09
5.广　告	时:分	8106:13
6.其　他	时:分	3005:02
(二)按节目来源分		
1.转中央台	时:分	3799:56
2.转省级台	时:分	2430:05
3.自制作	时:分	17509:19
#首　播	时:分	7722:16
4.购买交换	时:分	52522:59
全年制作电视节目时间	小时	10 359
全年制作新闻资讯类电视节目时间	小时	1 697
全年制作专题服务类电视节目时间	小时	2 759
全年制作综艺益智类电视节目时间	小时	1 400
全年制作影视剧类电视节目时间	小时	30
全年制作广告类电视节目时间	小时	3 664
八、有限广播电视传输干线网络总长	公里	8 182.83
地、市级干线网总长	公里	150
县级及县级以下干线网总长	公里	6 954.83
有线广播电视用户数	户	806 597
九、广播综合覆盖率	%	99.26
#中央台第一套覆盖率	%	98.89
省级第一套覆盖率	%	99.15
地市级台覆盖率	%	95.61
县级台覆盖率	%	12.23
无线广播综合覆盖率	%	99.23
#中央台第一套覆盖率	%	98.87
电视综合覆盖率	%	99.16
#中央台第一套覆盖率	%	99.16
省级第一套覆盖率	%	97.7
地市级台覆盖率	%	92.82
县级台覆盖率	%	66.76
无线电视综合覆盖率	%	97.66
#中央台第一套覆盖率	%	97.34

十三、体育 卫生 民政

全市体育事业基本情况

13—1

指标名称	计量单位	2005年	指标名称	计量单位	2005年
一、裁　判　员	人	519	#二　线	人	320
#男	人	323	三　线	人	2 522
女	人	196	三、社会指导员	人	5 678
在聘教练员	人	141	#中　级	人	795
#二　线	人	7	初　级	人	4 736
三　线	人	134	四、举办综合运动会	次	26
二、等级运动员	人	484	举办单项比赛	次	260
#男	人	333	举办全民健身活动	次	317
女	人	151	#1000人以上活动	次	72
在线运动员	人	2 842	参加活动人次	万人	400

分县(市)体育事业基本情况

13—2

(2005年)

行政单位	举办综合运动会(次)	举办单项比赛(次)	举办全民健身活动(次)	举办千人以上全民健身活动(次)	参加全民健身活动人数(人)
全市总计	**26**	**260**	**317**	**72**	**4 001 800**
市区合计	5	92	114	34	3 878 600
井陉县	2	10	2	2	3 000
正定县	1	16	31	12	23 000
栾城县	1	8	13	1	3 680
行唐县	1	4	2	2	5 800
灵寿县	—	7	15	1	5 300
高邑县	2	13	22	2	5 100
深泽县	1	4	6	—	1 020
赞皇县	1	12	19	2	7 500
无极县	1	20	15	4	15 000
平山县	4	27	29	2	9 000
元氏县	—	—	—	—	—
赵县	—	9	5	2	5 000
辛集市	2	8	17	2	7 200
藁城市	2	8	7	2	6 000
晋州市	—	15	10	—	4 700
新乐市	—	—	3	3	9 000
鹿泉市	3	7	7	1	12 900

全市卫生机构、床位和人员情况

13—3　　(2005年)　　计量单位:个、张、人

行业名称	机构数	床位数		机构人员	#卫生技术人员
		实有数	标准数		
总计	413	25 256	10 033	36 225	29 025
一、医院	117	19 329	8 725	26 808	21 265
综合医院	76	14 079	6 090	19 580	15 678
县医院	12	2 922	1 182	4 058	3 129
其他医院	64	11 157	4 908	15 522	12 459
中医医院	21	2 381	1 256	3 512	2 748
中西医结合医院	4	415	280	564	454
专科医院	16	2 454	1 099	3 152	2 385
口腔医院	2	64	60	181	146
耳鼻喉科医院	1	35	35	46	41
心血管病医院	1	100	100	96	86
胸科医院	1	350	350	506	348
妇产(科)医院	1	305	—	413	318
儿童医院	1	365	—	553	430
精神病医院	2	150	30	66	60
传染病医院	1	311	—	340	237
职业病医院	1	20	—	101	76
康复医院	1	150	—	230	160
其他专科医院	4	604	524	620	483
二、疗养院	2	555	—	109	93
三、社区服务中心	2	40	40	142	132
四、卫生院	222	4 248	1 179	4 444	4 004
中心卫生院	65	1 853	641	2 155	1 870
乡卫生院	157	2 395	538	2 289	2 134
五、门诊部	12	128	1	322	266
综合门诊部	7	91	1	243	196
中医门诊部	3	28	—	41	37
中西医结合门诊部	2	9	—	38	33
六、采供血机构	1	—	—	207	123
七、妇幼保健院(所、站)	25	777	60	1 601	1 276
妇幼保健院	10	585	60	1 135	898
妇幼保健所	4	98	—	183	151
妇幼保健站	11	94	—	283	227
八、专科疾病防治院(所、站)	1	24	24	64	48
九、疾病预防控制中心(防疫站)	25	—	—	2 190	1 606
卫生防疫站	23	—	—	1 585	1 251
十、卫生监督所	3	—	—	147	104
十一、医学科学研究机构	3	155	4	191	108
医学科学(研究)院(所)	2	35	4	117	47
中医(药)研究院(所)	1	120	—	74	61

13—3续表　　　　　　　　　　（2005年）　　　　　　　　　　计量单位：个、张、人

行业名称	卫生技术人员中：				
	执业医师	执业助理医师	注册护士	药剂人员	检验人员
总计	**11 098**	**1 807**	**8 376**	**1 907**	**1 794**
一、医院	8 111	853	7 594	1 446	987
综合医院	5 987	547	5 813	988	710
县医院	1 217	148	1 145	226	162
其他医院	4 770	399	4 668	762	548
中医医院	1 107	220	689	283	133
中西医结合医院	185	29	112	31	29
专科医院	832	57	980	144	115
口腔医院	77	1	25	1	2
耳鼻喉科医院	14	7	7	1	1
心血管病医院	26	14	28	3	4
胸科医院	95	—	179	23	15
妇产(科)医院	116	—	134	14	20
儿童医院	150	2	193	23	18
精神病医院	16	6	15	7	3
传染病医院	74	1	119	19	12
职业病医院	33	3	11	4	13
康复医院	48	10	87	7	3
其他专科医院	183	13	182	42	24
二、疗养院	14	5	22	1	6
三、社区服务中心	66	8	29	16	9
四、卫生院	1 274	684	321	290	226
中心卫生院	630	334	202	126	113
乡卫生院	644	350	119	164	113
五、门诊部	133	20	53	30	17
综合门诊部	97	14	42	24	13
中医门诊部	22	2	6	4	2
中西医结合门诊部	14	4	5	2	2
六、采供血机构	25	—	41	7	48
七、妇幼保健院(所、站)	516	110	257	84	98
妇幼保健院	327	76	207	64	56
妇幼保健所	72	17	29	10	11
妇幼保健站	117	17	21	10	31
八、专科疾病防治院(所、站)	34	—	8	—	6
九、疾病预防控制中心(防疫站)	806	116	31	19	374
卫生防疫站	623	109	14	16	233
十、卫生监督所	74	9	—	2	15
十一、医学科学研究机构	45	2	20	12	8
医学科学(研究)院(所)	18	2	14	6	4
中医(药)研究院(所)	27	—	6	6	4

分县(市)区卫生机构、床位和人员情况

13—4

(2005 年)

计量单位:个、张、人

行业名称	机构数	床位数		机构人员	
		实有数	标准数		# 卫生技术人员
石家庄市	**413**	**25 256**	**10 033**	**36 225**	**29 025**
市区	119	12 943	5 618	19 769	15 192
长安区	24	3 431	1 798	5 029	3 840
桥东区	18	1 455	1 389	2 312	1 775
桥西区	14	2 113	412	2 858	2 153
新华区	41	3 674	1 573	6 116	4 820
裕华区	16	2 091	446	3 274	2 461
矿区	6	179	—	180	143
井陉县	21	558	170	740	630
正定县	15	940	—	1 448	1 185
栾城县	13	548	384	660	521
行唐县	20	830	—	953	799
灵寿县	19	483	193	885	666
高邑县	9	306	220	368	328
深泽县	10	439	343	508	438
赞皇县	15	422	323	528	434
无极县	15	573	213	675	575
平山县	32	1 150	—	1 117	992
元氏县	20	611	300	930	733
赵县	15	793	—	1 315	1 088
辛集市	23	1 116	976	1 832	1 496
藁城市	18	1 197	260	1 379	1 197
晋州市	16	791	369	1 191	1 091
新乐市	16	892	—	1 078	948
鹿泉市	17	664	664	849	712

13—4 续表　　　　(2005 年)　　　　计量单位:个、张、人

行业名称	卫生技术人员中:				
	执业医师	执业助理医师	注册护士	药剂人员	检验人员
石家庄市	**11 098**	**1 807**	**8 376**	**1 907**	**1 794**
市区	6 156	424	5 335	956	968
长安区	1 435	196	1 454	265	194
桥东区	779	33	538	105	127
桥西区	938	38	748	163	113
新华区	2 044	91	1 814	279	258
裕华区	903	50	744	131	263
矿区	57	16	37	13	13
井陉县	258	63	130	53	31
正定县	410	94	244	65	68
栾城县	171	90	144	37	25
行唐县	310	53	181	57	38
灵寿县	283	68	107	34	42
高邑县	100	37	79	31	21
深泽县	139	44	98	41	33
赞皇县	188	32	113	37	26
无极县	180	73	135	46	42
平山县	301	108	168	57	38
元氏县	281	72	192	47	44
赵县	330	178	183	80	118
辛集市	570	160	351	109	78
藁城市	399	81	240	76	81
晋州市	397	99	286	75	51
新乐市	331	65	211	56	54
鹿泉市	294	66	179	50	36

优 抚 对 象 情 况

13—5 (2005年) 计量单位:人

行政单位	抚恤、补助优抚对象总人数	# 在院集中供养人数	定期抚恤人数	1. 烈属	城市
石家庄市	**39 005**	**764**	**7 229**	**5 755**	**1 302**
市区	2 770	—	279	141	141
#长安区	549	—	36	21	21
桥东区	524	—	33	22	22
桥西区	520	—	49	29	29
新华区	686	—	75	9	9
裕华区	292	—	42	24	24
矿区	147	—	35	29	29
高新区	52	—	9	7	7
井陉县	2 265	28	547	482	100
正定县	1 522	32	256	197	4
栾城县	1 241	113	157	102	33
行唐县	2 103	25	448	391	—
灵寿县	2 448	49	577	467	54
高邑县	1 636	26	320	208	50
深泽县	1 918	34	340	272	70
赞皇县	1 665	28	351	320	105
无极县	2 742	20	491	432	115
平山县	3 218	38	636	550	205
元氏县	2 226	25	329	247	53
赵县	1 856	18	220	168	—
辛集市	3 296	30	547	416	60
藁城市	2 464	35	603	427	168
晋州市	2 095	208	314	239	10
新乐市	1 869	25	430	351	2
鹿泉市	1 671	30	384	345	132

13—5 续表　　　　(2005 年)　　　　计量单位:人

行政单位	定期抚恤人数中: 2. 因公牺牲军人家属	城市	3. 病故牺牲军人家属	城市	定期补助人数
石家庄市	**639**	**185**	**835**	**281**	**20 572**
市区	67	67	71	71	414
#长安区	4	4	11	11	110
桥东区	7	7	4	4	26
桥西区	9	9	11	11	47
新华区	34	34	32	32	72
裕华区	8	8	10	10	102
矿区	5	5	1	1	23
高新区	—	—	2	2	34
井陉县	31	5	34	5	1 103
正定县	28	—	31	5	870
栾城县	18	2	37	10	824
行唐县	15	—	42	—	1 056
灵寿县	67	22	43	14	1 352
高邑县	84	—	28	6	926
深泽县	13	5	55	18	1 156
赞皇县	8	2	23	7	767
无极县	21	9	38	17	1 622
平山县	30	13	56	42	1 798
元氏县	64	20	18	2	1 444
赵县	19	—	33	4	1 158
辛集市	25	10	106	26	1 807
藁城市	76	21	100	38	1 199
晋州市	25	—	50	—	1 243
新乐市	29	5	50	7	915
鹿泉市	19	4	20	9	918

婚 姻 登 记 情 况

13—6 （2005 年） 计量单位：对、人

行政单位	登记结婚件数	登记结婚人数	1.按婚前状况分类			
			初婚人数	再婚人数	# 女性	# 恢复结婚件数
石家庄市	**70 944**	**140 288**	**126 135**	**14 153**	**7 185**	**618**
市区	19 313	38 626	33 328	5 298	2 898	102
#长安区	3 703	7 406	6 473	933	933	—
桥东区	2 734	5 468	4 264	1 204	279	11
桥西区	4 238	8 476	6 780	1 696	848	20
新华区	4 413	8 826	8 826	—	—	—
裕华区	3 200	6 400	5 200	1 200	730	65
矿区	649	1 298	1 089	209	108	6
高新区	376	752	696	56	—	—
井陉县	1 925	3 850	3 080	770	385	10
正定县	3 328	6 656	6 014	642	348	20
栾城县	2 500	2 500	2 300	200	120	—
行唐县	3 000	6 000	5 720	280	190	—
灵寿县	2 520	5 040	4 760	280	143	9
高邑县	1 322	2 644	2 200	444	222	20
深泽县	2 277	4 554	4 393	161	95	9
赞皇县	1 500	3 900	3 700	200	150	5
无极县	4 000	8 000	7 118	882	418	5
平山县	3 324	6 648	5 437	1 211	623	46
元氏县	1 853	3 706	3 228	478	159	3
赵县	4 100	8 200	7 560	640	473	—
辛集市	4 039	8 078	7 270	808	416	5
藁城市	5 340	10 680	10 078	602	—	—
晋州市	3 913	7 826	7 380	446	223	1
新乐市	3 940	7 880	7 809	71	42	3
鹿泉市	2 750	5 500	4 760	740	280	380

13—6 续表　　（2005 年）　　计量单位：对、人

行政单位	2.按年龄分类					离婚登记	# 内地居民登记离婚
	20—24岁	25—29岁	30—34岁	35—39岁	40岁以上		
石家庄市	**79 037**	**39 673**	**10 446**	**7 352**	**3 780**	**6 259**	**6 167**
市区	14 280	17 206	2 890	2 657	1 593	3 020	3 020
#长安区	1 480	5 180	370	222	154	737	737
桥东区	1 712	1 998	1 016	236	506	647	647
桥西区	1 326	5 688	358	874	230	—	—
新华区	6 182	882	740	882	140	901	901
裕华区	2 100	3 120	290	360	530	615	615
矿区	900	268	58	51	21	98	98
高新区	580	70	58	32	12	22	22
井陉县	1 924	1 235	400	201	90	229	229
正定县	4 611	1 278	268	211	288	257	257
栾城县	2 100	200	200	—	—	93	93
行唐县	2 600	2 400	400	300	300	142	142
灵寿县	3 120	1 000	520	160	240	98	98
高邑县	2 000	400	200	34	10	35	35
深泽县	3 713	477	154	79	131	128	128
赞皇县	3 400	370	80	35	15	150	150
无极县	6 346	648	436	392	178	160	160
平山县	2 132	1 520	1 532	1 034	430	246	246
元氏县	2 716	744	168	46	32	184	92
赵县	7 200	540	186	134	140	195	195
辛集市	4 768	2 410	370	325	205	451	451
藁城市	4 000	4 000	1 680	1 000	—	320	320
晋州市	6 018	1 338	160	310	—	223	223
新乐市	4 709	3 007	102	34	28	140	140
鹿泉市	3 400	900	700	400	100	188	188

城市社会救济情况

13—7　　(2005年)　　计量单位：人、户

行政单位	定期社会救济对象总人数	城市居民最低生活保障人数	城市居民最低生活保障人数中：			
			女性	在职人员	下岗人员	退休人员
石家庄市	**104 450**	**74 801**	**21 268**	**6 228**	**14 752**	**2 241**
市区	36 700	36 694	12 400	4 200	4 160	1 751
#长安区	7 071	7 071	3 526	395	657	247
桥东区	6 841	6 841	—	730	894	258
桥西区	5 601	5 601	—	669	466	311
新华区	5 715	5 715	2 600	799	428	508
裕华区	7 854	7 854	4 550	892	613	278
矿区	3 596	3 590	1 720	715	1 102	149
高新区	22	22	4	—	—	—
井陉县	4 760	1 555	—	70	624	141
正定县	2 985	1 738	891	132	—	44
栾城县	2 378	1 480	—	39	61	31
行唐县	3 070	1 772	912	480	—	10
灵寿县	3 831	2 242	—	53	623	98
高邑县	4 011	1 887	945	—	786	—
深泽县	4 028	2 059	867	21	919	24
赞皇县	7 355	2 687	—	38	157	19
无极县	5 532	2 267	—	20	1 309	25
平山县	4 251	3 847	2 150	191	1 429	—
元氏县	2 953	2 667	—	494	—	2
赵县	4 641	4 627	656	173	2 680	43
辛集市	2 569	2 349	1 033	15	686	17
藁城市	4 661	2 021	—	—	—	—
晋州市	3 664	2 066	716	208	961	7
新乐市	2 936	1 749	—	33	347	15
鹿泉市	4 125	1 094	698	61	10	14

13—7 续表 （2005 年） 计量单位：人、户

行政单位	城市居民最低生活保障人数中：失业人员	“三无”人员	城市居民最低生活保障家庭数	困难户	孤老残幼户	其他
石家庄市	**9 153**	**1 745**	**30 686**	**15 648**	**2 193**	**12 845**
市区	3 589	772	15 594	6 236	1 311	8 047
#长安区	787	203	3 241	2 863	378	—
桥东区	623	36	3 571	1 531	34	2 006
桥西区	258	42	1 998	—	42	1 956
新华区	721	78	2 489	560	78	1 851
裕华区	592	351	2 987	421	351	2 215
矿区	608	54	1 295	861	420	14
高新区	—	8	13	—	8	5
井陉县	218	55	581	328	55	198
正定县	168	21	599	578	21	—
栾城县	37	8	561	556	5	—
行唐县	—	—	591	159	8	424
灵寿县	612	31	780	456	31	293
高邑县	—	78	1 044	35	78	931
深泽县	707	15	988	973	15	—
赞皇县	185	9	1 386	—	—	1 386
无极县	45	10	—	—	—	—
平山县	1 368	5	1 787	1 249	5	533
元氏县	17	49	1 277	1 228	49	—
赵县	590	8	1 825	1 231	8	586
辛集市	696	140	751	611	140	—
藁城市	377	417	899	515	384	—
晋州市	518	60	846	795	16	35
新乐市	1	28	716	276	28	412
鹿泉市	25	39	461	422	39	—

收养类单位基本情况

13—8

（2005年）

计量单位：个、人、张、人次

行政单位	单位数	年末职工人数	#医护人员	年末床位数	#光荣间床位	年在院总天数	年末在院人数	#女性
石家庄市	**240**	**1 111**	**252**	**8 240**	**837**	**1 590 196**	**4 916**	**1 580**
市区	15	321	62	2 194	—	596 520	1 637	788
#长安区	—	—	—	—	—	—	—	—
桥东区	—	—	—	—	—	—	—	—
桥西区	—	—	—	—	—	—	—	—
新华区	—	—	—	—	—	—	—	—
裕华区	1	3	1	24	—	3 650	10	4
矿区	—	—	—	—	—	—	—	—
高新区	—	—	—	—	—	—	—	—
井陉县	16	30	16	160	—	10 220	148	—
正定县	10	40	10	300	50	46 690	133	58
栾城县	9	26	10	135	15	5 300	119	51
行唐县	16	41	16	150	—	38 671	107	2
灵寿县	16	63	19	1 860	58	65 700	180	24
高邑县	6	19	3	188	5	37 960	101	14
深泽县	8	31	6	176	40	41 300	125	38
赞皇县	12	56	1	250	—	65 700	180	32
无极县	12	60	12	325	—	90 810	250	88
平山县	11	40	9	350	60	110 230	302	106
元氏县	16	63	1	240	201	47 325	225	—
赵县	13	42	11	218	20	70 965	198	23
辛集市	19	57	20	437	—	109 500	300	50
藁城市	22	44	20	420	335	113 375	315	172
晋州市	13	42	12	221	33	77 545	210	25
新乐市	13	87	12	260	20	62 385	204	70
鹿泉市	13	49	12	356	—	—	182	39

收养类优抚基本情况

13—9　　（2005年）　　计量单位：个、人、张、人次

行政单位	单位数	年末职工人数	#医护人员	年末床位数	#光荣间床位	年在院总天数	年末在院人数	#女性
石家庄市	**18**	**211**	**20**	**724**	**239**	**177 816**	**514**	**48**
市区	1	45	—	60	—	21 170	58	2
井陉县	1	6	1	40	—	10 220	28	—
正定县	1	12	1	30	20	5 475	15	10
栾城县	1	5	2	15	15	5 300	15	3
行唐县	1	17	1	30	—	9 171	25	2
灵寿县	1	15	2	30	15	10 950	30	2
高邑县	1	7	1	46	—	10 960	26	2
深泽县	1	3	—	60	40	13 140	36	6
赞皇县	1	8	1	30	—	10 220	28	7
无极县	1	18	1	70	—	7 370	20	3
平山县	1	15	1	70	60	14 600	40	1
元氏县	1	11	1	40	1	9 000	25	—
赵县	1	5	—	30	20	5 465	18	—
辛集市	1	13	2	40	—	10 950	30	—
藁城市	1	13	5	40	35	12 775	35	—
晋州市	1	5	1	33	33	12 045	30	2
新乐市	1	3	—	30	—	9 005	25	—
鹿泉市	1	10	—	30	—	—	30	8

收养类福利基本情况

13—10　　　　(2005年)　　　　计量单位:个、人、张、人次

行政单位	单位数	年末职工人数	#医护人员	年末床位数	#光荣间床位	年在院总天数	年末在院人数	#女性
石家庄市	**222**	**900**	**232**	**7 516**	**598**	**1 412 380**	**4 402**	**1 532**
市区	14	276	62	2 134	—	575 350	1 579	786
#长安区	—	—	—	—	—	—	—	—
桥东区	—	—	—	—	—	—	—	—
桥西区	—	—	—	—	—	—	—	—
新华区	—	—	—	—	—	—	—	—
裕华区	1	3	1	24	—	3 650	10	4
矿区	—	—	—	—	—	—	—	—
高新区	—	—	—	—	—	—	—	—
井陉县	15	24	15	120	—	—	120	—
正定县	9	28	9	270	30	41 215	118	48
栾城县	8	21	8	120	—	—	104	48
行唐县	15	24	15	120	—	29 500	82	—
灵寿县	15	48	17	1 830	43	54 750	150	22
高邑县	5	12	2	142	5	27 000	75	12
深泽县	7	28	6	116	—	28 160	89	32
赞皇县	11	48	—	220	—	55 480	152	25
无极县	11	42	11	255	—	83 440	230	85
平山县	10	25	8	280	—	95 630	262	105
元氏县	15	52	—	200	200	38 325	200	—
赵县	12	37	11	188	—	65 500	180	23
辛集市	18	44	18	397	—	98 550	270	50
藁城市	21	31	15	380	300	100 600	280	172
晋州市	12	37	11	188	—	65 500	180	23
新乐市	12	84	12	230	20	53 380	179	70
鹿泉市	12	39	12	326	—	—	152	31

老龄事业基本情况

13—11　　　(2005年)　　　计量单位:个、人

行政单位	期末老年人口	#60—64岁	#女	65—79岁	#女
石家庄市	**1 084 127**	**393 301**	**193 435**	**588 120**	**296 634**
市区	269 324	97 793	52 967	152 932	77 437
#长安区	54 800	13 651	8 837	37 034	17 562
桥东区	44 530	20 600	10 305	21 546	10 772
桥西区	49 558	14 496	7 233	30 560	16 013
新华区	56 347	19 705	11 449	31 190	16 977
裕华区	44 910	23 102	12 245	21 546	10 342
矿区	16 101	5 178	2 248	9 601	4 941
高新区	3 078	1 061	650	1 455	830
井陉县	43 521	12 866	6 251	25 693	13 034
正定县	49 807	15 073	7 488	29 474	16 084
栾城县	37 570	11 218	5 458	21 821	11 596
行唐县	49 386	13 868	6 876	29 586	15 469
灵寿县	60 000	30 000	16 000	20 000	9 786
高邑县	19 300	17 154	8 600	1 930	930
深泽县	30 675	9 203	4 279	19 018	9 814
赞皇县	20 095	7 126	3 875	11 783	6 480
无极县	57 310	17 112	8 234	35 456	18 952
平山县	56 185	13 969	6 416	35 741	17 234
元氏县	42 941	20 614	—	19 607	—
赵县	55 973	17 084	7 905	33 640	17 512
辛集市	78 832	25 257	13 248	44 730	24 788
藁城市	85 623	42 808	23 176	35 684	19 467
晋州市	51 861	15 364	7 688	31 995	16 717
新乐市	43 714	12 792	6 474	26 030	13 934
鹿泉市	32 005	14 000	8 500	13 000	7 400

13—11 续表　　(2005 年)　　计量单位:个、人

行政单位	期末老年人口 80—99岁	#女	独居老年人数	只与配偶居住老年人数	养老机构住养老年人数
石家庄市	**102 554**	**59 461**	**139 254**	**421 836**	**9 960**
市区	18 546	10 603	5 827	86 441	457
#长安区	4 108	2 410	1 341	6 604	156
桥东区	2 376	1 186	468	520	100
桥西区	4 480	2 546	719	34 817	42
新华区	5 442	3 240	719	34 817	42
裕华区	258	123	1 010	7 965	102
矿区	1 321	778	20	190	15
高新区	561	320	1 550	1 528	—
井陉县	4 960	2 813	2 278	20 043	180
正定县	5 256	3 555	436	548	119
栾城县	4 523	2 741	846	26 845	321
行唐县	5 925	4 058	45 793	82	3 511
灵寿县	9 986	6 200	40 000	10 000	3 100
高邑县	215	115	1 930	9 000	—
深泽县	2 450	1 575	3 540	500	150
赞皇县	1 185	651	6 028	8 085	180
无极县	4 740	3 057	4 520	48 300	240
平山县	6 459	3 659	60	4 900	410
元氏县	2 716	—	3 819	23 417	80
赵县	5 246	3 357	—	33 524	32
辛集市	8 837	3 745	7 600	32 300	289
藁城市	7 123	3 708	16 411	68 346	267
晋州市	4 498	2 752	166	49 410	209
新乐市	4 889	3 272	—	95	203
鹿泉市	5 000	3 600	—	—	212

光荣院基本情况

13—12　　(2005年)　　计量单位:个、人、张、人次

行政单位	单位数	年末职工人数	#医护人员	年末床位数	#光荣间床位	年在院总天数	年末在院人数	#女性
石家庄市	**17**	**166**	**20**	**664**	**239**	**156 646**	**456**	**46**
井陉县	1	6	1	40	—	10 220	28	—
正定县	1	12	1	30	20	5 475	15	10
栾城县	1	5	2	15	15	5 300	15	3
行唐县	1	17	1	30	—	9 171	25	2
灵寿县	1	15	2	30	15	10 950	30	2
高邑县	1	7	1	46	—	10 960	26	2
深泽县	1	3	—	60	40	13 140	36	6
赞皇县	1	8	1	30	—	10 220	28	7
无极县	1	18	1	70	—	7 370	20	3
平山县	1	15	1	70	60	14 600	40	1
元氏县	1	11	1	40	1	9 000	25	—
赵县	1	5	—	30	20	5 465	18	—
辛集市	1	13	2	40	—	10 950	30	—
藁城市	1	13	5	40	35	12 775	35	—
晋州市	1	5	1	33	33	12 045	30	2
新乐市	1	3	—	30	—	9 005	25	—
鹿泉市	1	10	—	30	—	—	30	8

农村老年福利基本情况

13—13　　(2005年)　　计量单位:个、人、张、人次

行政单位	单位数	年末职工人数	#医护人员	年末床位数	#光荣间床位	年在院总天数	年末在院人数	#女性
石家庄市	**208**	**624**	**170**	**5 382**	**598**	**837 030**	**2 823**	**746**
井陉县	15	24	15	120	—	—	120	—
正定县	9	28	9	270	30	41 215	118	48
栾城县	8	21	8	120	—	—	104	48
行唐县	15	24	15	120	—	29 500	82	—
灵寿县	15	48	17	1 830	43	54 750	150	22
高邑县	5	12	2	142	5	27 000	75	12
深泽县	7	28	6	116	—	28 160	89	32
赞皇县	11	48	—	220	—	55 480	152	25
无极县	11	42	11	255	—	83 440	230	85
平山县	10	25	8	280	—	95 630	262	105
元氏县	15	52	—	200	200	38 325	200	—
赵县	12	37	11	188	—	65 500	180	23
辛集市	18	44	18	397	—	98 550	270	50
藁城市	21	31	15	380	300	100 600	280	172
晋州市	12	37	11	188	—	65 500	180	23
新乐市	12	84	12	230	20	53 380	179	70
鹿泉市	12	39	12	326	—	—	152	31

附 1996—2005年分县（市）区主要经济指标

1996—2005年分县(市)区生产总值(一)

计量单位:万元

行政单位	1996年	增长%	1997年	增长%	1998年	增长%	1999年	增长%
	区划调整前							
全市	**6 564 068**	**15.8**	**7 813 998**	**15.8**	**8 458 583**	**13.7**	**9 083 677**	**10.7**
市区	2 521 454	12.8	2 997 157	13.9	3 275 923	13.1	360 017	11.5
长安区	44 408	—	53 988	—	60 038	—	66 666	—
桥东区	50 940	—	59 731	—	51 329	—	56 728	—
桥西区	44 033	—	52 451	—	59 673	—	63 914	—
新华区	68 273	—	78 289	—	85 956	—	94 743	—
裕华区	599 299	—	727 786	—	807 986	—	872 857	—
矿区	35 359	—	42 740	—	47 400	—	51 792	—
井陉县	145 180	18.2	203 288	24.1	230 076	16.5	247 268	10.7
正定县	440 249	25.3	560 843	19.7	617 462	14.6	661 066	10.8
栾城县	268 598	30.0	340 516	19.3	380 918	15.4	419 928	13.3
行唐县	139 249	29.3	170 032	21.7	189 418	15.1	201 689	11.0
灵寿县	108 080	21.7	140 020	21.3	158 262	16.8	166 266	7.5
高邑县	96 323	22.2	120 551	19.5	134 929	16.7	148 110	12.7
深泽县	93 865	25.1	116 369	17.7	131 016	17.0	142 564	12.0
赞皇县	80 485	16.3	89 241	8.3	100 522	17.0	106 110	7.2
无极县	244 702	17.9	283 636	13.5	311 544	14.7	327 516	8.1
平山县	165 907	1.1	230 312	37.8	262 916	17.4	289 521	11.6
元氏县	208 240	16.4	243 019	15.3	267 982	15.1	285 466	11.7
赵县	282 824	24.1	332 731	15.1	366 228	14.6	376 327	8.5
辛集市	553 666	16.3	628 233	16.4	690 478	14.9	744 259	10.8
藁城市	588 578	24.4	720 068	17.8	794 938	14.7	857 005	11.1
晋州市	371 702	20.2	430 040	17.3	470 062	14.2	504 624	10.6
新乐市	360 935	15.4	420 881	17.0	463 852	14.6	498 216	11.0
鹿泉市	410 526	19.0	510 285	18.5	564 781	14.7	607 229	11.8
17县(市)合计	4 559 109	—	5 540 065	—	6 135 384	—	6 583 164	—
23县(市)区合计	5 401 421	—	6 555 050	—	7 247 766	—	7 789 864	—

注:1. 2001年以后,撤消了效区,成立裕华区,并把正定2个镇和正定1个镇、栾城1个镇分别并入长安区和裕华区,所以2001年前后,长安区、裕华区(2001年以前是原效区的数据)、正定县、栾城县的数据有大的变化。

2. 市内各区的生产总值不是按地域原则计算的。因区统计局统计人员力量所限,仅能统计到区属以下单位的数据,所以GDP核算仅计算了区属以下单位的增加值(严格意义上说,这是不符合国家GDP计算原则的)。

3. 2002年(含)以后都以经济普查进行了调整。

1996—2005年分县(市)区生产总值(二)

计量单位:万元

行政单位	2000年	增长%	2001年	增长%	2002年	增长%
	区划调整前		区划调整后			
全市	**10 031 119**	**10.5**	**10 854 284**	**9.1**	**11 536 123**	**9.8**
市区	4 177 309	11.2	4 628 203	11.1	5 101 126	11.6
长安区	75 288	—	202 601	8.9	223 879	10.8
桥东区	61 582	—	144 551	8.1	159 799	10.8
桥西区	69 968	—	138 756	8.1	152 926	10.5
新华区	105 603	—	235 532	9.0	256 805	9.2
裕华区	1 000 268	—	168 661	8.8	186 514	11
矿区	57 150	—	61 533	8.2	69 979	10.5
井陉县	274 053	10.0	292 156	7.4	305 255	6.7
正定县	712 977	7.0	489 789	7.0	523 403	8.4
栾城县	473 415	12.4	416 002	9.8	441 128	10.1
行唐县	228 367	12.5	248 720	9.0	270 573	8.6
灵寿县	179 829	7.8	190 817	7.0	197 750	5.1
高邑县	167 265	13.0	178 508	8.1	180 625	6.6
深泽县	157 621	10.6	172 502	9.1	163 373	9.2
赞皇县	116 080	7.0	125 788	9.0	131 457	5.3
无极县	337 381	2.7	361 630	8.0	419 351	7.7
平山县	304 941	5.0	336 004	9.9	379 893	8.7
元氏县	314 926	10.0	338 259	8.1	362 753	9.5
赵县	371 930	0.3	385 016	4.0	388 477	5.0
辛集市	709 349	-5.6	761 129	7.6	776 875	7.8
藁城市	810 749	-8.0	883 852	9.3	919 985	7.1
晋州市	522 305	4.5	555 633	7.0	554 723	4.0
新乐市	516 563	2.0	485 631	-5.4	498 606	5.7
鹿泉市	679 408	9.4	735 758	9.2	695 756	7.4
17县(市)合计	6 877 159	—	6 957 194	—	7 209 984	—
23县(市)区合计	8 247 018	—	7 908 828	—	8 259 886	—

注:1. 2001年以后,撤消了效区,成立裕华区,并把正定2个镇和正定1个镇、栾城1个镇分别并入长安区和裕华区,所以2001年前后,长安区、裕华区(2001年以前是原效区的数据)、正定县、栾城县的数据有大的变化。

2. 市内各区的生产总值不是按地域原则计算的。因区统计局统计人员力量所限,仅能统计到区属以下单位的数据,所以GDP核算仅计算了区属以下单位的增加值(严格意义上说,这是不符合国家GDP计算原则的)。

3. 2002年(含)以后都以经济普查进行了调整。

1996—2005年分县(市)区生产总值(三)

计量单位:万元

行政单位	2003年	增长%	2004年	增长%	2005年	增长%
	区划调整后					
全市	**13 185 463**	**13.2**	**15 416 940**	**14.1**	**17 867 750**	**13.7**
市区	5 917 839	14.3	6 920 174	16.2	7 282 180	15.5
长安区	268 048	15.6	333 431	16.4	398 268	16.8
桥东区	178 135	9.5	219 691	16.2	261 649	16.6
桥西区	178 476	14.0	218 356	16.1	259 728	16.6
新华区	304 340	14.8	376 325	16.1	449 766	16.6
裕华区	223 390	15.8	256 430	16.4	314 290	16.9
矿区	84 711	15.5	103 129	16.7	124 738	17.6
井陉县	346 059	10.4	420 902	14.1	499 786	16.4
正定县	595 364	10.1	703 253	13.5	802 634	13.8
栾城县	518 585	15.3	623 633	14.3	729 179	14.2
行唐县	306 729	9.3	353 407	9.9	415 784	12.0
灵寿县	221 812	9.3	257 312	11.0	300 312	14.0
高邑县	193 919	4.3	223 461	5.3	254 554	11.3
深泽县	188 127	11.7	223 692	11.7	261 825	12.1
赞皇县	156 420	14.8	199 429	17.3	235 588	15.5
无极县	435 950	9.0	525 231	14.4	596 281	13.0
平山县	445 437	15.8	526 785	15.0	770 347	16.3
元氏县	415 455	11.0	505 265	11.1	581 907	13.4
赵县	438 906	8.9	518 028	7.6	601 450	13.5
辛集市	886 086	10.2	1 019 168	9.5	1 208 660	12.1
藁城市	1 086 320	13.6	1 259 458	9.9	1 501 624	13.6
晋州市	573 259	4.4	652 458	9.5	748 205	12.5
新乐市	554 574	7.6	643 420	10.2	745 082	14.0
鹿泉市	782 832	7.2	937 933	12.2	1 093 711	14.3
17县(市)合计	8 145 835	—	9 602 835	—	11 346 929	—
23县(市)区合计	9 382 935	—	11 120 197	—	13 155 368	—

注:1. 2001年以后,撤消了效区,成立裕华区,并把正定2个镇和正定1个镇、栾城1个镇分别并入长安区和裕华区,所以2001年前后,长安区、裕华区(2001年以前是原效区的数据)、正定县、栾城县的数据有大的变化。

2. 市内各区的生产总值不是按地域原则计算的。因区统计局统计人员力量所限,仅能统计到区属以下单位的数据,所以GDP核算仅计算了区属以下单位的增加值(严格意义上说,这是不符合国家GDP计算原则的)。

3.2002年(含)以后都以经济普查进行了调整。

1996—2005年分县(市)区全社会固定资产投资(一)

计量单位:万元

行政单位	1995年	1996年	增长%	1997年	增长%	1998年	增长%
全市	**1 951 005**	**2 404 345**	**23.24**	**2 981 487**	**24.00**	**3 388 169**	**13.64**
市区	1 032 539	1 196 987	15.93	1 496 487	25.02	1 685 405	12.62
长安区	20 223	25 200	24.61	33 569	33.21	32 706	-2.57
桥东区	6 689	17 968	168.62	23 161	28.90	19 085	-17.60
桥西区	4 343	5 333	22.80	8 726	63.62	16 010	83.47
新华区	39 430	32 529	-17.50	29 309	-9.90	34 529	17.81
裕华区	24 958	131 512	426.93	183 720	39.70	201 246	9.54
矿区	10 754	10 768	0.13	13 091	21.57	13 132	0.31
高新区	—	—	—	—	—	151 535	—
井陉县	28 456	48 551	70.62	62 196	28.10	64 139	3.12
正定县	117 448	136 197	15.96	157 076	15.33	163 363	4.00
栾城县	41 310	57 566	39.35	75 491	31.14	92 172	22.10
行唐县	27 989	33 648	20.22	50 342	49.61	60 301	19.78
灵寿县	23 857	31 386	31.56	46 096	46.87	53 195	15.40
高邑县	30 924	37 977	22.81	44 708	17.72	47 911	7.16
深泽县	19 005	20 627	8.53	27 396	32.82	41 290	50.72
赞皇县	17 831	24 398	36.83	44 855	83.85	51 013	13.73
无极县	28 645	34 954	22.02	48 697	39.32	50 118	2.92
平山县	45 025	51 959	15.40	69 583	33.92	80 296	15.40
元氏县	35 986	48 771	35.53	64 216	31.67	70 585	9.92
赵县	37 759	53 613	41.99	55 142	2.85	71 501	29.67
辛集市	120 437	144 477	19.96	160 194	10.88	172 822	7.88
藁城市	106 922	173 559	62.32	200 919	15.76	243 720	21.30
晋州市	63 817	91 103	42.76	111 021	21.86	123 412	11.16
新乐市	75 614	88 100	16.51	107 030	21.49	125 006	16.80
鹿泉市	97 441	130 472	33.90	160 038	22.66	191 920	19.92

注:2000年以后,在市内各区投资实行了在地统计,所以2000年以后各区的投资统计数据明显大了。

1996—2005年分县(市)区全社会固定资产投资(二)

计量单位:万元

行政单位	1999年	增长 %	2000年	增长 %	2001年	增长 %	2002年	增长 %
全　　市	**3 654 000**	**7.85**	**3 619 406**	**-0.95**	**3 808 763**	**5.23**	**4 093 686**	**7.48**
市　　区	1 693 000	0.45	1 617 379	-4.47	1 709 161	5.67	1 849 521	8.21
长安区	36 280	10.93	436 525	1 103.2	483 590	10.78	486 618	0.63
桥东区	24 548	28.62	341 679	1 291.9	339 622	-0.60	361 390	6.41
桥西区	21 099	31.79	191 453	807.40	241 500	26.14	255 743	5.90
新华区	32 668	-5.39	178 725	447.10	243 422	36.20	309 961	27.33
裕华区	220 871	9.75	279 839	26.70	221 038	-21.01	266 972	20.78
矿　区	14 594	11.13	15 698	7.56	20 623	31.37	13 938	-32.42
高新区	—	—	98 757	—	128 005	29.62	148 011	15.63
井陉县	70 000	9.14	81 064	15.81	75 037	-7.43	84 176	12.18
正定县	214 000	31.00	15 994	-92.53	153 648	860.66	169 132	10.08
栾城县	116 000	25.85	142 712	23.03	133 376	-6.54	144 280	8.18
行唐县	67 000	11.11	74 149	10.67	76 246	2.83	82 198	7.81
灵寿县	65 000	22.19	64 461	-0.83	64 515	0.08	67 699	4.94
高邑县	56 000	16.88	60 477	7.99	64 482	6.62	68 146	5.68
深泽县	49 000	18.67	44 771	-8.63	46 381	3.60	47 571	2.57
赞皇县	49 000	-3.95	66 195	35.09	65 582	-0.93	55 544	-15.31
无极县	57 000	13.73	60 683	6.46	77 306	27.39	81 773	5.78
平山县	100 000	24.54	103 192	3.19	119 617	15.92	144 180	20.53
元氏县	81 000	14.76	80 049	-1.17	95 188	18.91	107 795	13.24
赵　县	83 000	16.08	91 777	10.57	97 459	6.19	106 011	8.77
辛集市	197 000	13.99	196 000	-0.51	201 809	2.96	191 274	-5.22
藁城市	249 000	2.17	255 984	2.80	269 692	5.36	286 414	6.20
晋州市	139 000	12.63	136 663	-1.68	167 882	22.84	175 319	4.43
新乐市	152 000	21.59	149 835	-1.42	139 683	-6.78	160 033	14.57
鹿泉市	217 000	13.07	209 158	-3.61	251 699	20.34	272 620	8.31

注:2000年以后,在市内各区投资实行了在地统计,所以2000年以后各区的投资统计数据明显大了。

1996—2005年分县(市)区全社会固定资产投资(三)

计量单位:万元

行政单位	2003年	增长%	2004年	增长%	2005年	增长%
全市	**5 349 800**	**30.68**	**7 058 091**	**31.93**	**9 290 289**	**31.63**
市区	2 336 448	26.33	3 236 648	38.53	4 284 088	32.36
长安区	581 495	19.50	735 097	26.42	928 269	26.28
桥东区	290 339	-19.66	461 410	58.92	675 332	46.36
桥西区	379 839	48.52	525 002	38.22	696 763	32.72
新华区	427 800	38.02	553 389	29.36	710 154	28.33
裕华区	473 571	77.39	707 898	49.48	958 989	35.47
矿区	27 970	100.67	51 624	84.57	72 889	41.19
高新区	155 434	5.02	202 228	30.11	241 946	19.64
井陉县	139 364	65.56	188 475	35.24	303 147	60.84
正定县	227 051	34.24	312 636	37.69	325 003	3.96
栾城县	192 304	33.29	264 912	37.76	357 366	34.90
行唐县	122 164	48.62	168 167	37.66	240 548	43.04
灵寿县	104 077	53.73	143 219	37.61	221 988	55.00
高邑县	84 006	23.27	117 333	39.67	144 094	22.81
深泽县	76 529	60.87	79 140	3.41	96 534	21.98
赞皇县	84 064	51.35	115 653	37.58	165 859	43.41
无极县	114 778	40.36	139 862	21.85	175 310	25.34
平山县	206 524	43.24	249 174	20.65	339 890	36.41
元氏县	149 703	38.88	226 839	51.53	281 452	24.08
赵县	182 796	72.43	216 376	18.37	292 035	34.97
辛集市	240 836	25.91	301 162	25.05	398 724	32.40
藁城市	316 842	10.62	382 984	20.88	497 644	29.94
晋州市	230 668	31.57	272 680	18.21	348 829	27.93
新乐市	233 495	45.90	309 874	32.71	386 200	24.63
鹿泉市	308 151	13.03	332 957	8.05	431 322	29.54

注:2000年以后,在市内各区投资实行了在地统计,所以2000年以后各区的投资统计数据明显大了。

1996—2005年分县(市)区城镇固定资产投资(一)

计量单位:万元

行政单位	1996年	增长%	1997年	增长%	1998年	增长%
全市	**1 561 921**	**16.49**	**1 892 936**	**21.19**	**2 143 072**	**13.21**
市区	1 066 962	6.84	1 306 535	22.45	1 449 117	10.91
长安区	25 200	53.00	33 569	33.21	32 706	-2.57
桥东区	17 968	416.92	23 161	28.90	19 085	-17.60
桥西区	5 333	22.80	8 726	63.62	16 010	83.47
新华区	32 529	-16.87	29 309	-9.90	34 529	17.81
裕华区	131 512	2 183.19	183 720	39.70	26 625	-85.51
矿区	10 768	239.47	13 091	21.57	3 608	-72.44
高新区	—	—	—	—	151 535	—
井陉县	32 213	106.97	26 342	-18.23	34 905	32.51
正定县	35 234	-6.69	43 586	23.70	58 566	34.37
栾城县	34 878	100.79	29 868	-14.36	42 271	41.53
行唐县	13 171	42.73	26 562	101.67	27 325	2.87
灵寿县	24 091	53.95	37 441	55.41	44 876	19.86
高邑县	7 583	-18.66	12 572	65.79	14 308	13.81
深泽县	5 672	-23.90	15 604	175.11	16 258	4.19
赞皇县	11 798	-20.45	19 725	67.19	20 270	2.76
无极县	17 003	4.30	19 048	12.03	21 394	12.32
平山县	19 063	6.96	27 583	44.69	29 732	7.79
元氏县	23 721	37.92	24 591	3.67	22 730	-7.57
赵县	18 687	4.56	24 548	31.36	24 501	-0.19
辛集市	54 916	46.78	54 478	17.41	116 044	79.97
藁城市	123 911	184.13	98 410	-20.58	99 324	0.93
晋州市	19 202	5.66	26 495	37.98	31 100	17.38
新乐市	40 161	36.90	37 015	-7.83	42 705	15.37
鹿泉市	13 655	-20.71	52 533	284.72	47 646	-9.30

注:2000年以后,在市内各区投资实行了在地统计,所以2000年以后各区的投资统计数据明显大了。

1996—2005年分县(市)区城镇固定资产投资(二)

计量单位:万元

行政单位	1999年	增长%	2000年	增长%	2001年	增长%	2002年	增长%
全市	**2 460 089**	**14.79**	**2 408 926**	**-2.08**	**2 681 187**	**11.30**	**2 952 370**	**10.11**
市区	1 498 045	3.38	1 457 313	-2.72	1 651 933	13.35	1 820 166	10.18
长安区	36 280	10.93	436 525	1 103.21	483 590	10.78	486 618	0.63
桥东区	24 548	28.62	341 679	1 291.88	339 622	-0.60	361 390	6.41
桥西区	21 099	31.79	191 453	807.40	241 500	26.14	255 743	5.90
新华区	32 668	-5.39	178 725	447.10	243 422	36.20	309 961	27.33
裕华区	96 400	262.07	128 204	32.99	192 260	49.96	266 972	38.86
矿区	5 540	53.55	7 267	31.17	14 534	100.00	12 786	-12.03
高新区	—	—	98 757	—	128 005	29.62	148 011	15.63
井陉县	42 770	22.53	49 814	16.47	49 981	0.34	53 288	6.62
正定县	95 016	62.24	72 045	-24.18	96 457	33.88	97 352	0.93
栾城县	72 583	71.71	92 090	26.88	79 287	-13.90	79 222	-0.08
行唐县	35 601	30.29	36 143	1.52	37 850	4.72	40 912	8.09
灵寿县	52 743	17.53	54 285	2.92	54 820	0.99	57 459	4.81
高邑县	22 025	53.93	22 883	3.90	25 621	11.97	26 958	5.22
深泽县	18 877	16.11	19 136	1.37	19 435	1.56	21 110	8.62
赞皇县	20 926	3.24	21 291	1.74	28 898	35.73	31 864	10.26
无极县	31 579	47.61	28 346	-10.24	30 800	8.66	33 076	7.39
平山县	46 136	55.17	49 091	6.40	54 300	10.61	73 294	34.98
元氏县	39 667	74.51	33 383	-15.84	38 595	15.61	41 375	7.20
赵县	53 245	117.32	40 030	-24.82	44 623	11.47	46 480	4.16
辛集市	130 156	12.16	107 343	-17.53	127 330	18.62	128 196	0.68
藁城市	120 461	21.28	104 394	-13.34	123 769	18.56	128 771	4.04
晋州市	54 008	73.66	53 726	-0.52	74 579	38.81	80 164	7.49
新乐市	66 199	55.01	54 957	-16.98	40 921	-25.54	53 522	30.79
鹿泉市	86 837	82.25	89 170	2.69	101 988	14.37	141 746	38.98

注:2000年以后,在市内各区投资实行了在地统计,所以2000年以后各区的投资统计数据明显大了。

1996—2005年分县(市)区城镇固定资产投资(三)

计量单位:万元

行政单位	2003年	增长%	2004年	增长%	2005年	增长%
全市	**4 155 500**	**40.75**	**5 771 074**	**38.88**	**7 947 681**	**37.72**
市区	2 335 548	28.32	3 227 794	38.20	4 282 358	32.67
长安区	581 495	19.50	735 097	26.42	927 469	26.17
桥东区	290 339	-19.66	461 410	58.92	675 332	46.36
桥西区	379 839	48.52	525 002	38.22	696 763	32.72
新华区	427 800	38.02	553 389	29.36	710 154	28.33
裕华区	473 571	77.39	707 898	49.48	958 989	35.47
矿区	27 070	111.72	42 770	58.00	71 705	67.65
高新区	155 434	5.02	202 228	30.11	241 946	19.64
井陉县	90 564	69.95	136 390	50.60	241 872	77.34
正定县	128 751	32.25	181 686	41.11	223 574	23.06
栾城县	131 504	65.99	178 350	35.62	262 308	47.07
行唐县	66 264	61.97	100 890	52.25	161 505	60.08
灵寿县	86 077	49.81	124 741	44.92	197 768	58.54
高邑县	41 406	53.59	63 334	52.96	85 669	35.27
深泽县	37 429	77.30	47 117	25.88	68 357	45.08
赞皇县	51 364	61.20	72 418	40.99	102 949	42.16
无极县	46 578	40.82	69 134	48.43	102 701	48.55
平山县	111 724	52.43	166 075	48.65	268 501	61.67
元氏县	66 003	59.52	102 120	54.72	164 340	60.93
赵县	89 100	91.70	133 374	49.69	209 271	56.91
辛集市	182 236	42.15	225 623	23.81	313 443	38.92
藁城市	219 642	70.57	288 596	31.39	407 731	41.28
晋州市	125 068	56.02	187 782	50.14	220 049	17.18
新乐市	97 195	81.60	156 816	61.34	218 848	39.56
鹿泉市	249 251	75.84	308 832	23.90	416 437	34.84

注:2000年以后,在市内各区投资实行了在地统计,所以2000年以后各区的投资统计数据明显大了。

1996—2005 年分县(市)区全部财政收入(一)

计量单位:万元

行政单位	1995年	1996年	增长%	1997年	增长%	1998年	增长%
全市	**328 113**	**384 211**	**17.10**	**454 738**	**18.36**	**550 236**	**21.00**
市区	201 323	212 181	5.39	259 900	22.49	323 636	24.52
长安区	10 168	12 288	20.85	—	—	17 416	—
桥东区	10 036	11 858	18.15	—	—	13 307	—
桥西区	8 668	10 043	15.86	—	—	13 300	—
新华区	9 613	11 413	18.72	—	—	16 888	—
裕华区	12 878	18 190	41.25	—	—	26 188	—
矿区	3 425	4 055	18.39	—	—	5 625	—
高新区	5 189	5 832	12.39	—	—	10 198	—
井陉县	12 388	13 188	6.46	16 188	22.75	15 768	-2.59
正定县	10 089	13 399	32.81	17 994	34.29	20 538	14.14
栾城县	5 601	7 604	35.76	10 293	35.36	13 005	26.35
行唐县	3 564	5 018	40.80	6 226	24.07	7 421	19.19
灵寿县	3 326	4 854	45.94	6 037	24.37	7 090	17.44
高邑县	3 113	3 908	25.54	5 019	28.43	6 007	19.69
深泽县	3 017	4 009	32.88	5 020	25.22	6 179	23.09
赞皇县	3 540	4 005	13.14	4 352	8.66	4 363	0.25
无极县	5 051	6 967	37.93	8 175	17.34	10 017	22.53
平山县	6 039	7 035	16.49	8 569	21.81	10 430	21.72
元氏县	5 269	6 011	14.08	7 098	18.08	8 289	16.78
赵县	6 152	8 510	38.33	10 033	17.90	11 352	13.15
辛集市	14 323	18 036	25.92	21 063	16.78	24 266	15.21
藁城市	15 821	20 179	27.55	24 000	18.94	27 937	16.40
晋州市	8 305	10 622	27.90	12 224	15.08	15 187	24.24
新乐市	7 549	10 213	35.29	12 347	20.89	15 001	21.50
鹿泉市	13 643	16 184	18.62	20 200	24.81	23 750	17.57

注:2002 年以后,财税实行大的改革,把所得税一律放在了县、区一级。所以 2002 年区、市的全部财政收入明显大了。但增长速度是按同口径计算的。

1996—2005年分县(市)区全部财政收入(二)

计量单位:万元

行政单位	1999年	增长 %	2000年	增长 %	2001年	增长 %	2002年	增长 %
全　市	**581 154**	**5.62**	**617 026**	**6.17**	**718 953**	**16.52**	**1 105 294**	**7.15**
市　区	345 064	6.62	376 882	9.22	473 752	25.70	783 433	5.83
长安区	20 118	15.51	22 328	10.99	32 018	43.40	38 515	19.95
桥东区	14 727	10.67	15 237	3.46	18 637	22.31	20 825	11.43
桥西区	14 702	10.54	14 865	1.11	24 738	66.42	28 390	14.73
新华区	19 168	13.50	21 569	12.53	32 618	51.23	39 082	19.60
裕华区	31 025	18.47	36 699	18.29	23 812	-35.12	30 068	25.85
矿　区	6 180	9.87	6 467	4.64	6 555	1.36	7 645	11.83
高新区	13 050	27.97	16 528	26.65	35 639	115.63	37 897	6.23
井陉县	12 725	-19.30	13 685	7.54	14 901	8.89	18 563	8.62
正定县	22 001	7.12	23 667	7.57	17 740	-25.04	23 859	15.78
栾城县	15 345	17.99	16 159	5.30	10 724	-33.63	18 875	24.17
行唐县	7 689	3.61	8 294	7.87	8 645	4.23	10 083	5.05
灵寿县	6 707	-5.40	7 019	4.65	7 700	9.70	8 751	1.25
高邑县	6 558	9.17	6 962	6.16	6 491	-6.77	8 000	10.91
深泽县	6 699	8.42	6 916	3.24	7 421	7.30	8 014	-9.00
赞皇县	3 080	-29.41	3 916	27.14	4 148	5.92	5 184	6.12
无极县	10 016	-0.01	10 501	4.84	10 701	1.90	13 703	11.29
平山县	11 713	12.30	11 315	-3.40	12 367	9.30	15 272	8.01
元氏县	9 010	8.70	10 011	11.11	10 525	5.13	14 502	26.19
赵　县	10 613	-6.51	10 786	1.63	10 058	-6.75	13 011	15.51
辛集市	25 944	6.92	24 855	-4.20	26 479	6.53	33 178	11.51
藁城市	30 287	8.41	27 386	-9.58	30 011	9.59	51 753	7.40
晋州市	16 131	6.22	16 755	3.87	18 021	7.56	21 955	7.51
新乐市	15 287	1.91	15 781	3.23	15 070	-4.51	18 037	10.12
鹿泉市	25 557	7.61	26 136	2.27	31 199	19.37	39 121	10.99

注:2002年以后,财税实行大的改革,把所得税一律放在了县、区一级。所以2002年区、市的全部财政收入明显大了。但增长速度是按同口径计算的。

1996—2005年分县(市)区全部财政收入(三)

计量单位:万元

行政单位	2003年	增长%	2004年	增长%	2005年	增长%
全市	**1 249 873**	**13.08**	**1 452 944**	**16.25**	**1 656 402**	**13.68**
市区	889 785	13.58	1 026 814	15.40	—	—
长安区	47 386	23.03	235 391	—	240 038	1.97
桥东区	22 583	8.44	88 507	—	101 338	14.5
桥西区	31 555	11.15	207 558	—	256 119	23.4
新华区	46 274	18.40	118 088	—	140 018	18.61
裕华区	37 197	23.71	120 160	—	112 956	-6.00
矿区	10 884	42.37	16 348	—	25 216	54.00
高新区	48 359	27.61	76 641	—	100 128	30.65
井陉县	20 970	12.97	26 864	28.11	34 195	28.49
正定县	25 300	6.04	30 021	18.66	34 914	18.04
栾城县	22 424	18.80	25 169	12.24	30 208	22.43
行唐县	10 773	6.84	11 542	7.14	13 168	19.19
灵寿县	9 674	10.55	10 973	13.43	13 201	22.82
高邑县	8 603	7.54	10 002	16.26	11 500	17.55
深泽县	8 628	7.66	9 535	10.51	10 808	16.87
赞皇县	6 181	19.23	8 022	29.78	10 529	32.69
无极县	15 301	11.66	18 504	20.93	21 306	19.58
平山县	17 997	17.84	31 348	74.18	65 002	12.76
元氏县	16 033	10.56	18 012	12.34	21 033	19.55
赵县	15 009	15.36	16 169	7.73	19 136	27.68
辛集市	38 162	15.02	47 076	23.36	56 001	22.43
藁城市	56 314	8.81	60 894	8.13	70 530	18.60
晋州市	24 115	9.84	26 333	9.20	30 248	18.62
新乐市	20 738	14.97	23 251	12.12	27 068	19.71
鹿泉市	43 866	12.13	52 415	19.49	64 469	23.10

注:2002年以后,财税实行大的改革,把所得税一律放在了县、区一级。所以2002年区、市的全部财政收入明显大了。但增长速度是按同口径计算的。

1996—2005年分县(市)区农林牧渔业总产值(一)

计量单位:万元

行政单位	1995年	1996年	增长%	1997年	增长%	1998年	增长%
全市	**2 094 240**	**2 460 775**	**9.43**	**2 751 988**	**10.62**	**2 874 039**	**6.76**
市区	—	—	—	82 576	—	—	—
长安区	—	—	—	—	—	—	—
桥东区	—	—	—	—	—	—	—
桥西区	—	—	—	—	—	—	—
新华区	—	—	—	—	—	—	—
裕华区	51 998	63 166	20.71	—	6.88	70 153	3.62
矿区	7 586	8 016	4.43	—	4.17	8 693	4.27
高新区	—	5 404	—	—	—	5 378	—
井陉县	41 718	53 387	12.28	60 802	12.81	67 721	12.38
正定县	212 194	225 684	4.68	255 122	13.71	263 630	4.66
栾城县	131 828	138 841	12.98	166 280	17.68	187 079	19.31
行唐县	87 430	103 204	9.43	112 032	8.78	118 472	4.98
灵寿县	44 836	62 344	7.40	74 061	11.05	78 323	5.89
高邑县	63 058	71 095	11.28	74 640	16.00	77 664	7.43
深泽县	58 304	62 476	7.46	70 511	16.28	73 929	5.66
赞皇县	53 938	55 020	0.21	53 152	-5.17	54 116	20.26
无极县	123 478	136 868	10.35	151 115	8.82	154 844	6.27
平山县	101 375	81 939	-23.27	118 712	55.74	128 027	7.28
元氏县	74 293	91 597	8.52	108 089	3.62	117 005	13.77
赵县	150 068	195 627	21.18	198 029	10.77	209 192	9.29
辛集市	306 071	331 446	7.45	346 546	11.64	384 913	8.24
藁城市	292 564	357 743	10.67	391 248	11.32	412 864	7.81
晋州市	169 708	184 622	4.60	179 006	3.81	188 590	3.30
新乐市	176 189	176 770	3.69	184 509	6.99	195 373	6.76
鹿泉市	133 678	128 701	-4.25	142 142	12.45	146 211	4.36

1996—2005年分县(市)区农林牧渔业总产值(二)

计量单位:万元

行政单位	1999年	增长%	2000年	增长%	2001年	增长%	2002年	增长%
全　市	**2 918 680**	**5.48**	**2 934 472**	**4.96**	**3 070 012**	**4.24**	**3 119 674**	**4.35**
市　区	—	—	—	—	—	—	—	—
长安区	—	—	—	—	32 494	—	31 657	-1.52
桥东区	—	—	—	—	9 210	—	9 305	0.78
桥西区	—	—	—	—	16 565	—	16 651	-0.10
新华区	—	—	—	—	31 269	—	31 597	3.38
裕华区	72 500	5.78	73 926	4.67	34 893	-56.45	35 083	0.52
矿　区	8 931	5.80	9 000	3.69	9 356	3.99	9 728	3.97
高新区	5 177	—	5 311	—	5 752	—	5 588	—
井陉县	67 868	0.55	70 698	7.99	68 812	-2.90	69 449	1.56
正定县	271 820	5.95	274 880	3.91	244 053	-11.05	253 376	5.10
栾城县	206 178	11.03	227 496	12.59	229 880	-1.65	243 141	5.73
行唐县	116 743	0.86	118 200	7.55	122 225	4.00	126 340	4.00
灵寿县	84 381	11.69	85 361	3.98	88 971	2.89	88 117	-0.82
高邑县	81 241	10.38	87 594	10.77	89 177	4.50	93 377	4.91
深泽县	74 695	5.03	76 655	8.99	85 300	9.51	90 927	6.91
赞皇县	58 108	5.33	62 316	5.08	65 028	5.32	65 927	-2.51
无极县	158 854	4.97	159 714	6.63	165 798	4.02	169 611	3.00
平山县	135 706	6.21	132 100	-3.52	139 195	6.86	142 678	2.52
元氏县	123 348	8.21	124 245	7.32	132 728	6.43	138 860	4.72
赵　县	215 345	8.18	215 758	6.05	208 906	-4.71	221 714	7.45
辛集市	387 792	5.35	374 760	0.28	391 303	2.99	407 063	3.97
藁城市	423 133	4.12	396 434	-2.73	416 404	5.03	431 434	4.33
晋州市	192 334	3.95	192 629	4.54	197 083	2.10	200 456	2.97
新乐市	202 124	5.14	212 100	5.02	211 015	-0.60	220 360	4.86
鹿泉市	146 756	4.94	149 594	3.29	153 852	6.76	159 194	3.48

1996—2005年分县(市)区农林牧渔业总产值(三)

计量单位:万元

行政单位	2003年	增长%	2004年	增长%	2005年	增长%
全市	**3 529 558**	**5.65**	**4 260 467**	**6.36**	**4 569 477**	**5.37**
市区	—	—	—	—	—	—
长安区	33 169	-0.31	37 982	-2.37	38 467	-0.78
桥东区	8 276	-4.31	10 088	3.35	10 191	-0.32
桥西区	15 014	0.36	18 487	11.83	18 641	0.27
新华区	25 829	-4.99	31 395	0.37	32 504	-2.37
裕华区	36 536	0.6	40 222	-4.76	39 484	-2.14
矿区	9 230	4.04	10 171	1.92	10 814	3.29
高新区	2 125	—	—	—	—	—
井陉县	69 984	8.95	86 721	9.19	95 974	6.41
正定县	258 522	2.24	296 679	4.58	319 891	3.44
栾城县	256 011	7.27	293 005	4.29	320 011	5.5
行唐县	143 582	3.71	171 943	5.91	186 386	5.65
灵寿县	96 565	30.36	119 804	15.82	129 835	6.4
高邑县	89 498	-0.26	110 317	3.40	115 473	1.31
深泽县	82 562	10.97	100 366	6.06	112 814	7.19
赞皇县	74 492	14.71	95 470	10.08	108 186	9.83
无极县	215 779	3.33	246 375	3.36	253 662	2.46
平山县	186 346	1.48	212 069	4.48	222 149	3.65
元氏县	150 195	3.18	137 608	4.19	204 239	3.9
赵县	214 916	5.11	264 314	5.26	284 806	4.52
辛集市	358 971	6.87	435 801	6.63	482 007	5.38
藁城市	507 429	3.55	574 451	2.88	610 803	1.33
晋州市	196 509	4.81	239 640	8.07	255 292	3.98
新乐市	233 952	5.9	289 669	6.20	322 104	7.44
鹿泉市	160 228	5.17	206 716	11.93	229 711	8.17

1996—2005年分县(市)区规模以上工业增加值(一)

计量单位:万元

行政单位	1996年	增长%	1997年	增长%	1998年	增长%
全市	**1 667 573**	**19.31**	**1 978 658**	**18.65**	**1 995 840**	**3.43**
市区	843 632	8.82	940 378	11.32	1 011 855	9.60
长安区	—	—	—	—	11 947	-9.26
桥东区	—	—	—	—	5 521	-50.49
桥西区	—	—	—	—	8 829	-18.06
新华区	—	—	—	—	15 967	6.42
裕华区	—	—	—	—	100 687	21.63
矿区	—	—	—	—	12 901	8.57
高新区	—	—	—	—	29 539	0.00
井陉县	17 240	8.67	22 570	30.92	16 044	-37.16
正定县	76 097	36.51	104 952	37.92	103 070	0.29
栾城县	34 568	7.81	38 532	11.47	31 202	-3.71
行唐县	21 738	42.30	30 590	40.72	28 617	-7.19
灵寿县	30 311	62.09	40 970	35.17	30 142	-8.26
高邑县	31 164	22.73	27 003	-13.36	28 041	15.46
深泽县	15 564	29.75	22 183	42.53	18 070	-27.49
赞皇县	12 437	2.04	13 872	11.54	12 029	-23.30
无极县	45 985	35.42	62 314	35.51	48 500	-10.43
平山县	36 498	1.70	47 543	30.26	46 442	-4.01
元氏县	46 964	73.04	60 091	27.95	27 164	-32.94
赵县	47 596	41.43	60 738	27.61	72 428	11.19
辛集市	112 441	39.44	144 582	28.58	166 449	13.94
藁城市	122 630	28.61	153 123	24.87	155 317	13.94
晋州市	67 585	75.46	83 449	23.47	87 550	0.41
新乐市	55 606	21.71	63 973	15.05	59 234	-15.79
鹿泉市	48 429	13.94	61 796	27.6	53 687	-17.35

注:1996年、1998年、1999年、2000年的增长速度是由总产值的速度乘以0.875得到的。1997年及以前年份是乡及乡以上工业的统计口径,1998年以后是国有及年销售收入500万元以上工业企业的统计口径。

1996—2005年分县(市)区规模以上工业增加值(二)

计量单位:万元

行政单位	1999年	增长%	2000年	增长%	2001年	增长%	2002年	增长%
全市	**2 225 697**	**15.23**	**2 458 470**	**11.25**	**2 722 676**	**10.83**	**3 129 643**	**14.96**
市区	1 171 218	16.59	1 393 725	15.94	1 470 475	5.49	1 667 623	13.4
长安区	13 403	14.02	15 055	11.20	67 347	—	80 287	19.21
桥东区	6 350	16.79	7 217	11.88	45 907	—	49 327	7.45
桥西区	8 030	20.31	8 142	-0.22	23 242	—	23 713	2.03
新华区	20 096	21.42	26 057	22.68	64 913	—	77 686	19.68
裕华区	120 691	18.25	130 553	15.52	43 597	—	45 985	5.48
矿区	17 953	8.66	17 175	14.69	19 455	—	24 207	24.43
高新区	33 142	72.53	39 135	41.80	74 449	—	119 085	59.96
井陉县	23 003	36.46	26 676	20.35	30 058	12.68	38 815	29.13
正定县	115 939	20.43	128 939	19.03	106 317	—	138 752	30.51
栾城县	36 154	14.16	46 392	28.53	42 734	—	49 635	16.15
行唐县	33 236	19.99	44 770	19.33	51 956	16.05	62 366	20.04
灵寿县	29 299	-3.73	24 228	-3.99	30 321	25.15	35 501	17.08
高邑县	29 049	20.04	38 544	29.35	44 194	14.66	45 759	3.54
深泽县	19 879	27.50	21 231	13.14	27 733	30.62	36 826	32.79
赞皇县	14 921	23.00	16 295	5.80	18 338	12.53	20 689	12.82
无极县	63 608	27.84	69 125	19.92	96 808	40.05	80 629	-16.71
平山县	55 219	18.48	63 533	11.97	75 456	18.77	83 431	10.57
元氏县	29 990	19.55	38 452	15.90	44 396	15.46	53 468	20.43
赵县	65 941	10.89	58 246	7.52	67 799	16.4	79 847	17.77
辛集市	170 904	6.71	162 748	-1.07	191 589	17.72	230 988	20.56
藁城市	165 298	3.80	99 199	-9.11	175 123	76.54	215 525	23.07
晋州市	62 427	9.91	70 189	-12.96	83 474	18.93	90 578	8.87
新乐市	65 213	9.49	78 072	17.16	78 605	0.68	90 004	14.5
鹿泉市	74 401	45.14	76 551	8.01	87 092	13.77	109 209	25.4

注:1996年、1998年、1999年、2000年的增长速度是由总产值的速度乘以0.875得到的。1997年及以前年份是乡及乡以上工业的统计口径,1998年以后是国有及年销售收入500万元以上工业企业的统计口径。

1996—2005年分县(市)区规模以上工业增加值(三)

计量单位:万元

行政单位	2003年	增长%	2004年	增长%	2005年	增长%
全市	**3 690 543**	**21.2**	**4 497 107**	**25.04**	**5 715 862**	**22.85**
市区	1 860 034	—	2 036 054	—	2 362 135	—
长安区	102 227	47.71	149 859	60.25	205 893	35.82
桥东区	42 492	13.2	48 135	30.01	50 443	15.47
桥西区	23 416	22.41	22 455	43.93	27 904	26.03
新华区	111 911	47.71	147 514	21.35	178 732	16.51
裕华区	71 457	37.53	167 346	47.99	108 061	27.48
矿区	31 896	23.24	58 237	64.44	82 887	39.06
高新区	134 152	22.14	—	—	104 225	15.10
井陉县	47 377	31.91	72 804	40.34	113 305	49.67
正定县	185 661	33.85	229 183	37.26	310 336	40.49
栾城县	62 602	33.95	100 399	35.42	129 541	44.94
行唐县	90 464	35.78	128 412	35.01	165 628	38.21
灵寿县	46 416	25.13	60 514	35.23	81 441	45.19
高邑县	57 265	23.5	64 367	27.94	89 910	22.15
深泽县	41 478	35	56 134	26.25	77 464	36.72
赞皇县	28 106	35.2	45 013	52.81	57 949	34.68
无极县	111 669	25.38	142 366	36.32	199 330	31.00
平山县	118 511	34.68	222 305	32.13	280 619	50.40
元氏县	66 420	25.6	96 772	40.2	138 781	40.13
赵县	91 072	18.61	155 938	37.56	214 134	31.18
辛集市	228 807	16.77	308 744	26.1	417 413	47.45
藁城市	259 141	26.95	277 964	27.03	381 845	37.53
晋州市	100 952	24.55	122 311	50.69	182 542	37.49
新乐市	123 787	41.97	151 329	41.88	219 447	41.14
鹿泉市	138 887	18.17	226 499	39.19	294 043	24.22

注:1996年、1998年、1999年、2000年的增长速度是由总产值的速度乘以0.875得到的。1997年及以前年份是乡及乡以上工业的统计口径,1998年以后是国有及年销售收入500万元以上工业企业的统计口径。

1996—2005年分县(市)区规模以上工业利税总额(一)

计量单位:万元

行政单位	1995年	1996年	增长%	1997年	增长%	1998年	增长%
全市	**527 047**	**596 468**	**13.17**	**686 015**	**15.01**	**651 668**	**-5.01**
市区	373 688	383 745	2.69	402 271	4.83	—	—
长安区	—	—	—	—	—	1 587	—
桥东区	—	—	—	—	—	728	—
桥西区	—	—	—	—	—	3 924	—
新华区	—	—	—	—	—	7 353	—
裕华区	—	—	—	—	—	47 292	—
矿区	—	—	—	—	—	3 900	—
高新区	—	—	—	—	—	9 328	—
井陉县	4 317	3 095	-28.31	5 598	80.87	4 200	-24.97
正定县	10 705	18 381	71.70	20 989	14.19	22 184	5.69
栾城县	6 741	8 343	23.77	10 864	30.22	8 666	-20.23
行唐县	4 990	7 581	51.92	11 236	48.21	11 576	3.03
灵寿县	3 540	6 290	77.68	9 086	44.45	10 545	16.06
高邑县	4 774	6 314	32.26	9 498	50.43	11 383	19.85
深泽县	1 965	2 700	37.40	3 551	31.52	2 345	-33.96
赞皇县	4 032	4 320	7.14	4 810	11.34	4 578	-4.82
无极县	7 311	10 628	45.37	14 404	35.53	11 307	-21.50
平山县	9 537	10 024	5.11	12 305	22.76	12 994	5.60
元氏县	6 472	10 441	61.33	12 054	15.45	8 198	-31.99
赵县	8 906	10 731	20.49	13 824	28.82	15 576	12.67
辛集市	25 438	36 302	42.71	49 149	35.39	47 045	-4.28
藁城市	19 098	30 619	60.33	40 578	32.53	44 726	10.22
晋州市	12 019	20 631	71.65	28 606	38.66	34 841	21.80
新乐市	13 228	13 462	1.77	19 413	44.21	18 630	-4.03
鹿泉市	10 285	12 635	22.85	17 781	40.73	15 540	-12.60

注:1997年及以前年份是乡及乡以上工业的统计口径,1998年以后是国有及年销售收入500万元以上工业企业的统计口径。

1996—2005年分县(市)区规模以上工业利税总额(二)

计量单位:万元

行政单位	1999年	增长%	2000年	增长%	2001年	增长%	2002年	增长%
全市	**756 087**	**16.02**	**873 544**	**15.53**	**1 005 332**	**15.09**	**1 190 630**	**18.43**
市区	428 397	—	528 134	23.28	617 078	16.84	702 194	13.79
长安区	1 874	18.08	2 081	11.05	28 867	1 287.17	37 837	31.07
桥东区	1 132	55.49	1 326	17.14	15 885	1 097.96	20 748	30.62
桥西区	3 481	-11.29	3 611	3.73	11 222	210.77	12 307	9.66
新华区	9 578	30.26	11 761	22.79	38 351	226.09	49 727	29.66
裕华区	54 510	15.26	63 828	17.09	14 227	-77.71	18 491	29.97
矿区	3 936	0.92	5 251	33.41	6 111	16.38	8 042	31.60
高新区	12 220	31.00	13 488	10.38	18 709	38.71	21 465	14.73
井陉县	5 514	31.29	6 419	16.41	7 405	15.36	9 525	28.63
正定县	27 201	22.62	29 966	10.17	25 897	-13.58	34 698	33.98
栾城县	11 367	31.17	13 669	20.25	15 584	14.01	22 790	46.24
行唐县	14 376	24.19	16 094	11.95	18 501	14.96	23 320	26.04
灵寿县	9 097	-13.73	9 714	6.78	11 067	13.93	13 165	18.95
高邑县	12 524	10.02	14 909	19.04	17 444	17.00	22 119	26.80
深泽县	3 678	56.84	4 159	13.08	4 196	0.89	5 064	20.68
赞皇县	6 173	34.84	6 716	8.80	7 694	14.56	8 564	11.31
无极县	14 979	32.48	15 877	6.00	19 280	21.43	22 172	15.00
平山县	15 352	18.15	16 951	10.42	18 600	9.73	23 377	25.68
元氏县	10 155	23.87	12 091	19.06	14 259	17.93	18 012	26.32
赵县	16 662	6.97	18 396	10.41	21 024	14.29	25 477	21.18
辛集市	51 777	10.06	55 481	7.15	63 208	13.93	76 546	21.10
藁城市	49 376	10.40	44 996	-8.87	53 163	18.15	66 279	24.67
晋州市	31 812	-8.69	28 243	-11.22	32 583	15.37	42 198	29.51
新乐市	22 448	20.49	24 794	10.45	27 075	9.20	32 674	20.68
鹿泉市	25 199	—	26 933	6.88	32 305	19.95	42 457	31.43

注:1997年及以前年份是乡及乡以上工业的统计口径,1998年以后是国有及年销售收入500万元以上工业企业的统计口径。

1996—2005年分县(市)区规模以上工业利税总额(三)

计量单位:万元

行政单位	2003年	增长 %	2004年	增长 %	2005年	增长 %
全市	**1 509 600**	**26.79**	**1 747 672**	**15.77**	**2 113 133**	**20.91**
市区	849 612	20.99	806 629	-5.06	816 352	52.01
长安区	38 117	0.74	61 571	61.53	86 865	41.08
桥东区	19 003	-8.41	28 224	48.52	8 718	-69.11
桥西区	9 708	-21.11	6 244	-35.68	9 611	53.92
新华区	72 286	45.37	85 311	18.02	99 269	16.36
裕华区	25 087	35.67	69 930	178.75	42 836	-38.74
矿区	12 266	52.52	18 302	49.22	28 538	55.92
高新区	28 873	34.52	—	—	46 249	25.50
井陉县	10 264	7.76	18 301	78.30	23 982	31.04
正定县	43 543	25.49	62 454	43.43	85 250	36.50
栾城县	33 827	48.43	56 236	66.25	77 128	37.15
行唐县	36 909	58.28	54 943	48.86	77 414	40.90
灵寿县	18 150	37.87	25 417	40.04	35 266	38.75
高邑县	30 348	37.20	39 402	29.84	50 808	28.95
深泽县	7 340	44.95	8 892	21.14	13 287	49.43
赞皇县	12 919	50.85	20 992	62.49	28 922	37.78
无极县	28 776	29.78	43 331	50.58	57 103	31.78
平山县	45 232	93.49	81 664	80.54	104 598	28.08
元氏县	24 984	38.71	36 604	46.51	49 886	36.29
赵县	34 113	33.89	53 084	55.61	65 445	23.29
辛集市	82 494	7.77	124 089	50.42	171 413	38.14
藁城市	83 651	26.21	94 583	13.07	137 500	45.37
晋州市	50 077	18.67	67 672	35.14	102 941	52.12
新乐市	49 541	51.62	69 448	40.18	96 391	38.79
鹿泉市	55 556	30.85	83 932	51.08	119 449	42.32

注:1997年及以前年份是乡及乡以上工业的统计口径,1998年以后是国有及年销售收入500万元以上工业企业的统计口径。

1996—2005年分县(市)区社会消费品零售额(一)

计量单位:万元

行政单位	1995年	1996年	增长%	1997年	增长%	1998年	增长%
全市	**1 652 151**	**2 011 506**	**21.75**	**2 380 487**	**18.34**	**2 680 216**	**12.59**
市区	882 872	943 119	6.82	1 059 334	12.32	1 109 504	4.74
长安区	—	—	—	—	—	14 513	—
桥东区	—	—	—	—	—	8 444	—
桥西区	—	—	—	—	—	9 784	—
新华区	—	—	—	—	—	49 338	—
裕华区	—	—	—	—	—	47 443	—
矿区	—	—	—	—	—	7 818	—
井陉县	26 329	32 266	22.55	33 033	2.38	34 124	3.30
正定县	80 745	98 870	22.45	137 229	38.80	158 230	15.30
栾城县	47 502	71 665	50.87	84 901	18.47	101 140	19.13
行唐县	20 847	40 401	93.80	43 724	8.23	52 711	20.55
灵寿县	13 680	20 110	47.00	31 113	54.71	36 864	18.48
高邑县	13 975	17 961	28.52	23 368	30.10	29 258	25.21
深泽县	14 363	18 963	32.03	31 328	65.21	40 105	28.02
赞皇县	15 382	19 921	29.51	26 895	35.01	34 790	29.35
无极县	45 879	63 723	38.89	83 307	30.73	104 090	24.95
平山县	25 713	32 984	28.28	36 160	9.63	42 703	18.09
元氏县	24 680	34 726	40.71	38 411	10.61	48 404	26.02
赵县	50 627	72 499	43.20	90 212	24.43	108 937	20.76
辛集市	101 141	188 984	86.85	218 763	15.76	263 429	20.42
藁城市	83 081	115 102	38.54	152 009	32.06	180 191	18.54
晋州市	62 415	72 498	16.15	93 708	29.26	107 458	14.67
新乐市	82 238	98 425	19.68	110 105	11.87	127 203	15.53
鹿泉市	60 682	69 289	14.18	86 889	25.40	101 076	16.33

1996—2005年分县(市)区社会消费品零售额(二)

计量单位:万元

行政单位	1999年	增长%	2000年	增长%	2001年	增长%	2002年	增长%
全　　市	**2 967 588**	**10.72**	**3 308 804**	**11.50**	**3 690 981**	**11.55**	**4 115 390**	**11.50**
市　　区	1 171 916	5.63	1 269 933	8.36	1 560 183	22.86	1 725 318	10.58
长安区	16 955	16.83	19 769	16.60	25 378	28.37	28 271	11.40
桥东区	8 905	5.46	9 800	10.05	16 473	68.09	18 860	14.49
桥西区	10 035	2.57	11 216	11.77	38 132	239.98	42 311	10.96
新华区	55 270	12.02	63 180	14.31	85 771	35.76	91 787	7.01
裕华区	55 100	16.14	63 841	15.86	30 192	-52.71	33 634	11.40
矿　区	7 834	0.20	9 533	21.69	10 479	9.92	11 689	11.55
井陉县	39 113	14.62	46 068	17.78	51 179	11.09	57 238	11.84
正定县	179 321	13.33	202 677	13.02	150 638	-25.68	170 222	13.00
栾城县	120 292	18.94	135 651	12.77	96 173	-29.10	110 557	14.96
行唐县	60 230	14.26	68 405	13.57	78 553	14.84	88 675	12.89
灵寿县	42 457	15.17	48 092	13.27	54 298	12.90	60 756	11.89
高邑县	34 721	18.67	40 391	16.33	44 835	11.00	51 443	14.74
深泽县	44 933	12.04	50 800	13.06	56 384	10.99	62 755	11.30
赞皇县	40 643	16.82	45 928	13.00	51 256	11.60	58 037	13.23
无极县	121 821	17.03	138 956	14.07	156 793	12.84	176 392	12.50
平山县	49 963	17.00	56 992	14.07	64 400	13.00	73 582	14.26
元氏县	56 177	16.06	63 854	13.67	73 606	15.27	83 379	13.28
赵　县	128 299	17.77	145 226	13.19	161 202	11.00	178 934	11.00
辛集市	310 354	17.81	352 000	13.42	390 742	11.01	434 897	11.30
藁城市	195 539	8.52	219 087	12.04	244 117	11.42	271 334	11.15
晋州市	119 726	11.42	134 242	12.12	150 169	11.86	167 911	11.81
新乐市	131 973	3.75	148 011	12.15	144 061	-2.67	159 937	11.02
鹿泉市	120 110	18.83	138 143	15.01	159 366	15.36	184 025	15.47

1996—2005年分县(市)区社会消费品零售额(三)

计量单位:万元

行政单位	2003年	增长%	2004年	增长%	2005年	增长%
全市	**4 566 056**	**10.95**	**5 330 762**	**16.75**	**6 061 650**	**15.0**
市区	1 843 573	6.85	2 062 955	11.90	2 524 497	13.4
长安区	33 783	19.50	45 270	34.00	361 052	15.4
桥东区	21 142	12.10	28 542	35.00	229 888	15.0
桥西区	32 605	-22.94	43 513	33.45	163 102	15.1
新华区	94 586	3.05	122 963	30.00	529 322	15.2
裕华区	40 192	19.50	53 864	34.02	267 753	15.6
矿区	13 227	13.16	16 625	25.69	28 915	15.0
井陉县	66 058	15.41	82 441	24.80	97 861	17.6
正定县	196 622	15.51	239 976	22.05	258 128	17.6
栾城县	128 248	16.00	157 527	22.83	171 578	17.3
行唐县	103 294	16.49	125 915	21.90	135 973	16.7
灵寿县	69 411	14.25	83 260	19.95	90 027	16.9
高邑县	59 285	15.24	72 270	21.90	77 328	16.6
深泽县	72 482	15.50	89 153	23.00	96 565	16.7
赞皇县	67 099	15.61	84 217	25.51	91 349	17.2
无极县	201 087	14.00	247 210	22.94	264 820	16.9
平山县	85 207	15.80	103 101	21.00	118 174	17.8
元氏县	96 103	15.26	117 019	21.76	118 870	16.7
赵县	198 324	10.84	237 994	20.00	251 625	14.6
辛集市	487 519	12.10	556 260	14.10	606 146	14.1
藁城市	305 063	12.43	368 906	20.93	396 788	15.7
晋州市	191 218	13.88	232 478	21.58	252 523	16.8
新乐市	181 075	13.22	218 860	20.87	232 701	15.8
鹿泉市	214 389	16.50	261 555	22.00	276 697	17.0

1996—2005年分县(市)区金融机构存款(一)

计量单位:万元

行政单位	1997年	1998年	增长%	1999年	增长%
全市	**8 197 859**	**9 914 433**	**20.94**	**12 110 368**	**22.15**
市区	5 025 209	6 148 400	22.35	7 691 094	25.09
井陉县	191 379	215 788	12.75	231 939	7.48
正定县	313 710	389 673	24.21	462 817	18.77
栾城县	177 334	205 229	15.73	219 680	7.04
行唐县	121 009	147 173	21.62	160 685	9.18
灵寿县	99 072	118 041	19.15	135 030	14.39
高邑县	57 225	65 828	15.03	79 496	20.76
深泽县	147 121	173 069	17.64	202 049	16.74
赞皇县	79 814	92 932	16.44	99 592	7.17
无极县	187 613	235 926	25.75	265 044	12.34
平山县	159 305	195 618	22.79	214 134	9.47
元氏县	133 462	149 195	11.79	168 143	12.70
赵县	151 351	176 390	16.54	192 836	9.32
辛集市	371 629	456 646	22.88	589 592	29.11
藁城市	299 102	347 306	16.12	433 007	24.68
晋州市	273 354	311 559	13.98	402 973	29.34
新乐市	134 890	160 716	19.15	198 527	23.53
鹿泉市	275 280	324 944	18.04	363 730	11.94

1996—2005年分县(市)区金融机构存款(二)

计量单位:万元

行政单位	2000年	增长%	2001年	增长%	2002年	增长%
全市	**13 131 544**	**8.43**	**14 551 507**	**10.81**	**16 710 618**	**14.84**
市区	8 493 818	10.44	9 562 632	12.58	11 311 755	18.29
井陉县	247 259	6.61	260 281	5.27	280 407	7.73
正定县	498 586	7.73	532 530	6.81	572 815	7.56
栾城县	234 016	6.53	249 706	6.70	264 920	6.09
行唐县	166 336	3.52	174 296	4.79	181 559	4.17
灵寿县	142 748	5.72	156 942	9.94	175 513	11.83
高邑县	86 579	8.91	92 339	6.65	101 114	9.50
深泽县	213 251	5.54	222 231	4.21	231 762	4.29
赞皇县	105 755	6.19	110 260	4.26	119 888	8.73
无极县	288 630	8.90	311 539	7.94	339 969	9.13
平山县	227 082	6.05	243 371	7.17	257 059	5.62
元氏县	176 546	5.00	195 650	10.82	215 149	9.97
赵县	195 676	1.47	204 950	4.74	221 827	8.23
辛集市	604 992	2.61	657 860	8.74	721 676	9.70
藁城市	441 138	1.88	489 755	11.02	549 320	12.16
晋州市	414 103	2.76	440 922	6.48	471 035	6.83
新乐市	200 580	1.03	220 957	10.16	241 391	9.25
鹿泉市	394 449	8.45	425 288	7.82	453 453	6.62

1996—2005年分县(市)区金融机构存款(三)

计量单位:万元

行政单位	2003年	增长%	2004年	增长%	2005年	增长%
全市	**19 322 801**	**15.63**	**22 088 668**	**14.31**	**25 741 536**	**16.54**
市区	13 310 798	17.67	15 331 653	15.18	18 216 740	18.82
井陉县	302 764	7.97	341 850	12.91	378 824	10.82
正定县	623 868	8.91	702 302	12.57	783 093	11.50
栾城县	299 586	13.09	351 679	17.39	421 827	19.95
行唐县	185 398	2.11	215 436	16.20	232 852	8.08
灵寿县	193 084	10.01	218 317	13.07	244 801	12.13
高邑县	115 898	14.62	130 076	12.23	143 045	9.97
深泽县	250 770	8.20	273 089	8.90	274 105	0.37
赞皇县	137 210	14.45	155 865	13.60	151 546	－2.77
无极县	382 617	12.54	403 541	5.47	434 532	7.68
平山县	295 394	14.91	358 449	21.35	422 679	17.92
元氏县	247 578	15.07	279 073	12.72	297 686	6.67
赵县	249 063	12.28	275 234	10.51	311 499	13.18
辛集市	823 439	14.10	888 022	7.84	1 008 502	13.57
藁城市	602 771	9.73	711 798	18.09	747 432	5.01
晋州市	519 084	10.20	573 267	10.44	641 986	11.99
新乐市	268 222	11.12	294 824	9.92	321 220	8.95
鹿泉市	515 257	13.63	584 191	13.38	649 511	11.18

1996—2005年分县(市)区金融机构贷款(一)

计量单位:万元

行政单位	1997年	1998年	增长%	1999年	增长%
全市	**5 656 900**	**6 637 592**	**17.34**	**9 107 667**	**37.21**
市区	3 292 109	4 053 042	23.11	6 237 687	53.90
井陉县	101 119	98 918	-2.18	104 284	5.42
正定县	206 600	234 528	13.52	276 178	17.76
栾城县	159 604	171 165	7.24	182 019	6.34
行唐县	80 853	88 229	9.12	91 776	4.02
灵寿县	93 162	98 933	6.19	95 962	-3.00
高邑县	64 856	76 786	18.39	86 454	12.59
深泽县	78 191	86 178	10.21	102 750	19.23
赞皇县	83 167	88 121	5.96	88 532	0.47
无极县	144 588	152 741	5.64	162 667	6.50
平山县	126 540	142 997	13.01	151 675	6.07
元氏县	134 209	145 234	8.21	155 686	7.20
赵县	163 922	181 592	10.78	193 445	6.53
辛集市	246 974	283 842	14.93	295 226	4.01
藁城市	244 997	266 150	8.63	330 137	24.04
晋州市	151 278	158 429	4.73	202 921	28.08
新乐市	118 745	123 732	4.20	153 769	24.28
鹿泉市	165 986	186 975	12.65	196 499	5.09

1996—2005年分县(市)区金融机构贷款(二)

计量单位:万元

行政单位	2000年	增长%	2001年	增长%	2002年	增长%
全市	**9 738 267**	**6.92**	**10 350 991**	**6.29**	**13 059 556**	**26.17**
市区	6 939 550	11.25	7 450 288	7.36	9 981 918	33.98
井陉县	97 820	-6.20	103 070	5.37	120 950	17.35
正定县	271 938	-1.54	279 662	2.84	—	—
栾城县	149 602	-17.81	159 284	6.47	173 688	9.04
行唐县	91 345	-0.47	102 512	12.23	111 165	8.44
灵寿县	89 625	-6.60	92 791	3.53	101 323	9.19
高邑县	89 803	3.87	91 504	1.89	94 887	3.70
深泽县	99 741	-2.93	102 128	2.39	109 357	7.08
赞皇县	79 156	-10.59	79 181	0.03	87 387	10.36
无极县	163 742	0.66	175 680	7.29	191 869	9.22
平山县	144 646	-4.63	149 875	3.62	163 959	9.40
元氏县	161 580	3.79	159 813	-1.09	172 984	8.24
赵县	200 388	3.59	206 674	3.14	211 211	2.20
辛集市	281 896	-4.52	283 339	0.51	306 937	8.33
藁城市	307 626	-6.82	317 394	3.18	301 448	-5.02
晋州市	206 264	1.65	212 452	3.00	225 886	6.32
新乐市	148 917	-3.16	148 668	-0.17	155 049	4.29
鹿泉市	214 628	9.23	235 676	10.27	256 130	8.22

1996—2005年分县(市)区金融机构贷款(三)

计量单位:万元

行政单位	2003年	增长%	2004年	增长%	2005年	增长%
全　市	**13 774 386**	**5.47**	**14 748 123**	**7.07**	**15 610 128**	**5.84**
市　区	10 547 366	5.66	11 352 218	7.63	12 446 474	9.64
井陉县	126 161	4.31	155 372	23.15	151 840	-2.27
正定县	311 211	—	320 787	3.08	279 590	-12.84
栾城县	178 549	2.80	200 213	12.13	217 991	8.88
行唐县	109 102	-1.86	112 476	3.09	96 020	-14.63
灵寿县	100 578	-0.74	109 515	8.89	95 452	-12.84
高邑县	94 670	-0.23	101 655	7.38	90 442	-11.03
深泽县	107 209	-1.96	105 555	-1.54	101 941	-3.42
赞皇县	91 839	5.09	100 934	9.90	79 871	-20.87
无极县	192 568	0.36	193 203	0.33	174 697	-9.58
平山县	188 322	14.86	202 902	7.74	193 996	-4.39
元氏县	186 632	7.89	188 193	0.84	175 843	-6.56
赵　县	197 051	-6.70	198 044	0.50	186 565	-5.80
辛集市	312 989	1.97	318 432	1.74	276 641	-13.12
藁城市	319 196	5.89	332 015	4.02	287 035	-13.55
晋州市	226 804	0.41	229 126	1.02	214 745	-6.28
新乐市	172 388	11.18	184 310	6.92	222 816	20.89
鹿泉市	311 751	21.72	343 173	10.08	318 169	-7.29

1996—2005年分县(市)区城乡居民储蓄存款(一)

计量单位:万元

行政单位	1996年	1997年	增长%	1998年	增长%	1999年	增长%
全市	**4 223 768**	**4 857 888**	**15.01**	**5 941 832**	**22.31**	**7 092 875**	**19.37**
市区	1 892 453	2 169 085	14.62	2 716 587	25.24	3 259 295	19.98
井陉县	129 507	150 462	16.18	172 827	14.86	192 385	11.32
正定县	220 307	256 426	16.39	338 198	31.89	411 828	21.77
栾城县	130 261	149 094	14.46	173 095	16.10	188 394	8.84
行唐县	98 437	112 086	13.87	132 786	18.47	145 034	9.22
灵寿县	80 690	87 309	8.20	102 662	17.58	118 505	15.43
高邑县	43 392	51 315	18.26	60 107	17.13	72 029	19.83
深泽县	114 732	132 749	15.70	162 650	22.52	191 996	18.04
赞皇县	60 793	68 023	11.89	77 969	14.62	85 520	9.68
无极县	144 437	175 845	21.75	221 033	25.70	243 197	10.03
平山县	123 624	141 770	14.68	171 660	21.08	180 441	5.12
元氏县	107 729	115 407	7.13	132 304	14.64	145 923	10.29
赵县	105 390	125 068	18.67	142 532	13.96	174 475	22.41
辛集市	252 528	290 868	15.18	363 257	24.89	469 422	29.23
藁城市	213 575	244 522	14.49	288 149	17.84	377 022	30.84
晋州市	197 558	238 395	20.67	266 911	11.96	354 866	32.95
新乐市	101 655	116 710	14.81	144 509	23.82	178 144	23.28
鹿泉市	206 700	232 754	12.60	274 596	17.98	307 399	11.95

1996—2005年分县(市)区城乡居民储蓄存款(二)

计量单位:万元

行政单位	2000年	增长%	2001年	增长%	2002年	增长%
全市	**7 514 860**	**5.95**	**8 235 602**	**9.59**	**9 251 029**	**12.33**
市区	3 929 041	20.55	3 943 653	0.37	4 658 726	18.13
井陉县	202 493	5.25	217 003	7.17	233 408	7.56
正定县	434 413	5.48	459 898	5.87	487 313	5.96
栾城县	193 949	2.95	204 920	5.66	218 220	6.49
行唐县	152 711	5.29	161 879	6.00	165 108	1.99
灵寿县	127 083	7.24	138 584	9.05	155 788	12.41
高邑县	78 389	8.83	83 705	6.78	92 091	10.02
深泽县	201 044	4.71	209 272	4.09	220 508	5.37
赞皇县	91 669	7.19	97 763	6.65	105 805	8.23
无极县	266 499	9.58	288 318	8.19	311 136	7.91
平山县	190 674	5.67	200 881	5.35	209 772	4.43
元氏县	155 133	6.31	169 937	9.54	184 328	8.47
赵县	174 653	0.10	184 425	5.60	200 265	8.59
辛集市	497 188	5.91	550 769	10.78	590 380	7.19
藁城市	382 872	1.55	415 056	8.41	433 776	4.51
晋州市	366 679	3.33	391 400	6.74	419 175	7.10
新乐市	178 555	0.23	192 290	7.69	200 237	4.13
鹿泉市	326 028	6.06	325 849	-0.05	364 993	12.01

1996—2005年分县(市)区城乡居民储蓄存款(三)

计量单位:万元

行政单位	2003年	增长 %	2004年	增长 %	2005年	增长 %
全市	**10 444 919**	**12.91**	**11 894 588**	**13.88**	**13 551 916**	**13.93**
市区	5 436 477	16.69	6 314 369	16.15	7 418 651	17.49
井陉县	249 483	6.89	275 542	10.45	303 792	10.25
正定县	527 629	8.27	579 859	9.90	633 812	9.30
栾城县	245 869	12.67	285 131	15.97	310 090	8.75
行唐县	165 202	0.06	191 407	15.86	208 053	8.70
灵寿县	169 063	8.52	186 813	10.50	209 050	11.90
高邑县	104 068	13.01	116 106	11.57	130 750	12.61
深泽县	235 009	6.58	252 784	7.56	254 864	0.82
赞皇县	120 014	13.43	134 628	12.18	132 516	-1.57
无极县	337 044	8.33	365 607	8.47	383 987	5.03
平山县	232 835	10.99	273 447	17.44	310 792	13.66
元氏县	205 982	11.75	235 231	14.20	255 387	8.57
赵县	213 825	6.77	237 835	11.23	261 973	10.15
辛集市	667 569	13.07	735 539	10.18	832 469	13.18
藁城市	467 139	7.69	530 680	13.60	599 963	13.06
晋州市	454 340	8.39	503 031	10.72	561 204	11.56
新乐市	218 368	9.05	237 909	8.95	260 700	9.58
鹿泉市	395 003	8.22	438 670	11.05	483 864	10.30

1996—2005年分县(市)区农民人均纯收入(一)

计量单位:元

行政单位	1995年	1996年	增长%	1997年	增长%	1998年	增长%
全　　市	1 995	2 502	25.41	2 837	13.39	2 988	5.32
市　　区	2 872	—	—	3 966	—	—	—
长安区	—	—	—	—	—	—	—
桥东区	—	—	—	—	—	—	—
桥西区	—	—	—	—	—	—	—
新华区	—	—	—	—	—	—	—
裕华区	3 266	3 901	19.44	4 515	15.74	4 784	5.96
矿　　区	2 511	3 069	22.22	3 481	13.42	3 665	5.29
井陉县	1 574	1 821	15.69	2 172	19.28	2 410	10.96
正定县	2 308	3 004	30.16	3 207	6.76	3 335	3.99
栾城县	1 998	2 686	34.43	2 900	7.97	3 045	5.00
行唐县	1 248	1 850	48.24	2 163	16.92	2 361	9.15
灵寿县	998	1 499	50.20	2 016	34.49	2 250	11.61
高邑县	1 901	2 366	24.46	2 598	9.81	2 800	7.78
深泽县	1 863	2 582	38.59	2 789	8.02	29 88	7.14
赞皇县	970	1 203	24.02	1 134	-5.74	1 306	15.17
无极县	1 863	2 672	43.42	3 045	13.96	31 70	4.11
平山县	1 554	1 232	-20.72	2 202	78.73	2 371	7.67
元氏县	1 759	2 321	31.95	2 552	9.95	25 70	0.71
赵　　县	1 825	2 579	41.32	2 802	8.65	2 942	5.00
辛集市	2 579	2 961	14.81	3 207	8.31	3 354	4.58
藁城市	2 407	3 048	26.63	3 513	15.26	3 508	-0.14
晋州市	2 498	3 001	20.14	3 300	9.96	3 386	2.61
新乐市	2 497	3 012	20.62	3 418	13.48	3 506	2.57
鹿泉市	2 585	2 121	-17.95	3 566	68.13	3 678	3.14

1996—2005年分县(市)区农民人均纯收入(二)

计量单位:元

行政单位	1999年	增长%	2000年	增长%	2001年	增长%	2002年	增长%
全市	3 071	2.78	3 158	2.83	3 149	-0.28	3 245	3.05
市区	—	—	—	—	—	—	—	—
长安区	—	—	—	—	—	—	—	—
桥东区	—	—	—	—	—	—	—	—
桥西区	—	—	—	—	—	—	—	—
新华区	—	—	—	—	—	—	—	—
裕华区	4 871	1.82	5 055	3.78	—	—	—	—
矿区	3 736	1.94	3 886	4.01	4 019	3.42	4 140	3.01
井陉县	2 506	3.98	2 602	3.83	2 680	3.00	2 787	3.99
正定县	3 465	3.90	3 605	4.04	3 621	0.44	3 770	4.11
栾城县	3 174	4.24	3 305	4.13	3 421	3.51	3 558	4.00
行唐县	2 428	2.84	2 468	1.65	2 542	3.00	2 619	3.03
灵寿县	2 308	2.58	2 396	3.81	2 397	0.04	2 428	1.29
高邑县	2 860	2.14	3 001	4.93	3 125	4.13	3 250	4.00
深泽县	3 060	2.41	3 182	3.99	3 308	3.96	3 408	3.02
赞皇县	1 370	4.90	1 652	20.58	1 706	3.27	1 785	4.63
无极县	3 240	2.21	3 310	2.16	3 429	3.60	3 497	1.98
平山县	2 472	4.26	1 992	-19.42	1 999	0.35	2 019	1.00
元氏县	2 617	1.83	2 701	3.21	2 812	4.11	2 897	3.02
赵县	3 059	3.98	3 086	0.88	3 049	-1.20	3 141	3.02
辛集市	3 485	3.91	3 235	-7.17	3 365	4.02	3 470	3.12
藁城市	3 576	1.94	3 656	2.24	3 805	4.08	3 919	3.00
晋州市	3 449	1.86	3 539	2.61	3 667	3.62	3 777	3.00
新乐市	3 574	1.94	3 616	1.13	3 688	1.99	3 800	3.04
鹿泉市	3 747	1.88	3 852	2.80	4 008	4.05	4 170	4.04

1996—2005年分县(市)区农民人均纯收入(三)

计量单位:元

行政单位	2003年	增长%	2004年	增长%	2005年	增长%
全市	3 394	4.59	3 799	11.93	4 118	8.40
市区	—	—	—	—	—	—
长安区	—	—	—	—	—	—
桥东区	—	—	—	—	—	—
桥西区	—	—	—	—	—	—
新华区	—	—	—	—	—	—
裕华区	—	—	—	—	—	—
矿区	4 265	3.02	4 854	13.81	5 267	8.51
井陉县	2 941	5.53	3 342	13.63	3 643	9.01
正定县	3 885	3.05	4 375	12.61	4 797	9.65
栾城县	3 755	5.54	4 247	13.10	4 667	9.89
行唐县	2 698	3.02	2 836	5.11	2 929	3.28
灵寿县	2 477	2.02	2 599	4.93	2 681	3.16
高邑县	3 407	4.83	3 680	8.01	3 975	8.02
深泽县	3 579	5.02	3 956	10.53	4 155	5.03
赞皇县	1 878	5.21	2 133	13.58	2 316	8.6
无极县	3 619	3.49	4 107	13.48	4 476	8.98
平山县	2 080	3.02	2 298	10.48	2 430	5.74
元氏县	3 021	4.28	3 431	13.57	3 726	8.6
赵县	3 283	4.52	3 730	13.62	4 110	10.19
辛集市	3 609	4.01	4 061	12.52	4 467	10.00
藁城市	4 086	4.26	4 621	13.09	5 060	9.50
晋州市	3 892	3.04	4 429	13.80	4 828	9.01
新乐市	3 961	4.24	4 461	12.62	4 872	9.21
鹿泉市	4 387	5.20	4 913	11.99	5 313	8.14